(개정증판)

고려묘지명집성 색인

(원문·역주)

김 용 선

한림대학교 출판부

개정판을 내면서

2001년 『고려묘지명집성 색인(원문 · 역주)』을 처음 낸 이래 5년 만에 개정판을 내게 되었다.

이번에 원문자료집인 『高麗墓誌銘集成』 제4판과, 『역주 고려묘지명집성(상 · 하)』 개정판을 새로 내게 됨에 따라 이에 맞추어 색인집도 새로 만든 것이다. 이 책에는 새로 추가된 고려묘지명 8점에 관한 색인사항을 모두 수록하였을 뿐만 아니라, 이전의 색인표제어를 다소 보완하거나 수정하였다. 이로써 독자 여러분이 조금 더 편리하게 필요한 항목을 찾게 되기를 기대한다. 어려운 출판 상황 아래서 새로이 개정 색인집을 펴낼 수 있도록 성원해 주신 독자 여러분께 다시 한 번 감사를 드린다.

아울러 이 책을 내면서 교정을 도와 준 한림대학교 사학과 대학원의 權寧奎군과, 출판의 노고를 새롭게 맡아 준 한림대학교 출판부의 최영재 교수 및 이재석 계장께도 감사를 드린다.

2006년 5월

엮은이 씀.

머리말

『고려묘지명집성』의 새 개정판과 그 역주본인 『역주 고려묘지명집성(상 · 하)』을 펴내면서 색인집도 새로이 엮어 보낸다. 초간본의 인명색인, 개정판의 종합색인에 이어 세 번째 색인집이 나오는 셈이다. 새 책을 만들면서 색인항목도 여러 가지로 다듬고 배열해 보았다.

책 이름을 『고려묘지명집성 색인(원문 · 역주)』이라고 붙인 것처럼, 이 색인집에서는 원문과 역주본을 동시에 참고할 수 있도록 배려하였다. 단지 한 가지 아쉬운 점은 『高麗墓誌銘集成』의 한자용어를 위주로 항목을 선정하다 보니, 이들을 우리말로 옮기는 과정에서 용어가 다소 바뀌거나 풀어쓴 것이 있다는 것이다. 예컨대 한문원전의 及第, 登科, 登第, 中科, 中第, 擢第 등의 다양한 표현이 역주본에는 '급제하다', 또는 '과거시험에 합격하다'와 같은 식으로 용어가 바뀌어 번역된 경우가 많다. 그러므로 역주본을 통해 인명, 지명, 관직명 등 고유 명사를 제외한 일반용어의 항목을 찾아보려는 독자 여러분께서는 특히 이와 같은 점을 유념해주시기를 미리 부탁드린다.

엮은이는 색인집을 엮으면서 무엇보다도 원저에 담겨 있는 내용과 정보를 보다 쉽고 편하게 살펴볼 수 있도록 하고자 노력하였다. 모쪼록 이 책이 『고려묘지명집성』을 보다 가까이 하는 데 도움을 주었으면 한다. 아울러 이 노력에 한 마음으로 기꺼이 동참해 준 한림대학교 사학과의 金泰旭 강사, 盧成昊, 金順玉 조교, 대학원의 崔小英, 金榮範 씨에게 감사를 드린다.

2001년 12월

엮은이 씀.

목 차

머리말

일러두기

차례

ㄱ 1
ㄴ 76
ㄷ 86
ㅁ 113
ㅂ 139
ㅅ 167
ㅇ 232
ㅈ 314
ㅊ 374
ㅋ 414
ㅌ 415
ㅍ 424
ㅎ 429

일러두기

1. 이 색인은 『高麗墓誌銘集成(第4版)』(金龍善 편저, 한림대학교 출판부, 2006)과 『(개정판) 역주 고려묘지명집성(상 · 하)』(김용선 역주, 한림대학교 출판부, 2006)의 각 사항을 원문과 역주로 나누어 엮은 것이다.

2. 원문의 숫자는 『高麗墓誌銘集成(第4版)』의 해당 面과 行을, 역주의 숫자는 『(개정판) 역주 고려묘지명집성(상 · 하)』의 해당 면을 나타내며, 진하게 표시된 숫자는 그 자신의 묘지명이 수록되어 있는 각 책의 첫 면을 나타낸다.

3. 배열 순서는 가나다 순을 원칙으로 하였으나, 이용의 편의를 위해 필요한 경우 이를 무시하기도 하였다.

4. 필요한 경우 〔-〕를 사용하여 항목간의 상관성을 나타내었으며, 대표 항목 아래 〔→〕를 써서 관련 있는 다른 항목을 찾아볼 수 있도록 하였다.
   〈보기〉 朴康壽 - 朴康用
   恭愍王
   →江陵府院君
   →玄陵

5. 승려는 俗姓을 찾아서 이름 앞에 붙였으며, 성명 뒤에는 (僧)을 붙였다. 여성은 '○○○ 처 ○씨', '○○○의 딸 ○씨'와 같이 남편이나 가족의 이름을 밝혔으며, 封號에도 '○○군부인 ○씨'와 같이 姓을 함께 붙이는 것을 원칙으로 하였다.

6. 각 항목은 가능하면 원전에 표기된 대로 적어두되, 원표기를 변형시켰을 경우에는 〔,〕를 통하여 원상태를 알 수 있도록 하였다.
   〈보기〉 金海,守 (원문에는 守金海로 되어 있다)
   密直司,知事 (원문에는 知密直司事로 되어 있다)

< ㄱ >

	〈原文〉	〈譯註〉
架閣庫,承發	594-㉚	1057
家系記錄		
→家錄		
→家譜		
→家史		
→家狀		
→家傳		
→家牒		
→世譜		
→王族譜		
→行錄		
→行狀		
家奴	572-㊷	1005
	607-⑮⑯	1086
→奴婢		
加德島	173-(7)	269
駕洛君-李琯	555-㉘	965
嘉禮	539-⑦	930
家錄	99-(25)	147
	142-(47)	218
→家系記錄		
家廟	314-⑳	489
	528-(17)	906
加發兵馬使	291-(9)	450
	379-(12)	611
家譜	101-(12)	148
	209-(8)	328
	561-⑩	977

	〈原文〉	〈譯註〉
→家系記錄		
跏趺	380-(23)	612
跏趺坐	141-(32)	217
→趺坐		
家史	427-⑫	702
→家系記錄		
袈裟	117-(26)	176
	264-(5)	411
→衲掩脊		
→磨衲袈裟		
→摩衲袈裟		
→磨衲掩脊		
→磨衲衣		
→滿納袈裟		
→滿繡袈裟		
→壽貼袈裟		
→繡帖磨衲袈裟		
→紫繡貼袈裟		
→紫貼袈裟		
→貼袈裟		
→青帖袈裟		
歌詞	144-(20)	222
家産	444-(18)	735
→分家産		
迦葉	77-㉓	111
嘉順府丞	539-⑥	930
嘉安府錄事	475-㊸·㊹	802
	478-㊹	802

	〈原文〉	〈譯註〉
	558-⑥	972
嘉安府丞	556-⑨	968
加也洞	603-(62)	1078
伽耶寺	77-⑬	110
	160-(11)	248
伽倻山	603-(57)	1077
家業	16-(8)	11
	185-(40)	289
	200-(10)	315
	279-(4)	433
	516-⑩	883
	542-(19)	937
→舊業		
→父業		
→業		
→業儒		
→祖父業		
→祖業		
加恩蘭若	646-⑱	1150
家蔭	19-(8)	16
	141-(11)	215
	174-(35)	272
	334-(7)	526
→蔭叙		
賈宜(漢)	28-(10)	30
嘉議大夫	450-(5)	748
	630-⑭	1120
家狀	576-②	1013
	581-⑱	1024
→家系記錄		
家傳	553-㊵	960
→家系記錄		
稼亭(號)-李穀	553-㊲	959
	575-②	1009

	〈原文〉	〈譯註〉
	585-㊱	1033
	593-⑤	1053
	600-⑤	1069
	601-㉑㉔	1072
迦智山門	446-⑯	738
家牒	174-(29)	272
	396-(21)	642
→家系記錄		
加漢村	112-(22)	163
角干	16-(5)	10
閤門舍人	445-⑥	737
閤門,知	502-⑩	850
閤門,知事	406-(6)	663
	631-㊻	1125
閤門祗候	45-(25)	62
	139-(5)(6)	212
	173-(6)	269
	291-(9)	450
	320-(2) · (3)	498
	334-(3)	525
	334-(8)	526
	344-⑱	546
	411-(10)	671
	469-(7)	790
	471-⑤	790
→閤門祗候		
角山	502-⑨	850
諫官	81-(50)	117
	94-(21)	136
	303-(6)	468
	391-⑰	632
→諫臣		
肝膽	85-(26)	122
奸臣	41-(7)	53

	〈原文〉	〈譯註〉
	571-㉓	1002
	572-㉝	1004
諫臣	153-(13)	237
→諫官		
諫掖	215-(31)	337
	354-(30)	563
諫議	353-(19)	560
諫議大夫	44-(11)	59
	48-(7)	66
	138-(7)	210
	138-(15)	211
	139-(11)	213
	293-(9)	453
	372-⑲⑳	600
	569-⑧	996
	600-⑭	1070
刊定都監判官	334-(7)	526
諫職	17-(15)·(16)	12
	360-⑭	574
	360-⑰	575
葛巾	324-(39)	505
葛巾野服	324-(27)	504
	326-㉚	510
監國史	399-(21)	649
監軍使	191-(22)	302
	192-(27)	302
監軍坐使	652-(31)	1160
邯鄲淳		
-漢客	486-⑳	817
甘棠	460-㊴	771
感德院	69-(9)	99
監務	171-(7)	265
	273-(12)	424
	296-(28)	457

	〈原文〉	〈譯註〉
	296-(31)	458
	381-(7)	614
	385-(2)	620
	418-(5)	683
	418-(10)	684
	448-⑦⑧	743
	515-⑫	879
	547-③	950
	577-㉑	1016
	609-⑪	1092
	656-(6)	1165
監門大將軍	287-(1)	444
→監門衛大將軍		
監門衛	415-⑭	678
監門衛錄事	131-(4)	199
	197-(9)	310
→監衛錄事		
監門衛錄事叅軍事		
	21-(10)	19
	392-⑨	635
監門衛大將軍	287-(6)	445
	344-⑰	545
→監門大將軍		
監門衛上將軍	416-(4)	681
	437-(11)·(12)	720
監門衛上護軍	443-(12)	733
	525-⑮	899
	607-㉓	1087
監門衛攝大將軍		
	331-(25)	519
	379-(11)	610
監門衛攝散員	357-(1)	571
監門衛長史	297-(39)	458
監門衛中郎將	331-(23)	519

	〈原文〉	〈譯註〉
監門衛借將軍	331-(23)	519
監門衛叅軍事	48-(5)	65
	562-㉛	980
監船使	201-(3)	316
監稅	237-(22)	370
監稅使	217-(13)	340
	231-(8)	360
	233-(8)	364
	262-(16)	407
	317-(6)	493
	319-(12)	496
監修國史	14-(11)	6
	17-(20)	13
	21-(2)	18
	22-(29)	21
	38-(3)	49
	63-(1)	88
	65-(19)	93
	101-(4)	149
	111-(16)	163
	114-(72)	168
	133-(5)	202
	138-(14)	211
	198-(18)	311
	204-(23)(25)	322
	221-(5)·(6)	346
	288-(3)	446
	304-(2)	470
	304-(9)	471
	305-(25)	473
	334-(4)	526
	353-(25)	562
	374-(20)	601
	375-①	604
	377-⑳	604
	387-(2)	623
	388-(14)(22)	625
	398-(1)	647
	403-(2)	656
	411-(8)(9)	671
	421-(5)	690
	429-(3)	706
	432-③	710
	432-⑫	711
	441-㉜·㉝	729
	445-⑦	737
	454-⑥	755
	459-⑨	766
	485-④	814
	516-⑤	882
	533-⑤	916
	585-㊻·㊼	1035
	606-⑧	1085
	639-(4)	1137
監修史	186-(12)·(13)	292
監試	584-㉔	1031
→科擧		
監試座主	353-(18)	560
→知貢擧		
監試主司	607-⑮	1086
監衛錄事	103-(8)	152
→監門衛錄事		
感恩寺	446-⑯	738
	487-⑩	819
感應寺	446-㉔	739
	532-(12)	914
	535-㊶	921
	562-㉜	980

	〈原文〉	〈譯註〉
鑑智王師	439-(7)	723
→丘乙堂		
監察糾正	498-⑪	842
	514-⑤	878
	570-⑦	1000
	571-⑪	1000
	584-㉙	1032
	593-⑯	1055
	604-⑭·⑮	1081
監察大夫	397-(12)	645
	412-(16)	673
	415-⑮	678
	448-⑯	744
	473-⑱	796
	476-⑰	796
	490-㉑	826
	505-⑬⑭	858
	510-⑭	868
	518-①	887
	521-㉙	893
	537-⑰	926
	561-㉒	979
	565-㊶	987
	566-⑦	989
	571-⑭⑮⑯	1001
	575-⑪	1010
	585-㊸㊹	1034
	590-㊿	1048
	593-⑧	1054
	596-⑧	1060
	597-㉜	1064
	602-53	1076
監察史	461-⑥	772
	490-⑪	825
	494-⑥	833
監察司	476-⑰	796
監察司事	496-⑳	839
監察司,知	473-⑰	796
	476-⑰	796
監察司,知事	448-⑮	744
	490-⑰⑲	826
監察侍史	405-(16)	660
	465-(9)	780
	465-(11)	781
	476-⑭	795
監察侍丞	533-⑨	916
監察御史	21-(10)	19
	35-㉑	45
	42-(31)	57
	58-(14)	80
	59-(12)	82
	75-(6)	107
	90-(48)·(49)	130
	98-(9)	145
	100-(2)	147
	105-(4)	154
	119-③	178
	120-(2)	179
	122-(3)	184
	125-(7)	188
	133-(11)·(12)	203
	142-(56)·(57)	218
	155-(7)	241
	158-(3)	246
	170-(3)	265
	179-(21)	279
	200-(7)	315
	219-(47)	343

〈原文〉	〈譯註〉
233-(7)	364
235-(10)	366
237-(25)	371
244-(12)·(13)	382
248-(11)	387
250-(18)	390
254-(17)	396
265-(6)	413
291-(14)	450
295-(3)	455
295-(10)	456
298-(17)	461
301-(6)·(7)	466
303-(5)	468
307-(16)	475
309-(21)	480
323-(10)	502
325-⑩	507
352-(10)·(11)	558
368-(10)	592
380-(28)	612
381-(9)	614
383-(10)	618
391-⑭	631
409-(3)	668
430-(7)	707
462-⑯	774
463-⑤	775
469-(7)	790
471-⑤	790
472-③	793
473-⑭	795
563-⑩	982
607-⑪	1086

	〈原文〉	〈譯註〉
	640-(6)	1138
	665-(11)	1176
監察御史(元)	546-㉛	948
監察掌令	518-⑦	885
	557-⑪	968
	593-⑯⑰	1055
	596-㉓	1062
	640-⑳	1151
監察提憲	404-(8)	658
監察持平	596-⑬	1061
監察執義	516-①	882
	516-⑨	883
	541-⑨	935
	566-⑫	990
	593-⑰	1055
	596-㉕	1063
	613-㉕	1101
	645-⑬	1150
監倉使	237-(11)	369
	244-(7)	381
	250-(18)	390
	465-(7)	780
監倉寺	474-㊺	800
	478-㊺	800
甘泉郡夫人 文氏-安軸 妻		
	538-㉓	927
甲科	79-(6)	114
→及第		
甲坊	428-㉒	703
甲乙	427-⑤	700
	457-⑥	763
→貴族		
甲子	605-㉛	1083
甲仗別監	35-㉔	45

	〈原文〉	〈譯註〉
甲第	255-(4)	397
→及第		
甲第(元)	538-㉗	928
→科擧		
甲族	107-(5)	158
	123-(5)	186
→貴族		
姜居正	586-㊱	1038
康敬公(諡號)-洪彬		
	551-①③	955
	552-㉙	958
絳灌	402-⑱	654
→絳侯(漢)		
→灌嬰(漢)		
康敎雄(僧)	136	207
	276-(3)	429
-悟空···超悟(26字)僧統		
	136-(2)·(3)·(4)	207
→康守雌(字)		
姜金剛	601-㉛	1073
江南	89-(26)·(27)	128
	89-(29)·(30)	129
	103-(6)	151
	187-(30)	294
江南(中國)	14-(3)	4
	589-㉒	1043
	610-⑬	1094
	641-(17)	1141
江南賊	314-⑨	488
江南州郡	240-(29)	375
江都	406-(7)	663
	472-⑤	794
	476-④	794
	612-⑥	1098

	〈原文〉	〈譯註〉
→江華		
江東城	344-⑭	545
江東城戰鬪	335-(20)~(28)	529
	344-⑬~⑮	545
	363-(14)~(23)	581~583
	367-(14)~(17)	589~590
江寧郡 洪氏-李彦冲 妻		
	500-(17)	847
江陵	557-⑬	968
	558-㉜	971
	597-㊱	1064
江陵公-王溫	259-(5)	403
江陵郡	267-(3)	416
江陵君-金泰華	13-③	3
江陵郡君 金氏-崔誠 妻		
	184-(37)	289
江陵郡大夫人 金氏-崔湧 妻		
	101-(1)	149
	197-(6)	310
江陵郡大夫人 金氏-許正 妻		
	79-(9)	114
江陵郡大夫人 王氏-李資孝 妻		
	149-(3)	230
江陵郡夫人 金氏-崔誠 妻		
	185-(38)	289
江陵郡夫人 王氏-鄭沆 妻		
	63-(61)	87
江陵道存撫	537-⑬	926
江陵道存撫使	557-⑫·⑬	968
江陵府-忠肅王	493-②	833
江陵府院君-恭愍王		
	600-⑮·⑯	1071

	〈原文〉	〈譯註〉
-江陵	600-⑯	1071
江陵府翊善	494-⑨	834
江陵府典籤	520-⑯	891
江陵存撫	558-㉒	971
康陵直	379-(4)	609
康廟-康宗	371-④	597
姜文世	600-⑧	1070
康民濟世功臣-崔沆		
	387-(1)	623
	388-(23)	625
襁褓	374-(25)	605
	377-㉖	605
康福興	192-(31)	303
江城郡大君 文氏-崔壽神 妻		
	201-(13)	317
康守雌(字)-康敎雄(僧)		
	136-(4)	207
江陽 裴氏	649-(16)	1156
江陽 李氏	457-④	763
江陽郡夫人 李氏-許邕 妻		
	645-①	1148
剛烈公(謚號)-王冲		
	177-(29)	277
康英	622-(2)	1113
康王(周)		
-康	26-(23)	29
	199-(45)	313
康王(宋 高宗)	113-(65)	168
姜嫄(周)	572-㉗	1003
江陰牧監,直	472-⑫	795
	476-⑫	795
江陰山	179-(29)	280
江陰縣	87-(20)	125
	108-(9)	158

	〈原文〉	〈譯註〉
	164-(23)·(24)	255
姜夷	289-(20)	448
江浙(中國)	641-(16)	1141
江浙等處行中書省平章政事		
	631-㊺	1125
江浙省(元)	481-⑧·⑨	807
康貞白	136-(5)	207
康貞攝	136-(5)	207
康宗	332-(41)	521
	353-(17)	560
	379-(8)	610
-今上	310-(37)	482
-上	340-(7)	539
	356-㉑	569
	360-㉒	576
	379-(9)	610
→康廟		
康宗의 庶女	333-(62)	524
江左	375-(39)	607
剛州	42-(30)	56
姜昌瑞	335-(15)·(16)	528
姜昌壽	609-⑫	1092
姜策	614-㉙	1102
鋼鐵	574-⑰	1008
江夏	208-(33)·(34)	327
降香	589-㉒	1043
	596-㉒	1062
	601-㉛	1073
→香		
江華	369-(19)	593
	533-⑦	916
→江都		
江華郡	367-(22)·(23)	590
	380-(25)	612

	〈原文〉	〈譯註〉
江華郡副使	430-(9)	707
江華郡夫人 □氏-蔡謨 妻		
	415-㉒	679
江華郡判官,知	640-(5)	1138
江華道馬場別監		
	319-(9)·(10)	496
江華道馬政	366-(3)	588
江華遷都(高宗19)		
	369-(15)	593
	372-⑬	599
	376-⑭~⑮	604
	388-(24)	626
→遷都		
江華遷都(忠烈16)		
	533-⑦~⑧	916
	640-(9)	1139
江華判官	422-(7)	691
江華縣尉	192-(32)	303
江淮(中國)	446-㉕	739
姜后(周)	572-㉘	1003
絳侯(漢)		
-絳	402-⑱	654
開墾	58-(10)	79
	309-(17)	479
鎧甲	568-②	995
開慶(年號)	490-⑨	825
開京還都(元宗11)		
	406-(7)	663
	414-⑧	677
	443-(6)~(7)	732
→移都出陸		
→遷都		
開國公-庾黔弼	429-(2)	706
開國伯	606-⑦	1085

	〈原文〉	〈譯註〉
開寧郡夫人 洪氏-元卿 妻		
	469-(10)·(11)	790
	471-⑧	790
改名	89-(30)	129
	496-⑧	837
	547-㉜	948
	566-⑥	989
	575-⑩·⑪	1010
	604-⑨	1080
	639-(3)	1137
→易名		
改卜宅	286-(10)	444
→改葬		
開府		
	552-㉑	957
	567-⑰	991
	568-㉟	994
	630-⑲	1121
	633-(14)	1130
→立府		
開府儀同三司	20-(1)	18
	22-(27)	21
	38-(2)	49
	41-(12)	54
	43-(2)	58
	44-(14)	60
	63-(1)	88
	65-(18)	93
	79-(1)	113
	81-(50)	117
	111-(14)·(15)	163
	143-(1)	219
	186-(8)	291
	186-(12)(13)·(14)	292

	〈原文〉	〈譯註〉
	187-(31)	294
	188-(39)	296
	252-(2)	393
	259-(1)	403
	269-(32)	417
	330-(5)	516
	330-(13)(14)	517
	331-(29)	519
	334-(4)	526
	337-(1)	534
	338-(18)	536
	362-(1)	579
	363-(26)	583
	387-(1)·(2)	623
	387-(8)(10)	624
	388-(14)(22)	625
	407-(10)	664
	411-(5)(7)	671
	434-(3)	713
	452-③	752
	454-⑥	755
	459-⑧	766
	606-⑦	1085
開府	538-㉑	927
開士	630-㉑	1121
開善寺	96-(11)(13)	139
改姓	547-㉜	948
→易姓		
開城	100-(8)	148
	104-(29)	153
	159-(24)	247
	412-(13)	672
-都	17-(24)	13
→開州		

	〈原文〉	〈譯註〉
→國都		
→國城		
→洛都		
→松京		
→松岳		
→王京		
→王都		
→帝京		
→皇都		
開城郡	558-②	971
開城郡大夫人 王氏-金台鉉 妻		
	475-㊿	801
	478-[51]	801
	558-①	971
開城郡夫人 金氏-申甫純 妻		
	262-(30)	409
開城郡夫人 王氏-崔梓 妻		
	121-(17)	183
開城牧監直	326-㉟	510
開城府	58-(17)	80
	66-(22)	94
	123-(19)	185
	125-(17)	189
	252-(15)	394
開城府記室叅軍事		
	432-⑬	711
開城府,守	149-(6)	231
	189-(6)	298
開城府尹	500-(15)·(16)	847
開城府,知使	150-(18)	232
開城府,判事	576-㉒	1012
	586-[52][68]	1036
	587-[69]	1038
開城少尹	557-⑩	968

	〈原文〉	〈譯註〉
	559-⑧	972
	596-㉔	1062
開城尹	577-㉓	1017
	582-⑦	1026
	590-㊸	1048
	591-㊱	1049
	597-㉝	1064
	599-⑭	1068
開城叅軍	600-⑰	1071
開城遷都(元宗11)		
	406-(7)	663
	414-⑧	677
→開京還都		
→移都出陸		
開城判官	465-(11)	781
	535-㊼	922
	569-⑰	998
開城縣	514-㊸	877
改試	44-(14)	60
→科擧		
改元	448-⑱	744
	544-(14)	941
改葬	15-(1)	8
	16-(9)·(10)	9
	18-(31)	14
	25-(7)	26
	48-(13)	67
	51-(26)	69
	158-(36)	245
→改卜宅		
→移葬		
→遷葬		
→喪禮		
開州	175-(1)	274

	〈原文〉	〈譯註〉
	348-(21)	552·553
開州郡夫人 王氏-金仁揆 妻		
	126-(14)	190
開州,守	176-(4)	274
開州兵正	175-(3)	274
价州副使	427-⑫	702
盖州守	537-⑫	926
盖州判官	469-(2)	789
	483-(2)	810
	489-⑮	823
	499-(2)	845
	514-③	878
	536-①	924
	537-⑩	925
皆次斤山	26-(13)	27
開泰寺	73-(8)	105
	264-(7)	411
開通寺	26-(13)	27
開平	362-(8)	580
開興府使	233-(6)	363
客館	191-(8)	300
客舍門	606-③	1085
客省	474-㊱	799
	477-㊲	799
客省,知事(宋)	96-(18)	140
客省幕	334-(9)	527
渠	235-(9)	366
→灌漑		
契丹	26-(16)	27
	26-(19)	28
	54-(3)	75
	64-(5)	90
	134-(26)·(27)	204

	〈原文〉	〈譯註〉
	168-(4)·(5)	261
契丹	335-(18)	528
	335-(23)(24)	529
	335-(27)	530
	340-(4)(5)	539
	342-⑧	542
	343-⑤	544
	346-(7)	548
	352-(14)	559
契丹賊-丹寇	332-(45)	522
契丹侵入(成宗12)		
	54-(3)~(11)	75
契丹侵入(顯宗9)		
	26-(17)~(20)	27
契丹侵入(高宗3)		
	332-(45)~(47)	522
	335-(18)~(19)	528
	343-⑤~⑬	544~545
	362-(7)~(14)	580~581
	379-(11)~(12)	610
契丹侵入(高宗4)		
	340-(9)~(10)	539~540
契丹遺種	335-(24)	529
契丹酋長	352-(14)	559
炬峰山	60-(23)	83
居士	92-(24)	134
	95-(10)	139
	342-⑮	543
	456-㊲	760
	468-⑯	788
	492-(8)	831

	〈原文〉	〈譯註〉
	508-⑦	863
	643-(13)	1145
巨室	534-⑭⑰	917
擧子	238-(3)	372
→科擧		
巨濟郡	176-(9)	275
巨濟縣令	119-(6)	179
巨戚	332-(51)	522
→貴族		
乾德(年號)	14-(4)	5
健德山	109-(15)	161
乾元(年號)	17-(10)	11
乾維山	336-(32)	530
建中靖國(年號)		
	32-(28)	40
乾統(年號)	32-(28)	40
	34-(1)	41
	36-㉟	47
	37-㊺	48
	38-(8)	49
	44-(12)	60
	50-(14)	69
	51-(30)	70
	64-(8)	90
	73-(7)	104
	76-⑥	109
	108-(5)	159
	111-(20)	163
	117-(9)	173
	143-(8)	220
	166-(5)	257
	168-(5)	261
	170-(5)	265
	180-①	281

	〈原文〉	〈譯註〉
	186-(7)(10)	291
	186-(15)	292
	203-(3)	320
乞退	374-(18)(19)	604
	377-⑲	604
	441-㉗	728
	503-㉖	852
	533-⑬	917
→致仕		
乞骸	26-(9)	26
	42-(26)	56
	45-(23)	62
	109-(14)	161
	285-(28)	442
→致仕		
乞骸骨	176-(19)	276
	218-(31)	342
	250-(22)	391
	295-(14)	456
	307-(23)	476
	338-(18)	536
	367-(20)	590
	567-⑲	991
	602-㊾・㊿	1076
→致仕		
檢校工部侍郎	25-(3)	25
檢校軍器監	37-(4)	48
	116-(6)	172
	193-(3)	304
	306-(8)	475
	359-⑧	574
	381-(6)	614
	406-(3)	663
	409-(1)	668

	〈原文〉	〈譯註〉
	410-(9)	669
	438-(4)	722
	486-③	818
	500-(14)	847
	515-⑨	879
	537-⑧	925
	538-㉓	927
	594-㊲	1058
檢校軍器少監	19-(1)	15
	58-(4)	79
	106-(1)	156
	230-(47)	358
	236-(5)	369
	242-(16)	378
	255-(6)	397
	291-(25)	451
	311-(4)	484
	370-①	594
檢校大保	44-(15)	60
	79-(1)	113
	186-(10)	291
→檢校太保		
檢校大傅	45-(20)	61
	187-(21)	293
→檢校太傅		
檢校大師	20-(1)	18
	22-(31)	21
	53-(2)	73
	63-(1)	88
	143-(1)	219
	144-(17)	222
	177-(24)	276
	186-(12)	292
	187-(29)	294

	〈原文〉	〈譯註〉
	190-(2)·(3)	300
→檢校太師		
檢校大司成	515-⑬	879
檢校大尉	120-(1)	180
	121-(14)	182
	182-(1)	284
	184-(32)	288
	221-(1)	346
	387-(8)	624
→檢校太尉		
檢校大醫少監	127-(1)	192
檢校大子大ㅁ	60-(21)	83
檢校大子大保	75-(2)·(3)	107
	95-(1)	138
	97-(38)	142
→檢校太子大保		
檢校大子大師	88-(2)	126
	236-(4)	369
	355-⑥	567
→檢校太子大師		
檢校大子少保	122-(2)	184
	311-(3)	484
	359-(7)	573
→檢校太子少保		
檢校大子少傅	618-(1)	1109
檢校大子少師	53-(2)	73
檢校大子詹事	95-(5)	138
	143-(5)	220
	193-(4)(5)	304
	248-(3)	386
	311-(3)	484
	312-(1)	485
	390-④·⑤	630
→檢校太子詹事		
檢校大子太傅	647-(1)	1153
檢校大將軍	180-④·⑤	282
	261-(4)	406
	279-(3)	433
	280-(2)	434
	371-②	597
	418-(4)	683
	510-⑩	868
檢校大護軍	579-㊹	1020
檢校都僉議叅理	642-(3)	1143
檢校門下侍中	613-㉖	1101
檢校門下平章事	451-(12)	750
檢校司空	53-(3)	73
	65-(12)	92
檢校司徒	40-(4)	53
	44-(13)	60
	49-(1)	67
	65-(12)	92
	121-(14)	182
	184-(28)	288
	304-(1)	470
檢校散員	444-(20)	735
檢校尙書	349-(2)	554
檢校尙書□僕射	145-(1)	223
檢校尙書右僕射	22-(21)	20
	93-(5)	135
	97-(35)	142
	152-(1)	236
	255-(7)	398
	485-③	814
	662-(2)	1171
	665-(14)·(15)	1176
檢校尙書左僕射	232-(1)	362
	236-(3)	369

	〈原文〉	〈譯註〉
檢校尙書戶部侍郎		
	253-(1)	395
	257-(1)	401
	390-①	629
檢校上將軍	267-(5)	416
檢校上護軍	525-⑭·⑮	899
檢校選部典書	430-(12)	708
	500-(15)	847
檢校成均大司成		
	514-①	878
	557-⑳	969
檢校少監	272-⑬	422
	312-(4)	486
檢校少保	469-(7)	790
	471-⑤	790
檢校少府監	59-(3)	81
	116-(5)	172
	656-(3)	1165
檢校少府少監	194-(2)	305
	272-(2)	423
	281-(3)	435
	622-(1)	1113
檢校侍中	586-㊾	1037
檢校神虎衛郎將		
	449-㉝	746
檢校神虎衛大將軍		
	181-(4)	282
檢校神虎衛上將軍		
	181-(2)·(3)	282
	595-②	1059
檢校禮部尙書	57-(1)	78
	97-(34)	142
	233-(2)	362
	651-(26)	1159
→散秩禮部尙書		
檢校禮部侍郎	124-(1)	188
	647-(3)	1154
檢校禮賓卿	34-②	42
	230-(1)	359
	255-(1)	397
	256-(24)	399
	636-(1)·(2)	1133
檢校右僕射	88-(5)	127
	105-(5)	154
	200-(1)	314
檢校衛尉卿	23-(43)	22
	349-(2)	553
檢校爵秩	171-(22)	267
檢校將軍	124-(3)	188
	362-(3)	580
檢校將作監	34-⑤	42
	61-(6)	84
檢校政丞	588-⑨	1041
檢校左僕射	193-(5)	305
檢校中郞將	591-㊽	1049
檢校贊成事	466-⑨	783
檢校叅知政事	432-⑫	711
檢校詹事	170-(2)	265
	306-(8)	475
	494-⑥	833
檢校簷事	349-(3)	554
檢校僉議政丞	436-(19)	719
	442-㊺	731
	456-㉛	759
	633-⑨	1128
	639-(2)	1137
檢校僉議贊成事		
	466-①	782

	〈原文〉	〈譯註〉
檢校僉議叅理	540-㉜	933
檢校僉議評理	429-(1)	706
	430-(12)	708
	466-⑨	783
	468-(1)	789
	470-(24)	791·792
	471-⑯	791·792
	509-㉓	866
	510-⑪	868
	533-⑩	916
檢校太保	22-(28)	21
	186-(14)	292
→檢校大保		
檢校太傅	43-(2)	58
	47-(4)	64
	421-(5)	690
→檢校大傅		
檢校太師	24-(5)	24
	138-(13)	211
	187-(31)	294
	188-(40)	296
→檢校大師		
檢校太尉	88-(3)	126
	330-(13)	517
→檢校大尉		
檢校太子大保	108-(1)	159
	154-(1)	238
	172-(1)	268
	173-(2)	268
	174-(24)	271
→檢校太子大保		
檢校太子大傅	98-(2)	144
→檢校大子大傅		
檢校太子大師	98-(1)	144
	133-(1)	202
→檢校大子大師		
檢校太子司事	296-(27)	457
檢校太子少保	119-①	178
	141-(7)	215
	624-(2)	1115
→檢校大子少保		
檢校太子少傅	409-(2)·(3)	668
檢校太子少師	236-(4)	369
檢校太子詹事	196-(2)	309
	227-(3)·(4)	355
	355-⑥	567
	555-㉓	964
→檢校大子詹事		
檢校太子太保	52-(13)·(14)	71
	221-(7)	346
	617-(2)	1107
→檢校太子大保		
檢校太子太師	47-(11)	64
	227-(4)	355
→檢校太子大師		
檢校評理	455-㉘·㉙	759
	515-⑳	881
	516-⑪	883
	537-⑱	926
檢校戶部尙書	141-(1)	215
	178-(1)	278
	191-(21)	301
	193-(2)	304
	201-(12)	317
	390-⑤	630
	451-(10)(11)	749

	〈原文〉	〈譯註〉
	647-(3)	1154
檢務租藏	16-(6)	10
檢閱	555-㉖	965
	577-⑫⑭	1015
檢衛	26-(15)	27
擊毬	122-(5)	184
	218-(21)	341
	245-(14)	382
	435-(11)	716
格物致知	528-(11)	905
犬	122-(4)	184
→狗		
見德鎭使	125-(6)	188
牽龍	278-(18)	432
	415-㉔	679
牽龍班侍衛東宮		
	268-(11)	416
牽龍行首	336-(42)	532
	362-(5)	580
	434-(4)	714
	448-⑪	743
	453-⑦	752
	533-⑧	916
→御牽龍行首		
牽龍行首郎將	412-(21)	673
牽龍行首別將	278-(18)	433
見性觀空	141-(9)	215
	142-(53)	218
見性寂炤首座-王玄應(僧)		
	68-(2)	98
堅銳府別將	559-⑮	973
見子山	389-(39)	628
見州	137-(2)	209
見州監牧	371-⑤	597

	〈原文〉	〈譯註〉
結	510-⑳㉑	869
	511-㉒	869
結髮	379-(17)	611
決獄	325-⑨	507
「決定往生淨土呪」		
	386-(26)	623
磬	332-(55)	523
	346-(6)	550
卿	67-(2)	97
	648-(11)	1155
景簡公(諡號)-金元義		
	317-(16)	494
卿監	55-(15)	76
輕車都尉	15-(1)	8
	15-(5)	9
經界	508-⑨	863
庚癸之亂	235-(20)	367
→武臣亂		
京官	148-(9)	228
	181-(9)	283
警句	577-⑧	1014
京畿	87-(20)	125
京畿田	546-㉒	946
景德公(諡號)-李顥		
	107-(2)	158
景德國師(僧)-金爛圓		
	24-(2)	24
	25-(21)	25
	31-(5)(7)	37
敬德宮錄事	328-(9)·(10)	513
經德齋	336-(42)	532
經德齋生	609-⑨·⑩	1091
經歷陸運提擧官		
	553-㉟	959

	〈原文〉	〈譯註〉
景烈公(諡號)-金俊		
	379-(2)	609
景烈公(諡號)-王國髦		
	63-(60)	87
敬烈公(諡號)-韓惟忠		
	87-(1)	126
	90-(43)	130
景廉(僧)	**33**	**41**
慶寧翁主 王氏-盧頔 妻		
	485-⑮·⑯⑱	816
景靈殿使	435-(10)	716
景靈殿判官	55-(26)	76
	84-(5)	120
	149-(5)	230
	163-(10)	253
	178-(8)	278
	190-(6)	300
	228-(11)	356
	234-(6)	366
	242-(12)	378
	244-(2)	380
	258-(11)	402
	648-(4)	1154
敬寧宅主 金氏-安董 妻		
	503-㉝	853
景陵直	416-(11)	681
慶陵-忠烈王	492-(5)	830
	575-⑪	1011
	645-⑧	1149
景文公(諡號)-崔洪胤		
	421-(5)	690
	532-(4)	913
京師科(元)	538-㉔	927·928

	〈原文〉	〈譯註〉
→科擧		
慶斯萬	569-⑯	997
	613-㉕·㉖	1101
經史子集	39-(7)	50
京山	57-(8)	78
京山	603-㊼	1077
京山府	274-(1)	425
	520-⑭	891
	583-⑧	1029
京山府副使	342-①	541
京山府司祿	577-⑪	1014
京山府,守	342-②	541
	342-⑪	542
京山府通判	178-(7)	278
卿相	54-(10)	75
	142-(36)	217
	150-(14)	232
	150-(22)	233
	346-(9)	548
	356-(22)	569
	414-⑤	677
	503-㊳	854
慶尙	428-㉔	703
慶尙,按	474-㊻	800
	478-㊻	800
慶尙,按廉	323-(15)	502
	325-⑮	502
慶尙道	545-⑥	944
慶尙道,使	487-⑥	818
慶尙道,按	382-(15)	615
	422-(12)	692
慶尙道,按察	596-㉑	1062
慶尙道勸農使	415-⑬	678
慶尙道副元帥	611-㉕	1096

	〈原文〉	〈譯註〉
慶尙道按廉使	575-⑰·⑱	1011
慶尙道按察使	344-⑨	544
慶尙道鹽稅,監	643-(7)	1144
慶尙道鹽鐵使	561-⑱	978
慶尙道點軍兵馬使		
	607-㉕	1087
慶尙道鎭邊	500-(15)	847
慶尙道察訪	430-(9)	707
慶尙按察	576-⑥	1013
慶尙廉按使	352-(16)	559
慶尙全羅道巡問使		
	465-(7)	780
	533-⑪	917
慶尙州道	365-(9)	585
慶尙州道,按	371-⑪	598
慶尙州道按察	328-(13)·(14)	513
慶尙州道廉按使		
	307-(17)·(18)	475
慶尙晋安東道按察副使		
	379-(7)	610
慶尙晋州道,按	330-(21)	518
慶尙晉州道按察使		
	648-(9)	1155
慶仙店錄事	164-(24)	255
	358-(7)	571
	375-(34)	607
	377-㊱	607
	591-63·64	1049
景成公(諡號)-崔忠獻		
	330-(6)	516
	332-(57)	523
	387-(12)	624
慶成府注簿	370-⑨	595
慶成府詹事	374-(15)	604

	〈原文〉	〈譯註〉
	376-⑮·⑯	604
景肅公(諡號)-金存中		
	151-(1)	233
敬肅公(諡號)-盧永醇		
	271-②	420
慶順府,丞	575-⑬	1011
敬順王	13-①	3
	119-①	178
	297-(5)	459
	298-(7)	460
	299-(30)	463
	483-(4)	810
→金傅		
→金溥		
→政承公		
警巡之列	443-(10)	733
經術	99-(13)·(14)	145
	99-(27)	147
	154-(10)	240
卿寺	99-(14)	145
京市	347-(10)	551
京市署丞	28-(26)	32
	149-(5)	230
	244-(2)	380
	409-(3)	668
	637-(7)	1135
慶陽君-盧頙	485-⑯⑱	816
經筵	115-(89)	170
	202-(11)	319
景烈公(諡號)-白任至		
	270-(15)	419
庚午之亂	463-⑫	776
→三別抄의 亂		
耕牛	218-(19)	341

	〈原文〉	〈譯註〉
	347-(13)	551
→牛		
經院	153-(22)	238
敬元公(諡號)-李褒		
	586-㊽	1038
慶源 李氏-庾垓 妻		
	457-③	763
慶原郡-慶源郡	231-(6)·(7)	359
	430-(5)	706
慶源郡-慶原郡	149-(2)	230
慶源君-朴遠	518-②	887
慶源君 李氏-李資元 女		
	107-(1)	158
慶原郡開國伯-李顥		
	204-(26)	322
慶源郡大夫人 李氏-朴煇 妻		
	454-⑤	755
慶源郡大夫人 李氏-崔光世 妻		
	328-(7)	513
慶原郡大夫人 李氏-崔思諏 妻		
	39-(14)	51
慶原郡夫人 文氏-朴璜 妻		
	130-(11)	197
慶源郡夫人 李氏-金仁存 妻		
	204-(25)·(26)	322
慶源郡夫人 李氏-尹瓘 妻		
	141-(6)·(7)	215
慶源郡夫人 李氏-尹彦旼 妻		
	142-(59)	218
慶源郡夫人 李氏-金光中 妻		
	637-(2)	1134
慶原郡夫人 蔡氏-鄭侑 妻		
	604-⑪	1080
慶原府,知	487-⑦	819

	〈原文〉	〈譯註〉
經律	252-(7)	393
經律論	117-(10)	173
	167-(25)	259
庚寅亂	356-⑪	567
→武臣亂		
京兆	491-㉟	828
	546-㉔	947
慶弔	93-(11)	135
京兆 金氏	98-(1)	144
京兆公-金富儀		
	84-(9)	121
京兆府(長安)	490-㉓	827
京兆氏	23-(41)	22
景宗	79-(6)	114
	217-(3)	339
→獻和大王		
慶州	122-(3)·(4)	184
	162-(1)	250
	426-(2)	698
	624-(1)	1115
→雞林		
→鷄林		
→金城		
→東都		
慶州司兵	515-⑧	879
慶州人 叛亂(神宗5)		
	309-(21)~(25)	480
	323-(13)~(19)	502~503
	325-⑯~326-㉒	502~503
	352-(12)~(13)	559
	374-(28)~(30)	606
	377-㉚~㉛	606

	〈原文〉	〈譯註〉
慶祢	379-(3)	609
敬天寺	132-(6)	199
敬和翁主 王氏-洪允深 繼室		
	553-㉞	959
慶禧宮錄事	375-(34)·(35)	607
	377-㉖·378-㊲	607
慶禧宮副使	385-(6)	621
契		
→交契		
鷄		
→白鷄		
季考月書	281-(5)	435
→月書季考		
桂科	248-(6)	386
→科擧		
戒壇	31-(6)	37
	160-(7)	248
戒壇主	446-㉗	740
桂堂	442-㊴	730
→科擧		
桂林	290-(2)	449
→科擧		
雞林	163-(3)	253
	165-(32)	256
	184-(37)	289
	196-(15)	309
	308-(3)	477
	327-(4)	512
	469-(4)	789
	470-②	789
	483-(2)	810
	489-⑮	823
	494-⑤	833
	499-(2)	845
	514-③	878
	531-(68)	912
	533-③	915
→慶州		
→新羅		
雞林 金氏	385-(1)	620
雞林 朴氏	192-(37)	303
雞林 李氏	517-④	885
鷄林故國	446-㉙	740
雞林管記	467-④	785
雞林國大夫人 金氏-李子淵 妻		
	23-(42)	22
	27-(5)	30
鷄林君-崔瀣	475-㊼	802
雞林郡公-王煦	545-⑫	945
雞林府	515-⑧	879
鷄林府院君-王煦		
	530-(42)	909
	545-⑫	945
鷄林府院君-李齊賢		
	587-①	1040
	588-③	1040
	589-㉜㊱	1045
	590-㊴	1046
鷄林府院大君-王煦		
	522-(19)·523-(20)	
		896
	545-①	943
雞林府,尹	505-⑬	857
	593-⑩	1054
雞林府尹	509-㉓	866
	592-①	1052
雞林府判官	646-㉔	1151
雞林屬郡	136-(5)	207

	〈原文〉	〈譯註〉
雞林,倅	580-⑫	1023
雞林尹	525-⑰	899
	542-⑯	936
戒明(僧)	136-(8)	207
鷄鳴	520-⑥	890
	528-(12)	905
鷄鳴聲	297-(2)	459
繼母	66-(23)	94
	238-(5)	372
	528-(17)	906
桂詵	324-(30)	504
鷄舌	355-(37)	564
啓星寺	26-(13)	27
繼室	164-(26)	255
	207-(5)	326
	273-(12)	424
	553-㉞	959
	557-㉒	969
	563-⑭·⑮	983
	586-㊱·㊲	1038
	591-㊷·㊸	1049
	609-⑫	1092
→後娶		
桂陽	359-⑥	573
桂陽公-李偉	150-(16)	232
桂陽郡開國公-李偉		
	231-(20)	361
桂陽郡大夫人 李氏-李軾 妻		
	231-(20)	361
桂陽郡夫人 金氏-金俟德 妻		
	105-(4)	154
桂陽府副使	373-(12)	603
	376-⑫	603
桂陽府,守	319-(18)	497

	〈原文〉	〈譯註〉
桂陽,守	301-(10)	466
季月酒果	26-(21)	28
戒律宗	31-(7)	37
桂籍	440-⑫	726
計點使	430-(12)	708
	473-㉗	797
	477-㉘	797
繼祖演眞大禪師		
	509-㉒	866
季布(楚)	308-(4)	477
継休(僧)	142-(58)	218
→湖心草堂		
高僩	296-(28)	458
高康赫	621-(1)	1112
「古劍詩」	148-(7)	228
考功郞	336-(45)	532
考功郞中	106-(4)·(5)	156
	138-(13)	211
	253-(10)	396
	559-⑪	973
	657-(14)	1165
考功員外郞	173-(10)·(11)	270
	178-(13)	279
	228-(17)·(18)	356
	301-(7)	466
	336-(42)	532
	665-(13)	1176
考功正郞	440-⑰	727
	466-⑤	783
股肱之佐	17-(23)	13
高克仁	553-㉝	959
高大父(高祖)	448-④	742
→親族		
高惇謙	213-(8)(12)	334

	〈原文〉	〈譯註〉
	295-(2)	455
高麗	13-①	3
	43-(2)	58
	68-(1)	98
	96-(15)	139
	96-(19)·(20)	140
	139-(1)	212
	450-(5)	748
	452-①	751
	459-⑮	767
	481-②③	807
	488-①	821
	495-①	836
	508-①	862
	547-①	949
	560-①	976
	572-㉘	1003
	594-㉓	1056
	618-(1)	1108
	646-①	1152
高麗國	16-(1)	10
	20-(1)	18
	25-(1)	25
	27-(1)	29
	31-(1)	36
	38-(1)	49
	40-(1)	53
	54-(1)	74
	61-(1)	84
	69-(1)	99
	72-(3)	102
	78-(1)	112
	87-(1)	126
	95-(1)	138

〈原文〉	〈譯註〉
104-(1)	154
108-(1)	159
116-(1)	172
143-(1)	219
147-(1)	227
156-(1)	242
163-(1)	252
172-(1)	268
182-(1)	284
189-(1)	297
196-(1)	309
213-(1)	333
217-(1)	339
221-(1)	346
227-(1)	355
234-(1)	365
241-(1)	377
246-(1)	384
249-(1)	388
253-(1)	395
259-(1)	403
263-(1)	410
271-①	420
278-(1)	430
287-(1)	444
288-(1)	446
295-(1)	455
297-(40)	459
301-(1)	465
315-(1)	490
317-(1)	493
357-(1)	571
383-(1)	617
406-(1)	662

	〈原文〉	〈譯註〉
	448-①	742
	458-①	765
	466-①	782
	468-(1)	789
	479-②	803
	483-(1)	810
	485-②	814
	490-⑱	826
	492-(3)	830
	497-①	841
	499-(1)	845
	514-①	878
	516-①	882
	517-①	884
	519-①	889
	527-(2)	903
	533-①	915
	536-①	924
	539-①	929
	541-①	934
	543-(2)	939
	570-①	999
	583-①	1028
	595-①	1059
	599-①	1069
	622-(1)	1113
	633-(2)	1127
	656-(2)～(4)(제액)	
		1164
	662-(1)	1171
高麗都元帥	610-⑩	1094
高麗兵馬都元帥		
	502-⑮·⑯	851
高麗王	573-㊿	1006
高麗王京	515-⑨	879
高麗王府斷事官		
	589-㉔·㉕	1044
高麗右軍萬戶	502-⑬	851
高麗右軍萬戶副萬戶		
	502-⑩·⑪	850
高麗의 統一	152-(4)	236
	297-(5)～298-(9)	
		460
→後三國統一		
高麗人	572-㉞	1004
古龍	154-(9)	239
→龍		
高龍普		
→龍普		
孤柳洞	464-(2)	779
顧命大臣	176-(21)	276
高夢卿	563-⑪	982
高門	558-④	972
→貴族		
高門啓	421-(40)	689
高門大族	231-(21)	361
→貴族		
高伯挺	378-㊲	607
古阜郡事	518-④	887
古阜郡,知	370-⑨	595
古詞	144-(16)	221
→詩		
固城	575-⑪	1010
固城郡	397-(4)	643
固城縣	566-⑥	989
高世材	463-⑤	775
高世侢	32-(27)	39
高舜-堯舜	199-(45)	313

	〈原文〉	〈譯註〉
古詩	608-㉝	1089
→詩		
高氏之亂	596-⑬	1061
孤兒	354-(26)	562
羔羊	113-(61)	167
高陽堅	56-(32)	77
	289-(21)	448
古楊州	647-③	1152
→楊州		
高汝霖	472-⑤⑦⑨	794
	476-⑤⑥⑧	794
高如晦(字)-高瑩中		
	295-(2)	455
高瑩中	**295**	**455**
	463-⑤	775
	559-⑲	974
	563-⑪	982
高王-高宗	458-④	765
	467-②	785
	532-(4)	913
	610-②	1093
皐陶		
-伊皐	26-(23)	28
-陶	663-(34)	1174
誥院	39-(12)	51
	336-(34)	531
	412-(15)	672
古垣城	647-②	1152
古栗寺	313-(17)	486
高益恭	34-⑤	42
	61-(6)	84
高佾	296-(29)	457
高子駒	251-(31)·(32)	392
高子思	144-(13)	221

	〈原文〉	〈譯註〉
高侹	296-(30)	458
	463-④	775
	472-⑩	794
	476-⑨	794
高第	164-(25)	255
	612-③·④	1098
→科擧		
高祖	208-(2)	328
	347-(2)	550
	429-(3)	706
	431-(17)	709
	607-⑪	1086
→親族		
高祖蔭	58-(4)	79
→蔭叙		
高祖之父蔭	233-(4)	363
→蔭叙		
高兆基	653-(51)	1161
高宗		
-高	611-㉛	1097
-今上	319-(19)	497
	332-(42)	521
	335-(16)	528
	345-(6)	548
	353-(20)	560
	379-(13)	611
-上	314-⑰	489
	317-(14)(15)	494
	332-(43)(47)	522
	332-(47)(56)	523
	335-(31)	530
	338-(23)	536
	343-⑤⑧	544
	348-(18)	552

	〈原文〉	〈譯註〉
	350-⑯	555
	354-(28)	562
	354-(34)	563
	361-㉜	577
	362-(7)(9)	580
	362-(11)	581
	363-(14)	581
	363-(21)	582
	364-(6)	585
	365-(14)	586
	366-(11)	589
	367-(22)	590
	367-(26)	591
	374-⑱	604
	374-㉓	605
	377-⑲	604
	377-㉔	605
	379-(10)	610
	379-(14)(18)	611
	380-(24)	612
	389-(31)	627
	389-(40)	628
	391-⑬	631
	391-⑰㉑	632
→高王		
→忠憲王		
高宗載	194-(2)	305
告奏	275-(14)	426
	295-(7)	455
高傚	296-(30)	457
高儔	176-(17)	276
高州	35-㉔	45
	553-㉞	959
高州守	344-⑱	546
高州通判	35-⑩	43
孤竹郡	609-⑨	1091
高敞郡大夫人 吳氏-鄭彪 妻		
	424-(3)	694
高敞縣	147-(2)	227
高昌縣	564-㉟	986
高倩	296-(31)	458
古體詩	169-(24)	263
→詩		
古兎城	68-(8)	98
高洪照(僧)	296-(29)	457
穀	35-㉕	45
	48-(12)	66
	58-(10)	79
鵠嶺	465-(14)	781
穀物		
→豆		
→麥		
→米		
→粟		
→菽		
→稗		
→禾		
穀米	155-(5)	241
	186-(6)	291
曲城	349-(4)	554
	575-⑦	1010
谷城郡大夫人 呂氏-申思佺 妻		
	498-⑧	842
谷州	662-(13)	1172
崑山(崑崙山)	460-㊱	770
昆弟	526-(4)	901
→親族		
骨髓	483-(17)	812

	〈原文〉	〈譯註〉
公(爵)	213-(3)(6)	333
	213-(8)	334
貢擧	44-(13)	60
	151-(18)	234
	157-(25)	244
	289-(16)	447
	305-(24)	472
	519-⑦	888
	567-⑭	990
→知貢擧		
貢擧	662-(9)	1171
→科擧		
貢擧員	373-(6)	602
	376-⑥	602
→知貢擧		
公卿大夫	117-(18)	174
	248-(20)	388
公卿士大夫	179-(24)	280
公卿子弟入侍	455-⑬	757
功階	285-(27)	441
公館	237-(19)	370
功券	601-㉝	1073
孔鯉(中國)	315-(2)	490
公禮	285-(31)	442
→喪禮		
孔孟	130-(2)	196
→孔子		
攻文博士	17-(10)	11
	79-(7)	114
空門	277-(11)	429
→佛敎		
貢物	26-(16)	27
恭愍王	646-①	1152
-今國王	55-⑱	964

	〈原文〉	〈譯註〉
-今上	567-⑯	991
	569-⑬⑭	997
	577-⑬	1015
	577-㉑	1016
	579-㊾	1021
-今王	572-㉚	1003
	633-(15)	1130
-上	552-㉙	958
	561-㉕	979
	564-㉞	986
	566-④	988
	567-⑱	991
	567-㉕	992
	568-②	995
	571-⑲	1002
	573-㊻	1006
	574-64	1007
	575-⑤⑦	1010
	575-⑯⑰	1011
	576-⑳	1012
	577-㉒	1016
	577-㉔	1017
	578-㉜	1017
	578-㉟	1018
	578-㊲	1019
	585-㊴㊶	1034
	585-㊺㊾	1035
	586-51 55 56	1036
	586-62	1037
	593-⑨	1054
	594-㉘㉙	1056
	602-㊴	1074
	602-㊹㊺㊻㊼	1075
	602-㊾㊿51	1076

	〈原文〉	〈譯註〉
	608-㉟	1089
	613-⑫⑬	1099
	613-⑭⑮	1100
-予	569-④	995
-王	555-⑲㉑	964
	601-㉜	1073
	607-㉕	1087
	608-㉞	1089
-殿下	578-㉖㉘	1017
	594-㉙	1056
→江陵府院君		
→玄陵		
恭愍王廢位陰謀(恭愍12)		
	571-㉓	1002
功閥	331-(31)	520
工部	102-(9)	150
	171-(6)	265
	189-(12)	298
工部郎中	132-(9)	200
	138-(12)	211
	176-(13)	275
	228-(19)	356
	281-(11)	436
	282-(38)	439
	334-(9)	527
	370-②	594
	370-⑭	596
→尙書工部郎中		
工部尙書	15-(4)	9
	41-(16)	55
	59-(1)	81
	60-(19)	83
	65-(11)	91
	89-(34)	129
	92-(22)	134
	119-①	178
	121-(12)	182
	122-(14)	185
	135-(36)	205
	143-(4)	219
	195-(5)	308
	249-(1)	388
	250-(23)	391
	270-(12)(14)	419
	271-②	420
	284-(20)	441
	347-(3)	550
	434-(3)	713
工部侍郎	119-①	178
	134-(29)·(30)	205
	214-(4)	335
	215-(24)	337
	229-(26)	357
	298-(10)	460
	319-(20)	497
	349-(9)(10)	554
	380-(29)	612
	665-(9)	1176
→尙書工部侍郎		
工部令史	130-(5)	196
公府寮屬	120-(4)	181
工部員外	368-(4)·(5)	592
	370-⑩	595
	422-(10)	691
工部員外郎	58-(14)	80
	150-(19)	232
	256-(18)	398
	337-(9)	535

	〈原文〉	〈譯註〉
	347-(2)	550
	361-㊱	578
	653-(49)	1161
工部,知事	102-(9)	150
	208-(2)	328
	215-(27)	337
	595-③	1059
	613-⑪	1099
	652-(43)	1160
工部,判事	48-(1)	65
	49-(2)	67
	60-(24)	83
	101-(6)	149
	144-(14)·(15)	221
	201-(15)	317
	299-(25)	462
	346-(7)	548
	366-(3)	587
	610-③	1093
貢士	259-(7)	403
	328-(20)	514
	554-⑪	963
→科擧		
貢士(宋)	96-(17)	140
空桑之譚	578-㉘	1017
→佛敎		
貢生	295-(2)·(3)	455
→科擧		
孔宣父	315-(2)	490
→孔子		
孔聖	13-(2)	4
→孔子		
恭肅公(謚號)-庾弼		
	228-(5)	355

	〈原文〉	〈譯註〉
	356-⑦	567
	364-(2)	584
	429-(3)	706
功臣	20-(1)	18
	22-(29)	21
	38-(2)	49
	39-(10)	51
	41-(9)(12)	54
	42-(34)	57
	43-(2)	58
	45-(20)	61
	59-(2)	81
	63-(1)	88
	65-(18)	93
	66-(20)	94
	70-(17)	101
	79-(7)(11)	114
	88-(3)	126
	111-(15)	163
	114-(71)	168
	126-(4)(10)	190
	137-(2)	209
	139-(3)	212
	143-(3)	219
	143-(5)	220
	151-(22)	234
	152-(3)	236
	158-(2)	246
	163-(5)(6)	253
	165-(2)	257
	170-(4)	265
	186-(8)	291
	186-(13)(15)	292
	186-(19)	293

〈原文〉	〈譯註〉
187-(29)(31)	294
187-(35)(36)(37)	295
188-(39)	296
197-(4)(7)	310
198-(12)·(13)	311
201-(2)	316
202-(4)	318
231-(19)·(20)	322
233-(4)	363
236-(2)	368
249-(4)	389
253-(4)	395
259-(1)	403
263-(2)	410
265-(1)	413
268-(22)	417
304-(8)	471
308-(6)	478
330-(5)	516
330-(13)	517
331-(35)	520
331-(37)(39)	521
347-(2)	550
387-(1)	623
387-(7)·(8)(10)	624
388-(13)(23)	625
420-(34)	688
423-(2)	694
425-(13)	697
426-①	700
428-㉟	705
429-(2)(3)	706

〈原文〉	〈譯註〉
433-(1)	713
434-(9)	715
435-(11)	716
440-⑧	725
440-⑨	726
451-(6)	748
455-㉚	759
456-㉞	760
458-①③	765
460-㉖	769
464-(3)	779
467-①	785
467-⑦·⑧	786
469-(6)	790
470-④	790
487-⑪	819
494-⑬	835
496-⑰	839
498-⑳	843
502-⑰	851
503-㉔㉕	852
503-㊲	854
506-(4)	860
508-①	862
508-⑬	864
510-⑮	868
513-㉟	876
518-①	887
519-①	889
520-⑱	892
522-(3)	894
526-(3)	901
527-(3)	903
529-(2)(6)	907

	〈原文〉	〈譯註〉
	530-(37)	909
	532-(2)	913
	533-①	915
	533-⑫⑬	917
	539-①④	929
	539-⑫	931
	540-⑲	931
	552-㉖㉗	958
	553-㉜	959
	555-⑮	963
	555-⑯	964
	560-①	976
	561-㉔	979
	566-②	988
	567-㉕	992
	570-①	999
	573-㊽	1007
	580-②	1022
	581-③	1025
	583-①	1028
	586-㊸	1036
	587-②	1040
	589-㉓	1043
	589-㉖	1044
	589-㉞	1045
	597-㊷	1065
	598-③	1066
	599-①	1069
	600-②	1069
	601-㉝	1073
	602-㊷	1075
	605-㉗㉘㉚	1083
	606-⑥	1085
	607-㉕	1088
	610-⑨	1094
	613-⑲⑳	1100
	613-㉓	1101
	629-①	1119
	630-⑲·⑳	1121
	631-34	1123
	632-(2)	1127
	633-(9)	1128
	643-(5)	1143
	647-(2)	1153
→配廟功臣		
→配享功臣		
→一等功臣		
→二等功臣		
→三韓功臣		
→八字功臣		
功臣閣	331-(27)	519
功臣門蔭	170-(5)	265
→蔭敍		
功臣鐵券	611-⑮	1094
孔嵒	79-(5)	114
孔巖郡	485-②	814
孔嵒縣	120-(2)	180
	403-(3)	656
供養	310-(41)	483
	559-㉑	974
功業	344-㉔·㉕	546
供驛令	162-(6)	251
	273-(12)	424
供驛署丞	218-(14)	340
	301-(3)·(4)	466
供驛直	486-⑤	818
恭睿大后 任氏-仁宗 妃		
	253-(4)	395

	〈原文〉	〈譯註〉
	256-(21)	399
	298-(20)	461
	347-(3)	550
貢院	586-㊿	1036
→科擧		
孔子	138-(16)	211
	578-㉙	1017
	647-④	1153
-孔	216-(34)	337
	351-(7)	557
-夫子	466-④	782
→孔孟		
→孔聖		
→孔宣父		
→宣尼		
→仲尼		
孔子廟配享	466-④	782
工匠姓名成籍	26-(21)	28
→戶籍		
供造署令	591-⑳	1050
工曹摠郎	613-㉗	1102
公主	56-(3)	77
	252-(3)	393
	260-(19)	405
	412-(11)	672
	424-(6)	695
	492-(8)	831
	535-㊱	920
	539-⑦	930
	551-⑫	956
公州	189-(11)	298
	368-(4)	592
公州牧	597-㉚	1063
公州,知	453-⑨	753
公州,知事判官	123-(16)	185
供進	41-(20)	55
公牒僞造	26-(16)	27
孔湯	153-(18)	237
恭化伯-王瑛	259-(8)	404
恭化侯-王瑛	252-(3)	393
	259-(2)	403
	260-(10)	404
公侯	483-(10)	811
公侯之孫	41-(23)	55
孔姬	35-⑬	44
瓜	326-⑲	508
科擧	456-㉟	756
→擧子		
→應擧		
→貢擧		
→貢士		
→貢生		
→貢院		
→科第		
→棘院, 棘圍, 棘闈		
→金牓, 金榜之科		
→及第		
→中第		
→捷第		
→場屋		
→文場		
→文場舊弊		
→文地之選		
→文衡		
→詞賦試		
→明經		
→製述		
→文科		

	〈原文〉	〈譯註〉
→賜題		
→出題		
→制策		
→策試		
→論場		
→三場試		
→放牓		
→上舍		
→上第		
→國試		
→東堂		
→禮部, 禮部試,		
→禮闈		
→春官, 春官試		
→春司		
→春闈		
→春場		
→天場		
→龍頭選		
→乙科		
→乙第		
→別賜乙科		
→賓乙科		
→丙第		
→桂科		
→高第		
→前試		
→重試		
→進士第		
→御試		
→覆試		
→殿試,		
→廷試		
→親選		
→親試		
→帶犀赴試		
→改試		
→抗表請試		
→國子試, 國子監試, 監試		
→南宮選		
→南宮試		
→南省試, 南省禮闈		
→司馬, 司馬試		
→司成試		
→成均試		
→鄕學		
→鄕貢進士		
→鄕試		
→士科		
→秀才科		
→賢科		
→賢良科		
→省試		
→會試		
→征東鄕試		
科擧(元)	593-④	1053
→甲第(元)		
→京師科(元)		
→廷對第(元)		
→制科(元)		
→便殿策試(宋)		
寡婦	354-(26)	562
→守節		
科第	185-(40)	289
	293-(8)	453
	310-(43)	483
	311-(11)	484
	315-(10)	491

	〈原文〉	〈譯註〉
	318-(6)	496
	348-(20)	552
	373-(7)·(8)	603
	376-⑦	603
→科擧		
課最	214-(9)	335
	307-(11)	475
	328-(9)	513
→殿最		
霍光(漢)	18-(33)	14
	199-(46)	313
-霍	332-(49)	522
郭汾陽-郭子儀	199-(46)	313
	601-㉞	1073
郭陽宣	338-(24)	536
郭汝弼	641-(19)	1141
郭延俊	576-㉒·㉓	1012
郭迎俊	596-⑳	1062
郭預	596-⑧	1060
郭游禮	591-⑰	1050
郭子儀(唐)		
-子儀	199-(46)	313
→郭汾陽		
→汾陽		
郭子仁	36-㊳	47
郭州通判	273-(8)	423
管	332-(55)	523
丱角	16-(8)	11
	48-(2)	65
	192-(37)	303
	206-(8)	324
館閣之任	164-(29)·(30)	255
灌漑	352-(8)	558
-漑	235-(9)	366

	〈原文〉	〈譯註〉
→渠		
→掘地		
官告	14-(5)	5
官誥	77-⑰	110
	77-⑲	111
	166-(12)	258
	186-(16)	292
	187-(22)	293
	187-(25)	294
	187-(35)	295
	264-(4)(5)	410
→麻誥		
管高麗軍都元帥		
	407-(14)	665
	440-⑦	725
	539-④	929
管高麗軍萬戶	408-(20)	666
	450-(2)	748
	451-(10)	749
	464-(1)	779
	497-㉘	840
	560-⑦	977
	631-㊵	1124
管高麗軍千戶	501-(18)	848
管高麗軍征東左副元帥		
	631-㊲·㊳	1124
官軍	326-⑳·㉑	508
	343-⑦	544
	381-(12)	615
	388-(29)	626
管軍萬戶	402-⑬	654
	460-㉝	770
	498-⑬	842
	502-⑤	849

	〈原文〉	〈譯註〉
	543-(8)	940
	641-(19)	1141
管軍上萬戶	524-⑤⑫	898
官妓	391-⑮	631
→妓生		
關東	261-(12)	407
	356-⑲	569
『關東瓦注』	537-⑬·⑭	926
官吏祿	546-㉒	946
→祿俸		
貫文	72-(5)	102
→文		
→錢		
館伴使	96-(17)	140
官舍	643-(9)	1144
關西(中國)	467-⑧	786
關西路按察使	183-(16)	286
官船	640-(11)	1139
管城縣	312-(8)	486
管城縣尉	274-(10)	426
觀世音菩薩	280-(8)	433
→觀音		
觀音尊像	630-㉔	1122
寬愼公(諡號)-蔡謨		
	414-①	676
	415-⑳	679
灌鸎(漢)		
-灌	402-⑱	654
觀音	356-⑲	569
→觀世音菩薩		
官人	239-(13)(15)	373
	354-(33)	563
官制改革(忠烈1)		
	395-(9)~(10)	640
	399-(22)~400-(23)	
		649
	404-(8)	658
	474-㉞	798
	477-㉟	798
官制改革(忠宣即位)		
	494-⑨	834
	508-⑧	863
	541-⑥	935
官制改革(恭愍5)		
	585-㊹	1034
	593-⑩	1054
	601-㉜	1073
	612-⑧	1099
官制改革(恭愍18)		
	597-㉞	1064
館職	518-⑧	886
	520-⑰	892
	530-(35)	909
	537-⑰	926
	542-㉕	938
	555-⑰	964
	557-⑯	969
	561-⑲	978
	564-㉒	984
	569-⑰	997
	575-⑮	1011
	585-㉝	1033
	593-⑰	1055
	605-⑳	1082
	605-㉚	1083
	613-⑱	1100
舘翰	48-(8)	66
	154-(7)	239

	〈原文〉	〈譯註〉
	176-(17)	276
	373-(9)	603
	376-⑨	603
	418-(6)	683
	662-(15)	1172
管絃坊判官	324-(32)	504
	326-㉞	510
冠婚	389-(36)	627
貫花驛	343-⑥	544
刮目相對	590-㊹	1047
光教寺	264-(4)(5)	410
匡國功臣-韓惟忠		
	88-(3)	126
廣德寺	233-(11)	364
廣度寺	591-59⃝	1049
光祿	356-⑮	568
光祿大夫	52-(13)	71
	131-(1)	198
	323-(22)	503
	326-㉔·㉕	509
	415-㉙	680
	591-61⃝	1049
廣陵	34-⑤	42
廣陵伯	260-(19)	405
廣里	396-(16)	641
廣明大禪師	142-(42)·(43)	217
匡文公(謚號)-金行瓊		
	37-(3)	48
光文校書郎	17-(10)·(11)	11
光文郎	17-(11)	11
光文院少監	255-(4)	397
廣福君-權宗頂(僧)		
	530-(44)	909
光山君-金瑫	451-(15)	750

	〈原文〉	〈譯註〉
光山望族	472-②	793
匡肅公(謚號)	47-(5)	64
「光巖碑」	613-⑲	1100
光陽	123-(2)	186
光陽監務	577-㉑	1016
光陽君-崔誠之	467-①	785
	467-⑧	786
	468-⑫	787
	468-⑲	788
	527-(8)	904
	527-(9)	905
	528-(14)	905
光陽郡大夫人 金氏-尹彦頤 妻		
	115-(94)·(95)	171
光陽郡夫人 金氏-崔允儀 妻		
	123-(1)	186
光陽縣	133-(4)	202
匡烈公(謚號)-崔怡		
	385-(4)	620
	388-(15)	625
光儒侯-鄭倍傑	139-(4)	212
廣殿	34-⑥	42
光節公(謚號)-金之淑		
	516-⑦	883
匡靖	491-㊳	829
	492-(8)	831
	494-⑫	835
	496-⑭	838
光正公(謚號)-崔沆		
	387-(4)	624
	389-(41)	628
匡定公(謚號)-洪奎		
	435-(16)	718
匡正大夫	460-㉞	770

	〈原文〉	〈譯註〉
	497-⑤	841
匡靖大夫	395-(1)	639
	398-(1)	647
	400-(23)	649
	402-⑯	654
	403-(2)	656
	404-(9)	658
	407-(15)	665
	408-(20)	666
	411-(2)(3)	670
	411-(8)	671
	412-(16)(19)	673
	415-⑰	678
	417-(3)	683
	418-(15)	685
	420-(28)	687
	423-(2)	694
	427-②	700
	427-⑱・⑲	703
	434-(9)	715
	436-(4)	719
	439-(6)	723
	440-⑧	725
	441-㉜	729
	445-⑦⑨	737
	448-⑯	744
	455-㉘	759
	456-㊸㊹	761
	460-㉜	770
	463-⑦	775
	464-(1)(3)	779
	465-(10)	781
	466-①	782
	466-⑨	783

〈原文〉	〈譯註〉
468-(1)	789
470-(24)	791
471-⑯	791
473-㉓	797
477-㉒・㉓	797
479-②	803
481-④	808
482-⑨	808
485-④	814
487-⑪	819
488-⑤	822
489-③	824
490-㉑	826
490-㉕	827
492-(2)	829
499-(1)	845
500-(16)	847
502-⑤	849
502-⑮	851
503-㉛	853
504-㊸	855
510-⑪	868
512-⑮	873
513-㉟	876
516-⑤	882
518-①	887
524-①②	897
525-⑮	899
527-(2)	903
533-⑩	916
540-㉜	933
541-①	934
560-⑥	976
564-㉗	985

	〈原文〉	〈譯註〉
	571-⑭·⑮	1001
	585-㊷	1034
	589-㉖	1044
	591-㊺	1049
	597-㊷	1065
	598-④	1067
	602-㊷	1075
	605-㉙	1083
	613-⑳	1101
	618-(10)	1108
	641-(13)(14)	1140
	642-(2)(3)	1143
光政副使	441-㉔	728
廣濟寺	110-(11)	162
	188-(41)	296
	292-(2)	452
廣濟僧統-朴聰謂(僧)		
	69-(2)	99
光宗	14-(4)	5
	17-(9)	11
	113-(53)	166
	255-(3)	397
光州	278-(2)	431
	501-③	849
	563-⑨	982
	580-②	1022
光州監務	171-(7)	265
光州郡大夫人 金氏-洪奎 妻		
	435-(14)	717
廣州	142-(48)	218
	224-(48)	350
	308-(6)	478
	372-⑬	599
	594-㊱	1057
	606-③	1085
	643-(9)	1145
	644-(14)	1146
	647-②	1152
-廣	372-㉖	600
廣州牧	25-(2)	25
	222-(22)	220
	312-(16)	485
	487-⑧	819
廣州牧副使	141-(22)	216
廣州牧使	112-(46)	166
廣州牧司祿	428-㉔	703
廣州牧司錄兼掌書記		
	156-(4)	242
廣州牧,守	144-(10)	220
	149-(9)	231
	265-(7)	413
廣州司祿	593-⑮	1055
廣智開宗弘眞祐世僧統-王煦(僧)		
	31-(9)	37
廣智大禪師-王之印(僧)		
	168-(1)(2)	261
	168-(13)	262
	170-(34)	264
廣灘	343-⑧	544
廣平公-王源	213-(1)(3)	333
廣評郡大君 李氏-許載 妻		
	82-(61)·(62)	118
廣平伯-王源	213-(2)·(3)	333
廣平府典僉	423-(19)	693
廣評侍郎	249-(3)	388
廣平侯-王源	213-(3)	333
廣寒殿	407-(11)	664
	572-㊴	1004

	〈原文〉	〈譯註〉
廣化門	65-(17)	93
廣孝功臣-王倖	186-(15)	292
廣興倉,提擧事	444-(14)	734
魁擧	274-(9)	426
→及第		
魁金榜	438-(6)	723
→及第		
魁頭	374-(27)	606
	377-㉙	606
→及第		
槐司	26-(8)	26
校勘	584-㉖	1032
校勘之職	152-(8)	236
	163-(12)	253
交契	356-⑨⑪	567
→契		
教觀	76-④	108
	169-(23)	263
喬桐	490-⑬	825
喬桐縣	194-(1)	305
喬桐縣君 高氏-田起 妻		
	194-(1)	305
教書	187-(32)	294
校書	493-(12)	832
校書郎	125-(8)	188
	265-(5)	413
	454-⑩	756
校尉	261-(6)	406
	278-(17)	432
	373-(3)	602
	629-⑧	1120
教藏寶	188-(38)	295
交州	217-(12)	340
	291-(16)	450
	366-(8)	588
交州,守	138-(6)	210
交州道,按	422-(10)	691
交州道按廉	430-(8)	707
	508-⑤	862
交州道按廉使	593-⑱	1055
交州防禦判官	217-(11)	340
交趾(베트남)	459-⑭	767
教學	263-(1)	410
→佛教		
龜	20-(16)	17
	355-(36)	564
	370-⑥	595
狗	272-⑫	421
→犬		
具戒	50-(5)	68
→佛教		
具誡	369-(18)	593
→佛教		
九軍	343-③	544
救急別監	430-(7)	707
句當使	148-(9)	228
九代	643-(6)	1144
九代祖	561-⑨	977
→親族		
九老會	296-(16)	456
九龍山	20-(16)	17
	24-(1)(17)	24
	25-(20)	25
	286-(11)	444
	420-(30)	687
	641-(15)	1140
九明山	581-⑱	1024
九廟	568-㊱	994

	〈原文〉	〈譯註〉
→宗廟		
舊法	590-㊺	1047
	611-⑯	1095
句覆院判官	142-(43)	217
	150-(17)	232
	256-(34)	400
	342-⑨	542
	389-(36)	627
	409-(7)	669
-句覆院	648-(5)	1154
九封君	530-(47)	910
→封君		
九山門	76-④	108
龜筮	29-(44)	34
→占卜		
九城	44-(15)	61
	80-(17)	115
龜城君-吳潛	489-①②	824
	491-㉘㉚	827
龜城郡夫人 閔氏-崔繼芳 妻		
	42-(29)	56
九世孫	308-(6)	478
→親族		
舊臣	493-②	833
舊業	274-(6)	425
→家業		
驅役	335-(28)	530
具藝	511-㉕	870
九原	18-(28)	13
	253-(23)	395
	513-㉗	875
	553-㊷	960
	582-⑱	1027
	592-⑲	1052

	〈原文〉	〈譯註〉
	625-(6)	1116
九月山主	643-(5)	1144
丘乙堂-鑑智王師		
	439-(7)	723
鳩杖	332-(44)	521
九族	28-(24)	32
	259-(9)	404
	663-(27)	1173
→親族		
具足戒	117-(9)	173
	136-(8)	207
→佛教		
九主	187-(24)	293
九泉	18-(33)	14
	345-㉚	547
九袍雲錦	434-(7)	715
九品	577-⑫	1015
具禧	559-⑮	973
	580-⑬	1024
國公	65-(13)	92
	478-56	802
鞠具瞻	100-(2)(3)	147
國鈞	592-78	1052
鞠譚	449-㉝	746
國大夫人	23-(42)	22
	24-(6)	24
	25-(3)	26
	27-(5)	30
	39-(16)	51
	47-(10)	64
	330-(15)	517
	428-㊱	705
	432-③	710
	433-⑲	712

	〈原文〉	〈譯註〉
	445-①	736
	447-㉜	740
	456-㊵	761
	474-㊱	799
	477-㊱	799
	497-①	841
	498-㉒	844
	506-(1)	860
	522-(16)·(17)	895
	531-(1)	913
	532-(12)	914
	535-㊺	922
	545-⑧	944
	547-①	949
	547-⑥	950
	581-④	1025
	588-⑨	1041
→國太夫人		
國大夫人 庾氏-崔融藝 妻		
	25-(3)	26
國都	567-㉑	992
→開城		
國禮	498-㉒	844
→喪禮		
國禮葬	172-(24)	267
→喪禮		
國老	190-(15)(18)	299
國廩	475-51	801
	478-52	801
	560-㉖	975
→賜米		
國夫人	479-⑦	804
	503-㉛	853
	590-49 52	1048
國史	28-(20)	31
	32-(24)	39
	151-(31)	235
	185-(44)	290
	408-(25)	667
	553-㊴	960
	561-⑩	977
	594-㉔	1056
國師	24-(2)(3)	24
	31-(1)(3)	36
	31-(5)	37
	32-(13)(14)	38
	32-(18)(19)(20)(21)(23)	39
	50-(8)	68
	73-(1)(3)(6)	104
	74-(21)·(22)	105
	76-④	108
	76-⑦	109
	77-⑭	110
	117-(13)	174
	136-(12)	207
	136-(15)	208
	168-(7)	261
	398-(16)	645
	466-⑪	783
→僧侶		
國庠	255-(13)	398
	328-(8)	513
國相	327-(2)	512
	471-⑱	792
	508-⑯	865
	547-⑤	950
國璽	183-(14)	286

	〈原文〉	〈譯註〉
國姓	332-(47)	522
國城	346-(13)	549
→開城		
國稅之所出	428-㉒	703
國俗	445-④	736
	449-㉚	746
	563-⑦	981
	630-33	1123
→東俗		
國試	264-(4)	410
→僧科		
國試	547-⑤	950
→科擧		
國原公-宣宗	43-(6)	59
國原公府典籤	43-(6)	59
國原侯-宣宗	23-(47)	23
國子監大司成	64-(10)	91
	114-(78)	169
	132-(13)	200
	146-(14)	225
	174-(20)	271
	184-(26)	288
	223-(40)	349
	281-(19)	436
	292-(32)	452
	305-(23)	472
	306-(1)(2)·(3)	474
	307-(22)	476
	382-(19)·(20)	616
	404-(7)	658
	418-(15)	685
	463-⑤	775
國子監試	64-(4)	89
	132-(19)	201

	〈原文〉	〈譯註〉
	273-(11)	424
	454-⑩	756
→科擧		
國子監主簿	45-(25)	62
國子博士	131-(4)	199
	138-(5)	210
	176-(7)	275
	280-(9)·(10)	433
	354-(33)	563
	411-(10)	671
國子司業	17-(14)	12
	97-(30)	141
	111-(31)	164
	132-(9)	200
	164-(14)	254
	184-(21)	287
	295-(11)·(12)	456
	303-(7)	469
	316-(16)	492
	348-(19)	552
	352-(16)	559
	366-(10)	589
	401-⑨	653
	403-(6)	658
	418-(9)	684
	465-(9)	780
	619-(3)	1109
國子試	223-(32)	348
	273-(5)	423
→科擧		
國子典酒	570-⑤	999
國子祭酒	19-(12)	17
	59-(4)	81
	60-(18)	82

	〈原文〉	〈譯註〉
	62-(32)	86
	99-(24)	146
	108-(1)	159
	109-(13)	161
	120-(1)	179
	122-(4)	184
	132-(13)	200
	135-(42)	206
	143-(6)	220
	153-(19)	237
	154-(10)	240
	164-(16)	254
	195-(7)	308
	218-(24)	341
	240-(30)	375
	292-(1)	452
	328-(17)	514
	335-(14)	527
	366-(12)	589
	373-(12)	603
	376-⑬	603
	563-⑪	982
	612-⑨	1099
	665-(15)	1176
國子主簿	17-(11)	11
國子注簿	19-(4)	16
「國者至公之器」		
	296-(20)	457
國子直學	559-⑮	973
國子進士	19-(11)	16
	410-(16)	669
國子學生	100-(10)	148
	182-(17)	283
	192-(36)	303

	〈原文〉	〈譯註〉
國葬	25-(6)	26
→喪禮		
國制	649-(17)	1156
→喪禮		
菊齋(號)-權溥	512-④	871
	522-(12)(14)	895
	529-(12)	907
	556-⑥	967
	588-⑪	1041
國祖	483-(5)	810
國戚	23-(39)	22
	117-(14)	174
國淸寺	32-(17)	38
	76-①	108
	76-⑧	109
	77-⑱	111
國初入仕	472-②	793
	475-①	793
	482-⑤ · ⑥	808
國太夫人	21-(6)	19
	509-⑲	865
	521-(1)	894
	522-(2)	894
→國大夫人		
國學	96-(27)	141
	97-(40)	143
	157-(3)	243
	275-(17)	427
	352-(9)	558
	619-(4)	1109
國學大司成	457-⑨	764
	490-⑰	826
	542-㉑	937
	576-⑤	1013

	〈原文〉	〈譯註〉
國學生	113-(50)	166
國學典酒	441-㉒	727
	466-⑥	783
國學祭酒	441-㉕	728
國學直講	156-(2)	242
	199-(42)	313
	281-(12)	436
	295-(12)	456
	359-⑫	574
	386-(22)	622
	399-(13)	648
	401-⑨	653
	403-(6)	658
	422-(6)	690
	432-⑭	711
	440-⑬	726
國學直誦	490-⑫	825
國學直學	139-(5)	212
國學,判事	204-(24)	322
國學學錄	640-(5)	1138
國學學諭	99-(24)	146
	121-(20)	183
	202-(24)	317
	207-(21)	327
	357-㉗	570
	494-⑧	834
	530-(28)	908
國學學正	295-(6)	455
	665-(10)	1176
郡開國公	231-(20)	361
	387-(3)	623
	388-(15)	625
	389-(40)	628
	440-⑧·⑨	725

	〈原文〉	〈譯註〉
郡開國伯	204-(26)	322
郡開國子	174-(27)	272
	304-(10)	471
郡開國侯	38-(3)	49
	39-(10)	51
	41-(13)	54
	199-(33)	312
	331-(37)	520
郡公	523-(23)	896
	545-⑫	945
軍功	189-(9)	298
	291-(20)	451
軍國大謀	380-(20)	612
軍國大事	89-(22)	128
軍國要務	630-⑲	1121
郡君	14-(12)	6
	46-(1)	63
	105-(10)	154
	107-(4)	157
	125-(12)	189
	184-(37)	289
	240-(33)	376
	279-(2)	433
	282-(36)	438
	299-(1)	464
	312-(4)·(5)	486
	341-(17)	540
	373-(4)	602
	376-④	602
	511-㉕	870
	617-(1)(6)(15)	1107
	653-(47)	1161
軍器	189-(12)·(13)	298
	383-(7)	618

	〈原文〉	〈譯註〉
軍器監	86-(13)	124
	111-(14)	163
	141-(4)	215
	228-(21)	356
	281-(14)	436
	306-(8)	475
	344-⑲	546
	349-(10)	554
	565-㊴㊶㊹	986
軍器監司	618-(1)(7)	1108
軍器少尹	591-(64)	1049
	591-(67)	1050
軍器丞	122-(10)	185
軍器寺,判事	582-⑥	1026
軍器主夫	84-(5)	120
	312-(9) · (10)	486
軍器主簿	14-(12)	6
	35-⑩	43
	61-(13) · (14)	84
	295-(3)	455
軍器注簿	162-(5)	251
	204-(27)	322
	281-(10)	435
	298-(16)	461
軍器主簿同正	43-(4)	58
	114-(78)	169
	171-(7)	265
	190-(5)	300
	222-(10)	347
軍器注簿同正	133-(11)	203
	178-(7)	278
	193-(7)(9)	305
	240-(36)	376
軍器注簿同政	656-(5) · (6)	1165
郡大君	17-(22)	13
	82-(61) · (62)	118
	151-(4)	234
	170-(3)	265
	201-(13)	317
	287-(8)(9)(10)	445
	619-(1)	1110
→郡太郡		
郡大夫人	14-(10)	5
	17-(22)	13
	21-(5)	18
	39-(7)	50
	39-(14)	51
	41-(14)	54
	43-(5)	58
	59-(4)	81
	66-(23)	94
	66-(24)	95
	75-(7) · (8)	107
	79-(9)	114
	84-(4)	120
	86-(15)	124
	93-(6)	135
	101-(1)(5)	149
	108-(3)	159
	115-(94) · (95)	171
	122-(3)	184
	133-(6)	202
	149-(3)	230
	154-(3)	238
	178-(4)	278
	183-(8)	285
	190-(4)	300
	197-(6)	310
	200-(1) · (2)	314

	〈原文〉	〈譯註〉
	219-(44)	343
	221-(7)	346
	231-(20)	361
	267-(6)	395
	287-(9)·(10)	445
	308-(7)	478
	317-(18)·318-(19)	494·495
	320-(1)	498
	325-⑤	506
	328-(7)	513
	337-(5)	534
	359-⑧	574
	411-(6)	671
	414-③	676
	424-(3)	694
	426-(2)	698
	435-(14)	717
	438-(1)(2)	722
	451-(6)	749
	454-⑤	755
	457-①	763
	457-⑩	764
	459-⑨	766
	462-①	775
	475-㊿	801
	478-(51)	801
	482-⑦	808
	489-④·⑤	824
	498-⑧	842
	533-⑤	916
	555-㉔	965
	558-①	971
	580-①	1022
	580-⑧	1023
	660-(17)	1169
	659-(1)	1168
	660-(2)	1169
→郡太夫人		
群盜	352-(12)	559
-盜	309-(26)	481
→盜賊		
→草賊		
郡吏	136-(6)	207
	276-(2)	429
→鄕吏		
軍馬	408-(24)	666
軍幕	374-(29)	606
	377-㉚	606
郡牧	55-(13)	75
軍法	309-(24)	481
軍簿	546-㉒	946
	611-⑰	1095
	613-⑬	1099
軍簿,知	415-⑮	678
	473-⑰	796
	476-⑰	796
	605-⑱	1082
軍簿判書	569-⑱	998
軍簿司,知事	397-(11)	644
	441-㉗	728
	601-㉙	1073
軍簿司,判事	400-(23)	649
	404-(9)	658
	415-⑱	678
	428-⑳·㉑	703
	496-⑳	839

	〈原文〉	〈譯註〉
	551-⑩	956
	555-⑯	964
	573-○58	1007
君夫人	436-(1)	719
	456-㊹	761
	488-⑦	822
郡夫人	39-(16)(17)	51
	42-(29)	56
	45-(25)	62
	53-(1)	73
	61-(5)	84
	63-(61)	87
	82-(63)	118
	97-(39)	142
	104-(1)	154
	105-(4)(10)	154
	121-(17)	183
	123-(1)	186
	126-(14)	190
	130-(11)	197
	141-(6)・(7)	215
	142-(59)	218
	145-(6)	224
	155-(1)(2)	240
	158-(2)	246
	162-(9)	251
	185-(38)	289
	204-(26)	322
	207-(1)(2)	325
	208-(1)	328
	225-(78)	353
	232-(23)	361
	238-(4)	372
	251-(33)	392
	262-(30)	409
	271-③	420
	322-(5)	501
	334-(5)	526
	336-(41)	532
	338-(25)	536
	367-(23)	591
	371-(2)	597
	379-(3)	609
	403-(4)	657
	413-③	675
	415-㉒	679
	418-(4)	683
	422-(6)	690
	432-①⑦	710
	434-(4)	714
	436-(7)	720
	438-(3)	722
	440-⑩	726
	443-(6)	732
	445-⑧	737
	448-⑤	742
	449-㉛	746
	453-⑰	754
	456-㊵㊷	761
	469-(10)・(11)	790
	470-(26)	792
	475-○54	802
	479-①②	803
	481-①	807
	482-⑤	808
	486-④	818
	488-①	821
	488-⑥	822

	〈原文〉	〈譯註〉
	489-⑤	824
	497-㉖	840
	500-(14)	847
	503-㉞㉟	853
	505-⑮⑯	858
	509-⑲·⑳	865
	515-⑩	879
	516-⑦	883
	520-⑮	891
	524-⑦	898
	538-㉓	927
	542-㉒	937
	544-(16)	941
	553-㉜㉝	959
	558-③	972
	561-⑧	977
	566-⑧	989
	572-㊳	1004
	577-⑦	1014
	581-①	1025
	586-65 66	1038
	590-54	1048
	597-㊴㊵	1065
	598-①②	1066
	604-⑪	1080
	611-㉒	1096
	621-(2)	1112
	662-(1)(2)·(3)	1171
軍簿正郎	561-⑯	978
	597-㊵	1065
	604-⑯	1081
	644-(16)	1147
軍簿佐郎	430-(9)	707
	465-(9)	780

	〈原文〉	〈譯註〉
	487-⑫	820
	500-(14)	847
	593-⑯	1055
	604-⑮	1081
軍府叅謀	328-(11)	513
軍簿揔郎	441-⑲	727
	453-⑧	752
	475-53	801
	478-53	801
	490-⑭	826
	498-⑩	842
	537-⑬	926
	564-㉒	984
	600-⑨	1070
	601-㉖	1072
	604-⑰	1081
軍簿判書	422-(18)	693
	424-(8)	696
	436-(3)	719
	502-⑥	849
	515-⑧	879
	518-①·②	887
	519-⑧	888
	524-⑥	898
	559-⑩	973
	569-⑰⑱	997
	585-㉞	1033
	611-⑯	1095
郡司戶	325-③·④	506
	381-(5)(6)	614
→司戶		
→鄕吏		
郡司戶長	322-(4)	501
→司戶		

	〈原文〉	〈譯註〉
→鄕吏		
群小	564-㉔	984
	584-⑱	1030
	589-㉛	1045
	604-②	1079
軍營	110-(9)	162
軍尹	287-(5)	445
軍資	81-(44)	117
君子	45-(24)	62
	48-(3)	65
	114-(70)	168
	125-(20)	189
	138-(18)	211
	159-(12)	246
	159-(18)	247
	191-(24)	302
	287-(6)	445
	293-(7)	453
	300-(5)	464
	302-(18)	467
	303-(16)	469
	320-(8)	490
	329-(28)	515
	342-④	541
	343-③	544
	345-㉗	547
	357-㉙	570
	361-㉟	578
	365-(16)	586
	400-(34)	650
	440-②③	725
	447-㊳	741
	450-㊲	747
	452-(17)	750
	461-②	772
	461-⑪	773
	462-⑳	774
	481-⑪	807
	494-⑰	835
	501-(20)	848
	504-⑥	856
	505-㉑	859
	507-(14)	861
	508-⑱	865
	532-(13)	915
	537-⑥	924
	547-㊱	949
	562-㉘	980
	565-㊻	987
	574-㊸·㊹	1007
	580-⑥·⑦	1022
	581-⑳	1024
	588-⑰	1042
	595-㊴	1058
	601-㉞	1074
	605-㉜	1083
	608-㉟	1089
	611-㉛	1097
	646-㉖	1151
→士君子		
君子六藝	450-(4)	748
→六藝		
郡長	34-③	42
→鄕吏		
軍政	356-⑱	568
軍廚員吏	250-(11)	389
軍簽	370-⑧	595
郡太君	37-(2)	48

	〈原文〉	〈譯註〉
→郡大君		
郡太夫人	88-(7)	127
	425-(1)	698
	537-⑧	925
→郡大夫人		
郡戶長	61-(5)	84
	537-⑦	925
→鄕吏		
崛山	398-(16)	645
掘地	58-(12)	79
→灌漑		
弓(土地面積)	510-⑳	869
弓	269-(2)	418
弓甲	388-(26)	626
弓劒	528-(11)	905
宮闕都監錄事	120-(4)	179
	290-(7)	449
弓弩	237-(21)	370
宮令	415-⑯	678
窮民之食	573-53	1006
弓烈	158-(3)	246
→三韓功臣		
弓裔	51-(4)	70
弓箭庫判官	64-(4)	89
	84-(6)·(7)	120
	203-(4)	320
	326-35	510
弓箭陪(元)	398-(16)	645
	640-(7)	1138
弓箭入侍	465-(8)	780
權監察御史	328-(12)	513
權謙	468-⑰	788
	523-(21)(23)	896
	530-(41)(42)	909

	〈原文〉	〈譯註〉
→福安府院君		
權敬中	348-(24)	553
權皐	522-(19)	896
	530-(41)(42)	909
→文化君		
權敎		
-權	77-⑯	110
→佛敎		
權校秘書	492-(5)	830
權貴	61-(17)	85
	81-(46)	117
	85-(24)	122
	132-(11)	200
	248-(13)	407
	261-(11)	831
	525-⑭	899
	546-㉒	946
→權臣		
權貴之門	99-(18)	146
	164-(19)·(20)	254
→權臣		
權鈞	513-31	876
	634-(22)	1131
-提點	513-31	877
	514-40	877
權均漢	95-(4)	138
權耆卿(字)-權溥		
	529-(22)	908
權金幸		
→金幸		
勸農	352-(8)	558
勸農均賦	323-(9)	501
勸農使	19-(11)	16
	181-(7)	283

	〈原文〉	〈譯註〉
	201-(5)	316
	318-(2)	495
	415-⑬	678
	502-⑧	850
	648-(6)	1154
	648-(9)	1155
權㫜	**426**	**700**
	479-⑥	804
	511-③	871
	529-(24)	908
	545-⑦	944
	633-(7)	1128
→權晦之(字)		
→野雲(號)		
→文淸公(諡號)		
→端誠亮節功臣		
權湛	513-㊴	877
權大方	97-(40)	143
權德興	95-(5)	138
權都兵馬錄事	401-⑦	653
	658-(6)	1167
權敦禮	97-(41)	143
權敦信(僧)	97-(41)	143
權得正(字)-權適		
	95-(5)	138
權廉	**511**	**871**
	634-(21)	1131
→權士廉(字)		
→玄福君		
權錄都評議事	430-(6)	707
權務	397-(6)・(7)	644
	434-(4)	714
	498-⑬	842
	543-(8)	940
	569-⑲	998
	588-⑬	1042
	591-㊾	1050
權務政	237-(8)(11)	369
權門	399-(11)	648
→權臣		
權發眞	97-(40)	143
權邦緯	614-㉜	1102
權僕射	513-㉓	875
權溥	428-㉜	705
	479-⑥	804
	512-④	871
	517-⑤	885
	529	**907**
	545-⑧	944
	556-⑥	967
	588-⑫	1041
	633-(7)	1128
→權永		
→權耆卿(字)		
→權齊萬(字)		
→菊齋(號)		
→文正公(諡號)		
→永嘉君		
→永嘉府院君		
→端誠翊祚同德輔理功臣		
權溥 妻 柳氏	**521**	**894**
權不華	309-(15)	479
權士廉(字)-權廉		
	512-⑦	872
權司戶	370-⑤	595
→司戶		
→鄕吏		
權三司事	174-(22)	271

	〈原文〉	〈譯註〉
權西京留守使	28-(16)·(17)	31
權署征東省事	589-㉝	1045
權壽安	513-㊲	876
權守平	427-⑥	701
	529-(23)	908
權承矩	557-㉕	970
權承制	89-(31)	129
權埴	514-㊵	877
權臣	70-(11)	100
	112-(42)	165
	173-(6)(7)	269
	184-(30)	288
	187-(30)	294
	256-(18)	398
	330-(21)	518
	403-(5)	657
	420-(32)	688
	463-⑪	776
	564-㉙	985
	665-(20)	1177
→權貴, 權貴之門		
→權門		
權氏夫人-韓脩 妻		
	614-㉞	1103
權氏姓의 起源	511-②·③	871
權安國	140-(17)·(18)	214
權演	513-㊱	876
權永-權溥	529-(22)	908
權鏞	513-㉙	876
	522-(6)	895
	529-(10)·(11)	907
	532-(3)	913
	559-⑧	972
	633-(4)	1127

	〈原文〉	〈譯註〉
	634-(22)	1131
→玄城君		
權韙	427-⑥	701
	479-⑥	804
	529-(24)	908
	545-⑦	944
	633-(7)	1128
權允明	408-(22)	666
權應教	577-⑯	1015
權載-王煦	547-㉜	948
權迪-權適	195-(8)	308
	233-(4)	363
權適-權迪	73-(2)	104
	74-(24)	106
	95	**138**
	99-(24)	146
	112-(37)	165
	176-(16)	276
	250-(9)	389
權適	613-㉖	1101
	634-(21)	1131
→權得正(字)		
→吉昌府院君		
權點式目錄事	236-(7)	369
權征東省事	551-⑪	956
權征東省左右司郎中		
	519-⑦	888
權齊萬(字)-權溥		
	529-(23)	908
權宗頂(僧)	522-(18)	896
	530-(41)(43)	909
→廣福君		
權佐暹	95-(4)	138
權鑄	513-㉜	876

	〈原文〉	〈譯註〉
	634-(22)	1131
-左尹	514-㊵	877
權準	512-④	871
	522-(18)	896
	523-(23)	896
	530-(41)	909
	584-㉕	1031
	632	**1127**
→權平仲(字)		
→松齋(號)		
→昌和公(謚號)		
→吉昌君		
→吉昌府院君		
→三韓壁上功臣		
權濬	513-㊱	876
權重貴	546-㉛	948
權仲時	427-⑤	701
權知閤門祗候	146-(9)	224
	149-(6)(7)	231
	307-(15)·(16)	475
	322-(8)	501
	370-⑨	595
	397-(7)·(8)	644
	427-⑪	701
-權知閤門祗候		
權知監察御史	58-(13)	80
	103-(10)	152
	120-(6)	181
	131-(2)	198
	171-(9)	265
	178-(11)	279
	191-(8)	300
	191-(10)	301
	215-(14)	336

	〈原文〉	〈譯註〉
	255-(16)	398
	274-(2)	425
	275-(19)	427
權知校勘	554-③	961
權知國子博士	108-(2)	159
權知國學學諭	398-(17)	646
權知都兵馬	236-(7)	369
權知都兵馬錄事		
	643-(6)	1144
權知四門博士	57-(2)	78
權知尙書工部事	617-(3)·(4)	1107
權知承宣	62-(24)	85
	117-(22)	175
權知式目都監錄事		
	85-(14)·(15)	121
	85-(17)	122
權知申事	414-⑦	677
權知右副承宣	89-(24)	128
	379-(10)	610
權知典校校勘	556-⑧	967
	593-⑮	1055
	604-⑭	1081
權知典校寺校勘		
	462-⑰	774
權知祗候	59-(11)	82
	368-(8)	592
權知直史館	108-(5)	159
權知春坊通事舍人		
	203-(5)	320
權知太史監侯	36-㊳	47
權知通禮門祗候		
	472-⑬·473-⑭	795
	476-⑬	795
權知閤門祗候	61-(16)	85

	〈原文〉	〈譯註〉
	92-(11)	133
	141-(13)	215
	141-(19)	216
	150-(17)	232
	185-(39)	289
	189-(6)	298
	219-(40)·(41)	343
	228-(12)	356
	237-(10)	369
	244-(6)·(7)	381
	289-(10)·(11)	447
	291-(8)	449
	301-(6)	466
	325-⑧	507
	383-(8)	618
	399-(11)	648
	403-(6)	657
	454-⑫	756
→權知閣門祗候		
權祗候	454-⑫	757
權直翰林院	143-(8)	220
	154-(5)	239
權澄	513-㊳	877
權叅軍	577-⑭	1015
權脫歡(字)-王煦		
	547-㉜	948
權判兵部事	305-(25)	473
權判尙書吏部事		
	45-(19)	61
權判尙書刑部事		
	22-(24)	20
權判吏部事	171-(19)·(20)	266
權平仲(字)-權準		
	633-(8)	1128

	〈原文〉	〈譯註〉
權澣	513-㊴	877
權漢功	415-㉔	679
	634-(19)·(20)	1131
-政丞	566-⑩	989
→一齋(號)		
權翰林院	373-(10)	603
	376-⑩	603
權行尙書省事	404-(13)·(14)	660
權行省事	474-㊲	799
	477-㊲	799
	552-⑲	957
權鉉	513-㉚	876
	634-(22)	1131
權顯	634-(22)	1131
權鎬	513-㉛	876
	634-(22)	1131
權弘	514-㊵	877
權晦之(字)-權晅		
	427-⑤	701
權煦-王煦	522-(19)	896
	523-(23)	896
	530-(41)(42)	909
權壎	514-㊵	877
几杖	177-(23)	276
	332-(54)	523
	407-(13)	664
歸法寺	68-(1)	98
	136-(7)	207
	237-(16)	370
	620-(3)	1111
	662-(6)	1171
貴姓	126-(14)	190
	152-(3)	236
→貴族		

	〈原文〉	〈譯註〉
歸城郡大夫人 閔氏-崔繼芳 妻		
	183-(8)	285
-歸城	183-(16)	286
鬼神	252-(22)	394
	426-(5)	699
	625-(5)	1116
歸信寺	73-(8)(10)	105
	264-(7)	411
歸田里	573-51	1006
	603-56	1077
→歸鄕		
貴族	483-(3)	810
→甲百族		
→甲乙		
→甲族, 衣冠甲族, 海東甲族		
→公族		
→大族, 高門大族, 三韓之大族		
→望族, 東方望族		
→世族, 三韓世族		
→右族, 韓土右族		
→鼎族		
→高門		
→貴姓		
→望姓		
→右姓		
→顯姓		
→著姓, 海東著姓		
→望顯		
→名家右族		
→門閥, 奕世門閥		
→閥閱		
→華閥		
→衣冠之族		
→衣冠縉紳		

	〈原文〉	〈譯註〉
→巨戚		
→三韓戚里		
貴戚	152-(10)	237
歸鄕	554-⑪	963
	555-⑱	964
	596-㉟	1064
→歸田里		
歸化中國人	14-(3)~(5)	5
	15-(2)	8
	48-(2)~(5)	65
奎璧	592-77	1051
奎星	374-(27)	606
	377-㉘	606
均球君-金敬直	532-(7)	913
均賦	323-(9)	501
均分家業	542-⑲	937
筠軒(號)-金永暾		
	600-⑮	1071
極樂天堂	124-(16)	187
極世僧統	150-(18)	232
棘院	405-(22)	661
→科擧		
棘圍	402-㉘ · 403-㉙	656
→科擧		
棘闈	244-(1)	380
→科擧		
極刑	576-⑥	1013
近官	39-(12)	51
	366-(3)	587
近密	62-(43)	86
近侍	86-(4)(5)	123
	412-(22)	674
近侍郎	415-㉔	679
近侍郎將	398-(16)	645

	〈原文〉	〈譯註〉
	405-(16)	660
近侍別將	412-(21)	673
近侍禮賓主簿	398-(17)	646
近侍護軍	423-(19)	693
近臣	42-(31)	56
	169-(18)(20)	262
	176-(19)·(20)	276
	184-(36)	289
	250-(15)	390
	298-(13)	460
	299-(28)	463
	342-⑥	542
	374-(18)	604
	377-⑲	1017
	577-㉓	1034
近衛役領將軍	415-㉓	679
謹齋(號)-安軸	513-㉒	875
	537-③	924
	538-㉙	928
	563-⑬·⑭	983
	585-㊲	1033
	593-③④⑤	1053
	593-⑫	1054
	600-⑮	1071
近職	41-(19)	55
金	559-⑳	974
→白金		
→太金		
金→金國		
琴	332-(55)	523
	380-(20)	611
	461-⑧	772
	470-(25)	792
	471-⑰	792

	〈原文〉	〈譯註〉
→絲桐		
『金剛經』	392-⑧	635
	422-(16)	692
「金剛經疏」	225-(69)	351
『金剛般若』	68-(7)	97
	141-(8)	215
	456-㊲	760
『金剛般若普賢品』		
	225-(68)	351
金剛寺	169-(15)	262
金剛山	474-㊴	799
	477-㊴	799
	601-㉔㉛	1072
禁庫	388-(26)	626
「金光明經疏」	117-(20)	175
金國	174-(28)	272
	233-(5)	363
	239-(18)	374
	274-(14)	426
-金	334-(9)	527
	379-(11)	610
-亡金	463-⑰	777
→大金		
→大金國		
→北國		
→北朝		
→天驕		
→太金		
金國宣問使	298-(19)	461
金國押宴使	293-(11)	453
金國壯元	455-⑭	757
金國草賊	239-(17)	374
禁軍	250-(11)	389
金几	332-(44)	521

	〈原文〉	〈譯註〉
金櫃	483-(3)	810
→金櫝		
琴揆	361-㊱㊳	578
金閨	414-④	677
→內侍		
琴克儀-琴儀	359-⑤	573
琴祺	361-㊲	578
琴耆	361-㊱	578
琴基	400-(26)	649
	435-(11)	716
琴棋	415-⑱	679
金帶	573-56 57	1007
金櫝	297-(4)	459
→金色小櫝		
金洞	642-(21)	1142
金蘭郡君 金氏-李允綏 妻		
	373-(4)	602
	376-④	602
禁林(同文院)	275-(17)	427
	301-(4)	466
金馬郡夫人 李氏-王丁朝 妻		
	558-③	972
金帽錦衣	434-(4)	714
金門	251-(37)	392
今彌莊	463-⑨	776
金榜	438-(6)	723
	665-(10)	1176
→科擧		
金榜副元	440-⑬	726
→及第		
金牓之科	359-④	573
→科擧		
金帛	31-(10)	37
	250-(15)	390
	414-⑨	677
金百兩	578-㊵	1019
金符	407-(11)	664
	469-(10)	790
	471-⑦	790
	481-③	807
	524-⑪	898
	566-⑨	989
金使	366-(6)(9)	588
→大金使		
襟山	14-(16)	6
金色小櫝	297-(2)·(3)	459
→金櫝		
琴書	434-(8)	715
	508-⑦	863
	563-④	981
	640-(13)	1140
→左琴右書		
金善寺	260-(17)	405
金城	297-(2)	459
→慶州		
金城	82-(56)	118
	223-(36)	349
錦城	96-(28)	141
	355-⑤	567
	665-(20)	1177
錦城管記	103-(7)	151
錦城君-羅益禧		
	498-⑭	842
	525-⑯	899
琴心正(僧)	361-㊱	578
金鞍	407-(11)	664
金壤縣	373-(4)	602
	376-③	602

	〈原文〉	〈譯註〉
金魚	665-(13)	1176
→紫金魚袋		
金吾衛	254-(14)	396
	271-⑦	421
金吾衛郎將	324-(31)·(32)	504
	326-㉞	510
金吾衛錄事	64-(5)	89
	111-(25)	164
	199-(39)	313
	207-(19)	326
	226-(79)	353
	228-(11)	356
	244-(3)	381
金吾衛錄事叅軍事		
	57-(2)	78
	160-(2)	248
	163-(2)	253
金午衛綠事叅軍事		
	313-(13)·(14)	486
金吾衛大將軍	284-(14)	440
	286-(1)	443
	362-(2)	579
	401-⑤	652
	406-(5)·(6)	663
	411-(6)	671
	436-(8)	720
	472-③	793
	475-②	793
	498-⑧	842
金吾衛別將	629-④	1119
金吾衛使領,散眞		
	379-(4)	609
金吾衛散員	313-⑦·⑧	488
金吾衛上將軍	170-(2)	264
	284-(16)	441
	362-(9)	580
金吾衛攝郎將	362-(2)	579
金吾衛攝大將軍	368-(3)	592
金吾衛攝將軍	436-(6)	719
金吾衛仗領別將		
	380-(30)·(31)	613
金吾衛長史	130-(10)	197
-金吾長史	154-(7)	239
金吾衛精勇	268-(14)	416
金吾衛精勇郎將		
	559-⑭	973
金吾衛精勇別將		
	489-⑤	824
金屋之貯	28-(20)	32
→王妃		
琴容式	359-⑥	573
→三韓功臣		
禁闈	424-(7)	695
禁衛	502-⑧	850
禁衛都知	443-(6)	732
禁衛首領	502-⑧	850
金銀	546-⑱	946
金銀器	187-(21)	293
	187-(34)	295
金銀字	446-㉔	739
琴儀	**359**	**573**
→琴克儀		
→琴節之(字)		
→淸道鐵相公		
錦衣	434-(4)	714
金印	474-㊱·㊲	799
	477-㊲	799
金紫	21-(13)	19

	〈原文〉	〈譯註〉
	44-(8)	59
	64-(8)	90
	228-(22)	356
	256-(20)	399
	291-(24)	451
	325-⑬	507
	334-(8) · (9)	526
	356-⑭	568
	371-⑪	598
	384-(20)	619
	391-⑰	632
	395-(9)	640
	414-⑩	677
	451-(12)	750
	453-⑧	752
	465-(12)	781
	473-⑭	795
	476-⑭	795
	492-(6)	830
	505-⑨	857
	510-⑬	868
	525-⑬	899
	561-⑮	978
金紫光祿大夫	40-(4)	53
	65-(12)	92
	88-(3)	126
	123-(2)	186
	133-(1)	202
	135-(38)	205
	144-(14)	221
	149-(12)	231
	151-(22)	234
	163-(1)	252
	164-(20)	254

	〈原文〉	〈譯註〉
	171-(20)	266
	174-(27)	272
	177-(24)	276
	182-(1)	284
	184-(32)	288
	197-(5)	310
	199-(36)	313
	221-(1)	346
	225-(62)	351
	231-(17)	360
	234-(1)	365
	235-(15)	367
	245-(22)	383
	259-(1)	403
	267-(1)	415
	269-(32)	417
	283-(1)	439
	284-(22)	441
	297-(1)	459
	299-(24)	462
	304-(1)	470
	305-(24)	472
	313-①	487
	314-⑬	488
	323-(25)	503
	326-㉗	509
	330-(5)	516
	330-(15)	517
	331-(28) · (29)	519
	333-(64)	524
	334-(4)	526
	335-(21)	529
	337-(1)	534
	338-(16)	536

	〈原文〉	〈譯註〉
	345-(6)	548
	353-(22)	561
	359-①	573
	360-㉓	576
	363-(24)	583
	364-(2)	584
	366-(2)	587
	373-(1)	601
	374-(17)	604
	375-①	601
	376-⑰	604
	379-(1)	609
	383-(2)	617
	387-(1)	623
	387-(1)	624
	388-(13)·(14)(16)	625
	392-①	634
	399-(18)	649
	406-(4)	663
	407-(8)	664
	411-(4)	670
	411-(5)	671
	414-②	676
	421-(4)(5)	690
	432-⑭·433-⑮	711
	435-(13)	717
	445-⑧	737
	450-(2)	748
	451-(11)(12)	749
	451-(11)(12)	750
	452-③	752
	454-⑤	755
	459-⑥⑧	766
	463-⑥	775
	498-⑦	842
	506-(3)	860
	524-④	898
	604-⑩	1080
	610-②	1093
	629-⑤	1109
	629-⑬	1120
	631-㊳	1124
	639-(3)	1137
	647-(1)	1153
	649-(13)	1156
金紫大夫	585-㊹	1034
金紫服	62-(28)	85
	218-(23)	341
	309-(25)	481
金紫章服	92-(13)	133
金紫之服	179-(20)	279
金紫興祿大夫	17-(21)	13
琴節之(字)-琴儀	359-⑤	573
金州	36-㉗	45
	328-(14)	513
	420-(34)	688
琴酒	444-(18)	735
	492-(8)	831
錦州	578-㉝	1018
	578-㊼	1021
	609-④	1090
	609-⑥⑦	1091
衿州監務	273-(12)	424
金州牧使	451-(11)	749
	500-(15)	847
金州副使	418-(7)	683

	〈原文〉	〈譯註〉
金州司祿	537-⑨	925
金州判官	189-(4)	297
金天	483-(3)	810
→小昊金天		
金塔寺	155-(8)	241
金牌	631-54	1126
→虎頭金牌		
黔浦令	347-(9)・(10)	551
金虎符	402-⑬	654
→虎符		
琴暉	361-㊲	578
琴禧	361-㊲	578
給事中	21-(16)	20
	55-(19)	76
	62-(54)	87
	121-(9)	181
	200-(3)	314
	317-(9)	494
	406-(5)	663
	647-(3)	1154
	652-(32)	1160
及菴(號)-閔思平		
	513-㉒	875
	560-⑤⑥	976
	582-⑨⑫	1026
	582-⑮⑰	1027
	594-㉕・㉖	1056
	598-④	1066
給田錄事	173-(4)	269
及第	19-(13)	17
	64-(4)	89
	226-(86)	353
	240-(32)	375
	272-(3)	423

	〈原文〉	〈譯註〉
	274-(9)	426
	310-(40)	482
	319-(24)	497
	377-㉚	606
	395-(4)	639
	403-(5)	657
	418-(6)	683
	421-(40)	689
	431-(15)	709
	444-(24)	736
	467-④	785
	490-⑨	825
	537-⑦	925
	538-㉔	927
	538-㉕	928
	541-⑤	934
	542-㉑㉒	937
	559-⑩⑪	973
	563-⑮⑯	983
	569-⑰	997
	575-⑬	1011
	579-㊹	1020
	580-⑤	1022
	597-㊶	1065
	600-⑭	1071
	662-(9)	1171
→登科		
→登及第科		
→登第		
→中科		
→中第		
→擢第		
→同進士及第		
→上舍		

	〈原文〉	〈譯註〉
→魁擧		
→魁金榜		
→魁頭		
→榜魁		
→龍頭		
→龍頭選		
→壯頭		
→壯元及第		
→金牓副元		
→甲科		
→甲第		
→乙科		
→乙第		
→丙科		
→丙首		
→同年進士		
→同年及第, 同年登第, 同榜		
→兄弟登科		
→三子及第, 三子登科, 三子擢第		
→四子登科		
→不第		
及第不仕	566-⑥	989
	593-③	1053
→不仕		
及第賜米(三十碩)		
	226-(86)	353
	662-(19)	1172
→賜米		
碁	385-(11)	621
	450-(4)	748
	608-㉝	1089
棋	415-⑱	679
棊	435-(11)	716
	470-(25)	792
	471-⑰	792
→圍棋		
驥	351-(7)	558
	664-(2)	1175
棄(周)	154-(11)	240
起居郎	36-㉛	46
	111-(29)·(30)	164
	146-(10)	224
	222-(25)	348
	274-(14)	426
	276-(33)	428
	315-(1)(2)(13)	490
	352-(13)	559
	383-(4)	618
	408-(19)	666
	473-⑭	795
	476-⑭	795
	490-⑬	826
	518-③	887
	519-⑪	888
	579-㊸	1019
	584-㉛	1032
	591-65	1049
	645-⑪	1149
起居舍人	17-(13)	12
	111-(29)	164
	183-(15)	286
	215-(17)	336
	280-(11)	433
	289-(14)	447
	307-(17)	475
	315-(13)	491
	328-(13)	513
	352-(11)	559

	〈原文〉	〈譯註〉
	359-⑫	574
	366-(5)	588
	367-(23)	591
	584-㉚	1032
	665-(14)	1176
起居注	21-(15)	20
	88-(7)	127
	121-(19)	183
	122-(12)	185
	183-(17)	286
	352-(14)	559
	365-(8)	585
	373-(12)	603
	376-⑫	603
	473-⑭	795
	476-⑭	795
	490-⑭	826
	504-㊹	855
	584-㉛	1032
	653-(53)·(54)	1161
杞溪縣	271-②	420
	494-⑤	833
蓍龜	592-㊲	1052
奇璉	579-㊹	1019
耆老	316-(19)	492
	539-⑱	931
	601-㉑	1072
耆老會	305-(26)	473
	307-(24)	476
	309-(29)	481
	356-㉒㉓	569
	360-㉚	577
麒麟	199-(44)	313
己卯之變(忠惠復位年)		
	584-⑮	1030
機密	314-⑪	488
	527-(10)	905
	600-③	1069
	641-(14)	1140
「箕範」	42-(41)	57
→「洪範」		
騎射	308-(8)	478
	552-⑭	957
	556-⑦	967
妓生		
→官妓		
→聲妓		
杞城君-尹莘傑		
	493-①	833
	494-⑬	835
奇愼	591-㊸	1051
「起信論」	96-(13)(14)	139
奇氏之難(恭愍5)		
	601-㉜	1073
耆英會	508-⑯	865
奇曰龍	559-⑮	973
祈雨	77-⑮	110
	77-⑲	111
奇轅	585-㊴	1034
-平章	573-㊺	1005
奇有傑	557-㉒	970
奇仁傑	591-㊷	1049
-開城	591-㊷	1051
箕子	15-(21)	7
	96-(23)	140
奇鼎輔	579-㊹	1020
奇之丙	416-(11)	681
奇轍	634-(20)	1131

	〈原文〉	〈譯註〉
奇皇后		
-殿下	572-㉙	1003
	572-㉜	1004
-皇后	571-㉕	1002
	571-㉖	1004
	572-㊴	1004
	573-㊺㊻	1005
	585-㊴	1034
吉景安	140-(16)	213
吉吉反	485-⑫	815
吉州	80-(17)	115
	80-(27)	116
	134-(14)(15)	203
	649-(17)	1156
-吉	136-(49)	206
吉州道兵馬員	134-(24)·(25)	204
吉昌 權氏	529-(22)	908
吉昌國夫人 權氏-李齊賢 妻		
	590-㊾	1048
吉昌君-權準	545-⑨	944
	584-㉕	1031
吉昌府院君-權適		
	613-㉖	1101
吉昌府院君-權準		
	512-④	871
	522-(18)	896
	530-(41)	909
	530-(49)	910
	632-(2)	1127
	633-(5)	1128
-府院君	634-(14)	1130
吉昌府典籤	600-⑰	1071
金珂	402-㉖	655
金可器	532-(7)	913

	〈原文〉	〈譯註〉
	535-⑰	922
金侃	608-㉜	1088
金開物	445-②	736
	461	**771**
-予	447-㉞	740
	447-㉟	741
→金瑞庭		
→金元龜(字)		
→愚溪(號)		
金居實	123-(17)	185
	205-(34)	323
金鍵	13-③	3
金卿	317-(7)	493
金鏡亮	401-④·⑤	652
	472-③	793
	501-④	849
	563-⑩	982
	580-③	1022
金慶廉	53-(3)	73
金景輔	**119**	**178**
	298-(10)	460
金慶孫	483-(6)	811
金景庸	107-(4)	158
	126-(8)	190
→樂浪公		
→襄懿公(諡號)		
金敬直	532-(7)	913
	535-㊻	922
	582-⑫	1026
→均球君		
→陽城君		
→彦陽伯		
金敬和	25-(5)	26
金繼蓼	119-②	178

	〈原文〉	〈譯註〉
金沽	160-(5)	248
	184-(37)	289
金公奭	367-(23)	591
金公粹	392-⑧⑩	635
金公偁	155-(3)	240
金公偁 妻 梁氏	**155**	**240**
金寬夫	654-(2)	1162
金光	151-(7)	234
金廣大	591-㊽	1050
金光輅	475-㊾	801
	478-㊿	801
	558-⑤	972
	559-⑯	974
	563-⑯	983
	580-⑤	1022
金光利	497-㉗	840
金光丙	568-㉝	993
金光富	216-(40)	338
金匡瑞	563-⑨	982
金光世	401-④	652
	472-②·③	793
	475-①·②	793
	501-④	849
金光軾	361-㉟	578
	425-(15)	697
	475-52	801
	478-53	801
	563-⑭	983
	580-④	1022
金光遠	408-(22)	666
	460-㉙	769
金光載	475-53	801
	478-54	801
	558-⑤	972

	〈原文〉	〈譯註〉
	559-⑯	974
	562	**981**
	580-④	1022
-三司公	559-㉒㉔	974
	560-㉗	975
→金子輿(字)		
→文簡公(謚號)		
金光祖	273-(11)(14)	424
金光中	133-(3)	202
	135-(44)	206
	150-(19)	232
	637-(2)	1134
金光中 妻 李氏		
	637	**1134**
→慶源郡夫人 李氏		
金光轍	475-52	801
	478-53	801
	558-④	972
	559-⑯㉔	974
	563-⑮	983
	580-④	1022
	642-(21)	1142
→文敏公(謚號)		
→化平君		
金鍠	13-②	3
金鍠	204-(27)	323
	418-(4)	683
	462-⑯	774
金坵	386-(22)	622
	395	**639**
	426-(3)	698
→金百鎰		
→金次山(字)		
→文貞公(謚號)		

	〈原文〉	〈譯註〉
金玖	465-(11)	781
金九德	582-⑥	1026
	599-⑭	1068
金龜符	123-(17)	185
金九容	582-⑧	1026
	598-②	1066
	599-⑩⑪	1067
	611-㉗	1096
→金齊閔		
金坵 妻 崔氏	**425**	**698**
金九鉉	105-(5)	154
金頵	412-(19)	673
金歸厚(字)-金恂		
	440-④	725
金稛	513-㊲	876
金克儉	217-(5)	339
金覲	133-(10)	203
	143-(6)	220
金勤謙	116-(3)	172
金金禮	126-(3)·(4)	190
金金陽	204-(25)	322
金兢廉	79-(11)	114
→三韓功臣		
金兢弼	24-(4)	24
金佶-金吉	133-(8)	203
金吉-金佶	236-(3)	369
	563-⑨	982
	580-②	1022
金爛圓(僧)	**24**	**24**
→景德國師		
金南雨	590-㊺	1048
金琅韻	490-⑯	826
金郎鼎	151-(3)	233
金祿延	466-③	782

	〈原文〉	〈譯註〉
金端	96-(20)(21)(23)	140
	114-(78)	169
	242-(6)	378
	347-(4)	550
金達岑(僧)	532-(7)	914
	535-㊼	922
→億政大禪師		
金潭	600-⑫	1070
金代卿	177-(26)	277
金臺卿	557-⑳	969
金大鈞	135-(44)	206
金大齡	99-(23)(24)	146
金臺彦	485-⑫	815
→襄陽君		
金大節	100-(10)	148
金德謙(僧)	**116**	**172**
金德元(字)-金諴		
	98-(1)	144
金德沖	116-(5)	172
金瑫	451-(15)	750
→光山君		
金敦中	223-(33)	348
	274-(8)	426
金東夫-金永夫		
	217-(2)	339
金得器	162-(11)	252
金得辰	312-(4)	486
金倫	412-(21)	673
	423-(19)	693
	437-(15)	720
	446-(14)	738
	532-(6)	913
	533	**915**
	554-⑫	963

	〈原文〉	〈譯註〉
	581-③	1025
	598-⑥	1067
→金無己(字)		
→戇村(號)		
→竹軒(號)		
→貞烈公(諡號)		
→白鬚宰相		
→彦陽君		
→彦陽府院君		
→輸誠守義協贊輔理功臣		
→推誠守義協贊功臣		
→推誠贊理功臣		
金倫 妻 崔氏	**531**	**913**
金萬具	591-(72)	1050
金明善	582-⑧	1026
	598-③	1066
金鳴鐘	13-②	1
金謀直	215-(23)	336
金某 妻 韓氏	**617**	**1107**
金昴	562-㉚	980
	582-⑥	1026
	591-(63)	1049
金昴 妻 閔氏	**598**	**1066**
金無己(字)-金倫		
	533-③	915
金敏成	440-⑥	725
金敏誠	406-(3)	663
金盼	608-㉜	1088
金方慶	**406**	**662**
	440-⑦	725
	464-(4)	779
	539-③	929
-先公	441-㉗㉘	728
-嚴君	440-⑫	726

	〈原文〉	〈譯註〉
→忠烈公(諡號)		
→上洛公		
→上洛郡開國公		
→三韓壁上功臣		
→推忠宣力靖難定遠功臣		
→推忠靖難定遠功臣		
金百鎰-金坵	383-(32)	617
	395-(3)	639
金賆	405-(17)	660
	411	**670**
	423-(19)	693
	437-(16)	720
	445-⑩	737
	470-(26)	792
	471-⑱	792
	533-⑤	916
	581-③	1025
→金捐之(字)		
→文愼公(諡號)		
金賆 妻 許氏	**445**	**736**
→許性曉(法名)		
金甫當	219-(44)	343
	240-(28)·(29)	375
金甫當의 亂	240-(28)~(30)	375
	261-(12)~262-(15)	407
	274-(12)~(13)	426
	309-(14)~(15)	479
	391-⑫~⑬	631
金寶威	66-(24)	94
金保全(字)-金閔甫		
	241-(5)	377
金福基(字)-金之祐		
	126-(2)	190

	〈原文〉	〈譯註〉
金復尹	**100**	**147**
金鳳毛	**297**	**459**
	483-(6)	811
→靖平公(謚號)		
金富	362-(2)	579
	411-(6)	661
金傅-金溥	13-①	3
	119-①	178
	440-④⑤	725
	483-(4)	810
	539-②	929
	574-63	1007
	582-⑥	1026
→敬順王		
金溥-金傅	588-⑥	1040
→敬順王		
金富軾	147-(6)	228
	214-(10)	335
-相國	148-(7)(8)	228
→樂浪公		
金富儀	84-(9)	121
金汾	600-⑫	1070
金不器(字)-金台鉉		
	472-②	793
	475-①	793
金士謙	569-⑱	998
金士廉	559-⑭	973
金思順(僧)	441-34	729
	481-⑦	807
金士安	562-31	980
	582-⑦	1026
	599-⑭	1068
金上琦	101-(3)	149
	160-(4)	248

	〈原文〉	〈譯註〉
	197-(7)	310
	204-(25)	322
	209-(5)	328
	574-63	1007
→文貞公(謚號)		
→義興府院君		
金尙賓	59-(4)·(5)	81
	122-(4)	184
金商佑	90-(47)	130
金上佐	591-68	1050
金瑞卿	420-(30)	687
金瑞庭-金開物	420-30	687
	462-⑮	773
金瑞□	**658**	**1166**
金錫符	98-(2)	144
金瑄	127-(25)	191
金瑄	408-(19)	666
	464-(4)	779
金鐥	13-③	3
金善英	181-(4)·(5)	282
金璿瑢	297-(33)	458
金契	151-(3)	233
金銛	462-⑰	774
金贍	582-⑧	1026
金性文	155-(6)	241
金世麟	298-(10)	460
	657-(15)	1165
金損之(字)-金賆		
	411-(4)	670
金松柱	591-58	1049
金脩	386-(12)	621
金須	463-⑦	775
	472-③	793
	475-②	793

	〈原文〉	〈譯註〉
	563-⑩	982
	580-③	1022
金守寧	217-(4)	339
金須 妻 高氏	**462**	**775**
-大夫人	472-⑨·⑩	794
	474-㉞㉟㊷	798
	476-⑨	794
	477-㉞	798
	477-㊱	799
	478-㊸	799
→卞韓國大夫人 高氏		
金淑明	532-(8)	914
	535-㊼	922
金叔平	52-(22)	72
金恂	405-(17)	661
	408-(20)	666
	439	**725**
	481-⑤	806
	539-⑤	929
金歸厚(字)		
→文英公(諡號)		
→上洛君		
金順	309-(26)	481
金純	**283**	**439**
→元平公(諡號)		
金純英	263-(2)	410
金舜次	100-(1)	147
金恂 妻 許氏	**480**	**806**
金昇	446-⑮	738
金承矩	532-(8)	914
	535-㊼	922
金承魯	503-㉟	854
金承嗣	503-㉝	853
金承石	502-⑲	851

	〈原文〉	〈譯註〉
	503-㉚	853
金承溫	144-⑭	221
金承用	**464**	**778**
	641-(19)	1141
金承祖	559-⑦	972
金承晉	503-㉞	854
金承澤	565-㊳	986
→良簡公(諡號)		
金承漢	503-㉞	854
金施政	373-(4)	602
	376-④	602
金軾	310-(40)	482
金信	482-⑦	808
	483-(6)	811
	495-⑦	837
	641-(19)	1141
金縝	540-㉖	932
金臣璉	**189**	**297**
	235-(21)	367
金莘夫	131-(2)	198
金臣穎	368-(2)	592
金信雄	126-(5)·(6)	190
金伸抗-金伸沆	85-(20)	122
金伸沆-金伸抗	99-(21)	146
金深	402-㉕	655
	501	**849**
→金淵叟(字)		
→忠肅公(諡號)		
→化平君		
→化平府院君		
→輸誠守義忠亮功臣		
→輸誠守義協輔忠亮功臣		
→勵節保安功臣		
金氏夫人	**107**	**157**

	〈原文〉	〈譯註〉
金氏姓의 起源	297-(2)~(5)	459
	483-(3)	810
金安	183-(18)	286
金閼智의 誕生	297-(2)~(4)	459
金若溫	114-(72)	168
→思靜公(謚號)		
→推忠守正安社功臣		
金若珍	189-(2)(3)	297
金陽	101-(2)	149
	160-(3)	248
金良鑑	29-(28)·(29)	32
	123-(4)	186
	133-(5)	202
金彦良	362-(2)	579
金彦誠	235-(24)	368
金彦陽	513-㉒	875
金汝孟	426-(7)	699
金如璨(僧)	446-⑯	738
金如琢	189-(2)	297
金璉	402-㉖	655
金鍊	435-(14)	717
	506-(3)	860
金緣	89-(21)	128
-相國	44-(16)	61
→金仁存		
金淵叟(字)-金深		
	501-③	849
金閱甫	**241**	**377**
→金保全(字)		
金永暾	441-㉝	729
	442-㊱	729
	481-⑥	806
	538	**929**
	571-⑩	1000
	596-⑱	1061
	600-⑮	1071
→金暉谷(字)		
→均軒(號)		
→文肅公(謚號)		
→上洛君		
→上洛府院君		
→推忠秉義翊贊功臣		
金永夫	**217**	**339**
	281-(6)	435
→金東夫		
→英簡公(謚號)		
金永錫	66-(26)	95
	203	**320**
金永□	658-(2)	1166
金靈炤(僧)	**263**	**410**
→正覺僧統		
→證智		
金永胤	328-⑧	513
金永煦	441-㉙	728
金永煦	441-㉞	729
	481-⑦	807
金永暉	441-㉞	729
	481-⑦	806
金穢迹	535-㊾	922
金耀	579-㊸	1019
金用晦(字)-金晅		
	418-(4)	683
金禑	412-(21)	673
	446-⑮	738
	534-㉗	919
	569-⑲	998
金旴	608-㉜	1088
金右鏐	600-⑭	1070

	〈原文〉	〈譯註〉
金于蕃	123-(21)	186
	199-(43)	313
金元龜(字)-金開物		
	462-⑮	773
金元祥	460-㉞·㉟	770
	498-⑮	843
金元義	**316**	**493**
	392-③	634
	506-(4)	860
→景簡公(謚號)		
金元義 妻 印氏	**392**	**634**
金元戬	116-(4)	172
金元鼎	55-(19)	76
金元俊	475-㊶	803
金元冲	408-(22)	666
金元晃	41-(15)	54
	47-(11)	64
	126-(7)(8)	190
金位	317-(3)	493
	401-④	652
金偉	563-⑨	982
金惟珪	**162**	**250**
金惟訪	654-(3)	1163
金有達	283-(4)	440
金惟銑	438-(4)	722
	500-(14)	847
金有臣	273-(8)	423
金有臣 妻 李氏	**272**	**423**
→李一娘		
金有溫	511-㉗	870
金惟元(僧)	243-(27)	379
金惟正	283-(4)	440
金由祉	412-(20)	673
	451-(14)	750

	〈原文〉	〈譯註〉
金允濟	**312**	**485**
金殷傅	24-(6)	24
→安平公(謚號)		
金殷說	**13**	**3**
金乙富	513-㊳	876
金儀	475-㊿	801
	478-51	801
	563-⑭	983
金義光	370-⑬	596
金義光(僧)	**160**	**248**
→通炤正覺僧統		
金義先	162-(9)	251
	178-(4)	278
	190-(4)	300
金義實	155-(7)	241
金義元	123-(3)	186
	133	**202**
	199-(37)	313
金義珎	105-(3)	154
金義忠	189-(3)	297
金義和	406-(3)	663
金義□	29-(29)	32
金怡	511-㉒	869
金貽永	63-(65)	88
金利用	162-(10)	251
金仁鏡 →貞肅公		
金仁琯	561-㉑	979
	644-(17)	1147
金仁揆	126-(10)	190
金仁旦	283-(3)	440
金仁阜	303-(13)	469
金因謂	27-(5)	30
	126-(6)·(7)	190
金仁允	126-(4)·(5)(10)	

	〈原文〉	〈譯註〉
		190
→三韓功臣		
金仁存	65-(14)	92
	185-(38)	289
	204-(24)	322
→金緣		
金仁俊	463-⑪	776
	516-④	882
金鎰	13-②	3
金逸逢	513-㉔	875
金滋齡	302-(1)	468
金子輿	237-(25)	371
金子輿(字)-金光載		
	563-⑧	982
金子儀	95-(3)	138
	110-(2)	162
	115-(97)	168
	139-(11)	213
	140-(14)	213
	214-(9)	335
	650-(2)	1157
	653-(53)	1161
金子盅	600-⑨	1070
-繕工	600-⑫	1070
金子華	53-(2)	73
金作雯	119-③·④	178
金貯	412-(18)	673
金適柔	179-(27)	280
金佺-金洤	533-④	916
	581-②	1025
金洤-金佺	411-(5)	671
→翊戴公(謚號)		
金殿邦	98-(2)	144
金程	367-(23)	591
金挺	395-(3)	639
金精	56-(2)	77
	79-(2)	114
金鼎梅	242-(8)	378
金廷美	468-⑩	787
金正英	151-(3)	233
金廷俊	123-(4)	186
	133-(6)	202
金廷砥	53-(2)	73
金正弼	101-(11)	148
金堤郡夫人 趙氏-朴華 妻		
	487-⑩	819
金齊閔-金九容		
	562-㉚㉛	980
	582-⑥	1026
	582-⑧	1027
金齊顔	562-㉚	980
	582-⑥⑬	1026
	599-⑫	1068
金存中	117-(22)	175
	144-(19)	222
	150	**233**
	357-㉖	570
→金致虛(字)		
→景肅公(謚號)		
→輸忠內輔功臣		
	151-(22)	234
金存智	410-(15)	669
金鍾	13-③	3
金宗軒(僧)	243-(27)	379
金宗盉	426-(8)	699
金宗烜(僧)	532-(7)	913
	535-㊻	922
→德泉大師		

	〈原文〉	〈譯註〉
金周美	116-(5)	172
金周鼎	105-(2)	154
	162-(8)	251
金周鼎	**401**	**652**
	501-④	849
→文肅公(諡號)		
金俊	379-(2)	609
→景烈公(諡號)		
金俊	413-⑤	675
→海陽公		
金峻	133-(7)(8)	203
金俊陽	75-(3)	274
金仲龜	**378**	**609**
→靖平公(諡號)		
金仲龍	335-(28)	530
金仲文	**368**	**592**
金仲甫	412-(20)	673
金重錫	13-②	3
金仲全	644-(16)	1146
金知	263-(2)	410
金祉	553-㉝	959
金知幹	189-(3)	297
金之庚	482-⑧	808
金至當	199-(38)·(39)(42)	313
	219-(45)	343
金之成	312-(3)	485
金之淑	516-⑦	883
→光節公(諡號)		
金之瑩	**196**	**309**
金之祐	**126**	**190**
→金福基(字)		
金智源	623-(2)	1114
金智源 女	**622**	**1114**

	〈原文〉	〈譯註〉
金瑨	100-(2)	147
金弥幹	116-(5)	172
金振鐸	**654**	**1162**
金緝光	235-(24)	368
金徵祐	101-(2)	149
金次山(字)-金坧		
	395-(3)	639
金策	133-(7)	203
金陟侯	309-(22)	480
金闡	199-(40)	313
	204-(28)	323
	310-(38)	482
金瞻	599-⑮	1068
	608-㉜	1088
金薷	637-(8)	1135
金叢	637-(7)(8)	1135
金寵鱗(字)-金瑞□		
	658-(1)	1166
金錘	591-66	1050
金春卿(字)	369-(22)	594
金春秋		
-春秋大王	201-(14)	317
→太宗		
金沖	**302**	**468**
金忠良	116-(4)	172
金忠彦	127-(27)	191
金沖壯(僧)	426-(9)	699
金忠贊	24-(7)	24
金就礪-金就呂		
	411-(6)	671
	533-④	915
	581-②	1025
金就呂-金就礪	**362**	**579**
→威烈公(諡號)		

	〈原文〉	〈譯註〉
金致陽	26-(15)	27
金致陽의 亂	26-(14)~(15)	27
	41-(7)~(8)	53
金致虛(字)-金存中		
	151-(2)	233
金柒	201-(2)	316
→三韓功臣		
金坦如(僧)	412-(20)	673
金台凱	217-(7)	339
金台器	119-②	178
金台瑞	483-(6)	811
金台一	463-⑭	776
金台鉉	463-⑧	776
	472	**793**
	558-④	972
	563-⑫	983
	580-③	1022
→金不器(字)		
→雪菴(號)		
→快軒(號)		
→文正公(謚號)		
金台鉉 妻 王氏		
	558	**971**
-大夫人	563-⑯·⑰	983
	564-㉚	985
	580-⑧⑨	1023
-太夫人	563-⑤⑥	983
→開城郡大夫人 王氏		
金泰華	13-③	3
→江陵君		
金通晉	216-(40)	338
金平	276-(33)	428
金坪	506-(3)	860
金浦郡	300-(2)	464
金浦郡君 鄭氏-盧琯 妻		
	299-(1)	464
金浦縣	359-⑥	573
金浦縣令	312-(10)	486
金漢公	119-①	178
	298-(10)	460
金漢忠	201-(16)	317
→元平公(謚號)		
金諴	**98**	**144**
→金德元(字)		
金閑	204-(29)	323
	219-(47)	343
金沆	41-(17)	55
金胲	380-(28)	612
金海	566-⑧	989
金海君-李齊賢	506-(2)	860
	589-㉘	1044
金海府	25-(3)	26
	406-(5)	663
金海府使	532-(7)	913
	535-㊻	922
金海府,知	505-⑩	857
金海,守	595-⑥	1059
金海掌書記	541-⑤	934
金海府院君-李齊賢		
	526-(3)	901
	527-(3)	903
	529-(7)	907
	532-(2)	913
	545-⑤	943
金海侯-李齊賢		
	589-㊲	1046
金行瓊	37-(3)	48
	217-(3)	339

	〈原文〉	〈譯註〉
→匡文公(諡號)		
金幸-權金幸	511-②	871
	530-(51)	910
金行昌	100-(2)	147
金軒	243-(27)	379
金鉉	162-(10)	252
金玄抃(僧)	412-(22)	673
	446-⑮	738
→淸悟大師		
金鉉昌	437-(12)	720
金琿	412-(19)	673
金黃伯	319-(23)	497
	665-(8)	1176
金黃元	**636**	**1133**
金懷玉	116-(4)	172
金懷祖	559-⑦	972
	608-㉚	1088
-內府	608-㉛	1088
金孝印	406-(4)	663
	440-⑥	725
	464-(3)	779
金孝進	505-⑯	858
金厚	465-(11)	781
金侯德	105-(4)	154
金侯伯	162-(9)	251
金晅	411-(3)	670
	413-(28)	674
	417	**682**
	462-⑯	774
	468-⑯	788
	527-(9)	904
→金用晦(字)		
→鈍村(號)		
→足軒(號)		
金暉谷(字)-金永暾		
	539-②	929
金輝南	532-(9)	914
	535-㊽	922
金忻	408-(20)	666
	492-(9)	831
	561-⑧	977
	640-(7)	1138
→上洛君		
金興-金興祖	559-⑦	972
金興裔	400-(33)	650
金興祖	565-㊴	986
金禧	500-(17)	847
	557-㉔	970
金希奭	654-(4)	1163
金希祖	532-(8)	914
	535-㊼㊾	922
	582-⑫	1027
	590-51	1048

<ㄴ>

	〈原文〉	〈譯註〉
螺磬	346-(6)	550
羅得璜	524-④	898
羅英傑	497-㉘	840
	498-⑭	843
	524-⑨	898
羅裕	524-⑥	898
	543-(8)	940
-懷遠	524-⑫	898
羅允	438-⑥	723
羅益禧	460-㉞	770
	498-⑭	843
	524	**897**
→錦城君		
→良節公(諡號)		
羅州	43-(5)	58
	133-(4)	202
	156-(3)	242
	524-③	897
羅州牧	492-(6)	831
	577-⑳	1016
羅州牧, 倅	665-(12)	1176
羅州牧,通判	244-(10)	381
羅州牧副使	651-(22)	1159
羅州牧副使兼勸農使		
	648-(8)	1155
羅州牧使	453-⑨	753
羅州書記	137-(4)	209
羅州,守	319-(17)	497

	〈原文〉	〈譯註〉
羅聰禮	524-③·④	898
→三韓功臣		
羅漢	300-(10)	464
羅漢殿(普濟寺)	26-(11)	27
羅漢尊像	166-(15)	258
羅孝全	524-④	898
洛都	68-(1)	98
→開城		
樂浪 金氏	623-(1)	1114
樂浪公-金景庸		
	126-(8)	190
樂浪公-金富軾		
	214-(9)·(10)	335
樂浪公-王瑛	246-(4)	384
樂浪公主 王氏-金傅 妻		
	588-⑥	1040
樂浪國大夫人 金氏-匡肅公 妻		
	47-(10)	64
樂浪君-王琇	482-⑧·⑨	808
	483-(13)	811
樂浪郡 京兆氏-李子淵 妻		
	23-(41)	22
樂浪郡開國侯-崔允儀		
	199-(33)	312
樂浪郡君 金氏-皇甫讓 妻		
	105-(10)	154
樂浪郡君夫人 金氏		
	107-(4)	157

	〈原文〉	〈譯註〉
樂浪郡大夫人 金氏-金義先 妻		
	190-(4)·(5)	300
樂浪郡大夫人 金氏-李公壽 妻		
	66-(24)	94
樂浪郡大夫人 金氏-閔孝侯 妻		
	122-(3)	184
樂浪郡大夫人 金氏-安申祚 妻		
	59-(4)	81
樂浪郡大夫人 金氏-元瓘 妻		
	482-⑦	808
	495-⑥	837
樂浪郡大夫人 金氏-林幹 妻		
	178-(4)	278
樂浪郡大夫人 金氏-崔惟恕 妻		
	41-(14)	54
樂浪郡大夫人 崔氏-李翰 妻		
	21-(5)	18
	66-(23)	94
樂浪郡夫人 金氏-皇甫讓 妻 金氏		
	104-(1)	154
	105-(10)	154
樂浪郡夫人 李氏-盧永醇 妻		
	271-③	420
樂浪郡夫人 李氏-任懿 妻		
	45-(25)	62
樂浪郡太夫人 崔氏-金坵 妻		
	425-(1)	698
	426-(2)	698
樂浪縣郡 金氏-皇甫讓 妻		
	105-(10)	154
落髮	73-(6)	104
	76-②	108
	140-(16)	214
	179-(26)	280
	192-(32)	303
	216-(38)	338
	248-(4)	386
	248-(4)	387
	276-(3)	429
	396-(19)	642
	428-㉘	704
→僧侶		
洛山	356-⑲	569
樂寂齋(興王寺)		
	137-(21)	208
駱駝	26-(18)	28
洛浦	485-⑦	814
樂軒(號)-李藏用		
	459-⑫	757
卵	454-③	755
→紫卵		
鸞臺	97-(46)	143
	157-(17)	244
	632-㊾	1126
鸞鳳	19-(7)	16
	288-(19)	446
	367-(20)	590
	398-(19)	646
	400-(39)	651
	401-②	652
→鳳		
南京	155-(3)	240
	577-㉔	1017
	613-⑲	1100
→南都		
南京少尹	86-(4)·(5)	123
	109-(8)	160
南京留守官掌書記		

	〈原文〉	〈譯註〉
	88-(13)	127
南京,留守	310-(31)	481
-留守	459-⑫	767
南京留守使	224-(48)	350
南京留守司祿	494-⑧	834
南京留守,知	149-(9)	231
	356-⑰	568
南京留守,知事	204-(13)·(14)	321
南京留守判官	228-(15)	356
南京掌書記	459-⑫	767
南郡草賊	298-(13)	460
→南賊		
南宮	60-(15)	82
	183-(13)	286
南宮選	59-(5)	81
→科擧		
南宮試	143-(6)	220
→科擧		
南臺	179-(21)	280
	179-(33)	281
	314-⑫	488
南都	224-(44)	349
	224-(52)	350
→南京		
南斗	110-(8)·(9)	162
南老(字)-鄭知源		
	103-(6)	151
南路按察使	92-(19)	133
南摩訶	647-④	1152
南面都監判官	337-(6)	534
南面判官	409-(7)	669
南方群盜	352-(12)	559
→群盜		
→南賊		

	〈原文〉	〈譯註〉
南部	180-①	281
	438-(2)	722
南部錄事	569-⑪	996
南山(江陰縣)	87-(20)·(21)	125
南山(開城)	104-(23)	153
	145-(4)	224
	238-(2)	372
	447-㉚	740
南山(錦州)	609-⑧	1091
南山(大雲寺)	180-④	282
南山之石	390-②	629
南省試	105-(13)	155
	144-(12)	221
	151-(9)	234
	164-(16)	254
	173-(3)	269
	194-(5)	306
	214-(7)	335
	215-(23)	336
	281-(18)	436
	295-(5)	455
	295-(13)	456
	397-(6)(9)	644
	400-(27)	650
-南省	181-(6)	283
	338-(19)	536
→科擧		
南省禮闈	48-(6)	66
→南省試		
南省座主	115-(87)	170
→座主		
南宋	490-⑨	825
→宋		
南宋軍	407-(14)	665

	〈原文〉	〈譯註〉
藍袖	130-(6)	196
南嶽	428-㉘	704
	456-㊱	760
南陽	602-㊹	1075
	666-(31)	1178
南陽 洪氏	618-(11)	1108
→唐城 洪氏		
南陽 洪氏-蔡環 妻		
	551-②	955
南陽君-洪允深		
	553-㉜	959
南陽郡夫人 洪氏-元忠 妻		
	497-㉖	840
南陽府院君-洪奎		
	433-(1)(2)	713
	434-(11)	716
	497-(26)	840
	506-(4)(6)	860
	507-(12)(14)(15)	861
南原	276-(1)	428
南原郡夫人 梁氏-金公偁 妻		
	155-(1)(2)	240
南原府,守	371-⑩	598
南原府,知事	203-(9)	321
南原府通判	372-㉓	600
南原府判官	208-(23)	327
南在	608-㉛	1088
南賊-亡伊 · 亡所伊의 亂		
	262-(22)	408
	317-(5)	493
南州	228-(16)	356
	230-(42)	358
	349-(13)	555

	〈原文〉	〈譯註〉
南村(號)-李公遂		
	573-㊷	1007
	594-㉕	1056
藍村	576-㉓	1012
南平	105-(15)	155
南平郡	157-(8)	243
	173-(3)	269
南平郡開國子-文公裕		
	174-(27)	272
藍浦	397-(5)	643
藍浦郡	342-⑬	542
藍浦縣	269-(2)	418
納言	282-(23)	437
	321-(19)(23)	499
	354-(30)	563
	516-⑨ · ⑩	883
衲掩脊	77-⑰	110
→袈裟		
郎	566-⑪	990
郎官	256-(24)	399
	352-(15)	559
	384-(11)	618
	396-(14)	641
	525-⑬	899
	604-③	1079
廊廡	366-(7)	588
郎署	28-(19)	31
	645-④	1148
郎將	261-(9)	407
	268-(11) · (12)	416
	278-(8)	431
	286-(2)(4)	443
	317-(5) · (6)	493
	365-(16)	586

	〈原文〉	〈譯註〉
	379-(5)	609
	406-(4)	663
	416-(9)(11)	681
	424-(6)	695
	444-(20)	735
	465-(11)	781
	469-(11)·(12)	790
	471-⑨	790
	502-⑧	850
	510-⑫	868
	511-㉗	870
	512-⑨	872
	516-⑧	883
	533-⑧	916
	545-⑩	944
	547-㉜	948
	565-㊶	987
	568-㉝	993
	571-⑪	1000
	579-㊹	1020
	580-⑤	1022
	580-⑬	1023
	582-⑦	1026
	586-(66)	1038
	591-(66)	1050
	591-(74)	1051
	598-㊺	1065
	599-⑮	1068
	610-⑫	1094
	611-㉗	1096
郎將同正	624-(2)	1115
郎中	151-(15)	234
	266-(17)	414
	287-(15)	445
	552-㉒	958
	648-(11)	1155
狼川郡	26-(13)	27
	91-(2)	131
內閣	92-(9)	132
內庫	122-(9)	185
內庫副使	28-(11)	31
	141-(12)	215
	541-④	934
內庫使	350-(14)	555
內官	146-(9)	224
內敎	53-(3)	73
	159-(5)	246
	187-(37)	295
	275-(22)	427
	280-(8)	433
	300-(7)	464
→佛敎		
內弓箭庫判官	63-(64)	88
	121-(18)	183
	242-(11)	378
內府	414-⑨	677
內府副令	559-⑨	972
	565-㊵	987
	588-⑯	1042
內府,判事	465-(9)	780
	608-㉙	1088
內府寺承	489-⑦	824
內府寺丞	644-(17)	1147
	644-(23)	1147
內府寺,判事	444-(14)	734
	468-(1)	789
	505-⑫	857
內備院	414-⑥	677

	〈原文〉	〈譯註〉
內史令	16-(1)	10
	17-(26)	13
	25-(1)	25
	41-(13)	54
	50-(3)	68
	165-(2) · (3)	257
	183-(5)	285
	201-(10)	317
	214-(3)	335
	327-(5)	512
	390-④	630
	647-(2)	1153
內史門下侍郞平章事		
	47-(8) · (9)	64
內史舍人	21-(16)	20
	79-(8)	114
內史書令史	25-(5)	26
內史侍郞同內史門下平章事		
	14-(11)	6
	22-(23)	20
內史侍郞平章事		
	17-(21)	13
	27-(5)	30
	126-(6)	190
內書舍人	541-⑦	935
內禪	298-(19)	461
	331-(35)	520
	595-⑤	1059
→內讓		
來蘇,監牧	347-(9)	551
內竪	215-(15)	336
	461-⑦	772
	537-⑮	926
內侍	36-㊵	47

〈原文〉	〈譯註〉
43-(7)	59
55-(27)	76
56-(31)	77
61-(11)(12)	84
63-(65)	88
86-(3)	123
88-(15)	127
88-(19)	128
89-(31)	129
90-(52)	131
123-(17)	185
133-(3)	202
141-(1)	215
143-(7)	220
144-(13)	221
150-(19)	232
156-(5)(14)	242
172-(27)	267
174-(34)	272
177-(30)	277
181-(1)	282
183-(10)	285
185-(38)(39)	289
189-(6)	298
199-(38)(39)(40)	
	313
204-(28)	323
205-(33)	323
218-(14)	340
219-(40)	343
222-(15)(19)	347
227-(1)	355
228-(10)	355
228-(19)	356

	〈原文〉	〈譯註〉
	235-(23)	367
	236-(6)	369
	250-(17)(18)(21)	390
	256-(34)	400
	258-(12)	402
	263-(32)	409
	280-(9)	433
	282-(37)	438
	296-(30)	458
	298-(12)(13)	460
	308-(11)	478
	310-(39)	482
	313-⑦	487
	313-⑧	488
	319-(24)	497
	322-(7)	501
	323-(21)	503
	324-(31)	504
	325-⑦	507
	326-㉔	509
	326-㉝㉟	510
	334-(8)	526
	337-(7)	534
	342-⑥	541
	344-⑱	546
	350-(15)	555
	354-(33)	563
	357-㉘	570
	357-(1)	571
	359-⑩	574
	361-㊲	578
	365-(17)	586
	371-④	597
	375-(34)	607
	375-(45)	608
	379-(5)	609
	381-(11)	614
	383-(32)	617
	386-(12)	621
	389-(33)	627
	392-⑨	635
	401-⑧	653
	403-(5)	657
	424-(7)	695
	439-(8)	723
	439-(14)	724
	441-㉟	729
	443-(6)	732
	448-⑩	743
	453-⑥	752
	454-⑩	756
	460-㉟	770
	474-㊺	800
	478-㊺	800
	486-⑤	818
	500-(14)	847
	505-⑧	857
	596-⑩	1060
	619-(5)	1109
	637-(7)	1135
	649-(17)	1156
→金閨		
→內宦		
→鳳藥		
→藥階		
→中涓		
內侍給使	59-(7)	81

	〈原文〉	〈譯註〉
內侍別將	263-(32)	409
內侍令	250-(14)	390
內侍令同正	396-(17)	642
內侍省	58-(5)	79
	92-(8)	132
內侍丞	151-(6)	234
內侍院	141-(11)	215
	151-(7)(13)	234
	171-(8)	265
	233-(7)	364
內侍院事幹辨	444-(14)	734
內侍院事幹辨	503-㉞	853
內侍主夫	102-(11)	150
內臣	41-(19)	55
	534-⑳㉑	918
內讓	473-⑮	796
	476-⑮	796
→內禪		
內盈少尹	430-(10)	707
內盈寺,判事	466-⑥	783
內盈尹	645-⑧	1149
內外制	575-⑰	1011
→兩制		
內外製	577-⑮	1015
→兩制		
內園令	162-(9)	251
	665-(11)	1176
內園署令	371-⑨	598
	409-(8)・410-(9)	669
內園丞	629-⑤	1119
	665-(10)・(11)	1176
內園丞	15-(3)	8
內議令	19-(6)	16

	〈原文〉	〈譯註〉
內衣朝奉	490-⑫	825
內衣直長	505-⑧	857
內人	65-(16)	93
	90-(40)	130
內藏庫副使	553-㉞	959
內殿大藏道場	277-(11)・(12)	429
內庭□判官	125-(5)・(6)	188
內制	575-⑮	1011
內製	577-⑮	1015
內帝釋院	34-(2)	41
-釋院	388-(26)	626
內酒	539-⑭	931
內直郎	397-(8)・(9)	644
	399-(13)	648
內帑	29-(36)	33
	485-⑭	816
內翰	392-⑩	635
內宦	79-(14)	115
	103-(8)	151
	142-(36)	217
	181-(10)	283
	281-(9)	435
	424-(10)	696
→內侍		
冷泉寺	237-(14)	370
奴	418-(11)	684
	437-(22)	721
	534-⑭⑯	917
	537-④	924
	563-⑦	982
	572-㊷	1005
→奴婢		
盧格	99-(21)	146
盧瑄	300-(4)	464

	〈原文〉	〈譯註〉
盧琯 妻 鄭氏	**299**	**464**
→金浦郡君 鄭氏		
魯國	138-(16)	211
盧 大將軍	**277**	**430**
老萊	41-(24)	56
→老子		
老龍	148-(8)	228
→龍		
魯敏功	121-(21)	183
	235-(24)	368
鹵簿	15-(7)·16-(8)	9
	38-(4)	50
鹵簿都監判官		
	467-⑫	783
鹵簿判官	533-⑧	916
奴婢	186-(18)	292
	510-⑳㉑	869
	511-㉒	869
	556-③	967
→奴		
→女奴		
→婢		
→婢妾		
→家奴		
→王家奴		
→臧獲		
奴婢爭訟	414-⑪~⑫	678
	534-⑭~⑳	917~918
奴婢籍	534-⑮	917
→戶籍		
盧承世	439-(7)	723
老氏	187-(37)	295
→老子		
盧安孟	271-②	420
盧陽赫	272-⑬	422
盧演	428-㉛	704
	529-(26)	908
盧瑛	517-⑭	884
→新陽君		
盧瑩	172-(28)	267
盧令琦	278-(2)	431
盧穎秀	631-44·45	1125
盧永醇	271-②	420
→敬肅公(謚號)		
盧元伯	278-(3)	431
盧頙	485-⑯	816
→慶陽君		
老子		
→老氏		
老莊	77-⑫	110
→莊老		
老莊之書	542-㉔	937
魯廷幹	235-(25)	368
盧卓儒	**271**	**420**
盧懷愼(唐)	531-(66)	912
鹿	643-(12)	1145
祿科田	546-㉒	946
錄券	408-(25)	667
	412-(13)	672
祿券	539-⑦	930
祿廩	291-(19)	451
	665-(10)·(11)	1176
→祿俸		
祿俸	26-(21)	28
→官吏祿		
→祿廩		
→俸祿		

	〈原文〉	〈譯註〉
→廩給		
→受俸之日		
→月俸		
→正三品祿		
→見任之半俸		
錄事	209-(14)	328
	239-(12)	373
	402-㉖	655
	435-(11)	716
	449-㉜	746
	468-⑪	787
	435-(11)	716
祿仕	303-(3)	468
錄苑事	476-⑪	795
祿秩	269-(3)	418
『論語』	173-(5)	269
論場	95-(8)	138
→科擧		
農	390-⑪	631
	443-(13)	733
隴	468-⑨	786
	528-(14)	905
→洮隴		
籠普	535-㉝㉞	920
→高龍普		
農桑	189-(4)	297
	201-(20)	317
隴西	19-(1)(3)	15
	202-(2)	318
	395-(11)	641
	458-⑭	764
隴西公-李公著	67-(1)	97
隴西郡夫人 金氏-李公遂 妻		
	572-㊳	1004
隴西郡夫人 宋氏-李崖 妻		
	572-㊳	1004
隴西郡夫人 鄭氏-李行儉 妻		
	572-㊳	1004
隴西牧監直	451-(7)	749
隴右	230-(2)	359
穠華府丞	426-(9)	699
穠華右司尹	496-⑨	837
誄詞	314-⑰	489
誄書	52-(17)	71
	188-(41)	296
	285-(32)	442
	330-(11)	517
	412-(26)	674
雷雨	365-(14)	586
廩	559-⑯	974
	614-㉞	1103
廩給	207-(8)	326
→祿俸		
廩祿	563-⑰	983
	580-⑨	1023
→賜米		
廩粢	455-⑳	758
『楞嚴』	377-㉑	605

< ㄷ >

	〈原文〉	〈譯註〉
茶	31-(10)	37
	166-(11)	258
	380-(20)	611
	612-②	1098
茶房	135-(30)	205
	155-(7)	241
	182-(15)	283
	251-(33)	392
	344-⑰⑱	546
	371-④	597
	619-(5)	1109
茶房,知事	134-(30)	205
	144-(10)	221
	181-(3)·(4)	282
	349-(1)	553
	349-(10)·(11)	554
	349-(12)	555
	356-⑮	568
	600-⑦	1070
茶毘	665-(10)·(11)	1176
茶毗	29-(43)	34
	32-(22)	39
	60-(22)	83
	68-(6)	98
	69-(12)	99
	74-(22)	106
	128-(19)	193
	135-(40)	205
	137-(21)	208
	158-(35)	245
	161-(16)·(17)	249
	188-(44)	296
	191-(23)	302
	203-(19)	319
	246-(12)	385
	275-(22)	427
	296-(18)	456
→喪禮		
闍毗-茶毗	77-㉑	111
茶毗法	204-(22)	322
茶毗之法	23-(40)	22
旦(周)	408-(26)	667
丹溪縣	645-⑫	1150
	646-⑲	1151
檀君		
→仙人王儉		
→王儉		
丹卷	424-(9)	696
斷事官	523-(26)	896
→王府斷事官		
斷俗寺	385-(5)	621
丹陽郡,知事	487-⑬	820
丹陽郡大夫人 金氏-崔翼 妻		
	75-(7)·(8)	107
丹陽府院君-王珣		
	503-㉝	853

	〈原文〉	〈譯註〉
丹陽府注簿	566-⑪	990
	596-⑪	1060
端午日	449-㉚	746
端州	131-(18)	197
湍州	366-(2)	587
	653-(57)	1161
妲己(殷)		
-妲	572-㉘	1003
達旦	376-⑭	604
	377-(33)	606
㺚狚	374-(14)	604
	375-(31)	606
韃靼	366-(10)	589
	367-(15)	589
	369-(14)	593
→蒙古		
達旦于加	354-(31)	563
韃靼接伴使	368-(9)	592
達魯花赤	402-⑪	653
	517-⑬	883
	631-㉞	1123
達摩九山門	76-④	108
達尊	427-④	700
	428-㊱	705
萏萄	170-(36)	264
湛菴居士	643-(13)	1146
潭陽郡 李氏-柳邦憲 母		
	16-(7)	11
潭陽郡君 田氏-李文鐸 妻		
	240-(33)	376
曇如(僧)	141-(29)	217
曇曜(僧)	239-(6)	372
→虛靜禪師		
曇休(僧)	160-(6)	248

	〈原文〉	〈譯註〉
→正慧王師		
唐	16-(3)	10
	144-(18)	222
	199-(46)	313
	355-(38)	565
	448-②	742
	590-㊷	1046
堂頭	321-(12)	499
唐白-李太白	373-(5)	603
唐城	434-(4)	714
	513-㉒	875
唐城 洪氏	488-④	822
	519-⑪	888
→南陽 洪氏		
唐城君-洪彬	552-㉑	957
唐城郡夫人-朴全之 妻		
	456-㊷·㊸	761
唐城郡夫人 洪氏-朴遠 妻		
	488-①	821
	488-⑥	822
唐城郡夫人 洪氏-崔恬 妻		
	432-⑦	710
唐城府院君-洪彬		
	551-①	955
	552-㉘	958
『唐宋樂章』	144-(16)	221
黨獄	444-(17)	734
	554-⑫·555-⑬	963
唐虞-堯舜	22-(20)	20
瑞珥	398-(19)	646
唐津縣監務	296-(31)	458
戇村(號)-金倫	533-③	915
堂后官	460-㉙	769
堂候官	125-(7)	188

	〈原文〉	〈譯註〉
堂後官	139-(6)	212
	319-(12)	496
	328-(12)	513
	359-⑩·⑪	574
	372-㉔	600
	472-⑬	795
	476-⑬	795
	490-⑪	825
	541-⑥	935
	604-⑭	1081
大家	185-(41)	290
	517-⑫	883
臺閣	153-(12)	237
	296-(25)	457
	327-㊵	511
	328-(19)	514
	361-㊵	578
	365-(8)	585
	404-(13)	660
	406-(6)	663
	418-(12)	684
	442-㊵	730
	631-㊼	1125
	664-(4)	1175
大覺國師-王煦(僧)		
	31-(3)	36
	50-(8)	68
	73-(6)	104
	74-(22)	106
	76-④	108
大覺大和尙-王煦(僧)		
	31-(1)	36
臺諫	86-(9)	124
	164-(13)	253

	〈原文〉	〈譯註〉
	478-㊻	800
	541-⑫	936
	546-㉙	947
	645-⑩	1149
大監(古官号)	16-(6)	10
大監	145-(5)	224
→太監		
大康(年號)	30-(57)	36
	35-⑩	43
	35-⑭	44
	41-(18)	55
	108-(3)·(4)	159
	143-(6)	220
→太康		
大卿	302-(15)	467
大谷洞	363-(29)·(30)	583
大觀(年號)	38-(8)	49
臺官	132-(14)	200
大官令	162-(6)	251
	255-(14)	398
	399-(10)	648
	454-⑪	756
大官署		
-大官	122-(9)	185
大官署令	103-(8)	152
	295-(9)	455
	324-(31)	504
	326-㉝	510
大官署丞	250-(17)	390
	454-⑪	756
大官丞	275-(15)	426
	381-(8)	614
	422-(8)	691
大官承	370-⑧	595

	〈原文〉	〈譯註〉
大觀殿	290-(7)	449
大觀殿直	486-②	818
大匡	59-(2)	81
	64-(3)	89
	126-(3)	190
	359-①	573
	360-㉙	577
	435-(14)	717
	441-㉟	729
	451-(13)	750
	458-③	765
	473-㉙	798
	477-㉚	798
	481-⑧	807
	494-⑬	835
	502-⑯	851
	506-(7)	861
	524-③	898
	580-②	1022
	595-①	1059
	597-㊱	1064
	607-㉗	1088
	611-㉒㉓	1096
	613-⑱	1100
	662-(8)	1171
隊校	317-(4)	493
大邱	489-⑦	824
大丘尉	298-(12)	460
大丘縣	443-(5)	732
大丘縣,倅	290-(4)	449
大君	484-(19)	812
	484-(23)	813
	523-(24)(25)	896
	526-(1)	901
	530-(46)	910
大金	55-(16)	76
	74-(16)	106
	99-(19)	146
	101-(13)	148
	103-(2)	151
	105-(11)	154
	109-(15)	161
	112-(38)(43)	165
	113-(51)	166
	113-(56)	167
	117-(20)(21)	175
	119-②	178
	123-(21)	186
	125-(16)	189
	129-(30)	195
	131-(18)	197
	138-(11)	210
	144-(16)	221
	145-(3)	224
	148-(23)	230
	149-(7)(11)	231
	151-(25)	234
	153-(14)	237
	160-(8)	248
	162-(12)	252
	168-(2)	261
	174-(27)	272
	176-(16)	276
	180-②	281
	184-(24)	287
	190-(16)	299
	200-(13)	315
	213-(4)	333

	〈原文〉	〈譯註〉
	218-(14)	340
	226-(90)	353
	230-(1)	359
	235-(16)	367
	266-(23)	415
	269-(35)	417
	272-⑩	421
	272-⑯	422
	278-(11)	431
	279-(5)	433
	283-(6)	440
	289-(18)	448
	290-(6)	449
	298-(20)	461
	299-(27)	463
	305-(21)	472
	308-(28)	477
	310-(37)	482
	311-(7)	484
	313-(15)	486
	316-(21)	492
	318-(3)	496
	328-(15)	514
	328-(23)	515
	330-(8)	516
	335-(31)	530
	337-(50)	533
	338-(21)	536
	366-(10)	589
	379-④	609
	657-(21)	1166
→金(國)		
大金國	85-(11)	121
	171-(14)	266
	172-(25)	267
	178-(15)	279
	189-(10)	298
	215-(19)	336
	256-(21)	399
	295-(7)	455
	337-(7)(9)	534
	662-(4)	1171
→金國		
大金使	360-⑱	575
→金使		
大金皇帝	149-(11)	231
大德(年號)	407-(17)	665
	409-(29)	667
	412-(25)	674
	413-(28)	674
	413-⑦⑨	676
	415-⑲	679
	415-㉙	680
	416-(1)	680
	417-(1)	682
	420-(28)	687
	421-(40)	689
	421-(3)	690
	424-(10)	696
	425-(17)	698
	430-(8)	707
	437-(19)	721
	441-㉒	727
	443-(11)	733
	453-⑦⑫	752·753
	455-⑳	758
	466-⑦	783

	〈原文〉	〈譯註〉
	467-⑥	786
	473-⑮	796
	476-⑭	796
	487-⑲	820
	490-⑫⑬	825
	490-⑲	826
	494-⑧	834
	494-⑭	835
	502-⑪	850
	504-②	856
	505-⑧	857
	512-⑧	872
	520-⑲	892
	529-(12)	907
	539-⑥	929
	545-⑧	944
	588-⑩	1041
	596-⑨	1060
	630-⑰	1121
	633-(9)	1129
	640-(13)	1140
大德(僧階)	14-(12)・(13)	6
	23-(45)	22
	50-(6)	68
	76-⑦	109
	77-㉕	112
	166-(6)	257
	437-(14)	720
	441-㉞	729
	481-⑦	807
大德山	52-(17)・(18)	71
	100-(8)	148
	119-(7)	179
	229-(39)	358

	〈原文〉	〈譯註〉
	292-(3)	452
	299-(28)	463
	306-(4)	474
	412-(27)	674
	413-⑧	676
	421-(3)	690
	437-(25)	721
	446-㉓	739
	453-⑰	754
	457-⑩	764
	467-⑮	784
	484-(19)	812
	487-⑩	819
	491-㉜	828
	498-㉓	844
	517-⑭	884
	532-(12)	914
	535-㊶	921
	538-㉒	927
	555-㉒	964
	562-㉜	980
	566-③	988
大都	469-(13)	790
	471-⑩	790
	491-㉛	828
	502-⑭⑱	851
	502-⑳	852
→燕京		
大都路同知驍騎尉		
	510-⑪	868
大都路覇州同知		
	551-⑤	955
大都留守	503-㉟	853
大都護	278-(7)	431

	〈原文〉	〈譯註〉
大同江	173-(14)	270
大良谷	108-(9)	158
大良院	26-(14)	27
大寧	432-⑤	710
	558-㉚	970
大寧郡開國侯-崔思諏		
	38-(3)	49
		50
	39-(10)	51
大寧郡夫人 崔氏 -朴全之 妻		
	432-①	710
	456-㊵	761
大寧郡夫人 崔氏-宋琰 妻		
	39-(16)	51
大寧郡夫人 崔氏-柳仁著 妻		
	39-(17)	52
大寧郡夫人 崔氏-李應璋 妻		
	232-(23)	361
大寧路錦州判官		
	584-㉚	1032
大嶺烽山	285-(33)·(34)	442
大寧縣君 崔氏-文公美 妻		
	39-(17)	52
大寧侯	260-(10)	404
大禮	115-(93)	170
	298-(22)	462
戴陵直	588-⑨	1041
對馬島	239-(13)(15)	373
「大明眞言」	386-(24)	623
大毛達	163-(4)	253
大廟	26-(10)	26
	111-(17)	163
	186-(18)	292
	569-⑨	996
→宗廟		
大廟里	382-(22)	616
『大般若』	347-(6)	550
帶方	255-(3)	397
帶方公-王澂	483-(10)	811
帶方郡	385-(1)·(2)	620
大法雲山	139-(9)	213
大保	308-(6)	478
	399-(22)	649
	448-④	742
大寶文	473-㉒	797
	477-㉒	797
	504-⑦	856
	605-㉔	1082
大僕卿	44-(10)	59
	153-(18)	237
	177-(27)	277
	216-(36)	338
	290-(1)	449
	291-(20)	451
	307-(20)·(21)	476
	313-⑥	487
	314-⑩	488
	342-⑭	542
	404-(7)	658
大僕少卿	334-(12)	527
	349-(8)·(9)	554
	376-⑫	603
	665-(8)	1176
大僕,判事	323-(22)	503
	326-㉕	509
	344-⑳	546
	357-㉗	570
	545-⑦	944

	〈原文〉	〈譯註〉
大僕丞	328-(11)	513
大僕尹	448-⑬	743
大僕寺,判事	427-⑥	701
大夫	494-⑱	835
大夫(元)	583-③	1028
大傅	83-(69)	118
	198-(23)	312
	581-②	1025
大府監,判事	483-(7)	811
大府卿	298-(18)	461
	310-(31)	481
	349-(11)	555
	356-⑭	568
	375-(33)	607
	377-㉟	607
	391-㉒	632
	399-(8)	647
	401-⑩	653
大釜洞	417-(14)	682
大府少卿	93-(5)	135
	116-(4)	172
	144-(13)	221
	162-(9)·(10)	251
	190-(1)	300
	191-(20)	301
	191-(21)	302
	205-(33)·(34)	323
	291-(16)	450
	300-(2)	464
	309-(28)·(29)	481
	319-(18)	497
	338-(11)(12)	535
	356-⑭	568
	382-⑭	615
	399-(12)	648
大府丞	178-(9)	278
	253-(8)	395
大府試丞	409-(1)	668
大府寺丞	191-(10)	301
大府寺主簿	41-(16)	55
大府寺,判事	597-㉘·㉙	1063
大府尹	448-⑬	743
大府主夫	92-(11)	133
大府主簿	61-(16)	85
	122-(10)	185
	271-③	420
大府注簿	98-(7)(9)	145
	120-(6)	181
	125-(6)·(7)	188
	178-(9)	278
	228-(12)	356
	281-(10)	435
	282-(36)	438
	307-(13)·(14)	475
大府,判事	281-(19)	436
	356-⑭	568
	422-(15)	692
大師(官階)	19-(4)	16
	41-(7)	53
	41-(7)	54
	42-(34)(42)	57
	91-(2)	131
	91-(4)	132
	183-(5)	285
	204-(25)	322
	388-(22)	625
	403-(3)	657
	429-(2)	706

	〈原文〉	〈譯註〉
	448-④	742
	452-②	752
	581-②	1025
	647-(2)	1153
→太師		
大師(僧階)	55-(26)	76
	76-⑦	109
	136-(7)	207
	166-(6)	257
	235-(24)	368
	446-⑮·⑯	738
	447-㉝	740
	532-(7)	913
	637-(8)	1135
臺司	256-(18)	398
『大史』	144-(12)	221
大史公	241-(3)	377
→司馬遷		
大司成	335-(15)	528
	427-⑭	702
	500-(13)(14)	847
大司學	527-(9)	904
大師行	445-①	736
大司憲	466-⑧	783
	470-(20)	791
	471-⑭	791
	492-(7)·(8)	831
	643-(11)	1145
岱山		
-岱	30-(54)	35
大相	19-(5)	16
	201-(2)	316
大常	152-(4)	236
	315-(11)	491
	566-③	988
	578-㊲	1019
	588-③	1040
→太常		
大常卿	572-㊲	1004
	600-⑦	1070
大常禮儀院使	570-①	999
大常錄事	606-⑩	1086
大常府錄事	208-(26)	327
帶犀赴試	456-㉟	760
→科擧		
帶犀之列	270-(5)	418
大選	90-(49)	130
	114-(77)	169
	166-(6)	257
	208-(24)	327
	220-(6)	344
	235-(23)	368
	329-(25)	515
	662-(16)	1172
→僧科		
大選都聽	264-(6)	411
大禪師	76-①	108
	77-⑮	110
	77-⑱	111
	142-(42)·(43)	217
	168-(1)(2)	261
	168-(12)·(13)	262
	174-(30)	272
	396-(20)	642
	426-(9)	699
	466-⑪	783
	485-⑩	815
	509-㉒	866

	〈原文〉	〈譯註〉
	522-(19)	896
	532-(7)	914
	646-㉒	1151
	652-(35)	1160
大選場	23-(45)	22
→僧科		
大姓	448-⑧	743
臺省	138-(8)	210
→省臺		
大城山	191-(23)	302
大晟新樂	59-(10)	82
→音樂		
大聖日興王寺	31-(1)	36
大宋	14-(3)	4
	32-(28)	39
	38-(2)	49
	40-(23)	52
	43-(43)	58
	48-(2)	65
	53-(4)	73
	54-(2)	75
	57-(7)	78
	62-(30)	85
	68-(5)	97
	73-(3)	104
	74-(16)	106
	88-(18)	128
	105-(11)	154
	113-(63)(64)	167
	117-(10)	173
	119-(6)	179
	119-(8)	180
	149-(5)	230
	160-(8)	248
	164-(28)	255
	205-(31)	323
	213-(4)	333
→宋		
大守	588-⑥	1040
→太守		
帶水	14-(16)	6
戴肅公(諡號)-柳光植		
	337-(2)	534
	338-(23)	536
大丞	347-(10)	551
	522-(7)	895
『大乘』	117-(26)	176
大乘戒	446-㉖	739
臺臣	556-③④	967
	557-㉖	970
	573-㊿	1006
	596-㉓	1062
	607-⑲	1087
大室	574-71	1008
	587-75	1039
	600-④	1069
	603-67	1078
→宗廟		
大樂令	163-(11)·(12)	253
	382-(24)(26)	616
大樂署丞	126-(18)	191
	203-(4)·(5)	320
	356-⑫	568
	390-⑤	630
	403-(5)	657
大安(年號)	35-㉑	45
	48-(4)	65
	64-(4)	89

	〈原文〉	〈譯註〉
	76-②	108
	143-(7)	220
	149-(4)	230
	297-(38)	458
	299-(27)	463
	300-(14)	465
	303-(9)	469
	306-(2)	474
	308-(28)	477
	326-㉗	509
	353-(17)	560
	379-(8)	610
大安寺	120-(4)	179
代言	496-㉔	840
	530-(44)	909
	569-⑬	997
	586-㊳	1038
	601-㉘	1073
	605-㉑	1082
	614-㉚	1102
	633-(10)	1129
	643-(9)	1144
大盈署丞	371-⑥	598
大盈丞	255-(14)	398
	368-(7)	592
隊伍之長	362-(4)	580
大遼	31-(10)	37
	32-(28)	40
	73-(5)	104
	81-(38)	116
	88-(17)	128
→遼		
大遼國	35-⑰	44
→遼		

	〈原文〉	〈譯註〉
大雨	328-(9)	513
	360-⑲	575
→雨		
大右文	508-⑬	864
	530-(35)·(36)	909
	633-(9)	1128
大雲寺	153-(23)	238
	172-(24)	267
	180-④	282
大元	442-㊹	730
	447-㊶	741
	468-(1)	789
	470-(30)	792
	483-(1)	810
	499-(1)	845
	514-①	878
	536-①	924
	547-①	949
	631-㊺	1125
→元		
大元國	395-(9)	640
→元		
大原 王氏	19-(5)	16
大原公-王侾	186-(19)	293
	187-(32)	294
	188-(40)	296
	246-(3)(5)	384
大原郡大夫人 朴氏-崔思諏 母		
	39-(7)	50
大原郡大夫人 安氏-崔奭 妻		
	221-(7)	346
大原府典籤	176-(7)	275
大原侯-王侾	186-(8)	291
	186-(14)	292

	〈原文〉	〈譯註〉
大尉	25-(3)	26
	163-(6)	253
	170-(4)	265
	249-(3)	388
	249-(4)	389
	388-(21)	625
	449-㉛	746
	588-⑱	1042
大尉(遼)	26-(19)	28
大尉王-忠宣王	443-(12)	733
	461-⑤	772
	480-⑨	804
	498-⑱	843
→太尉王		
大醫監,判事	349-(1)	553
	349-(12)	555
大任(周)	572-㉗㉚	1003
大子	23-(47)	23
	298-(6)	460
	331-(35)	520
→太子		
大子內直郎	282-(37)	438
大子大保	52-(19)	72
	62-(36)	86
	126-(5)	190
	164-(24)	255
	373-(1)·(2)	602
	374-(20)	604
	377-⑳	604
	379-(16)	611
	407-(8)	664
	649-(13)	1156
大子大傅	59-(4)	81
	163-(7)	253
	198-(13)	311
	297-(1)	459
	299-(25)	462
	379-(16)·(17)	611
大子大師	106-(3)	156
	163-(8)	253
	387-(1)·(2)	623
	387-(2)·(3)(11)	624
	388-(22)	625
	411-(5)·(6)	671
	429-(3)	706
大子文學	183-(16)	286
	334-(9)	527
	375-(45)	608
	397-(8)	644
大慈悲藏	55-(16)	76
→佛教		
大子賓客	44-(12)	60
	132-(13)	200
	174-(24)	271
	270-(13)	419
	282-(25)	437
	322-(1)	501
	323-(24)(25)	503
	326-㉖	509
	388-(21)	625
	648-(12)	1155
大子司經	97-(29)·(30)	141
	222-(25)	348
	281-(13)	436
	359-⑫	574
	399-(12)·(13)	648
大子司儀郎	92-(13)	133
大子庶子	326-㉔	509

	〈原文〉	〈譯註〉
大子洗馬	149-(9)	231
大子少保	234-(1)	365
	235-(16)	367
	383-(2)	617
	399-(19)	649
大子少傅	151-(24)	234
大子少師	122-(2)	184
	190-(2)	300
	379-(2)	609
	399-(21)·(22)	649
大子右諭德	164-(15)·(16)	254
	399-(15)	648
大子右贊善大夫		
	253-(10)	396
大子右淸道率副率		
	284-(17)	441
大子左庶子	62-(34)·(35)	86
大子左諭德	62-(30)	85
	62-(32)·(33)	86
	382-(20)	616
大子左贊善大夫		
	430-(5)	706
大子左詹事	174-(23)	271
大子中舍人	143-(5)	219
	326-㉒·㉓	509
	648-(9)	1155
大子中允	91-(1)	131
大子贊善大夫	62-(54)	87
	359-⑬	574
	366-(11)	589
大子詹事	41-(17)	55
	44-(12)	60
	108-(3)	159
	356-⑮	568
大將	309-(22)	480
大藏經	30-(46)	34
	155-(5)	241
	428-㉞	705
	630-㉑	1121
	641-(16)	1141
-大藏	169-(27)	263
大將軍	267-(4)·(5)	416
	270-(7)·(8)	418
	314-⑩⑪	488
	317-(9)	494
	318-(19)	495
	362-(6)	580
	381-(13)	615
	424-(8)	696
	434-(6)	714
	506-(3)	860
	563-⑩	982
	580-②	1022
	618-(4)·(5)	1108
	621-(1)	1112
	629-⑩	1120
	640-(7)	1138
大藏道場	277-(12)	429
大丈夫	387-(5)	624
	415-⑳	679
	577-⑩	1014
大宰	504-⑦	856
	561-⑪	977
代邸	328-(15)	514
大殿寶馬陪行首郎將		
	439-(7)	723
	498-⑪	842
大殿指諭中郎將		

	〈原文〉	〈譯註〉
	591-⑬·⑭	1051
大典冊	223-(42)	349
大殿行首	633-(8)	1128
大定(年號)	213-(4)	333
	226-(90)	353
	226-(94)	354
	230-(48)	358
	230-(1)	359
	235-(16)	367
	238-(31)	371
	238-(1)	372
	246-(10)	384
	252-(10)	393
	260-(16)	405
	264-(11)	411
	266-(23)	415
	322-(8)	501
	325-⑦·⑧	507
	330-(17)	518
	351-(3)	557
	385-(1)	620
	655-(9)·(10)	1163
	657-(9)	1165
→太定		
→泰定		
隊正	180-②	281
	261-(6)	406
	278-(5)	431
	283-(7)	440
	326-㉟·㊱	510
	360-㉕	576
	386-(14)	621
	424-(4)	695
	443-(7)	732

	〈原文〉	〈譯註〉
	629-⑦	1119·1120
大提學	527-(8)	904
	575-⑮	1011
	593-⑱	1055
大祖	41-(8)	54
	51-(4)	71
	59-(2)	81
	126-(11)	190
	143-(4)	219
	152-(4)	236
	249-(4)	388
	263-(2)	410
	297-(5)	459
	298-(6)	460
	299-(30)	463
	563-⑨	982
	588-⑥	1040
	647-(2)	1153
	656-(4)	1165
→太祖		
大祖功臣	647-(2)	1153
大祖眞殿	26-(12)	27
大族	41-(11)·(12)	54
	50-(2)	68
	481-⑤	806
	534-㉑	918
→貴族		
岱州	129-(27)	194
岱州城	335-(22)	529
岱州之戰	336-(36)	531
大中大夫	29-(35)	33
	88-(2)	126
	158-(1)	246

	〈原文〉	〈譯註〉
	230-(1)	359
	231-(12)	360
	308-(1)	477
	310-(36)	482
	331-(27)	519
	368-(1)	592
	369-(16)	593
	597-㉘	1063
	649-(13)	1156
大中太夫	27-(1)	29
大眞-楊貴妃	485-⑬	816
大進賢	492-(8)	831
	605-㉚	1083
→進賢館大提學		
大倉令	366-(4)	588
	665-(11)	1176
大倉署丞	383-(5)	618
	405-(16)	660
大倉丞	79-(8)	114
	347-(9)	551
對策	17-(12)	11
大摠官	388-(29)	626
臺駘	36-(29)	46
大平(年號)	21-(8)	19
	50-(4)	68
『大平廣記撮要詩』		
	144-(16)	221
大平院	514-㊸	877
大平亭	169-(21)	262
大學	96-(20)·(21)	140
	162-(11)	252
	197-(9)	310
	239-(7)	372
	241-(43)	376
	244-(1)	380
	248-(5)	386
	255-(11)	398
	265-(3)	413
	275-(18)	427
	281-(5)	435
	302-(2)	468
	334-(7)	526
	336-(42)	532
	359-⑨	574
	370-⑤	595
	388-(25)	626
	554-②	961
	555-㉘	965
→太學		
大學博士	125-(6)	188
	197-(10)	310
	263-(34)	409
	289-(21)	448
	397-(7)	644
	403-(5)	657
大學士	451-(13)	750
	465-(10)	781
大學生	106-(6)	156
	114-(79)	169
	200-(5)	314
『大學衍義』	578-㉗	1017
大護軍	439-(8)	723
	443-(5)	732
	453-⑭⑯·⑰	754
	465-(11)	781
	510-⑬	868
	515-⑩	879
	532-(8)	914

	〈原文〉	〈譯註〉
	542-㉑	937
	543-(9)	940
	569-⑫	996
	591-(74)	1051
	611-⑮	1095
	614-㉛	1102
大和(年號)	352-(13)	559
	370-⑦	595
大華宮	113-(59)·(60)	17
大和尙	31-(1)	36
大興郡	88-(5)	127
	269-(1)	418
大興寺	117-(17)	174
大興縣君 金氏-蔡洪哲 妻		
	509-⑳	865
大興縣君 金氏-崔玄 妻		
	510-⑫	868
大興縣男-崔玄	510-⑫	868
大興縣子-蔡洪哲		
	508-①③	862
德謙僧統	220-(5)	344
德寧府注簿	562-㉚	980
	612-⑤·⑥	1098
德陵-忠宣王	467-⑤⑧	786
	468-⑮	787
	469-(13)	790
	469-(15)(18)(19)	
		791
	470-(21)	791
	471-⑩	790
	471-⑪⑫⑭	791
	473-⑮㉕	796
	473-㉖	797
	473-㉗㉚	798
	476-⑮	796
	477-㉕	796
	477-㉗	797
	477-㉛	798
	492-(6)	830
	493-(11)(12)(13)	
		832
	507-(9)	861
	508-⑧⑩	863
	523-(21)	896
	525-⑬	899
	527-(10)	905
	528-(14)	905
	645-⑧	1149
德妃-忠肅王妃	435-(14)	717
	497-㉖	840
	507-(10)	861
德城	633-(20)	1131
德星	353-(17)	560
德水	540-㉗	933
	560-㉗	975
	565-㊳	986
德水莊	601-㉘	1073
德水縣	246-(12)·(13)	385
	435-(16)	718
	442-㊱	729
	475-(56)	802
	485-⑲	816
	522-(17)	895
	529-(19)·(20)	908
	540-⑳	932
	559-⑱	974
	573-(62)	1007
	649-(17)	1156

	〈原文〉	〈譯註〉
德淵國師	117-(13)	173
德宗	21-(6)(12)	19
德宗桓(僧)	439-(15)	724
德州防禦使	98-(4)	144
德周寺	166-(16)	258
德池原	35-⑯	44
德昌府舍人	611-㉖	1096
德泉大師-金宗烜		
	532-(7)	913
德泉倉提擧事	444-(14)	734
德泉倉提調事	442-(2)	731
德豊縣	603-(62)	1078
德海院	36-㊲	47
德賢院	109-(14)·(15)	161
德興君-塔思帖木兒		
	571-㉓	1002
	572-㉝	1004
	573-㊼	1005
都監	596-⑭	1061
道康郡	98-(1)	144
道空蘭若	69-(11)·(12)	99
都官郎中	121-(8)	181
	235-(11)	366
	319-(16)	497
	338-(11)	535
都官散郎	556-⑨	968
都官員外郎	52-(22)·(23)	72
	58-(15)	80
	189-(9)	298
	291-(15)	450
	316-(25)	492
	344-⑲	546
都官正郎	465-(9)	780
	475-(53)	801
	478-(54)	801
	564-⑲	984
	566-⑪	990
都官佐郎	490-⑫	825
	566-⑪	990
都官直郎	441-㉝	729
	470-(30)	792
	554-④	962
都觀察黜陟使	613-㉗	1101
都校令	382-(25)	616
都校署令	237-(9)	369
	309-(12)	479
	328-(11)	513
都校署丞	454-⑪	756
都堂	420-(33)	688
	424-(11)	696
	577-㉑	1016
都令	330-(18)	518
都魯花(禿魯花)	453-⑬	753
桃李	223-(33)	348
	241-(4)	377
	243-(25)	379
	282-(22)	437
	400-(39)	651
桃李村	444-(19)	735
	588-④	1040
桃林浦	128-(21)	194
都兵馬	256-(24)	399
	371-⑧	598
都兵馬錄事	178-(8)·(9)	278
	239-(11)	373
	290-(5)	449
	307-(15)	475
	371-⑤	598

	〈原文〉	〈譯註〉
	448-⑨·⑩	743
	658-(6)	1167
都兵馬使	449-㉛·㉜	746
	648-(10)	1155
都兵馬,知	237-(8)	369
都部署	88-(17)	128
	239-(13)	373
	239-(16)	374
闍毗	77-㉑	111
→茶毗		
道釋	141-(34)	217
都省,知	174-(20)·(21)	271
	335-(14)	527
都省,知事	132-(13)	200
	164-(16)	254
	379-(13)	611
	524-④	898
	652-(42)	1160
都水監經歷	551-⑥	955
都水之政	551-⑥	955
都巡問使	533-⑪	917
	605-㉘	1083
都巡使	502-⑫	850
都僧統	24-(1)	24
	73-(10)	105
	437-(21)	721
都押衙	149-(5)	230
都染令	130-(7)	196
都染史司正	194-(13)	307
都染署令	158-(29)	245
	425-(15)	697
都染署丞	448-⑩	743
都染丞	238-(3)	372
都鹽院錄事	171-(8)	265

	〈原文〉	〈譯註〉
陶瓦	251-(31)	391
道友	96-(11)	139
桃源道館驛使	142-(39)	217
都元帥	407-(14)	665
	408-(18)	666
	440-⑦	725
	464-(3)	779
	502-⑯	851
	503-㊱·㊲	854
	509-⑳·㉑	865
	539-④	929
	567-⑲	991
	610-⑩	1094
桃源驛	162-(12)·(13)	252
闍維	118-(29)	176
→屠維		
道人	635-(28)	1132
道場庫判官	386-(14)	621
都齋庫判官	132-(20)	201
	399-(7)	647
	453-⑥	752
	503-㉞	854
都齋副使	122-(10)·(11)	185
盜賊	191-(17)	301
	234-(7)	366
	278-(8)	431
→群盜		
都祭庫判官	513-㊲	876
都指揮使	337-(10)	535
	412-(15)	672
	415-⑰	678
都津令	541-⑧	935
都鎭撫司	513-㉞	876
都鎭撫司事	495-①	836

	〈原文〉	〈譯註〉
	496-㉒	839
都津寺事	444-(14)	734
都察庫判官	618-(8)	1108
盜跖(中國)		
-顔跖	302-(13)	467
都僉議	530-(32)	909
	571-⑯	1001
都僉議,領	603-56	1077
都僉議,領事	573-59	1007
都僉議,知	602-41	1075
都僉議,知事	530-(42)·(43)	909
	644-(15)	1146
都僉議,判事	407-(15)·(16)	665
都僉議府,知事	457-④	763
	502-⑤	849
都僉議司,知事	412-(16)	673
	424-(11)	696
	516-⑥	882·883
	569-⑩	996
都僉議司,判事	440-⑧	725
	498-⑳	843
	524-⑦·⑧	898
	539-③	929
都僉議使司,領事		
	529-(3)	907
	530-(34)	909
都僉議使司,知事		
	490-㉑	826
都僉議舍人	490-⑭	826
都僉議侍郞	425-(12)	696
都僉議侍郞贊成事		
	412-(18)	673
	427-⑲	703

	〈原文〉	〈譯註〉
	436-(4)	719
	641-(13)	1140
都僉議侍中	575-⑫	1011
都僉議右政丞	503-㉓	852
	610-⑧	1094
都僉議政丞	553-㉛	959
	598-⑤	1067
都僉議左政丞	573-57·58	1007
都僉議中事	415-㉓	679
都僉議中贊	416-(1)	680
	423-(2)	694
	425-(13)	697
	434-(9)	715·716
	464-(4)	779
	466-③	782
	503-㉕	852
	540-㉒	932
	644-(15)	1146
都僉議贊成事	417-(2)	682
	419-(23)	686
	420-(28)	687
	426-(8)	699
	435-(14)	717
	502-⑯	851
	513-㉖	875
	533-⑫	917
	551-⑩	956
	560-①	976
	561-⑧	977
	586-5354	1036
	598-④	1066
	600-⑧	1070
	642-(2)	1146

	〈原文〉	〈譯註〉
	643-(13)	1145
都僉議叅理	408-(20)	666
	411-(2)	670
	412-(19)	673
	415-⑰	678
	415-㉙	680
	423-(19)	693
	437-(15)	720
	445-⑩	737
	502-⑮	851
	527-(2)	903
	533-④	916
	581-③	1025
都僉議評理	539-⑪	930
都總攝	522-(19)	896
	530-(44)	909
都統行營	128-(18)	193
	289-(15)	447
	344-⑭	545
	353-(19)	560
都統東北西北兩界兵馬		
	174-(28)	272
刀筆吏	326-㉘	509
	330-(17)	518
圖形	71-(33)	102
	576-⑳	1012
道號	428-㉘	704
禿堅帖木兒(元)	573-㊿	1006
讀契人	78-(9)(10)	113
獨樂園	336-(39)	532
	341-(17)(19)	540
禿魯帖木兒(元)	572-㊷	1005
	573-㊼	1005
禿魯花		
→都魯花		
讀詞	59-(13)	82
毒酒	611-⑭	1094
讀冊使	328-(17)	514
燉煌郡夫人 高氏-洪允深 妻		
	553-㉝	959
燉煌郡夫人 金氏-洪允深 妻		
	553-㉜	959
東岡	584-⑰·⑱	1030
東京	99-(11)	145
	323-(16)	502
	325-⑰	508
	374-(28)	606
	377-㉚	606
	428-㉒	703
東京副留守	99-(10)	145
	448-⑭	743
東京留守	413-⑤	675
	428-㉒·㉓	703
	602-㊵·㊶	1075
-留守	99-(11)	145
東京留守判官	100-(5)·(6)	147
東京掌書記	257-(35)	400
東京判官	490-⑫	825
東界	291-(9)	450
東界交州道按廉		
	430-(8)	707
東界都統	353-(19)	560
東界兵馬判官	122-(5)	184
東界安集	474-㊻	800
	478-㊻·㊼	800
東界安集使	418-(9)	684
	422-(12)	692
	448-⑬	743

	〈原文〉	〈譯註〉
同館伴使	96-(18)	140
東國	221-(24)	345
	352-(14)	559
『東國文鑑』	474-㊽	800
	478-㊾	800
東宮	41-(18)	55
	151-(29)	235
	183-(11)	285
	198-(23)	312
	262-(20)	408
	268-(11)	416
	301-(4)	466
	336-(34)	531
	399-(20)	649
	412-(11)	671
東宮侍講學士	151-(17)	234
	173-(18)·(19)	271
	281-(14)	436
	296-(15)	456
	359-⑬	574
	404-(6)	658
	463-④	775
東宮侍讀	48-(6)	66
東宮侍讀事	173-(17)	270
	183-(17)	286
	265-(9)	414
	380-(34)	613
東宮侍讀學士	112-(32)	164
	173-(19)·174-(20)	271
	184-(23)	287
	215-(22)	336
	222-(25)·223-(26)	348
	289-(16)	447
	303-(9)	469
	397-(9)	644
	428-㉛	704
	432-⑤	710
	456-㊶	761
東宮侍誦學士	219-(44)·(45)	343
東宮侍衛	270-(11)	419
東宮直	230-(47)	358
東南道兵馬使	402-⑯	654
東南洞	191-(23)	302
東南海都部署	239-(13)	373
童女	412-(23)	674
	446-⑰	738
同年及第	493-(10)	832
	542-㉕·㉖	938
→同榜		
→及第		
同年登第	336-(44)	532
→及第		
同年友	311-(2)·(3)	484
	482-⑰	809
→同甲		
同年進士	370-⑭·⑮	596
	581-⑱	1024
	593-⑫	1054
→及第		
東堂	427-⑩	701
→科擧		
東堂登第	194-(6)·(7)	306
→及第		
東堂知貢擧	398-(14)	645
	400-(24)	649
→知貢擧		

	〈原文〉	〈譯註〉
東大悲院錄事	172-(27)	267
	451-(7)	749
	596-⑨	1060
	643-(6)	1144
東都書記	307-(11)	475
東都兇竪	309-(21)	480
東萊	34-②	42
東萊郡	61-(3)	84
東萊郡夫人 鄭氏-崔惟淸 妻		
	207-(1)(2)	325
	225-(78)	353
	304-(11)	471
-大夫人	305-(31)	473
東萊縣令	309-(19)	480
東蓮寺	38-(9)·(10)	49
東路	237-(22)	370
	335-(17)	528
東路兵馬錄事	237-(8)·(9)	369
東路兵馬使	178-(12)	279
	205-(30)	323
東林寺	156-(9)	242
東面都監判官	242-(12)·(13)	378
	405-(17)·(18)	661
	495-⑦	837
東面都官判官	555-㉓	964
東面判官	411-(10)	671
同文院錄事	275-(15)·(16)	426
	301-(4)	466
	399-(9)·(10)	648
同榜	297-(33)	458
	642-(21)	1142
→同年及第		
→及第		
東方望族	488-④	822

	〈原文〉	〈譯註〉
→貴族		
東蕃	186-(9)	291
	218-(15)	340
	351-(3)	557
	368-(9)	592
東藩	215-(25)	337
	317-(10)	494
	355-(36)	564
東蕃兵馬臺御使		
	231-(9)	360
東蕃兵馬使	465-(7)	780
同福	489-③	824
同腹	412-(17)	673
-胞同	445-⑪	737
東部錄事	226-(82)	353
東部副令	420-(30)	687
	430-(8)	707
	488-⑦	822
東北路,兵馬使	335-(14)	527·528
東北路,按	233-(7)	364
東北路監稅使	233-(8)	364
東北路知兵馬事		
	153-(15)	237
東北面	604-⑥	1080
東北面,鎭	605-㉗	1083
東北面防戍	261-(10)	407
東北面兵馬副使		
	97-(35)·(36)	142
	115-(86)	170
	215-(22)	336
	218-(25)	341
	223-(35)	349
	652-(39)	1160

	〈原文〉	〈譯註〉
東北面兵馬使	87-(24)·(25)	125
	171-(13)	266
	344-⑮	545
	382-(19)	615
東北面兵馬判官		
	35-㉔	45
東北面知兵馬事		
	298-(18)	461
東北面行營兵馬使使令		
	111-(21)·(22)	163
東北面行營兵馬判事		
	110-(7)·(8)	162
東北山(開城)	256-(32)	400
東山(開京)	188-(44)	296
東山(德水縣)	246-(13)	385
東山(松林縣)	296-(19)	456
東山	192-(26)	302
東山之樂	630-⑳·㉑	1121
東西北面兵馬元帥		
	649-(14)	1156
童城	557-⑰	969
東省郎中	583-④	1028
東省都事	571-⑰	1001
東省,佐幕	553-㊲	959
同修國史	65-(11)	91
	353-(23)	561
	395-(1)	639
	399-(19)	649
	404-(9)	658
	411-(2)(3)	670
	412-(17)	673
	415-㉙	680
	417-(3)	683
	419-(16)	685
	423-(19)	693
	427-⑲	703
	445-⑩	737
	451-(12)	750
	452-(21)	751
	502-⑤	849
	585-㊺	1034
	602-㊳	1074
東安公-忠烈王	420-(32)	688
東菴(號)-李瑱	561-(13)	977
東女眞	44-(15)	61
→女眞		
東王公	78-(8)	113
東榆岾	380-(25)	612
洞陰郡君夫人-崔義 妻		
	341-(16)·(17)	540
『東人之文』	515-⑱	880
東材場判官	316-(16)	491
東賊	467-②	785
同正	98-(3)	144
→同政		
同政	656-(2)	1165
→同正		
東征船	440-⑮	726
→日本遠征		
東征之命	407-(12)	664
→日本遠征		
東征戰艦	640-(11)	1139
→日本遠征		
同提擧	353-(23)	561
	455-㉓	758
→知貢擧		
同提修史	490-㉒	826
東朝	275-(18)	427

	〈原文〉	〈譯註〉
→太子		
洞州	59-(2)	81
	290-(2)	449
	363-(15)	581
東州	221-(3)	346
	304-(8)	471
	358-(2)	571
	452-②	751
東州,守	371-⑩	598
東州郡	454-⑫	756
同中書門下侍郎平章事		
	379-(16)	611
同中書門下平章事		
	245-(22)	383
	283-(1)	439
	284-(24)	441
	299-(26)	463
	451-(11)	749
同知貢擧	48-(7)·(8)	66
	62-(33)	86
	64-(10)	91
	97-(32)	142
	115-(87)	170
	132-(19)	201
	176-(5)	274
	176-(16)	276
	184-(26)	287
	281-(20)	437
	412-(15)	672
	427-⑮	702
	441-⑳	727
	459-⑳	768
	537-⑯	926
	566-⑫	990

	〈原文〉	〈譯註〉
	593-⑨	1054
	602-㊸	1075
	613-⑰	1100
→貳席		
→知貢擧		
→知貢擧,副		
同知國子試貢擧		
	223-(32)	348
→知貢擧		
同知密直	469-(9)	790
	494-⑫	835
	569-⑨	996
	605-㉔	1082
同知密直事	465-(9)	780
同知密直司事	397-(12)	645
	426-(7)	699
	449-㉝	746
	470-(23)·(24)	791
	471-⑦⑯	791
	593-⑧	1054
	490-⑲·⑳	826
	492-(8)	831
	505-⑭	858
	510-⑭	868
	524-⑧	898
	555-㉓·㉔	964
	591-㊿	1049
	640-(12)	1140
	641-(19)(20)	1142
	644-(16)	1146
同知司事	470-(23)·(24)	791
	471-⑯	791
同知商議會議都監使		
	601-㉟	1074

	〈原文〉	〈譯註〉
同知書筵	613-⑰	1100
同知禮部貢擧	335-(15)	528
→知貢擧		
同知院事	299-(24)	462
	317-(11)	494
	328-(21)	514
	404-(8)	658
同知中樞院事	28-(15)	31
同知知司事	476-㉑	796
同知簽書	613-⑰	1100
同知樞密事	223-(41)	349
同知樞密院事	44-(12)	60
	121-(12)	182
	124-(19)	187
	135-(31)	205
	138-(9)	210
	158-(1)	246
	174-(25)	271
	184-(27)	288
	198-(12)	311
	282-(25)	437
	284-(20)	441
	304-(11)·(12)	471
	345-(4)	548
	367-(19)	590
	405-(17)	661
	406-(7)	663
	434-(3)	713
	522-(10)	895
	524-⑥	898
	591-61	1049
	648-(12)	1155
同知春秋館	431-(20)	709
	605-㉔	1082
同知春秋館事	439-(13)	724
	454-②	755
	456-42	761
	494-⑪	834
	514-②	878
	597-33	1064
	601-30	1073
	605-⑲	1082
同知(刑部事)	64-(10)	91
同知驍騎尉	510-⑪·⑫	868
同知徽政院使	507-(11)	861
同進士及第	176-(5)	274
→及第		
東村(牛峰郡)	125-(18)	189
東村場判官	235-(22)	367
東坡(號)-蘇軾(宋)		
	243-(31)	380
同判密直	397-(12)	645
同判密直司事	397-(2)	643
東韓	450-(3)	748
東漢橋	191-(23)	302
東韓國大夫人 申氏-閔漬 妻		
	497-①	841
	498-㉑·㉒	844
東韓柱石	642-(23)	1142
東海	558-31	971
	587-72	1039
	594-㉓	1056
	601-㉔	1072
東軒(號)-吳潛	489-③	824
東華門	183-(13)	286
桐華寺	107-(3)	157
豆	577-⑦	1013
→穀物		

	〈原文〉	〈譯註〉
斗	510-⑳	869
斗斛	588-⑰	1042
杜如晦(唐)	304-(5)	470
	555-㉖	965
→房杜		
豆原	557-⑱	969
屯伊山	52-(18)	72
鈍村(號)-金晅	419-(17)	685
	419-(25)	687
	461-⑤	772
	462-⑯	774
	468-⑯	788
登科	90-(50)	130
	255-(11)	398
	328-(8)	513
	396-(18)	642
	449-㉞	746
	472-④	793
	475-㊿51㊷52㊷53	801
	478-52·53·54	801
	487-⑪	819
	494-⑥	833·834
	505-⑧	857
	562-㉚	980
	563-⑰	983
	590-㊴	1046
	593-⑤	1053
	594-㉒	1056
	594-㉙	1057
	646-①	1152
→及第		
→七世登科		
等觀僧統-柳袒雲(僧)		

	〈原文〉	〈譯註〉
	50-(1)	68
登及第科	90-(48)	130
→及第		
登仕郎	15-(2)	8
	39-(17)	52
	40-(2)	53
	84-(1)·(2)	119
	123-(15)(16)	185
	127-(1)	192
	156-(1)	242
	312-(1)	485
	390-(1)	629
	622-(1)	1113
登第	68-(4)	97
	109-(17)	161
	137-(3)	209
	192-(25)	302
	207-(7)	326
	265-(4)	413
	281-(6)	435
	307-(11)	475
	310-(39)·(40)	482
	351-(7)	558
	370-⑫	596
	373-(9)	603
	376-⑨	603
	392-⑧·⑨	635
	403-(5)	657
	409-(5)	668
	411-(10)	671
	449-㉜	746
	454-⑩	756
	500-(14)	847
	517-⑥	885

	〈原文〉	〈譯註〉
	520-⑮	891
	538-㉗	928
	539-⑥	929
	604-⑨	1080
	633-(8)	1128
	643-(7)	1144
→及第		
登第未仕	397-(4)	643
→不仕		
登州神祠	250-(19)	390

〈原文〉 〈譯註〉

< ㅁ >

	〈原文〉	〈譯註〉
馬	271-⑤	420
	298-(14)(15)	461
	309-(18)	480
	418-(10)	684
	449-㉔	745
	573-㊾㊿	1006
→白馬		
→牡馬		
→鞍馬		
→良馬		
→御廐馬		
→牛馬		
→墜馬		
→匹馬		
→汗馬		
麻誥	29-(35)	33
→官誥		
磨衲袈裟	264-(5)	411
→袈裟		
摩衲袈裟	166-(10)	258
→袈裟		
摩衲掩脊	166-(11)	258
→袈裟		
磨衲衣	160-(12)	249
→袈裟		
馬山(德水縣)	442-㊱	729
馬山(松林縣)	99-(21)	146
馬場別監	319-(9)·(10)	496
馬田谷	557-⑰	969
馬坫村	131-(18)	197
馬政	366-(3)	588
馬川	100-(9)	148
幕府	35-⑪	43
	142-(48)	218
幕屬	586-㊻	1036
幕佐	326-⑳	508
幕下	98-(6)	145
	363-(17)	582
	371-⑥	598
萬卷堂	588-⑲	1042
滿衲袈裟	276-(8)	429
→袈裟		
萬奴	354-(31)	563
萬寶殿直	414-④	677
萬夫長	566-⑨	989
萬相之理	136-(13)	207
万石坊	438-(2)	722
萬石君(漢)	531-(66)	912
滿繡袈裟	77-⑱·⑲	111
	264-(6)	411
	276-(10)	429
→袈裟		
萬壽山	572-㊴	1004
万壽節日使	171-(13)·(14)	266
萬乘	248-(22)	388
「萬言書」(尹彦頤)		

	〈原文〉	〈譯註〉
	112-(35)	165
萬春節日使	271-⑥	421
萬戶	402-⑬⑭	654
	408-(20)	666
	443-(7)	732
	450-(1)(2)	748
	451-(10)	749
	460-㉝·㉞	770
	464-(1)	779
	468-⑰	788
	492-(9)	831
	495-①	836
	495-③	837
	496-㉑·㉒	839
	497-㉘	840
	498-⑬	842
	498-⑭	843
	500-(17)	847
	502-⑤	849
	502-⑪	850
	502-⑬	851
	503-㉜	853
	503-㊴	854
	506-(7)	861
	512-⑪	873
	512-⑰	874
	513-㉚	876
	522-(5)	895
	523-(23)(26)	896
	529-(10)	907
	532-(3)	913
	559-⑧	972
	560-⑦	977
	607-⑫	1086
	631-㊵	1124
	633-(4)	1127
	633-(11)	1129
	634-(21)(22)	1131
	640-(9)	1139
	641-(20)	1141
萬戶,副	481-④	808
	502-⑪	850
	590-㊾	1048
萬戶府	512-⑪	873
	513-㉚	876
	522-(5)	895
	529-(10)	907
	532-(3)	913
	534-㉘	919
	590-㊾	1048
萬戶牌	428-㉝	705
→三珠萬戶牌		
襪子	94-(16)	136
望朔祭	446-㉗	740
望夕	332-(52)	523
亡伊·亡所伊의 亂		
	262-(22)	408
	317-(5)	493
望姓	604-⑩	1080
	610-②	1093
→貴族		
望族	472-②	793
	475-①	793
	488-④	822
→貴族		
「輞川詩」	435-(12)	716
望親	479-⑧	804
望顯	457-⑥	763

	〈原文〉	〈譯註〉
→貴族		
麥	35-⑯	44
→穀物		
麥谷	362-(12)	581
孟子		
-孟	663-(34)	1174
『孟子』	173-(5)	269
	188-(41)	296
猛州	344-⑰	546
猛州兼价州副使		
	427-⑫	702
猛州副使	108-(5)·(6)	160
沔州,知	469-(19)	791
	471-⑬	791
棉布	573-㊿③	1006
名家右族	501-②	849
→貴族		
明經(科)	17-(9)	11
	19-(13)	17
	98-(3)	144
	99-(23)	146
	144-(12)	221
→科擧		
明慶殿	73-(6)	104
	117-(13)	173
明器	503-㉘	853
明陵-忠穆王	552-㉒	958
	555-⑮	964
	561-㉑	979
	567-⑮	991
	569-⑫	997
	577-⑳㉑	1016
	584-㉛	1032
	585-㉞㉟	1033
	596-⑯	1061
	600-⑯⑰	1071
	601-㉑	1072
	604-②③⑮	1079, 1081
	605-㉑	1082
	611-⑮·⑯	1095
	634-(14)	1130
	645-⑫	1150
明廟-明宗	298-(12)	460
	317-(4)	493
	331-(24)	519
	492-(4)	830
明福宮錄事	58-(6)	79
	250-(17)	390
	298-(16)	461
明福宮司	186-(18)	292
命書	111-(19)	163
明星	563-⑫	983
名臣之門	448-③	742
明王-明宗	318-(7)	496
	328-(10)	513
	448-④	742
	516-②	882
明義公-尹逢	390-④	630
明懿大后 柳氏-肅宗 妃		
	41-(15)	54
	47-(5)(12)	64
	73-(4)	104
	186-(3)	291
-母后	186-(6)(7)	291
	186-(17)	292
明夷之時	520-⑧	890
	584-⑱	1030

	〈原文〉	〈譯註〉
明宗	305-(14)	471
	308-(2)	477
	322-(7)	501
	325-⑦	507
	340-(3)	539
	351-(7)	558
-今上	219-(38)	343
	225-(61)	351
	226-(89)	353
	228-(18)	356
	233-(7)	363
	235-(19)	367
	242-(12)	378
	250-(21)	390
	253-(9)	396
	255-(8)(13)	398
	259-(9)	404
	264-(7)	411
	265-(4)	413
	271-④	420
	278-(5)	431
	281-(9)	435
-上	219-(39)(40)	343
	226-(93)	354
	233-(8)(10)	364
	235-(12)	366
	235-(15)	367
	240-(27)	375
	256-(28)(30)	399
	260-(17)	405
	265-(5)	413
	268-(12)	416
	268-(19)(24)	417
	281-(15)(17)	436

	〈原文〉	〈譯註〉
	282-(27)	437
	282-(32)(34)	438
	286-(7)	443
	291-(9)	450
	298-(13)	460
	308-(5)	478
	309-(14)	479
	313-⑦	487
	322-(7)	501
	325-⑦	507
	330-(19)	518
	331-(26)	519
	334-(12)	527
	359-⑩	574
-主上	252-(12)	393
	261-(10)	407
	262-(15)	407
	308-(10)	478
-國王	334-(10)	527
-前國王	298-(20)	461
→明廟		
→明王		
明宗(元)	610-⑬	1094
	611-⑭	1094
溟州	101-(2)	149
	160-(3)	248
	203-(1)	320
	383-(3)	618
溟州,守	96-(27)	141
	178-(12)	279
溟州防禦使	125-(7)	188
溟州通判	619-(5)	1109
明珠虎符	451-(10)	749
→虎符		

	〈原文〉	〈譯註〉
明昌(年號)	269-(35)	417
	272-⑩⑯	421
	273-(13)	422
	276-(33)	424
	277-(15)	428
	277-(21)	430
	278-(11)	431
	279-(5)	433
	309-(19)	480
	323-(13)	502
	334-(9)	527
	344-⑱	546
	379-(4)	609
	655-(2)	1164
	656-(4)·(5)	1164
	657-(12)	1165
	658-(9)	1167
毛頓洞	159-(24)	247
暮梁驛	309-(26)	481
毛賊	567-⑲	991
	567-㉛	993
→紅巾賊		
茅土	441-㉙	728
	442-㊷	730
牧監直	579-㊻	1020
牧丹花	563-④	981
穆陵直	514-㊷	877
木棉	573-㊿	1006
牧民	449-⑳	744
	542-⑯	936
牧使	556-⑦	967
沐浴	369-(18)	593
	380-(22)	612
	520-⑥	890

	〈原文〉	〈譯註〉
→洗俗		
牧隱(號)-李穡	558-①	971
穆宗	14-(8)	5
	17-(14)(15)	12
	41-(7)	53
	217-(3)	339
-上	17-(16)(18)(19)(23)	12
木州	306-(7)	475
木浦	96-(28)	141
夢	74-(19)(20)	106
	89-(27)(30)	129
	96-(12)	139
	103-(16)	152
	124-(9)	187
	258-(18)	402
	355-(38)	565
	370-⑥	595
	374-(26)~(27)	605~606
	377-㉗	605~606
	460-㉘	769
	570-⑥	1000
	597-㊲	1064
	600-⑬	1070
	629-⑥	1119
	630-㉒㉔	1122
	632-52	1126
→胎夢		
蒙古	335-(27)	530
	363-(16)(17)	581
	363-(18)·(19)	582

	〈原文〉	〈譯註〉
	371-⑪	598
	414-⑥	677
→達旦		
→韃担		
→韃靼		
→元		
蒙古國	335-(22)(23)	529
蒙古國使	340-(10)	539
	388-(24)	626
蒙古大兵	372-⑬	599
蒙古文字	335-(24)	529
蒙古兵	372-⑲	600
	381-(11)	614
蒙古語	513-㉔	875
	526-(12)	902
	611-㉑	1096
蒙古와의 講和		
-講和文字	374-(14)	604
	376-⑮	604
蒙古字語	527-(10)	905
蒙古侵入(高宗18)		
	368-(13)～369-(15)	593
	371-⑪～⑫	598~599
	374-(14)～(15)	604
蒙古侵入(高宗19)		
	372-⑬～⑱	599
蒙古侵入(高宗24)		
	372-⑲	600
蒙古侵入(高宗43)		
	424-(3)	694
蒙古翰林學士	523-(26)	896

	〈原文〉	〈譯註〉
夢禪寺	646-⑰	1150
蒙養正	418-(4)	683
妙覺寺	22-(36)	22
妙能(僧)-世賢	78-(2)	112
妙蓮寺	612-②	1098
妙蓮社主	437-(21)	721
『妙法蓮花經』	77-⑲	111
-蓮花	77-⑯	110
→『法華經』		
廟食	346-(15)	549
→配享		
苗氏	485-⑬	815
廟廷配享	603-62	1078
妙精-妙清	183-(18)	286
	184-(20)	287
	578-㉕	1017
妙淸-妙精	109-(8)	160
	112-(38)	165
	132-(10)(12)	200
	173-(10)(12)(13)	270
妙淸의 亂	81-(51)～82-(60)	117~118
	89-(31)～(33)	129
	112-(44)～(45)	165~166
	132-(10)～(12)	200
	149-(8)	231
	173-(9)～(16)	270
	183-(17)～184-(20)	286~

	〈原文〉	〈譯註〉
		287
	189-(7)～(9)	298
	244-(5)～(6)	381
	250-(8)	389
	578-㉕	1017
誣	256-(18)	398
	541-⑨	935
	544-(14)	941
	552-㉓	958
	554-⑤	962
畝	510-⑳	869
	546-㉒	946
武功		
→虎功		
武官		
→虎官		
巫尼	522-(13)	895
武德將軍	495-①	836
	496-㉑	839
	498-⑬	842
	506-(6)	861
武略將軍	469-(10)	790
	471-⑦	790
無量壽寺	209-(13)	328
武班		
→山西		
武夫	512-㉑	874
武散官	278-(3)	431
→散官		
『無常經』	117-(24)	175
武選	611-⑰	1095
→虎選		
→銓注		
無禪師	446-㉕	739

	〈原文〉	〈譯註〉
茂松	355-⑤	567
茂松郡大夫人 庾氏-李德孫 妻		
	457-①	763
	457-⑩	764
茂松縣	227-(3)	355
	364-(2)	584
	429-(2)	706
茂松縣戶長	576-④	1013
茂叔-周濂溪(宋)		
	592-⑱	1051
武臣亂	224-(57)～(60)	
		350~351
	233-(6)	363
	250-(20)	390
	269-(3)～270-(4)	
		418
	356-⑪~⑫	567
→庚癸之亂		
→庚寅亂		
務安監務	418-(5)	683
務安郡	436-(3)	719
務安君夫人 朴氏-崔瑞 妻		
	436-(1)	719
務安郡夫人 朴氏-崔宰 妻		
	597-㊵	1065
無㝵智國師	136-(12)	207
	136-(15)	208
武藝	524-⑨	898
→虎藝		
武王(周)	130-(1)	196
武毅將軍	633-(11)	1129
武人政權의 崩壞		
	413-⑤	675

	〈原文〉	〈譯註〉
	434-(4)~(6)	714
『無逸篇』	578-㉖	1017
「無字」話頭	456-㊳	760
		761
武資	448-⑩	743
	453-⑦⑧	752
武宗(元)	467-⑥	786
	588-⑱	1042
武職	471-⑨	790
→虎職		
武學		
→虎學		
墨家	77-⑫	110
墨匠	362-(8)	580
墨洞	464-(2)	779
默軒(號)-閔漬	524-(8)	898
	531-(63)	912
文	78-(3)	112
→貫文		
→錢		
文可觀(僧)	174-(30)	272
文簡公(諡號)-金光載		
	580-④	1022
文簡公(諡號)-申周錫		
	498-⑦	842
文簡公(諡號)-柳公權		
	282-(35)	438
	516-③	882
	517-⑯	884
	522-(8)	895
文簡公(諡號)-崔誠之		
	468-⑭	787
文簡公(諡號)-崔誠		
	182-(2)	284

	〈原文〉	〈譯註〉
	184-(35)·(36)	289
	328-(6)	512
文康公(諡號)-朴遠		
	518-②	887
文康公(諡號)-尹彦頤		
	110-(1)	162
	334-(6)	526
門客	546-⑭	945
文景公(諡號)-閔令謨		
	448-④	742
	459-⑨	766
	492-(4)	830
文景公(諡號)-趙永仁		
	320-(10)	499
	334-(5)	526
	334-(13)	527
文景公(諡號)-崔璘		
	448-⑥	742
	449-㉑	744
文敬公(諡號)-安輔		
	592-①	1052
	593-⑬	1054
	593-⑭⑮	1055
文敬公(諡號)-尹瓘		
	47-(6)·(7)	64
	253-(5)	395
文敬公(諡號)-李岡		
	574-①	1009
	575-②	1009
	575-⑦	1010
	576-㉔	1012
文敬公(諡號)-韓脩		
	612-①	1097
	612-②③	1098

	〈原文〉	〈譯註〉
	614-㊱	1103
文敬公(諡號)-許珙		
	403-(1)(2)	656
	404-(12)	659
	411-(9)	671
	441-㉝	729
	445-⑦	737
	480-②③④	806
	481-⑩	807
	485-⑤⑥	814
	486-㉑	817
	526-(7)	901
	533-⑥⑦	916
	534-⑲	918
文顧壽-文公裕	173-(3)	269
門功	183-(9)	285
	517-⑥	885
	543-(8)	940
	575-⑬	1011
	633-(8)	1128
→蔭敍		
文公美	39-(16)·(17)	51·52
→文公仁		
文公元	130-(11)	197
	157	**243**
	174-(30)	272
	320-(3)·(4)	498
→貞敬公(諡號)		
文公裕	112-(37)	165
	114-(76)	169
	172	**268**
→文顧壽		
→文亢迪(字)		

	〈原文〉	〈譯註〉
→南平郡開國子		
文公仁	174-(30)	272
→文公美		
文科	560-㉖	975
	574-㊿	1008
→科擧		
文匡公(諡號)-朴全之		
	456-㊴	761
	518-④	887
文龜	538-㉓	927
文克謙	174-(32)·(33)	272
	286-(8)	444
文克公(諡號)-趙延壽		
	611-㉓	1096
文克純	174-(33)	272
文克易	174-(33)	272
文德殿學士	90-(46)·(47)	130
門徒	117-(24)	175
	137-(29)	209
	160-(6)	248
文度公(諡號)-兪千遇		
	449-㉛	746
	492-(4)	830
文良公(諡號)-趙簡		
	487-⑩	819
文良公	258-(4)	401
文吏	312-(6)	486
文林郎	19-(13)	17
	27-(2)	30
	43-(4)	58
	79-(2)	114
	99-(21)·(22)	146
	116-(2)	172
	118-(30)	176

	〈原文〉	〈譯註〉
	131-(2)	198
	133-(3)	202
	135-(44)(45)	206
	142-(56)	218
	143-(2)	219
	158-(43)	245
	160-(2)	248
	170-(38)	264
	213-(12)	334
	230-(46)	358
	236-(1)	368
	238-(26)	371
	253-(1)	395
	297-(39)	458
	463-⑤	775
	588-⑧	1041
	649-(19)	1157
文林郎,散	410-(14)	669
文武		
→文虎		
文王(周)		
-文	130-(1)	196
文敏公(諡號)-金光轍		
	558-⑤	972
	580-④	1022
文班		
→山東		
門閥	517-⑤	885
→貴族		
文柄	398-(19)	646
文富	267-(8)	416
文富	578-㊷	1019
文士	295-(14)	456
	330-(9)	517

	〈原文〉	〈譯註〉
	403-(5)	657
門生	148-(8)	228
	157-(26)	244
	164-(18)	254
	219-(49)	344
	225-(64)(65)·(66)	351
	274-(8)	426
	336-(40)(43)	532
	354-(35)	563
	373-(8)	603
	376-⑧	603
	398-(15)	645
	400-(28)	650
	421-(40)	689
	491-㊴	829
	497-④	841
	512-⑤	872
	517-②	885
	523-(30)	896
	530-(49)(50)	910
	559-㉒	974
	563-③	981
	563-⑤	982
	567-㉙	993
	573-62	1007
	594-㉞	1057
	609-⑤	1091
	611-㉚	1097
文選	564-㉘	985
	611-⑯·⑰	1095
→銓注		
文星	587-72	1039
文成公(諡號)-安珦		

	〈原文〉	〈譯註〉
	466-③④	782
	593-②④	1053
文殊(菩薩)	137-(27)	208
文殊寺	95-(10)	139
文淑公(謚號)-崔惟淸		
	288-(5)	446
	304-(11)(13)	471
	305-(30)	473
	452-③	752
文肅公(謚號)-金永暾		
	540-㉗	933
文肅公(謚號)-金周鼎		
	401-①	652
	472-⑪	794
	476-⑩	794
	502-⑥	849
文肅公(謚號)-尹瓘		
	111-(17)(20)	163
	115-(96)	171
	141-(6)	215
	142-(50)	218
	334-(5)	526
	606-⑧⑨	1085
文肅公(謚號)-崔允儀		
	197-(1)	310
	199-(33)	312
文順公(謚號)-閔迪(閔頔)		
	560-⑦	977
	598-⑤	1067
文順公(謚號)-李奎報		
	373-(2)	602
	374-(23)	605
	376-②	602
	377-㉔	605

	〈原文〉	〈譯註〉
	395-(11)·(12)	641
	458-④	765
文純公(謚號)-元傅		
	400-(30)	650
	469-(8)(9)	790
	482-⑥	808
	495-⑥	837
	639-(4)	1137
	640-(6)	1138
文信公(謚號)-崔昷		
	452-④	752
	453-⑤	752
文愼公(謚號)-金胼		
	411-(1)	670
	423-(19)	693
	437-(16)	720
	446-⑩	737
	470-(26)	792
	471-⑱	792
	533-⑤	916
	535-㊶	921
	581-③	1025
文安公(謚號)-鄭沆		
	61-(1)·(2)	84
	62-(49)	87
	207-(3)	325
	225-(77)	353
文野(字)-洪彬	551-③	955
	552-㉔	958
文烈公(謚號)-朴寅亮		
	52-(20)(23)	72
	69-(4)	99
	163-(8)	253
	164-(27)(29)	255

	〈原文〉	〈譯註〉
	165-(33)	256
文烈公(諡號)-李兆年		
	519-①	889
	520-⑱	892
	554-⑦⑨	962
	554-⑫	963
	555-⑬	963
	555-㉚	965
	583-⑫⑬	1029
	584-⑮	1030
	584-㉓·㉔	1031
	586-64	1037
文英公(諡號)-金恂		
	480-①④	806
	481-⑤⑥	806
文藝	48-(5)	65
文溫公(諡號)-閔思平		
	560-②	976
	561-㉕	979
	598-④	1066
	599-⑪	1068
文王-文宗	483-(10)	811
文儒	373-(8)	603
	376-⑧	603
	435-(11)	716
門廕	643-(3)	1144
門蔭	28-(11)	31
	39-(15)	51
	42-(30)	56
	91-(5)	132
	120-(3)	180
	172-(27)	267
	242-(10)	378
	253-(6)	395
	267-(8)	416
	271-③·④	420
	298-(11)	460
	308-(9)	478
	318-(7)	496
	322-(6)	501
	325-⑥	506
	328-(7)	513
	330-(16)	517
	358-(7)	571
	390-⑥	630
	403-(4)	657
	411-(10)	671
	440-⑪	726
	454-⑩	756
	502-⑦	850
	512-⑦	872
	516-⑧	883
	569-⑪	996
	607-⑫	1086
	612-④	1098
	640-(5)	1138
→蔭敍		
文懿公(諡號)-朴恒		
	481-②·③	807
文懿公(諡號)-崔詵		
	336-(41)	532
	452-④	752
文義赫	267-(8)	416
文翼	157-(9)	243
	174-(29)	272
門人	39-(17)	52
	49-(19)	67
	52-(25)	72

	〈原文〉	〈譯註〉
	74-(17)(18)(20)	106
	77-㉕	112
	131-(20)	198
	177-(29)·(30)	277
	220-(21)·(22)	345
	233-(12)	364
	241-(41)	376
	475-㊼	802
	479-㊽	802
	632-(3)	1127
	633-(5)	1128
文仁公(諡號)-閔漬		
	458-②	765
	460-㉘	769
	497-①③④	841
	498-⑰㉓	843, 844
門人弟子	39-(13)	51
門子	231-(7)	359
→蔭叙		
文字	318-(6)	496
	319-(24)·(25)	497
	375-(32)	607
	377-㉞	607
	629-⑦	1119
門資	451-(7)	749
	465-(8)	780
→蔭敍		
文資	448-⑫	743
	453-⑦	752
文子脩	267-(7)	416
文章	14-(6)	5
	49-(16)	67

〈原文〉	〈譯註〉
51-(5)·(6)	71
61-(8)	84
75-(8)	107
85-(25)	122
104-(21)	153
116-(103)	171
145-(8)	224
148-(18)	229
152-(6)	236
154-(4)(6)	239
156-(12)	242
158-(37)	245
164-(18)	254
164-(27)	255
174-(25)	271
184-(32)	288
202-(12)	319
215-(29)	337
225-(74)	352
251-(35)	392
259-(6)	403
266-(13)	414
281-(4)	435
283-(39)	439
295-(4)	455
296-(22)	457
298-(10)	460
310-(43)	483
342-⑫	542
355-(36)	564
375-(42)	608
378-㊸	608
396-(24)	642
409-(4)	668

	〈原文〉	〈譯註〉
	455-⑰	757
	498-⑱	843
	513-㉓	875
	555-㉗	965
	584-㉖	1032
	593-⑦	1053
	594-㉖	1056
文場	296-(22)	457
	336-(35)	531
→科擧		
文莊公(諡號)-李混		
	500-(13)	847
文場舊弊	307-(22)	476
→科擧		
文章偉	267-(8)	416
文章之家	165-(31)	255
文章之宗	587-⑮	1039
	592-⑰	1051
文章弼	**267**	**415**
文才	427-⑩	701
文材	91-(17)	276
文才吏幹	403-(5)	657
	437-(9)	720
文節公(諡號)-朱悅		
	494-⑱	835
文節公(諡號)-韓宗愈		
	555-㉒	964
文正公(諡號)-權溥		
	529-(1)(4)(12)	907
	545-⑧	944
	633-(7)	1128
	634-(18)	1130
	634-(20)	1131
文正公(諡號)-金台鉉		
	472-①	793
	475-㊺㊾	802
	478-㊼	802
	479-㊿	802
	558-④	972
	559-⑱⑳	974
	559-㉑㉓	975
	560-㉖	975
	563-⑥	982
	563-⑫	983
	580-③	1022
文正公(諡號)-范仲淹(北宋)		
	577-⑩	1014
文正公(諡號)-柳璥		
	427-⑩	701
	516-⑥	882
	517-⑯	884
	522-(9)	895
	644-(15)	1146
文正公(諡號)-趙冲		
	334-(2)	525
	335-(31)	530
文定公(諡號)-元松壽		
	575-⑲	1012
文定公(諡號)-尹鱗瞻		
	265-(1)(5)·(6)	413
文定公(諡號)-李瑱		
	561-⑬	977
	588-⑨⑬	1041
	589-㉔	1043
文定公(諡號)-崔甫淳		
	354-(34)	563
	467-②	785
文定公(諡號)	555-㉘	965

	〈原文〉	〈譯註〉
文定公(諡號)	594-⑳	1055
文貞公(諡號)-金坵		
	395-(2)	639
	426-(3)	698
	426-(4)(6)	699
	458-⑤	766
文貞公(諡號)-金上琦		
	101-(4)·(5)	149
	197-(7)	310
文貞公(諡號)-安軸		
	537-②	924
	538-㉒	927
文貞公(諡號)-尹澤		
	576-①	1013
	578-㊲	1019
	579-㊶	1021
	609-②③	1090
	609-④⑥⑦	1091
	609-⑧⑭	1092
文貞公(諡號)-李嵒		
	566-①③	988
	568-㉟	994
	575-⑫	1011
文貞公(諡號)-李仁實		
	138-(14)	211
文貞公(諡號)-鄭思道		
	604-①④	1079
	606-㊱㊲	1084
文靖公(諡號)	458-⑬	764
門弟	24-(18)	25
	117-(15)	174
	166-(22)	259
	167-(24)(28)	259
文宗	34-⑥	42
	39-(8)	50
	39-(18)	52
	50-(9)	68
	101-(3)	149
	143-(6)	220
	213-(2)	333
	217-(4)·	339
	259-(5)	403
-今上	21-(6)	19
	22-(20)	20
-今聖考	26-(14)	27
-上	22-(37)	22
	29-(35)(41)	33, 34
-王	22-(36)	22
-文考	31-(5)(9)	37
	32-(14)(18)	38, 39
→文王		
→文宗仁孝聖王		
文宗仁孝聖王-文宗		
	31-(3)	36·37
文宗(元)	610-⑬	1094
文証	416-(11)	681
	437-(13)	720
門地	414-④	677
	448-⑦	743
→蔭敍		
文地之選	662-(15)	1172
→科擧		
文地宰樞	420-(28)	687
文眞公(諡號)-李藏用		
	454-⑦	755

	〈原文〉	〈譯註〉
	455-⑭	757
文眞公(諡號)-崔宰		
	595-①	1059
文昌	49-(17)	67
	354-(31)	563
→僕射		
文昌相	48-(10)	66
→僕射		
文昌左相	395-(8)	640
→左僕射		
文昌左丞	289-(15)	447
→左僕射		
文昌侯-崔致遠	510-⑳	869
文淸公(諡號)-權呾		
	426-①	700
	428-㊱	705
	479-⑥	804
	511-③	871
	529-(25)	908
	530-(47)·(48)(53)	910
	545-⑦	944
	633-(7)	1128
文淸公(諡號)-崔滋		
	504-⑦·⑧	856
文忠公(諡號)-李公壽		
	63-(1)	88
	66-(22)	94
文忠公(諡號)-李公遂		
	570-②	999
	574-64	1007
	574-66 70	1008
文忠公(諡號)-李仁復		
	583-②	1028

	〈原文〉	〈譯註〉
	586-63	1037
文忠公(諡號)-李齊賢		
	587-①	1040
	588-③	1040
	593-⑭	1054
文平公(諡號)-尹克敏		
	445-⑨	737
	480-③	806
門下	22-(32)	21
	48-(8)	66
	49-(15)	67
	117-(17)	174
	328-(8)	513
	336-(44)	532
	458-⑬	764
	658-(2)	1166
門下(省)	186-(16)	292
	187-(21)·(22)	293
	187-(25)	294
門下錄事	209-(15)	328
	253-(8)	395
	368-(8)	592
	427-⑨	701
門下省,知事	171-(18)	266
	172-(1)	268
	198-(13)·(14)	311
	218-(27)	341
	270-(13)·(14)	419
	299-(24)·(25)	462
	308-(7)	478
	314-⑫	488
	338-(16)	536
	345-(6)	548
	358-(6)	571

	〈原文〉	〈譯註〉
	358-(13)·(14)	572
	374-(17)	604
	376-⑰	604
	379-(15)	611
	435-(13)	717
	605-㉙	1083
	611-⑲	1095
	629-⑬	1120
	648-(12)·649-(13)	1156
門下省司諫	575-⑭	1011
門下省,直	64-(10)	91
	121-(11)	182
	186-(20)	293
	284-(15)	441
	629-⑩	1120
門下侍郎	65-(15)	92
	360-㉔	576
	581-②	1025
門下侍郎同內史門下平章事		
	22-(28)	21
門下侍郎同中書門下平章事		
	43-(2)	58
	45-(20)	61
	138-(13)	211
	178-(3)	278
	186-(12)	292
	198-(17)	311
	221-(5)	346
	267-(1)·(2)	415
	297-(1)	459
	304-(9)	471
	317-(1)	493
	337-(1)	534
	338-(18)	536
	353-(25)	562
	359-①	573
	379-(1)	609
	379-(18)·380-(19)	611
	421-(4)	690
	429-(3)	706
	459-⑧	766
	639-(3)·(4)	1137
門下侍郎平章事		
	17-(21)·(22)	13
	39-(16)	51
	66-(24)	94
	70-(17)·(18)	101
	84-(3)	120
	101-(4)	149
	123-(3)·(4)	186
	133-(7)	202·203
	149-(3)·(4)	230
	177-(22)	276
	190-(3)	300
	192-(35)	303
	197-(7)	310
	204-(24)	322
	217-(4)	339
	227-(4)·228-(5)	355
	234-(4)	365
	304-(1)	470
	305-(24)·(25)	472
	317-(13)	494
	331-(36)	520

	〈原文〉	〈譯註〉
	334-(1)	525
	335-(29)	532
	336-(41)(43)	532
	362-(1)	579
	363-(26)	583
	364-(2)	584
	373-(1)	601
	374-(19)	604
	375-①	601
	377-⑳	604
	380-(30)	613
	407-(9)	664
	411-(4)	670
	411-(5)	671
	414-②	676
	423-(3)	694
	433-⑮	711
	434-(3)	713
	451-(13)	750
	533-③	915
	533-④	915·916
	604-⑩	1080
	630-⑭	1120
	660-(12)·(13)	1169
	660-(14)	1169
	660-(8)	1169
門下侍中	20-(1)	18
	22-(29)	21
	27-(1)	29
	29-(35)	33
	47-(4)(6)	64
	63-(1)	88
	65-(18)(19)	93
	66-(22)(23)	94
	107-(1)(4)	158
	111-(15)·(16)	163
	114-(71)	168
	116-(4)	172
	130-(9)	196
	133-(5)	202
	138-(10)	210
	139-(3)	212
	141-(5)	215
	149-(3)	230
	160-(5)	248
	177-(25)	276
	199-(32)	312
	204-(23)(26)·(27)	322
	208-(3)	328
	209-(6)	328
	217-(2)	339
	231-(18)	361
	232-(22)	361
	253-(5)	395
	320-(10)	499
	331-(37)	520
	334-(4)	526
	355-⑥	567
	388-(22)	625
	407-(10)	664
	432-⑫	711
	454-⑥	755
	459-⑥	766
	466-②	782
	472-③·④	793
	475-②·③	793

	〈原文〉	〈譯註〉
	541-②③	934
	580-③	1022
	589-㊲	1046
	606-⑦	1085
	614-㉙	1102
	618-(8)	1108
	630-⑮	1120
	637-(3)	1134
	660-(9)·(10)	1169
門下注書	454-⑪·⑫	756
	582-⑧	1026
	593-⑯	1055
	599-⑮	1068
	608-㉜	1088
門下,知	384-(19)	619
門下知省事	245-(21)	383
→知門下省事		
門下評理	597-㊷	1065
	614-㉘	1102
門下平章	123-(4)	186
	452-④	752
	483-(6)	811
	565-㊳	986
門下平章事	138-(10)	210
	160-(4)	248
	258-(4)	401
	320-(4)	498
	360-㉙	577
	451-(14)	750
	472-③	793
	475-②	793
	630-⑭	1120
文學	126-(16)	190
	140-(13)	213

	〈原文〉	〈譯註〉
	144-(20)	222
	196-(12)·(13)	308
	288-(7)	447
	294-(31)	454
	336-(46)	533
	427-③④	700
	440-⑪	726
	493-②	833
	522-(8)	895
	584-㉘	1032
	662-(14)	1172
文學之士	663-(23)	1173
文翰	275-(24)	427
	382-(28)	617
	472-⑬	795
	541-⑫	936
文翰內學	490-⑱	826
文翰司學	436-(5)	719
	576-⑤	1013
文翰司學承旨	419-(24)	686
	426-(7)	699
	466-⑧	783
文翰署,直	472-⑬	795
	476-⑫	795
	500-(13)	847
	541-⑥	935
文翰署,判事	395-(1)	639
	415-㉙	680
文翰承旨	473-㉒	796
	476-㉑	796
文翰侍講學士	405-(17)	660
文翰侍讀	476-⑯	796
文翰侍誦官	490-⑮	826
文翰之任	51-(8)	71

	〈原文〉	〈譯註〉
文翰學士	397-(11)	645
	402-⑫	653
	408-(21)	666
	409-(30)	667
	412-(21)	673
	418-(15)	685
	421-(2)	690
	441-㉗	728
	640-(8)	1139
文翰學士承旨	397-(2)	643
	397-(12)	645
	412-(22)	673
	427-⑰	702
	596-⑧	1060
	641-(12)	1140
文翰學士應旨	490-⑳	826
文亢迪(字)-文公裕		
	173-(3)	269
文行	228-(5)	355
文憲公(謚號)-崔冲		
	39-(7)	50
	197-(3)	310
	208-(3)	328
	432-⑦	710
	436-(8)	720
	532-(4)	913
	581-④	1025
文獻公(謚號)-崔冲		
	101-(7)	149
文獻公(謚號)-吳大陞		
	489-④	824
文憲公徒	651-(10)	1158
文顯公(謚號)-李預		

	〈原文〉	〈譯註〉
	66-(23)	94
文衡	402-㉒	655
	612-㉜	1097
→科學		
文惠公(謚號)-韓康		
	569-⑦	996
	570-㉓	998
文虎	146-(17)	225
	174-(29)	272
	270-(19)	419
	279-(22)	432
	356-⑩	567
	402-㉘	656
	450-(4)	748
→文武		
文化 柳氏	519-⑬	888
文和公(謚號)-崔惟善		
	64-(3)·(4)	89
	66-(23)	94
	101-(7)	149
	197-(3)	310
文化君-權皐	530-(43)	909
文化君-柳仁奇	516-⑥·⑦	883
文化郡大夫人 崔氏-蔡華 妻		
	414-③	676
文化縣	642-(4)	1143
文僖公(謚號)-柳淑		
	599-①	1069
	600-②⑤	1069
	603-62 63	1078
米	155-(5)	241
	186-(6)	291
	226-(86)	353
	433-⑲	712

	〈原文〉	〈譯註〉
	475-㊿	801
	478-52	801
	602-44	1075
→穀物		
→白粲		
彌勒大院	446-㉖	739
彌勒院	26-(13)	27
彌勒尊佛	117-(26)	176
微瘇	630-㉓	1122
→疾病		
彌陀佛	264-(12)	411
→西方佛		
→阿彌陀佛		
閔可擧	122-(2)	184
閔瑊	498-⑩⑫	842
閔曲出篤	449-34	747
閔公珪	448-④	742
→定懿公(諡號)		
閔公亮	513-36	876
閔光文	123-(15)·(16)	185
	223-(34)	348
閔瑾	498-⑬	842
閔金剛	449-35	747
閔樂全(字)-閔頔		
	492-(3)	830
閔寧	42-(29)	56
	183-(8)	285
閔德生	559-⑫	973
閔忙哥篤	449-35	747
閔命莘	459-⑥·⑦	766
閔抃	493-(10)	832
民部(散郎)	539-⑧	930
民部議郎	515-⑩	879
民部典書	439-(7)	723
	443-(5)	732
	466-⑧	783
	492-(7)	831
	498-⑫	842
	542-⑮	936
	641-(14)	1140
	641-(20)	1142
民部,知	505-⑫	857
民部,知事	444-(14)	734
民部直郎	431-(15)	708
民部,判事	427-②	700
	496-⑰	839
	502-⑰	851
閔思平	532-(8)	914
	535-48	922
	560	**976**
	598-④	1067
	607-⑮	1086
→閔平		
→及菴(號)		
→坦夫(號)		
→文溫公(諡號)		
→驪興君		
→輸誠秉義協贊功臣		
閔思平 妻 金氏		
	581	**1025**
閔祥伯	460-33	770
	498-⑫	842
閔祥正	460-32	770
	497-③	841
	498-⑨	842
	501-⑱	848
閔舒	449-33 34	746
	449-35	747

	〈原文〉	〈譯註〉
閔釋龍(僧)	498-⑬	842
閔瑨	498-⑪⑫	842
	527-(6)	904
閔瑄-閔濬	326-㉔	509
閔損(魯)		
-閔	147-(31)	227
閔脩	122-(12)·(13)	185
	242-(9)	378
	636	**1133**
閔琇	498-⑪	842
閔秀生	559-⑬	973
閔琡	498-⑪⑫	842
閔珣	498-⑫	842
閔湜	459-⑦	766
閔彦誠	637-(6)	1134
閔彦實	637-(6)	1134
閔瑛	**122**	**184**
閔令謨	448-③	742
	459-⑦	766
	492-(4)	830
→文景公(諡號)		
閔龍延(字)-閔漬		
	458-⑤·459-⑥	766
閔龍涎(字)-閔漬		
	498-⑱	843
閔愉	493-(10)	831, 832
	559-⑫	973
閔義存(僧)	498-⑪	842
閔利諴	123-(15)	185
閔仁鈞	448-⑤	742
	492-(4)	830
閔子騫(中國)		

	〈原文〉	〈譯註〉
-騫	18-(32)	14
閔子夷	492-(9)	831
閔頔-閔迪	449-㉜	746
	491	**829**
	560-⑥	976
	641-(20)	1142
-通憲公	449-㉞	746
	449-㉟	747
	450-㊲	747
→閔樂全(字)		
→芸齋(號)		
→文順公(諡號)		
→驪興君		
閔迪-閔頔	598-⑤	1067
民曹.知事	441-㉕	728
閔宗儒	**447**	**742**
	492-(4)	830
	561-⑧	977
	598-⑤	1067
→忠順公(諡號)		
→復興君		
閔濬-閔瑄	323-(21)	503
閔漬	415-㉚	680
	442-㊻	731
	458	**765**
	498-⑱	843
	524-⑧	898
	531-(62)·(63)	912
	639-(2)	1137
-予	440-②	725
	442-㊱㊲	729
→閔龍延(字)		
→默軒(號)		
→文仁公(諡號)		

	〈原文〉	〈譯註〉
→驪興君		
→驪興府院君		
→推誠守正保理功臣		
閔志寧	302-(15)	467
閔漬 妻 申氏	**497**	**841**
閔昌京	122-(2)·(3)	184
旻天寺	541-⑪	935
閔稱道	561-⑩	977
閔平	449-㉞	746
	449-㊱	747
→閔思平		
閔玹	498-⑪	842
閔渙	493-(10)	832
閔滉	448-⑤	742
	492-(4)	830
	561-⑨	977
閔孝侯	122-(3)(5)	184
閔珝	498-⑩⑫	842
閔徽	422-(17)	693
閔輝	459-⑥	766
密城	581-⑰	1024
	653-(44)	1160
密城君-朴允文	580-②	1022
密城郡	486-②	818
密城郡君 朴氏-朴壽 妻		
	653-(47)	1161
密城,倅	391-㉒	632
密水(宋)	31-(11)	38
密陽君-朴允文	563-⑯	983
密人	183-(18)	286
密旨	309-(12)	479
密直	442-(1)	731
	444-(22)	735
	453-⑮	754
	505-⑱	858
	510-⑤⑥⑦⑧	867
	511-㉓	870
	528-(18)	906
	584-㉕	1031
	585-㊷	1034
	594-㉕	1056
	605-㉗	1083
	613-㉕	1101
密直堂後官	476-⑬	795
密直代言	496-⑬	838
	496-⑨·⑩	838
	516-⑨	883
	583-⑤	1028
密直副使	412-(19)(21)	673
	413-⑦	676
	422-(18)	693
	430-(13)	708
	435-(14)	717
	436-(3)	719
	437-(15)(17)	720
	442-(2)	731
	444-(17)	734
	446-⑭⑰	738
	448-⑮	744
	454-②	755
	455-㉗	759
	466-②	782
	466-⑧	783
	468-⑰	788
	470-(23)	791
	471-⑮	791
	473-⑰	796
	476-⑰	796

	〈原文〉	〈譯註〉
	486-①	818
	487-⑧	819
	489-⑦	824
	492-(7)	831
	494-⑪	835
	496-⑬	838
	500-(16)	847
	508-⑨	863
	521-㉙	894
	524-⑨	898
	533-⑪	916
	537-⑲	927
	555-㉔	964
	564-㉖	985
	568-②	995
	571-⑭	1001
	577-⑦	1014
	579-㊸	1019
	582-⑥·⑦	1026
	585-㊲	1033
	599-⑭	1068
	600-⑧	1070
	608-㉙	1088
	610-⑩·⑪	1094
	611-㉕	1096
	641-(20)	1141
-副使	415-⑯	678
	561-㉒	979
密直副使商議	597-㊱	1064
	605-㉔	1082
密直,副知	412-(15)	672
	423-(20)	693
密直使	460-㉙	769
	464-(1)	779

	〈原文〉	〈譯註〉
	465-(10)	780
	492-(8)	831
	494-⑫	835
	496-⑭	838
	502-⑰	851
	504-⑦	856
	508-⑪	864
	512-⑦	872
	558-④·⑤	972
	563-⑮	983
	590-56	1048
	611-⑲	1095
	643-(11)	1145
密直司	441-㉒	727
	441-㉒	728
	605-㉑	1082
密直司,副	510-⑭	868
密直司,副知事	408-(20)(21)	666
	421-(2)	690
	446-⑭	738
	464-(4)	779
	532-(5)	913
	535-㊺	922
	581-④·582-⑤	1025
	610-③	1093
密直司,知	473-㉖	797
	477-㉖	797
→知司		
密直事,知	509-⑲	865
密直司,知事	412-(22)	673
	443-(3)	731
	452-①	751
	453-⑩·⑪	753
	466-⑧	783

	〈原文〉	〈譯註〉
	490-⑳	826
	524-⑤	898
	564-㉓	984
	589-㉓	1043
	596-⑧	1060
	611-⑱⑲	1095
	640-(12)	1140
	643-(11)	1145
→知司事		
密直司堂後官	437-(13)	720
密直司代言	566-⑫	990
	575-⑭	1011
密直司副使	397-(11)	645
	402-⑫	653
	408-(21)	666
	424-(9)	696
	438-(3)	722
	441-㉗	728
	575-⑭	1011
密直司使	404-(8)	658
	446-⑮	738
	477-㉒	797
	492-(2)	829
	560-⑥	976
	598-⑤	1067
	632-(3)	1127
	641-(14)	1140
密直司事	419-(24)	686
	473-㉒	797
	490-㉕	827
	589-㉖	1044
密直司右代言	494-⑪	834
	558-⑥	972
密直司右副代言		
	456-㊷	761
	469-(13)	790·791
	471-⑩	790·791
	516-①	882
	571-⑬	1001
	585-㉞	1033
密直司右副承旨		
	397-(10)	644
	415-⑮·⑯	678
	489-⑧	824·825
	502-⑪	850
密直司右承旨	415-⑮·⑯	678
	441-㉕	728
	492-(6)·(7)	831
密直司提學	575-⑭	1011
密直司左代言	613-㉕	1101
密直司左副代言		
	466-(16)	782
	554-⑦·⑧	962
	601-㉕	1072
	604-⑯	1081
	613-⑪	1099
	643-(8)	1144
	644-(16)	1146
密直司左副承旨		
	490-⑮	826
密直司左承旨	409-(30)	667
	441-㉖	728
密直司知申事	457-⑨	764
	490-⑰	826
	554-⑧	962

	〈原文〉	〈譯註〉
	568-㉜	993
	575-⑭	1011
密直司,判	448-⑯	744
	455-㉘	759
密直司,判事	397-(2)	654
	537-⑯	926
	566-⑦	989
	571-⑮	1001
	575-⑪	1010
	597-㊴	1065
密直,判	404-(9)	658
	543-(11)·(12)	940
密直商議宰相	604-⑥	1080
密直承旨	482-⑦	808
	483-(6)	811
密直右副代言	523-(23)	896
	532-(8)	914
密直右副承旨	533-⑩	916
密直右承	473-⑯	796
密直右承旨	476-⑯	796
密直宰相	492-(3)	830
	593-⑫⑬	1054
密直提學	554-⑩	963
	561-㉒	979
	571-㉔	1002
	577-㉒	1016
	585-㉟	1033
	593-⑧	1054
	601-㉜	1073
	613-⑯⑰	1100
密直左副代言	543-(9)	940
密直左使	585-㊲	1033
密直左右副承旨	415-⑮·⑯	678
密直左右承旨	415-⑮·⑯	678
密直,知	397-(12)	645
	494-⑫	835
	543-(11)	940
	605-⑲	1082
	611-⑱	1095
密直知申事	448-⑮	744
	460-㉜	770
密直學士	418-(15)	685
	427-⑰	702
	455-㉔	758
	530-(31)	909
	640-(12)	1140

< ㅂ >

	〈原文〉	〈譯註〉
朴可久	557-㉓	970
朴康壽-朴康用	**286**	**444**
朴康用-朴康壽	287-(3)	444
朴居實	481-④	808
	590-㊾	1048
	641-(20)	1142
-正尹公	482-⑤	808
	482-⑪⑫⑭	809
朴居實 妻 元氏	**481**	**807**
朴卿	172-(26)	267
朴經	557-㉑	969
	591-㊼	1050
朴瓊	609-⑫	1092
朴景端	117-(21)	175
朴敬茂	580-⑬	1023
朴景山	88-(2)	126
	163	**252**
-予	90-(54)	131
朴景溫	130-(10)	197
朴景仁	**51**	**70**
	176-(5)	274
→令裕(字)		
→章簡公(諡號)		
朴敬仁	580-⑬	1023
朴景章	151-(5)	234
朴季陽-朴啓陽	559-⑪ · ⑫	973
朴啓陽-朴季陽	580-⑫	1023
	581-⑮	1024

	〈原文〉	〈譯註〉
朴琯	558-㉙	970
朴光挺	481-③	807
朴教雄(僧)	**76**	**108**
-了說演妙弘眞慧鑑妙應大禪師		
	76-①	108
→朴應物(字)		
朴龜齡	579-㊹	1020
朴均尙	349-(3)	554
朴克猷	482-⑤	808
朴奇輔	486-②	818
朴奇悟	308-(6)	478
	454-④	755
→三韓功臣		
→三韓壁上功臣		
朴達嶺	362-(12)	581
朴大陽-朴太陽	580-⑪	1023
	580-⑭	1024
朴大元	240-(35)	376
朴德龍	488-⑥	822
	519-⑫	888
朴禿滿	481-④	808
	482-⑤⑦	808
朴敦文	208-(24) · (25)	327
朴敦和	438-(3)	722
朴童生-朴東生	557-⑲	969
朴東生-朴童生	590-㊸	1048
-判典農	591-㊼	1050
朴得齡	**156**	**242**

	〈原文〉	〈譯註〉
朴得珠	558-㉙	970
朴登	614-㉜	1102
博陵郡君 具氏-崔安道 妻		
	511-㉕	870
朴理	474-㊾	800
	478-㊿	800
朴僯	644-(17)	1146
	644-(23)	1146
朴文	196-(15)	309
朴文琺	488-②	821
	488-⑥	822
	519-⑪	888
朴文成	380-(30)	613
朴門壽	559-⑨	972
	565-㊵	987
博物君子	205-(33)	323
朴文圭	558-㉙	970
朴密陽	559-⑩	973
	580-⑩⑬	1023
朴扑琮	52-(19)	72
朴返圓(字)-朴全之		
	454-③	755
朴梵眞(字)-朴聰諝(僧)		
	69-(3)	99
朴保	438-(3)	722
朴寶生	557-⑲	969
朴僕射	**650**	**1157**
朴琈	422-(18)	693
	436-(4)	719
朴不花	573-㊻㊽	1005
博士	494-⑭	835
	530-(28)·(29)	908
	582-⑧	1026
	599-⑮	1068
朴三陽	559-⑪	973
	580-⑫	1023
朴犀	309-(27)	481
	310-(39)(40)	482
朴石齋(號)-朴孝修		
	454-②	755
	593-⑭	1055
朴氏姓의 유래	454-④	755
朴成傑	30-(9)	196
朴省空(僧)-崔瑞 妻		
	436-(1)	719
	437-(21)	721
朴成器	436-(6)	720
朴成德	170-(3)	265
朴脩	**152**	**236**
→子隨(字)		
朴玿	532-(6)	913
朴紹陽	559-⑪	973
	580-⑪	1023
朴戍	579-㊼	1020
朴壽	653-(45)	1160
朴守卿	152-(3)	236
	163-(6)	253
→三韓功臣		
朴壽龍	488-⑦	822
	519-⑫	888
朴秀門-朴殊文	557-㉑	969
朴殊文-朴秀門	591-㊼	1050
朴壽山(字)-朴仁碩		
	308-(6)	478
朴純古	329-(24)	515
	650-(3)	1158
	653-(51)	1161
朴純守	653-(53)	1161

	〈原文〉	〈譯註〉
朴純正	653-(52)	1161
朴純沖	121-(18)	183
朴承位	163-(7)	253
→三韓功臣		
朴實	602-㊸	1075
朴良桂	431-(15)	709
朴楊旦	130-(10)	197
朴永堅	465-(11)·(12)	781
朴永文	108-(2)	159
朴英叔	287-(4)	445
朴靈偉(僧)	153-(26)	238
朴令裕(字)-朴景仁		
	51-(2)	70
朴永忠	591-㉟	1049
	591-㊹	1051
朴永侯	308-(6)·(7)	478
朴龍壽	591-㊹	1051
朴遠	488-⑥	822
	518	**887**
	584-㉕	1031
-政堂公	488-⑨	822
→朴瑗		
→文康公(謚號)		
→慶源君		
→延興君		
→推忠翊戴功臣		
朴瑗-朴遠	432-⑭	711
	433-⑱⑲㉑	712
	456-㊶㊻	761
	518-④	887
朴遠 妻 洪氏	**488**	**821**
朴元桂	**556**	**966**
朴緯	557-㉑	969
	591-㊲	1050

	〈原文〉	〈譯註〉
朴甤	436-(7)	720
朴濡	444-(24)	736
朴惟精	410-(16)	669
朴育和	308-(7)	478
朴允鏐	460-㉟	770
	498-⑯	843
	597-㊵	1065
朴允文	475-㊴	802
	478-㊵	802
	559-⑦	972
	563-⑯	983
-大匡公	580-⑥	1022
	581-⑰	1024
→密城君		
朴允文 妻 金氏		
	580	**1022**
朴膺傑	653-(45)	1161
朴應物(字)-朴敎雄		
	76-②	108
朴李溫	380-(31)	613
朴益旌	408-(19)	666
	440-⑩	726
	518-③	887
朴仁幹	487-⑦⑧⑪	819
→盡誠秉義翊贊功臣		
朴仁杞	487-(12)	820
朴寅亮	52-(20)	72
	69-(4)	99
	163-(8)	253
→文烈公(謚號)		
朴仁龍	488-⑥⑨	822
朴寅輔	308-(3)	477
朴仁碩	**308**	**477**
→朴壽山(字)		

	〈原文〉	〈譯註〉
朴仁宇	487-⑫	820
朴仁育	588-⑨	1041
朴仁翊	487-⑫	820
朴仁祉	487-⑫	819
	487-⑲	820
朴仁進	653-(56)	1161
朴子隨(字)-朴𠈁		
	152-(2)	236
朴子安	513-㊳	876
朴莊	398-(17)	646
朴長命	482-⑧	808
朴積古	163-(4)	253
→察山侯		
朴赤烏	51-(2)	70
→察山侯		
朴全之	432-③	710
	454	**755**
→朴返圓(字)		
→杏山(號)		
→杏山蒙泉無垢居士		
→文匡公(謚號)		
→延興君		
→推誠贊化功臣		
朴全之 妻 崔氏		
	432	**710**
朴正民	653-(46)	1161
朴挺蕤	308-(7)	478
→忠質公(謚號)		
朴挺材	130-(14)	197
	216-(39)	338
朴挺華	130-(12)	197
朴肇開	294-(24)	454
朴琮	163-(8)	253
朴宗信	287-(4)	444

	〈原文〉	〈譯註〉
朴宗夏	**83**	**119**
博州	84-(10)	121
博州副使	194-(8)	306
博州通判	370-⑧	595
朴仲仁	521-㉔	893
朴之亮	439-(7)	723
	566-⑧	989
	607-⑫	1086
朴遲胤	163-(5)(6)	253
→三韓功臣		
朴直胤	163-(4)(5)	253
	165-(32)	256
朴執忠	653-(45)	1160
朴昌	580-⑭	1024
朴天龍	488-⑦	822
朴初	368-(5)	592
朴聰	240-(39)	376
朴叢	565-㊶	987
朴聰諝(僧)	**69**	**99**
→廣濟僧統		
→梵眞(字)		
朴椿齡	274-(2)	425
朴忠厚	52-(19)	72
	163-(8)	253
朴忱	580-⑭	1024
朴太陽-朴大陽	559-⑩	973
朴苞	565-㊷	987
朴諴	486-③	818
朴恒	481-②	807
→文懿公(謚號)		
朴赫居世	163-(3)	253
	454-③	755
→赫居世		
朴赫文	132-(20)	201

	〈原文〉	〈譯註〉
樸峴	425-(14)	697
朴玄仁	295-(4)	455
朴穴	93-(3)	134
朴穴寺	656-(4)	1164
朴形	605-⑲	1082
朴浩	31-(2)	36
朴弘秀	498-⑫	842
朴洪升	486-③	818
朴華	**486**	**818**
朴璜	**129**	**196**
	158-(29)	245
朴孝廉	52-(21)	72
朴孝先	52-(22)	72
朴孝修	454-②	755
→石齋(號)		
朴孝音	348-(19)	552
朴孝至	164-(25)	255
朴孝晉	164-(25)	255
朴煇	454-⑤	755
泮宮(成均館)	405-(20)	661
頒曆	600-⑤	1069
	600-⑲	1071
班嶺	26-(18)	28
斑鬢	379-(17)	611
飯僧	380-(22)	612
	634-(19)	1131
	646-(17)	1150
→佛教		
半身不遂	194-(10)	306
→疾病		
『般若經』	546-⑲	946
→『六百般若經』		
班固(漢)		
-班	351-(7)	557

	〈原文〉	〈譯註〉
潘永源	515-⑳	881
畔人	510-㉑	869
班主	607-⑮⑯	1086
班品	285-(27)	441
鉢山	582-⑮⑰	1027
鉢松	522-(17)	896
	529-(20)	908
勃左	323-(17)(18)	503
	325-⑰	508
	326-⑲	508
渤海	113-(54)	167
房杜	18-(32)	14
	35-⑬	44
→房玄齡(唐)		
→杜如晦(唐)		
邦頭浦	128-(11)	193
放牓	370-⑥	595
→科擧		
放榜簾前	454-⑩	756
方伯	372-㉖	600
方相	486-㉓	817
防戍	261-(10)	407
	262-(23)	408
方恂	608-㉛	1088
方藥	45-(23)	62
方藥之書	454-⑧	756
防禦副使	191-(7)	300
	338-(26)	536
	342-⑩	542
防禦使	81-(37)	116
	98-(4)	144
	103-(14)	152
	122-(10)	185
	125-(7)	188

	〈原文〉	〈譯註〉
	141-(14)	215
	201-(4)	316
	253-(8)	395
	658-(8)·(9)	1167
防禦判官	79-(13)	114
	85-(17)	122
	181-(7)	283
方言	178-(10)	279
	298-(19)	461
方于宣	423-(1)	694
	632-㊿	1127
邦立基	142-(57)	218
方丈	50-(15)·(16)	69
	167-(27)	259
	169-(26)	263
紡績	94-(15)	136
	159-(11)	246
	280-(7)(13)	433, 434
	392-⑦	635
	580-⑦·⑧	1023
→績紡		
房淸璉	279-(3)	433
房淸璉 妻 皮氏	**279**	**433**
防築	237-(18)	370
房玄齡(唐)		
→房杜		
防護使	367-(15)	589
裴景誠	**86**	**123**
	649-(16)	1156
裴公允-裴廷芝	443-(5)	732
裴寬	86-(14)	124
	219-(43)	343
	234-(5)	365
裴曇晟(僧)	87-(18)	125
裴度	86-(13)	124
背漏	348-(18)	552
→疾病		
配廟功臣	355-⑥	567
→功臣		
裴瑞漢(字)-裴廷芝		
	443-(5)	732
裴成慶	444-(20)	735
裴孫迪	443-(5)	732
配食	586-㊽	1037
→配享		
配食大廟	569-⑨	996
配食廟庭	183-(5)	285
	214-(3)	335
裴衍	87-(17)	125
裴瑩	443-(6)	732
裴緯	86-(13)	124
裴允材	219-(41)	343
	649-(17)	1156
陪戎校尉	95-(4)	138
裴仁儉	443-(5)	732
裴珽	634-(20)	1131
-完山	634-(20)	1131
裴廷芝	**442**	**731**
→裴公允		
→瑞漢(字)		
→覇都兒		
裴宗衍	609-⑪	1092
裴俊	87-(18)	125
裴晉	86-(16)	125
	87-(19)	125
	204-(29)	323

	〈原文〉	〈譯註〉
	649-(16)	1156
裴天慶	444-(17)(20)	734, 735
	513-㉓	875
裴就	87-(17)	125
裴咸慶	444-(20)	735
配享	429-(3)	706
	586-㊸	1037
	588-④	1040
	603-㊷	1078
→配食		
→廟食		
配饗	197-(4)(8)	310
	485-⑤	814
配享功臣	231-(19)	361
	445-⑥ · ⑦	737
→功臣		
配饗功臣	26-(22)	28
	204-(23)	322
	334-(5)	526
→功臣		
配饗大廟	111-(17)	163
配享大室	600-④	1069
配饗廟庭	327-(5)	512
配享王廟	541-③	934
裴玄甫	605-㉝	1083
伯(爵)	213-(6)	333
百家(諸子百家)	30-(50)	35
	145-(7)	224
	336-(33)	531
白可績	154-(3)	239
白居易(唐)		
-居易	18-(33)	14
-白	30-(50)	35

	〈原文〉	〈譯註〉
白景瑄	397-(5)	643
白鷄	297-(3)	459
	355-(38)	565
→鷄		
白古浦	127-(29) · (30)	191
百工案牘	26-(20)	28
→戶籍		
白光臣	342-⑭	542
伯丘(字)-安震	642-(3)	1143
白駒山	354-(34)	563
白金	463-⑫	776
→金		
伯道(晉)	314-⑳	489
	345-㉙	547
	346-(19)	549
栢洞	230-(3)	359
白翎鎭將	371-⑦	598
白馬	14-(18)	7
→馬		
白馬山	569-⑬	997
栢木谷(臨津縣)	545-④	943
栢木谷(長湍縣)	438-(3)	722
栢木洞	407-(17)	665
白無咎(字)-白賁華		
	342-⑬	542
白文擧	497-②	841
白璧	321-(26)	500
→璧		
白賁華	**341**	**541**
→無垢(字)		
→參禪居士		
白司淸	342-⑭	543
伯撒里少保(元)	572-㊷	1005
栢署	398-(19)	646

	〈原文〉	〈譯註〉
	427-⑬	702
→御史臺		
栢署中丞	434-(4)	714
白瑞卿	489-⑦	824
白修(僧)	446-㉗	740
白鬚宰相-金倫	535-㉜	920
白壽翰-白守翰	112-(38)	165
	113-(60)	167
白守翰-白壽翰	183-(18)	286
白叔明	342-③⑮	541, 543
伯始	22-(20)	20
白嶽	29-(45)	34
白岳山	55-(18)	76
	213-(6)	333
白岳之役	578-㉚	1018
伯顏(禿古思)(元)		
	519-④	890
	520-⑥	890
	521-㉗	893
	534-㉛	919
	555-⑬⑭	963
伯顏豆古思(元)	545-(13)	945
伯顏豆思(元)	460-㉕	769
伯顏忽篤皇后	485-⑬	816
白嵓寺	76-⑩	109
白業	428-㉗	704
→佛敎		
白雲鄕	460-㊳	771
白銀	300-(9)	464
	443-(10)	733
-白	309-(13)	479
→銀		
白銀盤	117-(22)	175
白銀鋌	407-(11)	664
伯夷	15-(21)	7
白頤正	441-㉟	729
	481-⑧	807
	517-⑤	885
	591-㊾	1049
→上黨君		
百日資薦	104-(24)	153
白任至	**269**	**418**
→景烈公(諡號)		
白傳	35-⑫	43
百濟(後百濟)	16-(5)(7)	10
百座法會	160-(11)·(12)	249
百座會	277-(11)	429
白州	145-(5)	224
柏舟(中國)	274-(4)	425
	280-(14)	434
白粲	641-(17)	1141
→米		
白鶴	14-(17)	7
→鶴		
白鶴寺	174-(35)	273
	275-(22)	427
柏軒(號)-全信	504-①	856
	505-㉒	859
白絢	553-㊱	959
白虎	72-(6)·(7)	103
	78-(6)	113
→虎		
白孝珠	631-㊻	1125
白希諗(僧)	342-③⑮	541, 543
蕃夷	171-(13)	266
藩將	239-(17)	374

	〈原文〉	〈譯註〉
蕃邸	268-(12)	416
藩邸	228-(18)	356
	271-④	420
閥閱	130-(15)	197
	205-(32)	323
	254-(12)	396
	435-(17)	718
→貴族		
范訥(宋)	96-(18)	140
梵福寺	230-(3)	359
梵額寺	646-22	1151
范仲淹(北宋)	577-⑩	1014
→文正公(諡號)		
范睢(魏)	308-(3)	477
法服	437-(22)	721
法相宗	31-(7)	37
法性宗	31-(7)	37
法司	557-⑮	969
法王	386-(20)	622
→釋迦		
法王宗匠	342-⑦	542
法要	446-㉕	739
法雲山	14-(18)	7
	16-(8)	9
	25-(7)	26
	144-(23)	222
	148-(15)	229
	311-(8)	484
	317-(17)	494
法藏寺	194-(12)	306
法住寺	168-(8)	261
	169-(22)	263
法泉寺	117-(19)	175
	166-(12)	258

	〈原文〉	〈譯註〉
『法華經』	144-(21)	222
	213-(4)	333
	559-⑳	974
→『妙法蓮華經』		
法興寺	662-(4)	1171
璧	450-(3)	748
→白璧		
壁上	330-(12)	517
	387-(7)	624
壁上三韓	329-(1)	516
	331-(36)	520
	359-①	573
	360-㉙	577
	387-(9)	624
	423-(2)	694
	425-(13)	697
	426-①	700
	428-㉟	705
	432-⑫	711
	434-(9)	716
	440-⑨	726
	451-(6)	748
	463-⑦	775
	498-⑳	843
	502-⑯	851
	502-㉒	852
	503-㉖	852
	533-①	915
	533-⑬	917
	539-①	929
	540-⑲	931
	552-㉗	958
	566-②	988
	570-①・②	999

	〈原文〉	〈譯註〉
	573-58	1007
	581-③	1025
	587-②	1040
	610-⑧	1094
	613-㉓	1101
	629-①	1119
	630-⑮⑱	1121
碧泉寺	237-(13)	370
汴梁(宋)	490-㉔	827
辨正都監副使	534-⑭	917
邊州		
-邊	35-㉕	45
邊州分道軍事	58-(7)	79
汴河(宋)	31-(11)	38
卞韓國大夫人 高氏-金須 妻		
	474-㊱	799
	477-㊱	799
卞韓國大夫人 柳氏-權溥 妻		
	545-⑧	944
	633-(7)	1128
-韓國	545-⑨	944
	546-⑳	946
	634-(20)	1131
卞韓國大夫人 崔氏-金倫 妻		
	531-(1)	913
	532-(11)·(12)	914
	535-㊺	922
	581-④	1025
卞韓國大夫人 崔氏-朴全之 妻		
	432-③	710
	433-⑲	712
	456-㊵	761
卞韓國大夫人 許氏-金賆 妻		
	445-①	736

	〈原文〉	〈譯註〉
	447-㉜	740
卞韓國夫人 王氏-金承石 妻		
	503-(31)	853
卞韓國夫人 柳氏-權溥 妻		
	479-⑦	804
	522-(2)	894
-卞國	530-(40)	909
卞韓國太夫人 柳氏-權溥 妻		
	521-(1)	894
卞韓國賢信和淑大夫人 柳氏-權溥 妻		
	522-(16)·(17)	895
卞和(楚)	353-(23)·(24)	561
別里哥不花(元)	441-㉟·442-㊱	729
	481-⑧	807
別里奇普花	507-(11)	861
別賜乙科	131-(3)	199
→科擧		
別墅	336-(39)	532
	573-61	1007
	574-65	1008
→別業		
→野莊		
→莊		
別業	279-(6)	433
	425-(13)	697
→別墅		
別將	261-(7)(9)	407
	263-(32)	409
	317-(5)	493
	330-(19)	518
	379-(5)	609
	386-(13)	621
	440-⑪	726
	443-(7)	732

	〈原文〉	〈譯註〉
	444-(17)	734
	478-(55)	802
	498-⑪·⑫	842
	502-⑦	850
	511-㉗	870
	512-⑧	872
	513-㊱㊳	875
	513-㊴	876
	516-④	882
	517-⑥	885
	533-⑧	916
	538-㉔	927
	557-㉑	969
	561-⑬	977
	569-⑰⑲	998
	579-㊸	1019
	580-⑬	1024
	591-(67)(68)	1050
	591-(74)	1051
	596-⑩	1060
	598-㊹	1065
	600-⑪	1070
	610-④	1093
	612-④	1098
	634-(22)	1131
	646-㉔	1151
別將同正	180-⑤	282
別抄		
→三別抄		
→戰鋒別抄		
丙科	43-(6)	59
	91-(7)	132
	120-(4)	180
	137-(3)	209

	〈原文〉	〈譯註〉
	154-(4)	239
	490-⑨	825
	554-③	961
	588-⑫	1041
	640-(5)	1138
→及第		
兵權	332-(54)	523
兵農	132-(7)	199
兵馬幹轄	318-(2)	495
兵馬都元帥	502-⑮·⑯	851
	567-⑲	991
兵馬錄事	79-(16)	115
	298-(14)	461
兵馬副使	99-(16)	146
	652-(39)	1160
兵馬使	64-(3)	89
	231-(9)	360
	244-(9)	381
	286-(3)	443
	335-(14)	527
	335-(16)	528
	402-⑯	654
	651-(13)	1158
兵馬使,加發	291-(9)	450
兵馬使,東藩	465-(7)	780
兵馬使,正色	340-(9)	539
兵馬元帥	98-(5)·(6)	145
	649-(14)	1156
兵馬,知事	134-(16)	203
	367-(14)	589
兵馬判官	80-(17)	115
	134-(13)(16)	203
	231-(9)	360
兵馬判官,處置	291-(12)·(13)	450

	〈原文〉	〈譯註〉
兵部	65-(16)	93
	171-(6)	265
	384-(11)	618
兵部郎中	92-(13)	133
	99-(12)	145
	149-(3)	230
	203-(10)	321
	250-(21)	390
	281-(11)·(12)	436
	291-(16)	450
	295-(11)	456
	323-(12)	502
	336-(44)	532
	366-(9)	588
	367-(23)	591
	399-(12)	648
-兵部	338-(11)	535
兵部令	469-(6)	790
	588-⑤	1040
兵部尙書	24-(7)	24
	41-(15)	54
	44-(12)	60
	47-(11)	64
	81-(45)·(46)	117
	126-(7)	190
	158-(1)	246
	267-(6)	416
	270-(11)	419
	284-(18)(25)	441
	305-(23)	472
	331-(29)	519
	331-(34)	520
	333-(59)·(60)	524
	345-(2)	548
	388-(21)	625
	406-(4)	663
	440-⑦	725
	459-⑦	766
	464-(3)	779
	469-(7)	790
	470-④·471-⑤	790
	524-⑥	898
	617-(5)	1107
	629-⑫	1120
	631-㊴	1124
	648-(12)	1155
-兵部	174-(22)	271
	299-(24)	462
兵部侍郎	64-(8)	90
	66-(26)	95
	86-(15)	124
	120-(2)	179
	121-(10)	182
	134-(30)	205
	146-(13)	225
	173-(19)	271
	176-(14)	275
	245-(16)·(17)	382
	291-(17)	450
	295-(12)	456
	300-(3)	464
	305-(21)	472
	334-(13)	527
	349-(10)	554
	356-⑭	568
	359-⑫	574
	369-(15)	593

	〈原文〉	〈譯註〉
	397-(8)	644
	436-(6)	719
	612-⑧·⑨	1099
	652-(38)	1160
-兵部	64-(10)	91
兵部員外	344-⑲	546
	399-(12)	648
	575-⑬·⑭	1011
兵部員外郎	109-(10)	160
	178-(14)	279
	203-(8)	321
	240-(25)	375
	319-(23)	497
	381-(10)	614
	559-⑨	972
	665-(7)·(8)	1175·1176
兵部,知事	64-(8)	90
	91-(1)	131
	92-(14)	133
	146-(12)·(13)	225
	204-(14)·(15)	321
	338-(14)	535
	353-(21)	560
	436-(7)	720
	629-⑪	1120
兵部,判事	91-(4)	132
	178-(3)	278
	204-(19)(24)	322
	218-(29)	342
	297-(1)	459
	317-(2)	493
	317-(13)	494
	331-(36)·(37)	520

	〈原文〉	〈譯註〉
	335-(29)	530
	337-(2)	534
	338-(19)	536
	353-(24)	561
	363-(25)	583
	379-(16)	611
	380-(30)	613
	387-(11)	624
	421-(5)	690
	630-⑭·⑮	1120
	639-(4)	1137
-兵部	65-(19)	93
丙首	370-⑦	595
→及第		
丙第	34-⑧	42
	60-(25)	83
	95-(9)	139
	103-(7)	151
	197-(10)	310
	202-(6)	318
	202-(15)	319
	203-(5)	320
	239-(9)	373
	275-(27)	427
	301-(2)	466
	303-(3)	468
	329-(25)	515
	369-(21)	593
	371-④	597
	529-(13)	907
→科擧		
兵曹	348-(16)	552
	564-㉘	986
兵曹外郎	348-(15)	552

	〈原文〉	〈譯註〉
兵曹總郎	466-⑥	783
寶閣	163-(11)	253
「寶劍賦」	577-⑪	1014
普光寺	280-(7)	433
普達實理(元)	513-㉝	876
寶帶	115-(89)	170
保寧君-王証	483-(13)	811
「寶樓閣眞言」	386-(25)	623
寶馬陪行首	512-⑨	872
寶馬陪行首郎將		
	439-(7)	842
寶馬陪行首別將		
	513-㊳	876
	538-㉓	927
寶文閣	84-(7)	120
寶文閣校勘	43-(4)	58
	90-(52)	130
	92-(8)	132
	105-(15)	155
	111-(25)	164
	116-(2)	172
	143-(2)	219
	152-(7)	236
	214-(13)	336
寶文閣大司學	455-㉗	759
	490-㉑	826
寶文閣待制	97-(30)	141
	111-(31) · 112-(32)	
		164
	204-(12)	321
	303-(7)	469
	305-(20)	472
	373-(12)	603
	376-⑫	603
	399-(13)	648
	404-(6)	658
	490-⑭	826
	665-(16) · (17)	1176
寶文閣待制,直	132-(9)	200
寶文閣大提學	440-①	725
	441-㉚	728
	464-(1)	779
	539-⑤	929
	611-㉓	1096
寶文閣大學士	327-(1)	512
	328-(22)	514
	333-(64)	524
	360-㉓	576
	366-(1)	587
	367-(20)	590
	399-(19)	649
	411-(3)	670
	412-(16)	673
	417-(3)	683
	419-(15) · (16)	685
	427-⑲	703
	446-⑮	738
	450-(2)	748
	451-(13)	750
	585-㊹ · ㊺	1034
	631-㊲	1124
寶文閣修校	97-(41)	143
寶文閣讎校	275-(28)	428
寶文閣提學	466-(16)	782
	492-(7)	831
	497-②	841
	557-⑫	968
	557-⑯	969

	〈原文〉	〈譯註〉
	580-⑪	1023
	613-㉓	1101
	633-(4)	1127
寶文閣直提學	513-㉞	876
	517-①	884
	590-㊿	1048
	613-⑪	1099
寶文閣直學士	102-(10)	150
	112-(34)	164
	144-(10)·(11)	221
	357-㉗	570
	371-①	597
	372-⑱	599
	401-⑩	653
	441-㉒·㉓	728
	457-②	763
	459-⑩	766
	570-⑤	999
寶文閣太學士	502-⑤	849
寶文閣學士	95-(1)	138
	97-(37)	142
	145-(1)	223
	145-(3)	224
	146-(13)	225
	146-(20)	226
	174-(20)(21)	271
	184-(25)	287
	195-(7)	308
	218-(24)	341
	335-(15)	528
	374-(15)(16)	604
	376-⑮⑰	604
	432-⑭	711
	441-㉕	728

	〈原文〉	〈譯註〉
	459-⑦	766
	640-(9)	1139
寶文待制	397-(9)	644
	401-⑨	653
	466-⑥	783
普門寺	382-(24)·(25)	616
寶文署校勘郎	396-(19)	642
寶文署大學士	395-(1)	639
	404-(9)	658
	426-(3)	698
寶文署直學士	422-(14)	692
寶文署太學士	402-⑰·⑱	654
寶文署學士	400-(32)	650
寶文學士	422-(14)	692
寶文閤校勘	125-(6)	188
	131-(4)	199
	219-(49)	344
	222-(21)	348
寶文閤待制	132-(9)	200
	215-(20)	336
寶文閤提學	505-⑪·⑫	857
寶文閣,直	215-(19)	336
	352-(13)	559
	359-⑪	574
	375-(45)	608
	403-(6)	658
	430-(5)	706
	451-(8)	749
	490-⑭	826
	597-㉖	1063
	646-⑳	1151
寶文閤學士	132-(13)	200
	249-(2)	388
菩薩名	386-(16)	622

	〈原文〉	〈譯註〉
菩薩八戒	29-(40)	34
寶城郡,守	176-(7)	275
寶城郡,刺	98-(8)	145
寶城郡,知	100-(1)	147
寶城郡,知事	557-⑩	968
寶城郡判官	250-(16)	390
寶城伯-崔珦	333-(60)	524
普炤院	263-(3)	410
保勝郎將	287-(9)	445
	489-⑧	824
	559-⑦	972
	595-③	1059
	621-(1)	1112
保勝別將	405-(18)	661
	441-㉞	729
	460-㉟	770
保勝中郎將	361-㊲·㊳	578
	438-(3)	722
	438-(6)	723
保勝護軍	641-(20)	1142
保人	72-(7)·(8)	103
	78-(7)	113
普濟寺	26-(11)	27
	300-(10)	464
菩提院	199-(31)	312
甫州	178-(2)	278
	190-(2)	300
甫州副使	422-(10)	691
補陁崛	172-(25)	267
普通寺	42-(27)	56
普賢(菩薩)	137-(26)	208
普賢舘	26-(14)	27
「普賢品」(『般若經』)		
	225-(68)	351
「普賢品」(『華嚴經』)		
	273-(9)	423
普賢嶺	47-(17)	64
普賢院	404-(12)	659
「普賢行願品」	167-(25)	259
寶興庫	607-⑱	1087
卜	77-⑫	110
覆講師	76-⑧	109
伏臘	94-(14)	136
	332-(51)	522
幞頭店錄事	209-(12)	328
	403-(4)·(5)	657
	470-(26)	792
	471-⑲	792
	514-㊷·㊸	877
	575-⑬	1011
茯笭	401-(5)	652
福寧宮主 王氏-王演 妻 福寧宮主		
	56-(1)	77
福靈寺	530-(53)	910
卜商(魏)-子夏	18-(34)	14
福成寺	231-(5)	359
福世僧統-王澄儼(僧)		
	73-(8)	105
覆試	61-(11)	84
→科擧		
→親試		
福安府院君-權謙		
	530-(42)	909
福安翁主 金氏-王煦 妻		
	503-㉝	853
僕射	26-(15)	27
	101-(3)	149
	183-(4)	284

	〈原文〉	〈譯註〉
	200-(15)	315
	355-③	566
	357-㉕	569
	363-(29)	583
	650-(1)	1157
→文昌		
濮陽	98-(2)	144
	247-(1)	386
濮陽公-徐均	54-(1)	74
僕隷	660-(6)	1169
福源宮	188-(38)	295
	539-⑥	929
		930
福源宮直	656-(1)	1165
復位(忠烈)	424-(6)	695
	476-⑮	796
	477-㉔	797
復位(忠宣)	496-⑳	839
復位(忠肅)	508-⑫	864
	537-⑭⑯	926
	555-⑭	963
	561-⑰	978
復位(恭愍)	571-㉕	1002
	573-㊿	1006
→復政		
服膺齋	312-(7)	486
卜者	258-(8)	401
→占卜		
服章	319-(16)	497
復齋(號)-韓宗愈		
	555-㉘	965
福田	117-(19)	175
復政(忠肅)	474-㉜	798
	477-㉝	798

	〈原文〉	〈譯註〉
	554-⑪	963
復政(忠惠)	633-(13)・(14)	1130
→復位		
福州	462-⑯	774
	537-⑦	924
	537-⑱	926
	545-⑥	944
	633-(6)	1128
	643-(7)	1144
福州牧	505-⑬	858
	539-③	929
	544-(14)	941
福州牧使	430-(12)	708
	596-㉔・㉕	1063
	606-②・③	1085
	607-㉓	1087
福州司祿	584-㉕	1032
福州守	511-②	871
福興寺	24-(1)(17)	24
	300-(15)	465
本貫	122-(1)	184
	193-(12)	305
	196-(1)	309
→籍貫		
本職致仕	589-㊲㊳	1046
→致仕		
鳳	157-(7)	243
	220-(50)	344
	297-(35)	458
	355-(36)	564
	367-(20)	590
	396-(24)	642
	439-(11)	724
	485-⑦	814

	〈原文〉	〈譯註〉
	553-㊷	960
	592-⑱	1052
	632-㊾	1126
→鸞鳳		
→鳳凰		
鳳階	384-(17)	619
鳳閣	157-(17)	244
	314-⑫	488
	384-(26)	619
→鳳闇		
→中書省		
奉車署令	480-⑮	805
鳳顧寺	380-(21)	612
奉國山	503-㉘	853
封君	456-㉛	759
	530-(47)	910
	567-㉕	992
	569-⑤	995
	586-㊽	1036
	590-㊵	1046
	605-㉔	1082
封君立府	436-(17)	718
封君致仕	589-㊲	1046
→致仕		
奉靈寺	155-(14)	240
	155-(9)	241
	254-(15)	396
俸祿	81-(48)	117
	83-(74)	119
	219-(35)	342
→祿俸		
封駁	525-⑭	899
蓬山(蓬萊山)	15-(21)	7
	275-(17)·(18)	427

	〈原文〉	〈譯註〉
奉常	465-(10)	781
	494-⑩	834
	496-⑨	837
	561-⑱	978
	571-⑫	1000
	604-⑰	1081
	607-⑬	1086
奉常大夫	437-(13)	720
	443-(12)	733
	466-⑪	783
	481-⑥	806
	505-⑩	857
	510-⑬	868
	512-⑨	872
	517-①	884
	553-㉟	959
	557-⑪	968
	557-㉑	969
	586-㊿	1038
	590-㊾	1048
	600-⑨	1070
	601-㉖	1072
	604-⑪·⑫	1080
	607-㉘	1088
	646-⑳㉓	1151
奉先庫副使	201-(6)·(7)	316
奉先庫判官	141-(12)	215
	310-(39)	482
	561-⑫	977
奉先庫判官,權務	588-⑭	1042
奉善大夫	469-(12)	790
	471-⑨·⑩	790
	481-⑦	807

	〈原文〉	〈譯註〉
	492-(9)	831
	494-⑩	834
	520-⑰	892
	553-㊱	959
	557-㉔	970
	565-㊵	987
	565-㊷	987
	571-⑫	1000
	590-55	1048
	591-64 65	1049
	591-67	1050
	599-⑬	1068
	604-⑪	1080
	604-⑯	1081
	607-⑰	1086
	612-⑦ · ⑧	1099
	646-㉓	1151
-奉善	561-⑱	978
鳳城	350-(26)	556
峯城	318-(3)	496
峯城縣	665-(7)	1175
峯城郡大夫人 廉氏-元溥 妻		
	639-(4)	1137
峯城縣君-崔婁伯 妻 廉瓊愛		
	93-(2)	134
烽燧	341-(19) · (20)	540
奉順大夫	465-(10)	781
	492-(6)	831
	494-⑪	834
	496-⑨	837
	505-⑫	857
	557-⑫	968
	557-⑲	969
	580-⑩	1023

	〈原文〉	〈譯註〉
	581-㉒	1025
	590-53 · 54	1048
	607-㉒	1087
	613-⑩	1099
	646-㉑	1151
鳳藥	427-⑭	702
→內侍		
奉御	67-(2)	97
	324-(30)	504
	467-③	785
奉烈大夫	441-㉒	727
蜂腰	27-(8)	30
奉元殿直	85-(17)	122
奉恩寺	26-(10)	26
	166-(6)	257
奉恩寺眞殿直	656-(5)(제액부분)	
		1164
	657-(10)	1165
奉議大夫	508-①	862
	510-⑯	869
	513-㉛	876
	547-⑤	950
	583-①	1028
	586-57	1036
奉翊大夫	397-(2)	643
	397-(11) · (12)	645
	408-(19)(20)(21)	
		666
	412-(15)	672
	412-(19)(21) · (22)	
		673
	415-⑭	678
	418-(14)	685
	419-(24)	686

	〈原文〉	〈譯註〉
	421-(2)	690
	427-⑯·⑰	702
	430-(13)	708
	436-(3)(5)	719
	437-(16)·(17)	720
	441-㉕㉗	728
	448-⑮	744
	453-⑤	752
	455-㉔	758
	455-㉗	759
	464-(4)	779
	466-⑧	783
	473-⑰	796
	476-⑰	796
	490-⑲	826
	511-㉕	870
	513-㉚㉛㉝	876
	522-(5)	895
	524-⑤⑧⑨	898
	557-⑮·⑯⑲	969
	559-⑫	973
	575-⑮	1011
	577-⑦	1014
	580-⑪	1023
	585-㉞	1033
	590-53	1048
	591-60 61	1049
	596-⑧	1060
	597-㉜	1064
	597-㊴㊵	1065
	600-⑧	1070
	601-㉙	1073
	605-⑳	1082
	607-㉖	1088
	608-㉙	1088
	610-③	1093
	610-⑩	1094
	611-㉕	1096
	632-(3)	1127
	640-(12)	1140
	645-⑨	1149
-奉翊	467-⑦	786
	505-⑭	858
	510-⑭	868
	561-㉑	979
	566-⑬	990
	594-㉟	1057
鳳州,知事	431-(14)	708
鳳池	272-⑫	422
	352-(11)	558
→中書門下省		
封冊(太子)	174-(23)	271
封冊使	35-⑰	44
	290-(6)	449
	337-(9)	535
封冊行李接件	115-(91)	170
鳳雛	642-(23)	1142
奉表官	222-(22)	348
鳳閣	97-(46)	143
	346-(18)	549
→鳳閣		
→中書省		
奉香里	300-(15)	465
鳳凰	199-(44)	313
鳳凰山	330-(9)	517
	338-(24)	536
	361-㉜	577
	361-㊸	579

	〈原文〉	〈譯註〉
封侯-封君	630-20	1121
封侯之典	552-㉘	958
奉訓大夫	544-(21)	942
	551-⑦	956
	553-㉟	959
部曲吏	658-(2)	1166
→鄕吏		
府庫	235-(9)	366
	542-⑭	936
	597-㉙	1063
婦道	57-(5)	78
	333-(59)	523
	580-⑥	1022
浮屠(僧侶)	117-(14)	174
	342-⑮	543
	369-(22)	594
	602-㊺	1077
浮屠(僧科)	296-(29)	457
浮屠(佛教)	594-㊱	1057
浮圖(佛)	153-(25)	238
浮圖(佛教)	87-(18)·(19)	125
	276-(2)	429
	508-⑦	863
	579-㊹·㊺	1020
浮圖(僧侶)	132-(7)	199
	398-(16)	645
浮圖法	569-⑩	996
	600-⑪	1070
浮屠法	578-㊱	1018
浮屠氏之敎	410-(14)	669
→佛敎		
釜洞	521-㉙	893
副令	599-⑮	1068
扶寧縣	395-(3)	639

	〈原文〉	〈譯註〉
府吏	86-(2)	123
→胥吏		
府吏	520-⑭	891
→鄕吏		
富林郡君 李氏-吳孝元 妻		
	125-(11)(12)	189
部夫使	418-(8)	684
扶桑	14-(4)	5
符璽	575-⑯	1011
富城縣	423-(3)	694
富城縣尉	401-⑥	652
扶蘇山	233-(11)	364
父業	466-④	782
→家業		
傅說(殷)	18-(33)	14
府院君	433-(1)(2)	713
	435-(11)	716
	458-②	765
	458-⑤	766
	460-㉗	769
	479-⑦	804
	483-(13)	811
	497-㉖	840
	498-㉑	843
	501-③	849
	503-㉓㉔㉕㉖	852
	503-㉝	853
	503-㊲	854
	506-(4)(6)	860
	507-(12)(14)	861
	512-④	871
	522-(12)	895
	522-(18)	896
	526-(3)	901

	〈原文〉	〈譯註〉
	527-(3)	903
	529-(4)(7)	907
	530-(36)(42)	909
	530-(45)	910
	532-(2)(6)	913
	533-①	915
	533-⑬	917
	536-①	924
	539-①	929
	539-⑬	931
	540-⑲	931
	543-(6)	939
	544-(15)	941
	545-⑤	943
	545-⑧	944
	545-⑫	945
	551-①	955
	552-㉘	958
	554-①	961
	555-⑯	964
	566-①②	988
	569-⑧	996
	570-②	999
	571-⑱	1001
	573-59	1007
	574-63	1007
	581-④	1025
	583-②	1028
	586-57	1036
	587-①	1040
	588-③	1040
	589-32㊱	1045
	590-㊴	1046
	600-⑯	1071
	607-⑪	1086
	610-⑧	1094
	613-㉔㊱	1101
	632-(2)	1127
	633-(5)(7)(9)	1128
	634-(14)	1130
	634-(22)	1131
府院大君	483-(7)·(8)(13)	811
	485-⑨	815
	498-⑮	843
	522-(19)·523-(20)	896
	526-(2)(4)	901
	545-①	943
鈇鉞	346-(9)	548
府衛	64-(8)	90
府尹	577-⑯	1015
父蔭	64-(4)	89
	111-(21)	163
	120-(3)	179
	133-(10)	203
	157-(14)	243
	172-(28)	267
	178-(7)	278
	190-(5)	300
	222-(10)	347
	293-(23)	454
	362-(4)	580
→蔭叙		
符印	541-⑧	935
	566-⑪	990
父任	469-(11)	790
	471-⑨	790

	〈原文〉	〈譯註〉
	505-⑧	857
→蔭敍		
附葬	426-(7)	699
→喪禮		
祔葬		
-祔	535-㊶	921
→喪禮		
附籍	523-(21)	896
→戶籍		
不第	325-⑥	506
→及第		
趺坐	285-(37)	442
	535-㊵	921
→跏趺坐		
父之外高祖門蔭		
	170-(4)·(5)	265
→蔭叙		
婦職	392-⑦	635
夫妻同葬	142-(61)·(62)	218
→喪禮		
副樞	389-(33)	627
	437-(10)	720
	640-(6)	1138
府戶長	594-㊲	1058
→鄕吏		
復興君-閔宗儒	448-⑰	744
北京都尉	51-(2)	70
北界	303-(5)·(6)	468
	422-(8)·(9)	691
	543-(9)	940
北界防戍	262-(23)	408
北界分臺	191-(11)	301
北界,佐幕	422-(8)·(9)	691
北界行臺	381-(9)	614

	〈原文〉	〈譯註〉
北國	106-(16)	157
	164-(15)	254
→金國		
北國	349-(12)	555
北宮	520-⑧	890
北斗	153-(19)·(20)	237
	193-(45)	304
	198-(21)	312
	218-(30)	342
北斗泰山	592-(78)	1051
→泰山北斗		
北路,元帥	205-(30)	323
北路行臺	328-(12)·(13)	513
北面	18-(30)	13
	382-(19)	616
北面都監判官	298-(10)	460
	427-⑧	701
北面判官	409-(7)	669
北山(江華)	369-(19)	593
北山(開城)	37-(7)	49
	47-(17)	64
	48-(13)	67
	62-(51)	87
	201-(17)	317
	202-(2)	318
	280-(7)	433
	302-(11)	467
	656-(4)	1164
北山(臨江縣)	135-(41)	205
北遼	44-(10)	59
→遼		
北原	542-⑳	937
北原(原州)	96-(11)	139
	108-(3)	159

	〈原文〉	〈譯註〉
	309-(14)	479
	388-(29)	626
	469-(5)	790
	495-⑤	837
→原州		
北原右族	470-③	790
北原倅	296-(30)	457
北狄	127-(4)	192
→女眞		
北朝	97-(31)·(32)	141
	191-(16)	301
	223-(28)(30)	348
	228-(20)	356
	250-(10)	389
	308-(10)	478
	309-(28)	481
	310-(30)	481
→金國		
北朝行李書狀官		
	401-⑦	653
北津	262-(23)	408
北村(開城)	104-(29)	153
北村(長湍)	438-(3)	722
分家産	524-⑩	898
→家産		
焚骨	50-(17)	69
→喪禮		
焚棺	190-(16)	299
→喪禮		
分臺察訪使	303-(5)	468
分茅之寵	631-㊼	1125
分司	597-㉜	1064
分司監軍使	191-(22)	302
分司大府試丞	409-(1)	668
	410-(9)	669
分司司宰少卿	121-(19)	183
分司戶部員外郎		
	235-(10)	366
焚身	277-(15)	430
→喪禮		
汾陽	375-(39)	607
	378-㊶	607
	400-(39)	651
	442-㊳	730
	504-㊶	854
	523-(34)	897
→郭子儀		
汾陽 郭氏-郭子儀		
	601-㉞	1073
焚瘞	99-(20)	146
→喪禮		
焚葬	194-(11)	306
→喪禮		
墳典	588-⑬	1041
	612-⑤	1098
→典墳		
焚香	114-(68)	168
	141-(32)(34)	217
→香		
「芬皇和諍國師碑」		
	225-(73)	352
佛經	159-(5)	246
	580-⑦	1023
→佛書		
佛境院	102-(15)	150
佛敎	117-(26)	176
	273-(9)	423
→空門		

	〈原文〉	〈譯註〉
→空桑之譚		
→具戒, 具誡		
→具足戒		
→受戒, 受具		
→內教		
→大慈悲藏		
→飯僧		
→白業		
→浮屠, 浮圖, 浮屠氏之敎		
→浮屠法, 浮圖法		
→佛氏書		
→舍利		
→三寶		
→三藏		
→桑門		
→教觀		
→教學		
→權教		
→實教		
→釋教		
→釋道		
→釋氏		
→禪學		
→僧侶		
→儒釋		
→因果		
→一佛乘		
→一性之宗		
→一乘		
→丈六石		
→竺法		
→廢絶倫理之事		
佛道	437-(19)	720
佛嶺	213-(5)	333
佛廟	534-㉒	918
佛法	70-(18)	101
	118-(28)	176
	206-(12)	325
	225-(67)	351
佛菩薩	453-⑫	753
不仕	16-(7)	11
	537-⑧	925
	547-②	950
	609-⑩	1091
→未仕		
→登第未仕		
→登第不仕		
佛事	32-(16)	38
	36-㉞	47
	66-(21)	94
	262-(29)	409
	263-(38)	409
	300-(12)	464
	446-㉕	739
	630-㉑	1121
佛書	45-(24)	62
	66-(21)	94
	102-(13)	150
	164-(22)	255
	260-(15)	405
→佛經		
佛選	168-(8)	261
→僧科		
佛聖寺	142-(38)·(39)	217
佛僧	310-(42)	483
→僧侶		
不視朝	29-(41)	34
	62-(49)	87

	〈原文〉	〈譯註〉
	74-(21)	106
	219-(40)	343
	285-(33)	442
	332-(56)	523
	380-(24)	612
	634-(15)	1130
→不朝		
→輟朝		
佛氏書	109-(16)	161
佛恩寺	29-(38)	34
	38-(4)	50
	199-(31)	312
佛陰寺	238-(2)	372
不二門	77-㉔	112
佛日寺	25-(6)	26
	31-(6)	37
	73-(6)	104
	76-②	108
	117-(9)	173
	160-(7)	248
	166-(5)	257
	264-(4)	410
佛日山	275-(23)	427
佛住寺	14-(12)	6
鵬	352-(8)	558
	372-㉘	601
	664-(2)	1175
→大鵬		
朋黨	113-(51)(58)	166, 167
	121-(16)	183
	465-(6)	780
崩城	463-㉑	778
婢	565-㊲	986

	〈原文〉	〈譯註〉
	653-(47)	1161
→奴婢		
碑碣	390-②	629
比丘	28-(27)·29-(28)	32
	226-(81)	353
→僧侶		
秘器	332-(57)	523
秘閣赤	612-⑥	1098
	612-⑦	1099
婢僕	482-⑮	809
	580-⑦	1023
秘書	567-㉘	993
秘書,判	437-(10)	720
秘書監	17-(18)	12
	62-(34)	86
	64-(10)	91
	121-(11)	182
	154-(10)	240
	204-(13)	321
	321-(13)	499
	422-(17)	693
	451-(8)	749
	530-(30)	909
	559-⑭	973
	580-⑫	1023
	617-(3)	1107
	631-㊴·㊵	1124
秘書監丞	547-⑥	950
秘書監,直	451-(8)	749
秘書校勘	422-(8)	691
秘書校書郎	90-(50)	130
	143-(7)	220
	146-(9)	224

	〈原文〉	〈譯註〉
	154-(7)	239
	248-(7)・(8)	387
	342-⑨	542
	397-(7)	644
	490-⑩	825
	643-(7)	1144
秘書校書郎同正		
	98-(3)	144
秘書郎	32-(27)	39
	248-(8)	387
	371-⑨	598
	381-(8)・(9)	614
	399-(12)	648
	403-(6)	658
	415-㉔	679
	418-(4)	683
	465-(9)	780
	505-⑨	857
	520-⑯	891
	541-⑥	935
	553-㉟	959
秘書事,判	422-(15)	692
秘書省,判	353-(20)	560
	360-⑯	575
秘書省事,判	89-(34)・(35)	129
	90-(39)	130
	131-(1)	198
	132-(14)(15)	200
	342-⑬	542
	374-(15)	604
	376-⑮	604
秘書省校勘	217-(12)	340
秘書省校書郎	21-(10)	19
	28-(24)・(25)	32

	〈原文〉	〈譯註〉
	43-(6)	59
	123-(17)	185
秘書省校書郎同正		
	34-⑧	42
秘書少監	31-(2)	36
	46-(26)	62
	62-(27)・(28)	85
	64-(8)	90
	91-(1)	131
	92-(14)	133
	99-(13)	145
	146-(12)	225
	173-(18)	271
	176-(13)・(14)	275
	203-(11)・204-(12)	321
	612-⑧	1099
秘書小尹	466-⑤	783
秘書少尹	405-(17)	660
	441-⑱	727
秘書丞	99-(12)	145
	176-(13)	275
	265-(7)	413
	422-(11)	691
	520-⑯	891
	659-(14)	1168
秘書尹	397-(10)	644
	441-⑳	727
	490-⑮・⑯	826
	640-(8)	1138
秘書翰林院	466-⑤	783
秘書寺承	455-⑬	757
秘書寺,判事	400-(32)	650
	405-(16)・(17)	660

	〈原文〉	〈譯註〉
	408-(21)	666
	409-(30)	667
	441-㉖	728
	466-⑥	783
秘省校勘	566-⑪	990
秘省郎	566-⑪	990
備巡衛大護軍	443-(12)	733
備巡衛別將	497-㉗	840
	501-(18)	848
緋魚	28-(13)	31
	64-(7)	90
	191-(15)	301
緋魚帒	119-③	178
緋魚袋	21-(3)	18
	40-(2)	53
	75-(4)	107
	103-(13)	152
	111-(27)	164
	120-(7)	181
	133-(3)	202
	141-(20)	216
	171-(10)	265
	194-(3)	306
	203-(7)	320
	233-(8)	364
	234-(2)	365
	366-(6)	588
	371-⑨·⑩	598
	381-(10)	614
	391-⑰	631
	648-(8)	1155
	649-(19)	1157
-緋	17-(12)	12
	21-(11)	19
	32-(27)	39
	323-(9)	501
	325-⑧	507
→緋銀魚		
→緋衣銀魚		
緋銀魚	43-(7)	59
	309-(21)	480
→緋魚袋		
緋衣銀魚	92-(12)	133
	222-(22)·(23)	348
	228-(18)	356
	334-(8)	526
-銀緋	476-⑬	795
	561-⑮	978
→銀魚		
→緋魚袋		
裨將	127-(5)	192
鼻祖	403-(4)	397
	431-(17)	709
→親族		
婢妾	392-④	634
	522-(13)	895
→奴婢		
碑塔	24-(17)	24
→塔碑		
牝馬	445-③	736
氷山	99-(18)	146
氷山寺	321-(12)	499

<ㅅ>

	〈原文〉	〈譯註〉
射		
→善射		
→射御		
司諫	315-(13)	491
	352-(11)	558
	469-(8)	790
	575-⑭	1011
沙箇里	521-㉕	893
思儉(僧)	366-(4)	588
寫經院判官	42-(31)	57
	126-(17)	191
	158-(30)	245
	183-(10)	285
	185-(39)	289
	255-(14)	398
	289-(9)	447
	514-㊸	877
	640-(8)	1138
沙界	169-(31)	263
史庫	600-⑲	1071
司空	21-(5)	18
	90-(39)	130
	298-(11)	460
	315-(14)	491
	320-(3)	498
	323-(25)	504
	324-(36)	505
	326-㉗	509
	327-㊳	511
	334-(3)	526
	450-(3)·(5)	748
	452-(17)	750
	563-⑨	982
	580-②	1022
	656-(4)	1165
司空卿	459-⑨·⑩	766
舍那寺	641-(15)	1140
士科	135-(48)	206
→科擧		
史官	601-⑳	1071
史館修撰	359-⑫	574
	366-(10)	589
	427-⑭	702
	476-⑯	796
史舘修撰官	17-(12)·(13)	12
	111-(29)	164
士君子	519-②	889
→君子		
『史記』	593-⑦	1053
	612-⑤	1098
死黨	112-(49)	166
	113-(56)	167
私黨	601-㉟	1074
事大	395-(11)	641
	473-⑲	796

	〈原文〉	〈譯註〉
	476-⑲	796
士大夫	157-(26)	244
	179 (24)	280
	191-(13)	301
	196-(11)	308
	206-(16)	325
	261-(11)	407
	282-(34)	438
	322-(3)	501
	325-②	506
	355-②	566
	398-(3)	647
	427-③	700
	448-②	742
	509-③	867
	540-㉒	932
	545-③	943
	575-④	1009
	595-⑤ · ⑥	1059
	606-②	1084
	609-⑧	1091
	630-⑰	1121
四代孫	163-(7)	253
→親族		
四代祖	647-(2)	1153
→親族		
司徒	126-(6)	190
	163-(6) · (7)	253
	351-(4)	557
	451-(12)	750
絲桐	419-(27)	687
→琴		
使令	111-(21) · (22)	163
賜廩	474-㉞	798

	〈原文〉	〈譯註〉
	477-㉞ · ㉟	798
→賜米		
舍利	68-(7)	98
	446-㉙	740
→佛教		
士林	147-(6)	228
	222-(14)	347
	248-(20)	388
	274-(7)	425
	460-㊳	771
	461-⑨	773
	508-⑨	863
	539-⑫	930
詞林待制	466-⑥	783
詞林院	455-㉓	758
詞林學士	530-(30)	909
詞林學士承旨	455-㉔	758
司馬	162-(1)	250
	248-(5)	386
	395-(10)	640
→司馬試		
司馬相如		
-相如	28-(10)	30
司馬試	85-(18)	122
	184-(23)	287
	265-(3)	413
	296-(31)	458
	302-(2)	468
	305-(22)	472
	307-(22)	476
	311-(11)	484
	328-(17) · (18)	514
	360-㉘	577
	370-⑤	595

	〈原文〉	〈譯註〉
	373-(6)	602
	374-(26)	605
	376-⑥	602
	377-㉗	605
	381-(7)	614
	390-⑥	630
	399-(9)	648
	402-⑪	653
	453-⑥	752
	459-⑪	766
	472-⑪ · ⑫	795
	476-⑪	795
	487-⑲	821
	494-⑦	834
	500-(14)	847
→科擧		
司馬遷		
-馬遷	302-(13)	467
-遷	599-⑪	1068
→大史公		
四溟	354-(36)	564
賜名	59-(8)	81
	70-(4)	100
	73-(3)	104
	186-(5)(6)	291
	451-(15)	750
	489-③	824
	490-㉔	827
	547-㉜	948
→易名		
詞命	537-⑰	926
沙門	14-(13)	6
	37-㊺	48
	195-(9)	308
	220-(10)	345
→僧侶		
沙門具誠	369-(18)	593
四門大學博士	214-(12) · (13)	336
	275-(16)	427
	494-⑧	834
四門博士	17-(11)	11
	281-(9) · (10)	435
	295-(6)	455
	381-(5)	614
四門助敎	58-(6) · (7)	79
	214-(5)	335
賜米	226-(86)	353
	433-⑲	712
	475-㊿	801
	478-52	801
	602-㊹	1075
→國廩		
→廩祿		
→賜廩		
→及第賜米		
沙彌	339-②	538
→僧侶		
邪法	437-(18)	720
司兵	515-⑧	879
→鄕吏		
思補	518-⑦	885
	518-⑧	886
司僕官正郎	416-(11)	681
司僕官佐郎	425-(15)	697
司僕副正	498-⑪	842
	545-⑪	945
	554-④	962
司僕,領事	502-⑯	851

	〈原文〉	〈譯註〉
司僕寺事	444-(14)	734
司僕寺丞	518-⑤	887
	564-⑲	984
司僕寺,判事	590-㊿	1048
	611-⑮	1095
	613-⑩	1099
	644-(16)	1146
司僕正	469-(13)	791
	471-⑩	791
	496-⑨	837
	498-⑫	842
	512-⑩	873
	584-㉜	1033
	590-52	1048
四部文籍	92-(9)	132
詞賦試	515-⑪	879
→科擧		
師傅之任	441-⑲	727
祠祀	218-(19)	341
四書	630-31	1123
司設署令	487-⑫	820
	491-㊴	829
	611-㉗	1096
司設直長	610-⑫	1094
	618-(6)	1108
賜姓	332-(47)	522
	496-⑧	837
	511-③	871
	530-(52)	910
→改姓		
司星	335-(30)	530
司成試	88-(11)	127
→科擧		
四水	369-(23)	594

	〈原文〉	〈譯註〉
四秀	14-(16)	6
思肅公(諡號)-韓渥		
	569-⑧⑨	996
	570-㉓	998
	613-㉔	1101
司巡衛上將軍	415-⑮	678
司巡衛役領將軍		
	451-(8)	749
司巡衛精勇將軍		
	502-⑨	850
賜諡	38-(4)	50
	42-(27)	56
	48-(12)·(13)	67
	52-(17)	71
	282-(35)	438
	552-㉙	958
	561-㉕	979
→諡		
→諡號		
→贈諡		
事審官	609-⑪	1092
謝安(後漢)	304-(5)	470
	630-⑳	1121
射御	388-(26)·(27)	626
	450-(4)	748
	512-⑳	874
	513-㉓	875
→射		
司業	151-(15)	234
司盈署,判事	453-⑧	752
司醞署令	486-⑤	818
詞苑	468-⑮	787
史偉	173-(2)	269
赦宥	130-(5)	196

	〈原文〉	〈譯註〉
四六元龜	395-(5)	640
司儀	340-(3)	539
司醫副正	508-⑧	863
司儀署令	275-(25)	427
司儀署丞	454-⑪	756
	505-⑯	858
	547-④	950
四夷	110-(6)	162
士人	515-㉑	881
	578-㊵	1019
舍人	441-㉟	729
使者	545-②	943
	546-⑭⑯	945
	552-⑭	956
	555-⑮	963
	557-⑭⑮	968
	596-㉒	1062
	610-④	1093
師子崛	171-(11)	266
四子登科	580-⑨	1023
→及第		
獅子山	515-⑲	881
私葬	285-(33)	442
→喪禮		
司宰卿	66-(23)	94
	107-(3)	158
	121-(10)	182
	146-(13)	225
	152-(1)	236
	184-(25)	287
	315-(5) · (6)	491
	344-⑲ · ⑳	546
	371-①	597
	372-⑳	600

	〈原文〉	〈譯註〉
	464-(4)	779
	467-③	785
	543-(8)	940
	631-㊱	1124
司宰副令	557-㉔	970
司宰少卿	64-(8)	90
	109-(11)	160
	233-(9)	364
	245-(16)	382
	256-(21)	399
	308-(8)	478
	384-(12)	618
	384-(15)	619
	648-(9)	1155
司宰少尹	465-(9)	780
司宰丞	25-(4)	26
	253-(8)	395
	373-(11)	603
	376-⑪	603
司宰主簿	122-(10)	185
	145-(6)	224
司宰注簿	222-(20)	347
	244-(6)	381
	490-⑪	825
	503-㊱	854
	547-②	949
司宰,判	356-⑰	568
	580-⑬	1023
司宰,判事	356-⑭ · ⑮	568
	473-⑯	796
司宰寺,判事	503-㉛	853
	541-④	934
	585-㊷	1034
	646-㉑	1151

	〈原文〉	〈譯註〉
仕籍	347-(5)	550
→士版		
→戶籍		
沙賊	571-⑱	1001
	571-⑳	1002
	585-㊿	1035
	601-㊱	1074
	606-②	1084
	612-⑨	1099
→紅巾賊		
史典	35-㉑	45
賜田	510-⑳㉑	869
	511-㉒	870
祀典之神	36-㉗	46
思靜公(諡號)-金若溫		
	114-(72)	168
賜題	34-⑥	42
→科擧		
士族	488-⑦	822
	645-⑦	1149
賜酒	578-㉛	1018
絲竹	332-(53)	523
	449-㉕	745
寺衆院	26-(12)	27
社稷	21-(7)	19
	22-(24)	20
	41-(7)	53
	42-(34)	57
	65-(16)	93
	78-(4)	112
	97-(46)	143
	187-(30)	294
	198-(27)	312
	333-(66)	524
	355-(37)	565
	395-(11)	641
	404-(15)	660
	408-(18)	666
	434-(8)	715
	499-(4)	846
	503-㊵	854
	516-⑤	882
	541-③	934
	551-③	955
	578-㉗	1017
	592-㊳·㊴	1052
	603-㊺	1077
	613-㉔	1101
	642-(23)	1142
史職	315-(11)	491
	601-⑳	1071
司直	94-(20)	136
	558-㉜	971
社稷壇		
-新壇	22-(25)	21
司天監	263-(2)	410
司天臺提點事	601-㉟	1074
四天王寺	26-(12)	27
仕版	34-⑧	43
士板	418-(5)	683
→仕籍		
謝表	112-(47)	166
四品	418-(8)	684
	643-(8)	1144
士風	560-③	976
	562-㉘	980
史筆	565-㊽	988
史翰	467-④	786

	〈原文〉	〈譯註〉
	584-㉗	1032
	600-⑱	1071
詞翰	492-(5)	830
	542-㉕	937
『史漢』	593-⑦	1053
	612-⑤	1098
→『史記』		
→『漢書』		
四海	96-(19)	140
	304-(4)	470
	340-(6)	539
	499-(4)	846
	504-②	856
	572-㊵	1004·
		1005
司憲	645-⑬	1150
司憲糾正	431-(14)	708
	487-⑥	818
	537-⑩	925
	588-⑮	1042
司憲府事	503-㉓	852
司憲府執義	643-(9)	1144
司憲掌令	465-(9)	780
	466-⑪	782
	505-⑪	857
	520-⑰	892
	607-㉘	1088
司憲持平	441-㉞	729
	461-①	771
	461-⑨	773
	591-72⃝	1050
	605-㉞	1084
司憲執義	460-㉝	770
	465-(9)	780

	〈原文〉	〈譯註〉
	492-(7)	831
	500-(15)	847
	533-⑨	916
	545-⑪	945
四皓(漢)	198-(24)	312
司戶	402-㉕	655
	406-(3)	663
	428-㉓	703
→郡司戶		
→郡司戶長		
→權司戶		
→州副司戶		
→州司戶		
→縣司戶		
→鄕吏		
史洪紀	388-(16)	625
→良靖公(諡號)		
削髮	90-(49)	130
	324-(31)	510
→僧侶		
朔方	223-(36)	349
朔方(元)	610-⑬	1094
朔方道監倉使	250-(18)	390
朔方道戍將	404-(14)	660
朔方留守(元)	473-⑱	796
	476-⑱	796
搠思(元)	573-㊿	1006
削染	160-(6)	248
→僧侶		
朔州	621-(3)	1112
朔州通判	248-(7)	386
散官	62-(36)	86
	219-(32)	342
	242-(16)	378

	〈原文〉	〈譯註〉
	349-(4)	554
	374-(14)	604
	374-(29)	606
	376-⑮	604
	377-㉚	606
	391-㉓	632
	410-(9)	669
散騎常侍	174-(21)	271
	323-(24)	503
	569-⑭	997
山東	313-⑥	487
	356-⑧	567
→文班		
山東衣冠	229-(35)	357
	250-(20)	390
山東顯族	337-(5)	534
山獵	17-(17)·(18)	12
→狩獵		
山西	269-(3)	418
	368-(3)	592
	424-(4)	694
	632-㊳	1126
→武班		
山西子弟	629-⑧	1120
散宂	348-(20)	552
散員	261-(7)	407
	268-(11)	416
	278-(6)	431
	424-(6)	695
	431-(15)	709
	434-(4)	714
	469-(11)	790
	471-⑨	790
	488-⑧	822
	510-⑫	868
	513-㊱	876
	561-⑬	977
	578-㊷	1019
	579-㊺	1020
	596-⑩	1060
	600-⑪	1070
散員同正	262-(31)	409
	268-(9)	416
散員同政	656-(3)	1165
刪定都監	244-(2)	380
刪定都監判官	66-(26)	95
	111-(24)	164
	338-(26)·(27)	537
	405-(17)	661
	591-63	1049
刪定御書	120-(4)	180
散職		
→해당 관직을 보시오		
(例: 散衛尉丞→衛尉丞,散)		
散秩禮部尙書	58-(15)	80
→檢校禮部尙書		
山呼亭	309-(13)	479
三角山	117-(17)	174
	277-(13)	429
三界	252-(8)	393
三公	46-(28)	63
	185-(42)	290
	187-(27)	294
三觀	76-⑥	108
三教	186-(4)	291
	188-(46)	297
三國	126-(11)	190
→後三國		

	〈原文〉	〈譯註〉
『三國史』	214-(10)	335
→『三國史記』		
三國語(高麗 · 中國 · 蒙古)		
	510-⑲	869
三軍	26-(18)	28
	80-(23)	115
	110-(8)	162
	314-⑨	488
	323-(17)	503
	325-⑰ · ⑱	508
	332-(46)	522
	343-⑤	544
	344-⑨⑩	544
	345-㉙	547
	362-(7)	580
	367-(16)	589
	374-(28)	606
	377-㉚	606
三年服	17-(9)	11
→喪禮		
三年喪	293-(7)	453
	613-⑭	1100
→喪禮		
三大夫	360-⑭	574
三郎山	432-④	710
	488-⑨	822
	519-⑬	888
參廊山	456-㊵	761
三木	443-(4)	731
三別抄	472-⑤	794
	476-④	794
	563-⑩	982
	609-⑩	1091
→別抄		

	〈原文〉	〈譯註〉
三別抄의 亂	406-(7)～407-(10)	663~664
	414-⑧～⑩	677
	463-⑫～⑬	776
	472-⑤～⑨	794
	476-④～⑨	794
	563-⑩～⑪	982
	609-⑩	1091
→庚午之亂		
三寶	26-(10)	26
	117-(26)	176
	220-(15)	345
	419-(26)	687
	641-(15)	1140
→佛教		
三墳百家	454-⑧	756
三司	427-㉙ · ㉚	798
三司都事	600-⑲ · 601-⑳	1071
三司副使	227-(1)	355
	228-(22)	356
	309-(29)	481
	512-⑨	872
	557-㉑	969
	609-②	1090
	644-(16)	1146
	646-㉓ · ㉔	1151
	648-(11)	1155
三司使	28-(16)	31
	29-(28)	32
	41-(16)	55
	59-(1)	81
	60-(19)	83
	123-(3)	186

	〈原文〉	〈譯註〉
	133-(1)	202
	135-(38)	205
	204-(18)	321
	310-(31)	481
	347-(1)	550
	348-(18)	552
	380-(34)	613
	382-(18)	615
	397-(11)	645
	415-⑮	678
	424-(9)	696
	435-(14)	717
	458-③	765
	460-㉞	770
	467-⑦	786
	491-㉗	827
	494-⑬	835
	506-(7)	861
	508-⑪	864
	563-⑩	982
	589-㉗	1044
	640-(12)	1140
三司右使	413-⑥	675
	455-㉔	758
	503-㉛	853
	533-⑪·⑫	917
	558-⑤	972
	564-㉘	985
	571-⑯	1001
三司右尹	425-(15)	697
	430-(11)	708
	441-⑳	727
	448-⑭	743
	466-(16)	782
	569-⑫	998
	569-⑱	998
	590-(55)	1048
	613-㉗	1101
	614-㉛	1102
三司左使	441-㉕	728
	467-⑦	786
	533-⑪·⑫	917
	586-(53)	1036
	633-(5)	1128
	634-(22)	1131
三司左尹	513-㉜	876
	564-㉒	984
	597-㊶	1065
	599-⑫	1068
	607-⑱	1087
三司,知事	122-(3)	184
	171-(16)·(17)	266
	204-(15)	321
	356-⑭	568
	368-(1)	592
	369-(16)	593
	456-㊷	761
	469-(13)	791
	471-⑩	791
	601-㉖	1072
三司摠郎	423-(20)	693
	430-(10)	707
三司判官	99-(12)	145
	189-(10)	298
	235-(11)	366
	347-(11)	551
	438-(6)	723
	540-㉖	932

	〈原文〉	〈譯註〉
	545-⑩	944
	588-⑮	1042
	648-(8)(9)	1155
三司,判	440-④	725
	473-㉚	798
	477-㉛	798
	539-⑤	929
	605-㉕	1082
三司,判事	20-(1)	18
	22-(31)	21
	28-(17)	31
	39-(7)	50
	40-(4)	53
	44-(12)·(13)	60
	121-(13)	182
	138-(9)	210
	174-(25)	271
	183-(8)	285
	184-(27)	288
	317-(12)	494
	338-(17)	536
	363-(25)	583
	379-(14)(15)	611
	399-(19)	649
	412-(16)	673
	424-(10)	696
	434-(9)	716
	439-(6)	723
	440-①	725
	441-㉚	728
	473-㉙	797
	477-㉙	797
	498-⑮	843
	502-⑤	849
	502-⑮	851
	509-㉒	865
	522-(3)	894
	523-(24)	896
	525-⑱	899
	566-⑧	989
	586-57	1036
	589-㉜	1045
	607-⑫	1086
	641-(18)	1141
	648-(12)	1155
三十代孫	646-①	1152
→親族		
三乘寺	77-⑰	110
三陽	14-(16)·(17)	6
三人登科	487-⑮	820
	563-⑯	983
	593-②	1053
→及第		
三字	48-(6)	66
	154-(10)	240
	164-(14)	254
	215-(27)·(28)	337
	216-(32)	337
	218-(25)	341
	223-(42)	349
	233-(9)	364
	265-(9)	414
	293-(9)	453
	303-(9)	469
	328-(20)	514
	352-(11)	559
	404-(7)	658
	427-⑭	702

	〈原文〉	〈譯註〉
	441-⑳	727
	441-㉓㉕	728
	451-(9)	749
→知制誥		
三子登科	248-(5)～(6)	386
	475-51	801
	478-53	801
	538-㉖	928
	559-⑯	973
	580-⑧	1023
	593-②③	1053
	614-㉞	1103
	662-(14)～(25)	1172
→及第		
三子擢第	115-(94)	171
→及第		
三藏	264-(15)	412
→佛教		
三藏法師-趙旋	544-(17)	941
三場試	373-(6)	602
	376-⑥	602
→科擧		
三珠萬戶牌	428-㉝	705
→萬戶牌		
三珠虎符	524-⑫	899
→虎符		
三重大匡	19-(4)	16
	22-(31)	21
	25-(1)	25
	38-(2)	49
	39-(6)	50
	41-(12)	54
	43-(2)	58
	45-(20)	61

〈原文〉	〈譯註〉
63-(1)	88
116-(3)	172
126-(4)	190
133-(7)·(8)	203
143-(1)	219
152-(3)	236
163-(5)	253
186-(11)·(12)	292
201-(10)	317
202-(4)	318
304-(8)	471
308-(6)	478
329-(1)	516
330-(13)	517
331-(29)	519
331-(36)	520
334-(4)	526
342-⑭	543
387-(8)(9)	624
407-(15)	665
411-(7)	671
423-(2)	694
425-(13)	697
426-①	700
428-㉟	705
429-(2)	706
432-⑫	711
433-(1)	713
434-(9)	715
435-(10)(11)	716
440-⑧	725
440-⑨	726
442-㊺	731
451-(6)	748

	〈原文〉	〈譯註〉
	452-②	752
	456-㉝	760
	458-①	765
	460-㉖	769
	464-(3)·(4)	779
	474-㉝㉞	798
	477-㉟	798
	479-⑦	804
	498-⑳	843
	502-⑰	851
	503-㉓㉔㉕㉖	852
	506-(2)(4)	860
	508-②	862
	508-⑬	864
	522-(3)	894
	524-⑦	898
	526-(2)(3)	901
	527-(3)	903
	529-(2)(6)·(7)	907
	530-(35)	909
	532-(2)	913
	533-①	915
	536-①	924
	539-①	929
	540-⑲	931
	545-⑪	945
	552-㉑	957
	552-㉗	958
	553-㉛	959
	555-⑱	964
	566-②	988
	570-①·②	999
	571-⑱	1001
	573-58	1007
	574-63	1007
	581-③	1025
	583-①	1028
	586-54	1036
	587-②	1040
	589-㉗·㉘	1044
	610-⑧	1094
	613-㉓·㉔	1101
	629-①	1119
	630-⑮·⑱	1121
	632-(2)	1127
	633-(9)	1128
	647-(2)	1153
→三重太匡		
三重大師	77-⑮	110
	77-㉕	112
	78-(2)	112
	116-(6)·(7)	172
	117-(17)	174
	160-(10)	248
	166-(9)	258
	168-(9)	261
	220-(8)	345
	226-(81)	353
	324-(31)	504
	326-㉞	510
	382-(24)	616
-三重	77-㉕	112
	102-(9)	150
	264-(4)	410
	264-(10)	411
	276-(7)	429
	386-(14)	621
	412-(22)	673

	〈原文〉	〈譯註〉
三重太匡	20-(1)	18
	65-(18)	93
	463-⑦	775
→三重大匡		
三陟尉	255-(12)	398
三陟縣尉	319-(8)	496
三清	124-(16)·(17)	187
三諦	76-⑥	108
三台	632-㊹	1126
	299-(31)	463
三品	36-㉟	47
	215-(26)(31)	337
	216-(35)	337
	303-(12)	469
	349-(13)	555
	395-(7)	640
	412-(14)	672
	427-⑯	702
	496-⑩	838
	510-⑧	867
	660-(17)	1169
	666-(23)	1177
三品服	121-(8)	181
三品簪紳	292-(29)	452
→縉紳		
三品正秩	356-⑰	568
三品之位	286-(9)	444
三韓	39-(14)	51
	41-(8)	54
	70-(12)(13)	100
	70-(16)	101
	147-(27)	226
	152-(4)	236
	220-(19)·(20)	345
	249-(4)	389
	330-(8)	516
	336-(49)	533
	354-(32)	563
	355-(37)	565
	388-(19)	625
	398-(14)	645
	407-(10)(12)	664
	409-(27)	667
	412-(12)	672
	434-(5)	714
	452-(17)	750
	456-㉞·㉟	760
	458-⑮	765
	465-(13)	781
	469-(6)	790
	470-④	790
	504-㊷	855
	572-㉚	1003
	588-⑥	1040
	631-㊼	1125
	651-(20)	1159
三韓功臣-弓烈	158-(2)	246
三韓功臣-琴容式	359-⑥	573
三韓功臣-金兢廉	79-(11)	114
三韓功臣-金仁允	126-(4)	190
三韓功臣-金柒	201-(2)	316
三韓功臣-羅聰禮	524-③	897
三韓功臣-朴奇悟	308-(6)	478

	〈原文〉	〈譯註〉
三韓功臣-朴守卿		
	163-(6)	253
三韓功臣-朴承位		
	163-(6)	253
三韓功臣-朴遲胤		
	163-(5)	253
三韓功臣-尹逢	390-④	630
三韓功臣-尹莘達		
	541-②	934
	606-⑤	1085
三韓功臣-李金書		
	588-⑥	1040
三韓功臣-李歆律		
	137-(2)	209
三韓功臣-崔英休		
	170-(4)	265
三韓功臣-崔俊邕		
	304-(8)	471
三韓功臣-韓蘭-韓闌		
	569-⑥	996
三韓功臣-韓闌-韓蘭		
	613-㉒	1101
三韓功臣-皇甫玉山		
	662-(8)	1171
三韓公族	485-⑪	815
三韓國大夫人 金氏-洪奎 妻		
	506-(1)	860
三韓國大夫人 李氏-李自成 妻		
	547-①	949
	547-⑥	950
三韓國華宗	457-⑨	764
三韓名家	551-②	955
三韓壁上	407-(15)	664
三韓壁上功臣-權準		
	632-(5)	1127
	633-(9)	1128
三韓壁上功臣-金方慶		
	407-(15)	665
三韓壁上功臣-朴奇悟		
	454-④	755
三韓壁上功臣-吳連信		
	236-(2)	368
三韓壁上功臣-崔甫淳		
	354-(27)	562
三韓世族	40-(21)	52
→貴族		
三韓宰相	500-(6)	846
三韓之大族	41-(11)·(12)	54
→貴族		
三韓之業	336-(39)	532
	543-(5)	939
三韓戚里	161-(18)	249
→貴族		
三韓統合	152-(4)	236
	249-(4)	389
	429-(2)	706
	469-(6)	790
	470-④	790
→後三國統一		
三韓後壁上功臣-崔思全		
	70-(16)·(17)	101
三和縣令	106-(1)(9)	156
上京中軍兵馬使		
	89-(32)	129
上公	187-(24)	293
相工	240-(39)	376
→占卜		
上國(金)	215-(15)	426

	〈原文〉	〈譯註〉
上國(元)	397-(13)	645
	398-(16)	645
	399-(17)	648
	402-(13)	654
	404-(19)	658
	407-(14)	665
	408-(18)	666
	428-㉞	705
	434-(5)(7)	714
	440-⑭	726
	455-㉒	758
	539-③	929
	639-(3)	1137
相國	14-(15)	6
	35-⑪	43
	35-⑲	44
	37-(3)	48
	44-(16)	61
	63-(63)	87
	137-(1)	209
	143-(7)	220
	148-(7)(8)	228
	207-(11)(14)	326
	208-(31)	327
	213-(5)	333
	214-(9)(11)	335
	265-(3)	413
	281-(6)	435
	308-(2)	477
	328-(8)	513
	343-⑤	544
	392-②	634
	397-(1)	643
	408-(25)	667

	〈原文〉	〈譯註〉
	413-②	675
	419-(25)	687
上黨	238-(2)	372
	575-⑦	1010
	604-⑦·⑧	1080
上黨君-白頤正	441-㉟	729
	481-⑧	807
	517-⑤	885
	591-59	1049
上黨君-韓脩	613-⑱	1100
上黨郡	116-(3)	172
上黨郡 金氏-韓光衍 妻		
	367-(23)	591
上黨郡大夫人 王氏-李預 妻		
	66-(23)·(24)	94
上黨郡夫人 慶氏-金俊 妻		
	379-(3)	609
上黨郡夫人 高氏-鄭穆 妻		
	61-(5)	84
上黨郡夫人 郭氏-柳光植 妻		
	338-(25)	536
上黨郡夫人 金氏-許載 妻		
	82-(63)	118
上黨郡夫人 白氏-柳邦憲 妻		
	17-(22)	13
上黨郡夫人 李氏-全信 妻		
	505-⑮	858
-夫人	505-㉔	859
上黨大家	613-㉒	1101
上黨府院君-韓渥		
	569-⑧	996
	613-㉔	1101
上黨縣君 王氏-李頲 妻		
	28-(23)	32

	〈原文〉	〈譯註〉
	29-(29)	32
上都	476-⑱⑳	796
	633-(11)	1129
→燕京		
上洛公-金方慶	406-(1)(2)	662
	407-(16)	665
	464-(4)	779
	465-(14)	781
	509-⑳	865
上洛君-金恂	441-㉘	728
	480-④	806
	539-⑤	929
上洛君-金永暾	571-⑩	1000
上洛君-金忻	492-(9)	831
	561-⑧	977
上洛郡開國公-金方慶		
	440-⑧·⑨	725
上洛府院君-金永暾		
	539-①	929
	539-⑫·⑬	931
	540-⑲	931
上洛星山道田民計點使		
	430-(12)	708
喪禮	609-⑦	1091
→公禮, 國禮		
→國葬, 國制, 國禮葬		
→私葬		
→衰麻		
→喪制		
→三年服		
→三年喪		
→行制		
→廬墓		
→茶毘, 茶毗, 闍毗法, 闍維		
→焚骨, 焚棺, 焚身, 焚瘗, 焚葬		
→燒葬		
→火葬, 火柩, 火櫬		
→附葬		
→祔葬		
→夫婦同葬		
→族墳之法		
→合葬		
→改葬		
→移葬		
→遷葬		
上萬戶	524-⑤⑫	898
桑門	128-(19)	193
	161-(21)	249
→佛教		
商舶	131-(3)	198
上方醫	354-(28)	562
尙父	298-(6)	460
相府	22-(33)	21
	90-(38)	130
	110-(9)	162
	120-(5)	179
	157-(24)	244
	374-(17)	604
	504-㊶	855
	596-⑭	1061
	657-(9)	1165
上舍	96-(25)	141
	239-(8)	373
	334-(8)	526
→及第		
尙舍局	171-(6)	265
尙舍奉御	50-(3)·(4)	68
	57-(3)·58-(4)	79

	〈原文〉	〈譯註〉
	75-(10)	107
	109-(9)·(10)	160
	175-(2)	274
	215-(16)	336
	221-(3)	346
	233-(2)·(3)	363
	344-⑱·⑲	546
	414-⑦	677
尙舍奉御同正	57-(3)	79
尙舍朝奉	490-⑫	825
尙舍直長	66-(25)·(26)	95
	649-(17)	1156
裳山	169-(17)	262
上相	380-(26)	612
	385-(7)	621
	543-(6)	939
上上科	446-⑯	738
	631-㊸	1125
→僧科		
上上品	76-⑦	109
→僧科		
『尙書』	173-(5)	269
尙書	65-(11)	91
	176-(15)	275
	235-(24)	368
	251-(37)	392
	301-(2)	466
	390-⑥	630
尙書(宋)	113-(63)	167
尙書考功郎中	382-(23)	616
尙書考功員外郎		
	28-(12)	31
尙書工部郎中	156-(10)·(11)	242
	268-(13)	416

	〈原文〉	〈譯註〉
尙書工部侍郎	227-(1)	355
尙書工部員外郎		
	43-(5)	58
	53-(5)·(6)	74
	253-(4)·(5)	395
	271-(7)	421
	313-⑧	488
尙書工部,知事	214-(1)	334
尙書工部,判事	88-(4)	126
	126-(9)	190
	143-(1)	219
尙書都官	191-(15)·(16)	301
尙書都官郎中	422-(6)	690
尙書都官員外郎		
	391-⑰	632
尙書都事	17-(26)	13
	98-(9)	145
	370-⑧	595
	654-(4)	1163
尙書都省	239-(14)(15)	373
尙書都省,知事	64-(10)	91
	88-(2)	126
尙書令	186-(8)	291
	186-(14)	292
	187-(32)	294
	188-(40)	296
	401-④	652
	508-⑱	865
尙書兵部郎中	231-(18)	361
尙書兵部侍郎	155-(2)	240
	218-(23)	341
	219-(44)	343
	606-⑩	1085
尙書兵部員外郎		

	〈原文〉	〈譯註〉
	21-(3)	18
尙書兵部,判	186-(12)	292
尙書兵部,判事	28-(18)	31
	80-(33)·(34)	116
	101-(4)	149
	111-(16)	163
	660-(8)(14)·(15)	1169
尙書省	450-(2)	748
尙瑞少尹	614-㉘	1102
尙書禮部郎中	146-(12)	225
	219-(45)	343
	351-(3)	557
尙書禮部事	221-(2)	346
尙書禮部侍郎	14-(8)	5
	121-(9)(10)	181
	278-(10)	431
	338-(27)·(28)	537
	375-(45)	608
	430-(5)	706
尙書禮部員外	46-(2)	63
尙書禮部員外郎		
	233-(8)	364
	311-(2)	483
	383-(32)	617
尙書禮部,知事	152-(1)	236
尙書禮部,判事	22-(22)	20
	63-(1)	88
	101-(4)	149
	114-(71)	168
	184-(30)	288
	198-(17)·(18)	311
	267-(2)·(3)	415
	280-(1)	434

	〈原文〉	〈譯註〉
尙書右僕射	14-(15)	6
	15-(1)	8
	15-(4)	9
	41-(13)(14)	54
	48-(1)	65
	49-(1)·(2)	67
	53-(3)	73
	88-(8)	127
	98-(2)	144
	100-(9)	148
	122-(2)	184
	133-(5)·(6)	202
	141-(5)	215
	183-(7)	285
	186-(13)	292
	201-(11)	317
	204-(17)·(18)	321
	204-(25)	322
	224-(53)·(54)	350
	231-(17)	360
	235-(13)	366
	235-(15)·(16)	367
	240-(34)	376
	242-(7)	378
	306-(9)·307-(10)	475
	314-⑪	488
	337-(4)(5)	534
	338-(16)·(17)(25)	536
	353-(22)	561
	356-⑮	568
	401-④	652
	406-(3)	663

	〈原文〉	〈譯註〉
	411-(7)	671
	413-③	675
	429-(4)	706
	644-(15)	1146
尙書右丞	28-(14)	31
	186-(20)	293
	189-(1)	297
	235-(21)	367
	250-(22)	391
	305-(22)	472
	344-⑲	546
	365-(10)	585
	382-(16)	615
	397-(10)	644
	597-㉘	1063
尙書右承	359-⑬	574
尙書吏部	268-(22)	417
尙書吏部郎中	25-(5)·(6)	26
	156-(7)	242
尙書吏部尙書	53-(1)	73
尙書吏部侍郎	28-(14)	31
尙書吏部員外郎		
	359-⑪	574
尙書吏部,知事	21-(16)	20
	28-(15)	31
尙書吏部,判事	20-(1)	18
	22-(29)	21
	38-(3)	49
	63-(1)	88
	141-(6)	215
	198-(15)(17)·(18)	
		311
	204-(23)	322
	429-(3)	706
尙書左僕	174-(27)	272
尙書左僕射	24-(4)	24
	27-(3)(4)	30
	39-(7)	50
	40-(4)	53
	44-(13)	60
	120-(1)	180
	121-(14)	182
	131-(1)	198
	143-(1)	219
	144-(14)	221
	149-(10)	231
	189-(2)	297
	201-(14)·(15)	317
	207-(4)	325
	217-(5)	339
	218-(28)	342
	219-(32)	342
	224-(44)	349
	234-(1)(4)	365
	267-(4)	416
	271-②	420
	278-(17)	432
	298-(11)	460
	322-(1)(5)	501
	323-(25)	503
	325-④	506
	326-㉗	509
	333-(58)	523
	333-(65)	524
	334-(3)	526
	342-⑭	543
	344-⑰	545
	345-(6)	548

	〈原文〉	〈譯註〉
	355-①	566
	356-㉑	569
	364-(1)	584
	364-(3)	585
	365-(12)·(13)	585
	366-(2)	587
	379-(14)(·15)	611
	382-(20)	616
	427-⑥	701
	429-(4)	706
	452-④	752
	459-⑦	766
	472-③	793
	475-②	793
	524-⑤	898
	529-(23)	908
	570-③④	999
	585-㊼	1035
	610-②	1093
	637-(4)	1134
	649-(13)	1156
→文昌左相		
→文昌左丞		
尙書左司郎中	124-(1)	188
	218-(22)	341
	245-(16)	382
尙書左司員外郎		
	90-(52)·(53)	131
	559-⑫·⑬	973
尙書左承	344-⑭	545
尙書左丞	64-(2)	89
	66-(25)	95
	95-(3)	138
	171-(16)	266

	〈原文〉	〈譯註〉
	174-(20)	271
	235-(12)	366
	340-(7)	539
	353-(18)	560
尙書刑部郎中	39-(17)	52
	120-(7)·121-(8)	181
	301-(1)	465
	648-(9)	1155
尙書刑部侍郎	53-(6)	74
	156-(7)·(8)	242
	187-(33)	295
	366-(2)	587
	379-(9)	610
	648-(10)	1155
尙書刑部令史	193-(10)	305
尙書刑部員外郎		
	145-(2)	223
	233-(12)·(13)	364
	651-(23)·(24)	1159
尙書刑部,知事	271-⑧	421
尙書刑部,判事	43-(2)	58
	44-(14)·(15)	60
	47-(9)	64
	110-(4)	162
	110-(12)·(13)	163
	182-(1)	284
	204-(23)	322
	660-(13)	1169
尙書戶部郎中	25-(5)	26
	40-(2)	53
	648-(9)	1155
尙書戶部書令史	149-(4)	230
尙書戶部書令史同正		

	〈原文〉	〈譯註〉
	238-(27)	371
尙書戶部侍郞	318-(3)	495
	421-(4)	690
尙書戶部令史同正		
	155-(7)	241
	195-(6)	308
尙書戶部員外郞		
	28-(13)	31
	85-(11)	121
	117-(22)	175
	173-(8)	269
	202-(1)	318
尙書戶部正郞	28-(13)	31
尙書戶部主事	28-(26)	32
	232-(24)	361
尙書戶部,判	186-(12)	292
尙書戶部,判事	114-(71)	168
	149-(12)	231
	184-(32)	288
	217-(5)	339
	283-(1)	439
尙乘奉御	99-(21)	146
	370-⑩	595
尙乘直長	381-(8)	614
	490-⑪	825
尙乘直長同正	100-(3)	147
常侍	556-⑤	967
	588-⑪	1041
尙食	649-(15)	1156
尙食局直長	298-(16)	461
尙食奉御	139-(6)	212
	217-(4)	339
	228-(17)	356
	233-(8)	364
	305-(17)	472
	375-(33)·(34)	607
	391-⑰	631
	658-(9)	1167
尙食奉御同正	100-(6)	148
	116-(2)(5)	172
	143-(2)	219
尙食直長	162-(6)	251
	219-(45)·(46)	343
	242-(14)	378
尙食直長同正	23-(45)	22
	114-(77)	169
	150-(18)	232
	192-(35)	303
	194-(14)	307
	216-(39)	338
	251-(34)	392
尙食直長同政	657-(16)	1166
尙藥奉御	349-(7)	554
尙藥直長	70-(1)	99
祥原	543-(7)	940
上元帥	605-㉗	1083
商議	477-㉚	798
	611-㉓	1096
商議大寶文	605-㉔	1082
商議都監事	491-㉘	827
商議都僉議使	641-(13)	1140
尙衣	665-(12)	1176
尙衣奉御	146-(10)	224
	149-(7)	231
	202-(7)	318
	249-(5)	389
	281-(11)	435·436

	〈原文〉	〈譯註〉
	289-(11)	447
	312-(5)	486
	356-⑦	567
	356-⑬	568
	399-(6)	647
	469-(8)	790
	471-⑥	790
	665-(11)・(12)	1176
尙衣奉御同正	84-(2)	119
	121-(20)	183
尙衣直長	648-(7)	1155
尙衣直長同正	86-(16)	125
	114-(74)・(75)	169
	121-(21)	183
	155-(6)	241
	162-(11)	252
	193-(6)(8)・(9)	305
	240-(35)(36)	376
	251-(32)	392
	258-(12)	402
	296-(31)・(32)	458
	588-⑧	1041
商議贊成事	473-㉙	798
	477-㉚	798
商議評理	496-⑭	838
	525-⑮	899
	605-㉚	1083
商議會議都監事	491-㉗	827
	505-⑭	858
	533-⑪	917
	560-①	976
	561-㉔	979
	591-57	1049
	600-⑨	1070

	〈原文〉	〈譯註〉
	602-54	1076
	605-㉙	1083
	611-⑲	1095
相人	361-㉝	577
→占卜		
相者	41-(10)	54
	92-(22)	133
→占卜		
上章乞退	189-(14)	299
	277-(14)・(15)	430
	317-(13)	494
	407-(12)	664
	407-(15)	665
→致仕		
上章乞解	455-㉒	758
→致仕		
上章懸車	649-(14)	1156
→致仕		
上將軍	100-(10)	148
	143-(4)	219
	170-(1)	264
	267-(2)	415
	269-(27)	417
	270-(10)	419
	278-(17)	432
	279-(2)	433
	283-(2)	439
	285-(26)	441
	307-(10)	475
	314-⑪	488
	317-(2)	493
	317-(10)	494
	330-(6)	516
	330-(15)	517

	〈原文〉	〈譯註〉
	331-(27)	519
	333-(58)	523
	333-(65)	524
	335-(18)	528
	359-⑦	573
	362-(1)	579
	379-(1)(2)(3)	609
	379-(14)(15)	611
	387-(2)	623
	387-(11)	624
	388-(14)(16)	625
	392-①	634
	402-⑬	654
	405-(16)	660
	407-(16)	665
	408-(20)(21)	666
	411-(4)	670
	412-(19)	673
	413-⑨	676
	414-②	676
	414-③	677
	415-⑮⑰	678
	416-(3)	680
	416-(9)	681
	422-(18)	693
	423-(19)(20)	693
	427-⑥	701
	433-⑮	711
	434-(3)	713
	436-(3)·(4)	719
	437-(15)(17)	720
	440-⑧	725
	445-⑩	737
	450-(2)	748
	451-(12)(13)(14)	750
	464-(4)	779
	465-(10)	781
	498-⑥	841
	498-⑦	842
	502-⑤ ⑥	849
	502-⑫	850
	516-⑤	882
	524-⑥⑦	898
	553-㉛	959
	561-⑧	977
	567-㉛	993
	601-㉝	1073
	617-(6)	1107
	629-①⑤	1119
	629-⑪	1120
	631-㊲	1124
	644-(15)	1146
上宰	335-(21)	529
上第	48-(7)	66
	319-(25)	497
	364-(3)	585
	366-(4)	588
→科擧		
喪制	117-(24)	175
→喪禮		
上提擧	353-(23)	561
→知貢擧		
上左(元)	546-㉛	948
尙州	274-(1)	425
	597-㉛	1063
上柱國	17-(20)	13
	20-(1)·21-(2)	18

	〈原文〉	〈譯註〉
	22-(22)	20
	24-(5)	24
	27-(1)	29
	28-(19)	31
	38-(3)	49
	43-(2)	58
	45-(20)	61
	47-(5)(9)	64
	63-(1)	88
	65-(19)	93
	101-(4)	149
	111-(16)	163
	114-(72)	168
	186-(8)	291
	186-(13)(14)	292
	188-(40)	296
	199-(32)·(33)	312
	204-(24)(25)(26)	322
	213-(6)	333
	221-(6)	346
	245-(22)	383
	252-(2)	393
	259-(1)	403
	267-(2)	415
	269-(27)	417
	283-(2)	439
	284-(23)	441
	285-(27)	441
	304-(2)	470
	304-(10)	471
	305-(25)	472
	330-(6)	516
	331-(29)	519
	331-(38)	520
		521
	333-(60)(61)	524
	334-(4)(6)	526
	347-(2)	550
	379-(2)	609
	387-(2)	623
	387-(11)	624
	388-(14)(21)	625
	405-(18)	661
	407-(10)	664
	411-(5)(8)	671
	422-(6)	690
	434-(3)	713
	459-⑧	766
	606-⑦	1085
	660-(9)	1169
尙州牧	597-㉚	1063
尙州,牧	537-⑱	926
	643-(9)	1144
尙州牧倅	183-(14)	286
尙州牧副使	171-(9)	265
	189-(11)·(12)	298
	222-(23)·(24)	348
尙州牧司錄兼掌書記		
	36-㊵	47
尙州牧掌書記	61-(11)·(12)	84
尙州牧判官	437-(17)	720
尙州司祿	576-⑤	1013
尙州,守	139-(7)	213
	595-⑥	1059
尙州判官	440-⑯	727
尙之(僧)	165-(4)	257
尙晉州道按察副使		

	〈原文〉	〈譯註〉
	309-(26)	481
尙質縣	313-⑤	487
	502-⑥	849
尙質縣大夫人 張氏-金周鼎 妻		
	502-⑦	850
常衾	85-(11)	121
上千戶	524-⑪·⑫	898
上淸院	161-(15)·(16)	249
象齒	353-(18)	560
相避		
-避	596-⑳	1062
上品	76-⑧	109
	114-(77)	169
→僧科		
「上品上生眞言」		
	386-(23)	623
尙惠公(諡號)-許琮		
	526-(2)	901
上護軍	416-(1)	680
	423-(2)	694
	428-㉜	705
	430-(13)	708
	435-(10)	716
	435-(14)	717
	437-(15)	720
	438-(3)	722
	439-(6)	723
	440-①	725
	441-㉚	728
	442-(2)	731
	443-(3)	731
	444-(17)	734
	446-⑱	738
	448-①	742
	448-⑱	744
	452-①	751
	453-⑪	753
	454-①	755
	456-㉝·㉞	760
	456-㊸㊹	761
	457-⑧	764
	458-②③	765
	460-㉞	770
	463-⑧	775
	464-(1)(4)	779
	466-①	782
	466-⑨	783
	468-⑯	788
	470-(24)	792
	471-⑯	792
	474-㉟	798
	477-㉟·㊱	798
	487-⑨	819
	489-③	824
	489-⑧	825
	490-⑱⑳㉒	826
	490-㉕㉖	827
	491-㉗㉙	827
	492-(2)	829
	492-(7)	831
	494-⑬	835
	496-⑬	838
	496-⑰	839
	498-⑩	842
	498-⑭㉑	843
	499-(1)	845
	500-(16)	847
	502-⑮⑯⑰	851

	〈原文〉	〈譯註〉
	503-㉓㉔	852
	503-㉛	853
	504-㊹	855
	505-⑭	858
	510-⑪⑬	868
	511-㉖	870
	513-㉚㉛㉜㉟	876
	518-②	887
	519-⑧	888
	520-⑰	892
	521-㉙	894
	522-(4)	894
	524-①	897
	524-⑧⑨	898
	527-(2)	903
	541-①	934
	543-(2)	939
	551-⑩	956
	553-㉛	959
	555-⑯㉔	964
	560-②⑦	976
	561-㉒	979
	564-㉗	985
	580-⑪	1023
	585-㊸	1034
	591-㊼	1049
	595-④	1059
	597-㊷	1065
	600-⑦⑨	1070
	601-㉚	1073
	602-54	1076
	608-㉙	1088
	610-③·④	1093
	610-⑪	1094
	611-⑯	1095
	611-㉕	1096
	613-⑳	1101
	632-(3)	1127
	633-(9)	1128
	634-(22)	1131
	641-(20)	1141
	642-(2)(3)	1143
	643-(11)	1145
	645-⑨	1149
色空	30-(53)	35
笙	332-(55)	523
生晨廻謝使	189-(10)	298
生天寺	119-(9)	180
犀角	353-(18)	560
西京	26-(12)	27
	81-(51)	117
	82-(55)	117
	89-(31)	129
	132-(10)	200
	173-(9)(11)(13)(16)	270
	186-(9)	291
	233-(10)	364
	271-⑧	421
	317-(6)	493
	481-④	808
	567-⑳	991
	568-㊱	994
	571-㉔·	1002
	577-⑭	1015
	651-(14)·(15)	1159
→西都		
→平壤		

	〈原文〉	〈譯註〉
→鎬京		
西京監軍坐使	652-(31)	1160
西京等處萬戶府副萬戶		
	590-52	1048
西京等處水手軍万戶		
	495-①	836
	496-㉑	839
西京副留守	97-(30)	141
	121-(9)	181
-副留	250-(9)	389
西京副留,知	323-(13)	502
西京分臺	98-(9)	145
西京分司監軍使		
	191-(21)	302
西京,守	366-(12)	589
西京留守	82-(55)	118
	186-(9)	291
	289-(9)·(10)	447
	325-⑬·⑭	507
西京留守錄事	250-(9)	389
西京留守使	22-(22)·(23)	20
	28-(19)	31
	65-(19)	93
	198-(16)	311
西京留守事	63-(1)	88
西京留守,知	325-⑬·⑭	502
西京留守,知事	171-(15)	266
	184-(24)	287
	379-(14)	611
西京留守通判	58-(14)	80
	59-(11)·(12)	82
西京留守判官	38-(10)	49
	64-(6)	90
	109-(7)	160

	〈原文〉	〈譯註〉
	651-(21)	1159
西京人	183-(17)	286
→西都人		
→西民 西人		
→西賊		
西京齋祭副使	233-(10)	364
西京齋祭使	310-(31)	481
	363-(19)	582
	367-(18)	590
西京全德興土部錄事		
	130-(7)	196
西京知留	174-(22)	271
西京八關齋祭使		
	338-(16)	535
書契	78-(9)	113
書契人	78-(8)	113
瑞谷	569-⑳	998
	613-㉒	1101
徐恭	55-(26)	76
	87-(19)	125
	647	**1153**
徐鈞	53-(6)	74
	54	**74**
	647-(3)	1154
→濮陽公		
犀級	631-㊳	1124
書記官	295-(7)·(8)	455
西纖山	29-(43)	34
庶女	333-(62)	524
西大悲院錄事	375-(34)	607
	377-㊱	607
西都	229-(23)	357
	240-(26)(27)	375
	250-(8)	389

	〈原文〉	〈譯註〉
	262-(17)	407
	265-(5)	413
	268-(17)	417
	270-(6)	418
	271-⑤	420
	286-(4)	443
	295-(7)	455
	303-(5)	468
	308-(11)	479
	317-(5)	493
	323-(13)	502
	325-⑭	507
	330-(17)	518
	649-(14)	1156
	658-(6)	1167
→西京		
→平壤		
西都人	189-(7)	298
→西京人		
西都八關齋祭副使		
	341-(12)	540
署令	99-(17)	146
瑞寧君-柳淑	599-①	1069
	602-㊿	1076
	602-㊻	1077
胥吏	58-(4)	79
	170-(5) · 171-(6)	
		265
	250-(8)	389
→府吏		
→胥史		
→史		
→廉吏		
西林場判官	559-⑬	973

	〈原文〉	〈譯註〉
西面	39-(5)	50
	42-(28)	56
西面都監判官	469-(11)	790
	471-⑨	790
西面判官	56-(29)	77
西門	360-㉑	575
西民	112-(44)	165
→西京人		
鼠璞	353-(24)	561
西方	646-⑰	1150
西方仏	273-(14)	424
→阿彌陀佛		
西方精舍	66-(22)	94
西蕃	528-(14)	905
	589-㉕	1044
徐福(秦)		
-徐生	15-(21)	7
西部副令	417-(20)	682
	465-(11)	781
徐孚先	116-(6)	172
西北界兵馬副使		
	229-(30)	357
西北道分臺	391-⑭	631
西北路	335-(16)	528
西北路兵馬使	335-(19)	528
西北面都觀察黜陟使		
	613-㉗	1101
西北面都巡使	502-⑫	850
西北面都指揮使		
	412-(15)	672
西北面兵馬副使		
	245-(17)	382
西北面兵馬事	28-(18) · (19)	31
	60-(19)	82

	〈原文〉	〈譯註〉
西北面兵馬使	97-(37)	142
	115-(86)·(87)	170
	323-(20)	503
	326-㉓	509
	382-(16)·(17)	615
西北面兵馬元帥		
	649-(14)	1156
西北面兵馬判官		
	244-(7)	381
	248-(14)	387
西北面元帥幕	305-(22)	472
西北面知兵馬事		
	92-(19)·(20)	133
	362-(6)	580
西北面知兵馬使		
	271-⑧·⑨	421
西北面指揮使	413-⑥	675
西北面行營兵馬事		
	138-(10)	210
西北山(開城)	39-(5)	50
西北山(松林縣)		
	321-(15)	499
西北山(長端縣)		
	85-(23)	122
胥史	85-(18)	122
	201-(2)·(3)	316
→胥吏		
署事		
-行省,署事	477-㊳	799
西山(開城)	17-(24)·(25)	13
	104-(24)	153
	404-(12)	659
西山(松林郡)	282-(35)	438
西山(松林縣)	195-(2)	307
西山(禮安)	408-(18)	665
西山(臨江縣)	53-(8)	74
書算	86-(1)	123
	255-(9)	398
書生	344-㉒	546
徐生	13-(2)	4
→徐福		
署省事		
-行省,署事	478-㊶	799
西宋	31-(3)	36
	131-(3)	198
	222-(22)	348
→宋		
徐淑	359-⑧	574
徐淳	144-(13)	221
	169-(18)	262
西掖(中書省)	146-(15)	225
	313-④	487
徐億	132-(21)	201
西域	204-(22)	322
	502-㉑	852
『西域記』	144-(18)	222
書筵	163-(11)	253
	301-(5)	466
	564-㉗	985
	575-⑮	1011
	585-㉟	1033
	589-㉜	1045
書筵,知事	605-㉙·㉚	1083
徐穎觀(僧)	55-(25)	76
西王母	78-(8)	113
書雲觀,領事	602-54	1076
書雲觀提點事	602-㊸	1075
瑞雲寺	191-(23)	302

	〈原文〉	〈譯註〉
西原	488-②	821
	519-⑮	889
徐元	55-(25)	76
瑞原郡夫人 徐氏-李齊賢 妻		
	590-54	1048
西原水軍萬戶	641-(20)	1142
徐惟傑-徐維傑	55-(18)	76
徐維傑-徐惟傑	647-(2)	1153
西人	82-(52)	117
	109-(8)	160
	149-(8)	231
	184-(20)	286
	244-(5)	381
	291-(9)	450
→西京人		
西人	577-⑮	1015
→西域人		
書狀官	274-(14)	426
	395-(6)	640
	401-⑦	653
	418-(6)	683
	420-(33)	688
	573-48	1005
	611-28	1096
西材場判官	214-(12)	335
	430-(6)	707
徐氏	336-(44)	532
西賊	132-(12)	200
	242-(13)(21)	378
	262-(25)	379
	291-(11)	450
	305-(21)	472
	467-②	785
→西京人		

	〈原文〉	〈譯註〉
書籍檢閱	577-⑫	1015
書籍校勘	577-⑫	1014
書籍錄事	577-⑫	1014
書籍店	188-(38)	296
書籍店錄事	56-(32)	77
徐靖	55-(18)	76
	647-(3)	1154
西左㣼洞	291-(22)	451
瑞州	424-(4)	694
	600-⑥	1069
瑞州,知事	590-54	1048
	596-⑪	1060
徐仲麟	590-54	1048
犀秩	427-⑩	701
西蜀	589-㉑	1043
庶出	535-48	922
徐玶	487-⑬	820
徐弼	647-(2)	1153
書表	374-(21)	605
	377-㉒	605
西河	29-(32)	33
西漢	245-(24)	383
西海	81-(38)	116
	332-(46)	522
	342-⑧	542
	362-(9)	580
	379-(12)	610
	414-⑦	677
	546-㉕	947
	619-(2)	1109
西海郡大夫人 崔氏-金良鑑 妻		
	133-(6)	202
西海道	366-(6)(8)	588
	379-(8)	610

	〈原文〉	〈譯註〉
	463-⑨	776
西海道,按	215-(20)	336
西海道加發兵馬使		
	379-(12)	611
西海道勸農使	502-⑧	850
西海道按廉使	588-⑯	1042
西海道指揮使	640-(11)	1139
西海道淸□使	295-(10)	456
西海道春夏番按廉		
	430-(7)	707
西海府書記	310-(40)	482
徐憲	416-(12)	681
徐曦-徐熙	54-(4)	75
→章威公(諡號)		
徐熙-徐曦	647-(2)	1153
奭(周)	408-(26)	667
釋迦	386-(20)	622
	647-④	1153
石光禮	180-④	282
釋教	508-⑭	864
→佛教		
石德和	180-④	282
石麟	43-(43)	58
石受珉	**180**	**281**
石信	180-④	282
石室	32-(22)	39
	180-⑥	282
	389-(32)	627
	553-㊴	960
釋氏	289-(17)	447
	339-②	538
→佛教		
石令奇	180-⑤	282
石元碏	180-⑤	282

	〈原文〉	〈譯註〉
石倚廷	132-(8)	199
石齋(號)-朴孝修		
	454-②	755
	593-⑭	1055
釋贊(僧)	76-②③	108
錫土	433-㉑	712
禪	329-(25)	515
禪家	380-(22)	612
先覺國師	225-(72)	352
選擧	468-⑮	787
	527-(10)	905
→銓注		
禪訣	96-(11)	139
善慶府舍人	126-(19)	191
善慶府詹事	86-(10)	124
	149-(10)	231
	204-(17)	321
宣慶殿直	368-(6)	592
繕工令	557-㉕	970
	600-⑨	1070
繕工,判事	469-(19)·470-(20)	
		791
	471-⑬·⑭	791
	500-(16)	847
繕工判事	569-⑬	997
繕工寺丞	597-㊷·㊸	1065
繕工寺,判事	444-(14)	734
	553-㉜·㉝	959
	591-㊼	1050
禪教選席	342-⑥	542
→僧科		
選軍記事	250-(12)(13)	389
選軍錄事	237-(8)	369
選軍,都監使	597-㉖	1063

	〈原文〉	〈譯註〉
選軍別監	115-(89)·(90)	170
	317-(11)	494
	427-⑬	702
	512-⑪	873
選軍別監使	448-⑭·⑮	744
	505-⑫	857
選軍士	153-(17)	237
選軍司	64-(8)·(9)	91
	65-(16)	93
選軍使	189-(10)·(11)	298
	191-(11)	301
	356-⑱	568
選軍使別監	430-(11)	708
禪那法	168-(7)	261
宣尼	479-㊵	803
→孔子		
仙李	259-(3)	403
善女	437-(19)	721
鮮大有	436-(8)	720
宣德郎	32-(27)	39
	591-㉛	1050
	597-㊷	1065
	600-⑩	1070
宣力佐理功臣-韓渥		
	613-㉓	1101
宣陵-顯宗	26-(22)	28
禪林	321-(28)	500
禪味	419-(27)	687
宣命	473-㉒	796
	477-㉒	796
	496-㉑	839
	523-(23)(26)	896
	524-⑪	898
宣廟-宣宗	45-(22)	62

	〈原文〉	〈譯註〉
	46-(27)	62
宣撫	35-㉔	45
宣撫使	176-(10)	275
宣武將軍	464-(1)	778
	512-⑩	873
	513-㉙	876
	522-(5)	895
	529-(9)	907
	532-(3)	913
	633-(4)	1127
禪門	324-(31)	504
宣問使	298-(19)	461
	308-(11)	478
	328-(15)	514
禪味	419-(27)	687
	428-㉙	704
船舶		
→船艦		
→戰艦		
先排使	308-(11)	478·479
禪法	342-⑮	543
選法	546-㉑	946
→銓注		
選部	518-⑤	887
選部散郎	487-⑦	819
	588-⑮	1042
選部議郎	437-(13)	720
	492-(6)	831
	494-⑩	834
	505-⑪	857
	541-⑦	935
	563-⑭	983
	580-④	1022

	〈原文〉	〈譯註〉
	589-㉑	1043
	643-(8)	1144
選部典書	492-(7)	831
	494-(12)	835
	533-⑩·⑪	916
	589-㉒	1043
	595-④	1059
選部,知事	460-㉝	770
	492-(7)	831
選部,判事	426-①	700
	428-㉟	705
	455-㉚	759
	530-(33)	909
選佛場	117-(9)·(10)	173
→僧科		
善射	269-(2)	418
→射		
禪師	76-②③④⑤	108
	76-⑨	109
	77-⑰	110
	77-㉕	112
	168-(10)	261
	239-(6)	372
	321-(12)	499
	333-(63)	524
	339-②	538
	361-㊲	578
	385-(5)	621
	439-(7)	723
	446-⑰	738
	446-㉕	739
	485-⑩	815
	498-⑪	842
	535-㊼	922

	〈原文〉	〈譯註〉
	631-㊸	1125
→僧侶		
選席	160-(8)	248
→僧科		
選禪	631-㊸	1125
→僧科		
宣城,守	162-(6)	251
禪僧	380-(21)·(22)	612
	508-⑮	864
→禪者		
膳食	41-(20)	55
先塋	14-(15)	6
	29-(45)	34
	447-㉝	740
	458-⑪	764
	519-⑬	888
	527-(5)	904
	565-㊳	986
	588-④	1040
	607-㉘	1088
	613-㉒	1101
宣醞	373-(7)	603
	376-⑥	603
宣王(周)	572-㉘	1003
宣王-宣宗	50-(11)	69
禪源	567-㉖	992
禪源社	385-(4)	620
禪位	65-(14)	92
	554-⑧	962
仙人王儉	452-(17)	750
→檀君		
禪者	370-⑬	596
	415-㉔	679
	606-⑨	1085

	〈原文〉	〈譯註〉
→僧侶		
禪寂寺	458-⑪	764
	555-㉒	964
善積院	38-(4)	50
禪寂宗	31-(8)	37
選正官	476-⑤	794
宣正將軍	502-⑬	851
宣政殿	36-㉜	46
先祖蔭	189-(4)	297
→蔭敍		
宣宗	31-(9)	37
	32-(14)(15)	38
	35-㉔	45
	39-(19)	52
	41-(19)	55
	43-(6)	59
	48-(4)	65
	50-(9)	69
	70-(3)	100
	85-(25)	122
	143-(7)	220
→國原公		
→國原侯		
→宣廟		
→宣王		
宣宗(唐)	460-㉔	769
『宣宗實錄』	35-㉑	45
宣州	26-(12)	27
	84-(10)	121
宣州防禦副使	342-⑩	542
善州,知事	608-㉚	1088
禪旨	508-⑦	863
宣忠翊戴保祚功臣-趙仁規		
	450-(5) · 451-(6)	748
	629-①	1119
	630-19	1121
宣忠協謨定難靖國功臣-金方慶		
	440-⑨	726
禪學	169-(23)	263
→佛教		
船艦	402-⑭ · ⑮	654
宣和(年號)	91-(6)	132
	131-(3)	198
	144-(11)	221
	160-(8)	248
宣和殿學士	96-(17)	140
禪興寺	505-㉓	859
契(中國)	147-(31)	227
薛文遇	586-65	1038
薛鳳	644-(17)	1147
薛宣弼	381-(6)	614
薛愼	**381**	**613**
→薛愼之(字)		
薛愼之(字)-薛愼		
	381-(5)	614
雪菴(號)-金台鉉		
	474-㊾	800
	478-㊾	800
薛仁儉	464-(4)	779
薛子升	381-(5)	614
薛挺叔	381-(5)	614
薛玄固	509-㉓	866
攝工部尙書	186-(5)	291
攝校尉	284-(8)	440
	424-(5)	695
攝金吾衛上將軍		
	186-(5)	291

	〈原文〉	〈譯註〉
攝郎將	440-⑬	726
攝大府卿	61-(4)	84
攝大將軍	271-⑦	421
攝別將	284-(10)	440
攝司宰卿	44-(10)	59
攝散員	284-(9)(10)	440
	629-⑨	1120
攝尙書右司郎中		
	86-(14)	124
攝上將軍	424-(8)	696
攝將軍	284-(12)	440
攝左右衛護軍	469-(12)	790
	471-⑨	790
攝中郎將	284-(11)	440
攝護軍	543-(8)	940
省閣	184-(30)	288
省干	662-(7)·(8)	1171
省官	594-㉛	1057
星官	87-(27)	125
	233-(5)	363
	468-⑮	787
星宦	231-(14)	360
星閨	397-(6)	644
成均(館)	566-⑬	990
成均館工役	573-㊻	1007
成均館大司成	456-㊷	761
	497-②	841
成均館丞	515-⑬	879
成均大司成	561-⑳	979
	566-⑫	990
	581-㉒	1025
	586-65	1038
成均博士	609-⑧	1091
成均司藝	571-⑫	1000
	604-⑯	1081
	612-⑧	1099
成均生員	574-65	1008
	579-㊻·㊼	1020
成均試	41-(17)	55
	58-(4)	79
	62-(30)·(31)	85
	133-(10)	203
	137-(3)	209
	138-(15)	211
	238-(27)	371
	239-(6)	372
	281-(5)	435
	296-(20)	457
	322-(6)	501
	325-⑥	506
	371-③·④	597
	395-(4)	639
	403-(4)	657
	418-(14)	685
	467-⑬	784
	474-㊾	800
	478-㊿	800
	490-⑯	826
	508-⑤	862
	537-⑨	925
	559-⑪⑬	973
	561-㉑	979
	563-②	981
	563-⑬	983
	569-⑦	996
	580-⑪	1023
	601-㉙	1073
	651-(11)	1158

	〈原文〉	〈譯註〉
-成均	34-④	42
	176-(4)	274
	198-(18)	311
	255-(10)	398
	374-(20)	604
	377-㉑	604
	556-⑤	967
	564-㉓	984
	566-⑦	989
	577-⑱	1016
	588-⑪	1041
	605-⑲	1082
-成試	559-⑦ · ⑧	972
→科擧		
成均樂正	494-⑨ · ⑩	834
	537-⑫	926
	588-⑯	1042
成均祭酒	441-㉔	728
	538-㉕	928
	541-⑧	935
	561-⑲	978
	564-㉒	984
	589-㉑	1043
	641-(19)	1141
	643-(9)	1144
成均直講	571-⑪	1000
	612-⑦	1099
	614-㉛	1102
成均進士	513-㊴	877
成均學官	564-⑲	984
成均學生	513-㊲	876
	514-㊵	877
成均學諭	439-(8) · (9)	723
	439-(14)	724

	〈原文〉	〈譯註〉
	515-⑪	879
成均學正	556-⑧	967
誠勤翊戴功臣→禹仁烈		
	597-㊷	1065
誠勤翊贊勁節功臣-李兆年		
	519-①	889
	520-⑱	892
聲妓	468-⑬	787
	481-⑤	806
	512-⑳	874
	643-(12)	1145
→妓生		
城南	62-(50)	87
	71-(20)	101
	99-(20)	146
	121-(21)	183
	235-(18)	367
	240-(37)	376
	252-(11)	393
	552-㉚	959
	576-㉓	1012
	586-(63)	1037
省臺	198-(11)	311
→臺省		
城東	16-(8)	9
	42-(28)	56
	52-(17)	71
	77-㉒	111
	93-(3)	134
	135-(39)	205
	147-(4) · (5)	228
	153-(23)	238
	200-(14)	315
	273-(14)	424

	〈原文〉	〈譯註〉
	279-(6)	433
	341-(17)	540
	453-⑰	754
	517-⑭	884
城東原	509-㉔	866
省郎	360-⑮	575
成陵直	330-(16)	518
誠明齋	651-(10)	1158
成廟-成宗	578-㉘	1017
城堡	332-(46)	522
成福選	166-(5)	257
	277-(12)	429
→僧科		
省府	474-㊳	799
	477-㊴	799
成溥	611-㉗	1096
城北	13-②	3
	45-(21)	62
	258-(21)	402
成佛都監判官	55-(25)	76
	133-(11)	203
	164-(26)	255
	319-(9)	496
	434-(3)	713
成士達	564-㉓	984
星山	354-(35)	563
	587-㉜㊱	1039
星山君-李仁復	585-㊸	1034
星山君-李兆年	519-①③	889
	520-⑱	892
星山道田民計點使		
	430-(12)	708
星山侯-李兆年	586-64	1037
性相	77-⑫	110
聲色	260-(14)	404
	428-㉖	704
	608-㊲	1089
城西	74-(23)	106
	77-㉑	111
	231-(5)	359
	233-(11)	364
城西之莊	324-(27)	504
	326-㉙	509·510
成石珚	600-⑪·⑫	1070
性宣(僧)	117-(23)	175
省試	58-(5)	79
	342-④	541
→科擧		
成安府	505-⑪	857
成王(殷)	199-(45)	313
	578-㉖㉗	1017
-成	26-(23)	29
省宰	584-㉑	1031
成宗	14-(7)	5
	17-(11)	11
	54-(2)	75
	217-(3)	339
-上	17-(12)	11
→成廟		
成宗(元)	455-㉖	759
	473-⑱	796
	476-⑱	796
-帝	630-⑰	1121
-皇帝	422-(16)	692
成州	196-(1)	309
	363-(15)	581
	391-⑭	631

	〈原文〉	〈譯註〉
成州防禦使	141-(14)	215
聖住寺	252-(13)·(14)	393
成州倅	308-(9)	478
成州,知	619-(6)	1109
成州通判	195-(6)	308
城池	601-㊱	1074
稅	640-(12)	1140
世家	515-⑧	879
	581-⑳	1024
世家子	453-⑬	753
	493-(10)	832
	562-㉙·㉚㉛	980
細谷	53-(7)	74
世譜	39-(18)	52
	42-(32)	57
	359-⑥	573
	429-(2)	706
→家系記錄		
世子	404-(13)	660
	418-(13)(14)(15)	685
	459-⑭⑮	767
	461-⑤	772
	490-⑬	825
	498-⑱	843
	629-⑧	1120
→太子		
世子宮門令	448-⑭	743
世子傅	400-(23)	649
	461-⑤	772
世子府右指諭	424-(6)	695
世子府行李別監	441-⑱	727
世子師	398-(2)	647

	〈原文〉	〈譯註〉
	400-(24)	649
	403-(2)	656
	407-(16)	665
	411-(9)	671
	441-㉝	729
	445-⑦	737
	464-(4)	779
	485-⑤	814
	516-⑥	882
世子舍人	415-⑯	678
	441-㉑·㉒	727
世子右司尹	496-⑬	838
世子元嬪	397-(2)	643
	397-(12)	645
	404-(8)	658
	415-⑯	678
	524-⑥	898
	596-⑧	1060
世子貳部	402-⑱	654
世子中允	640-(8)	1138
世祖(元)	455-⑬	757
	481-②	807
	483-(11)	811
	498-⑱	843
	640-(11)	1139
-先帝	407-(11)	664
-世皇	509-⑳	865
	543-(4)	939
	577-㉔	1017
-帝	407-(14)	665
	424-(6)	695
	434-(7)	715
	543-⑤	939
-天子	459-⑬	767

	〈原文〉	〈譯註〉
	566-⑨	989
-皇帝	443-(10)	733
世族	40-(21)	52
	580-⑥	1022
→貴族		
世宗(金)-新皇帝		
	239-(20)(21)	374
世賢(僧)	**78**	**112**
→妙能		
簫	332-(55)	523
蘇幹(唐)	34-④	42
少監	251-(31)(32)	392
少卿	102-(8)	149
	164-(26)	255
	235-(12)(24)	366, 368
	336-(33)	531
	648-(11)	1155
小林長老	456-㊱	760
昭穆	510-⑩	868
『小彌陁經』	273-(9)	423
素服	512-⑲	874
蘇復使	342-⑧	542
小府監	508-⑱	865
少府監	52-(19)	72
	59-(3)	81
	202-(6)	318
	242-(8)	378
	253-(10)	396
	348-(16)	552
	352-(16)	559
	366-(11)	589
	648-(10)	1155
少府監,判事	192-(31)	303

	〈原文〉	〈譯註〉
	214-(1)	334
	215-(26)	337
	236-(4)	369
	349-(11)	554
邵父杜母	191-(10)	301
少府少監	307-(19)	476
	79-(7)	114
少府小尹	412-(20)	673
少府少尹	516-⑧	883
少府丞	242-(15)	378
	490-⑪	825
少府寺丞	342-⑨	542
小府尹	544-(16)	941
	591-61 65	1049
少府尹	441-⑲	727
	607-⑪	1086
少府注簿	108-(6)	160
	337-(8)	535
小府判事	539-⑩	930
	569-⑫·⑬	997
少府寺,判事	557-⑫	968
	607-㉒	1087
素膳	586-62	1037
邵城	21-(4)	18
	618-(3)	1108
邵城居士-李旵光		
	92-(24)	134
邵城,守	64-(3)	89
邵城縣	27-(3)	30
蘇時	230-(47)	358
蘇軾(宋)		
→東坡(號)		
昭信	469-(3)	789
	470-②	789

	〈原文〉	〈譯註〉
	482-⑤	808
昭信校尉	469-(14)	791
	471-⑪	791
	481-③	807
燒身寺	52-(16)	71
蘇良遇	121-(20)	183
「逍遙」(『莊子』)	293-(19)	453
昭勇大將軍	402-⑬	654
	450-(2)	748
	451-(10)	749
	502-⑤	849
少尹	605-㉝	1083
燒葬	202-(2)	318
→喪禮		
小梓旀山	273-(14)	424
邵廷冑	319-(24)	497
小宗伯(禮部侍郞)		
	15-(23)	7
邵台輔		
-邵公	35-⑲	44
蘇判	588-⑤	1040
蕭何(漢)		
-蕭相	127-(2)	192
小學	566-⑨	989
笑軒(號)-崔瑞	421-(1)	690
笑軒無著居士(號)-崔瑞		
	422-(16)	692
小昊金天	483-(3)	810
紹興(年號)	57-(7)	78
	62-(30)	85
	62-(47)	87
	68-(5)・(6)	97
	74-(16)	106
	105-(11)	154

	〈原文〉	〈譯註〉
	119-(6)	179
	119-(8)	180
	132-(15)	200
粟	184-(36)	289
	367-(22)	590
	444-(18)	735
	573-53 54	1006
	648-(6)	1154
	663-(19)	1172
→穀物		
東古赤	545-⑫	945
屬官	590-㊵	1046
屬郡	136-(5)	207
俗習	515-⑭	880
俗語	298-(19)	461
俗諺	358-(4)	571
粟村	586-63	1037
	587-76	1039
屬縣	234-(7)	366
孫玨	282-(36)	438
孫景章	653-(55)	1161
孫抃	380-(34)	613
『孫氏蠶經』	178-(9)	278
孫永龜	251-(32)	392
遜位	569-⑬	997
→讓位		
孫裕	121-(18)	183
率性齋	274-(6)	425
松	563-④	981
	565-㊻	987
	607-⑮	1086
宋	31-(11)	38
	44-(11)	60
	49-(16)	67

	〈原文〉	〈譯註〉
	59-(6)(10)	81
	81-(38)	116
	87-(24)	125
	97-(44)	143
	132-(11)	200
	143-(6)	220
	144-(11)	221
→南宋		
→大宋		
→太宋		
→西宋		
松檟	20-(22)	18
	314-㉑	490
松岡	520-⑧	890
松江府判官	551-⑥	955
宋客	361-㉝	577
松京	396-(16)	641
	406-(7)	663
→開城		
宋工	222-(12)·(13)	347
宋公夫	286-(2)	443
宋觀	135-(32)	205
宋耆	406-(4)	663
宋端	391-⑰⑱⑳	632
松堂(號)-金光載		
	563-①	981
	563-⑧	982
宋璉	156-(11)	242
宋璘-宋隣	413-⑧·⑨	676
宋隣-宋璘	457-⑨	764
松林	230-(3)	359
	607-㉘	1088
	661-(20)	1170
松林郡	282-(35)	438

	〈原文〉	〈譯註〉
松林山	62-(52)	87
	187-(35)	295
	190-(17)	299
松林原	544-(17)	941
松林縣	25-(7)	26
	26-(14)	27
	60-(23)	83
	99-(20)	146
	106-(11)	156
	127-(29)	191
	195-(2)	307
	199-(35)	312
	266-(18)·(19)	414
	285-(33)	442
	296-(19)	456
	311-(8)	484
	319-(8)	496
	321-(15)	499
	341-(19)	540
	421-(3)	690
	463-⑱	777
	492-(3)	830
	498-㉒	844
	506-(6)	860
	524-③	897
	636-(4)	1133
	644-(14)	1146
宋懋	590-54	1048
-典校	591-68	1050
宋邦英		
-宋	520-⑳	892
松栢	18-(28)	13
	103-(18)	152
	125-(21)	189

	〈原文〉	〈譯註〉
	283-(41)	439
	409-(28)	667
	460-㊴	771
	536-㊿	923
宋玢	413-⑨	676
	453-⑯	754
宋世堅	541-⑤	934
宋世明	362-(3)	580
宋松禮	434-(6)	714
宋臣義	614-㉙	1102
松岳	18-(30)	13
→開城		
宋若規	286-(2)	443
宋琰	39-(16)	51
松髯鶴骨	459-⑳	768
宋元	283-(5)	440
宋義番	565-㊶	987
宋仁壽	513-㊲	876
	598-㊹	1065
宋仁厚	286-(2)	443
宋子淸	**285**	**443**
松齋(號)-權準	512-④	871
	512-⑦	872
松梓	370-⑰	596
松竹	336-(39)	532
宋珍	457-⑨	764
宋瑨	489-⑧	825
松川寺	78-(2)	112
宋淸	333-(58)	523
宋耽	570-⑧	1000
松坡(號)-崔誠之		
	467-④	785
宋翰	470-(30)	792
宋赫忠	193-(10)	305

	〈原文〉	〈譯註〉
松峴	25-(7)	26
松檜	216-(44)	338
受戒	76-③	108
	166-(5)	257
	369-(18)	593
	437-(22)	721
→佛敎		
守光祿大夫	120-(2)	180
讎校	214-(10)	335
受具	73-(6)	104
-受戒		
修國史	52-(15)	71
	65-(19)	93
	157-(2)	243
	198-(14)	311
	334-(1)	525
	360-㉓	576
	399-(21)	649
	404-(9)	658
	428-⑳	703
守國子祭酒	95-(1)	138
水軍萬戶	641-(20)	1141
守宮署丞	326-㉟	510
	356-⑫	568
守宮丞	366-(3)	587
修己理人之道	528-(11)	905
獸臺(八關會)	360-㉔	576
守大保	114-(71)	168
	133-(5)	202
	187-(24)	294
	304-(9)	471
	337-(1)	534
	359-①	573
	360-㉙	577

	〈原文〉	〈譯註〉
	363-(26)	583
	374-(19)	604
	399-(20)	649
	429-(3)	706
→守太保		
守大傅	20-(1)	18
	22-(31)	21
	84-(3)	120
	111-(15)	163
	204-(23)	322
	213-(5)·(6)	333
	317-(1)	493
	353-(25)	562
	363-(26)	583
	411-(4)	670
	639-(3)	1137
	660-(7)·(8)	1169
→守太傅		
守大師	23-(38)	22
	41-(12)	54
	101-(6)·(7)	149
	149-(2)	230
	150-(20)	232
	165-(2)	257
	195-(4)	308
	199-(32)	312
	201-(10)	317
	231-(18)(19)	361
	232-(22)	361
	347-(2)(3)	550
	362-(1)	579
	379-(1)	609
	379-(18)	611
	387-(1)	623
	387-(10)	624
	388-(14)	625
	407-(10)	664
	411-(5)(7)	671
	619-(4)	1110
→守太師		
守大尉	22-(27)·(28)	21
	45-(20)	61
	65-(15)	92
	70-(17)	101
	139-(3)	212
	141-(5)	215
	177-(24)·(25)	276
	186-(12)	292
	198-(16)	311
	204-(20)(24)	322
	283-(1)	439
	284-(23)	441
	285-(27)	441
	304-(1)	470
	335-(29)	530
	353-(25)	562
	360-㉓	576
	363-(25)	583
	379-(16)	611
	395-(9)	640
	407-(8)	664
	606-⑦	1085
	660-(12)	1169
	660-(14)	1169
→守太尉		
壽德宮	169-(21)	262
樹德鎭將	120-(4)	179
狩獵		

	〈原文〉	〈譯註〉
→山獵		
→弋獵		
→畋獵		
→遊畋		
守令	328-(10)	513
	330-(20)	518
	539-⑨	930
	542-⑯	936
	546-㉙	947
壽寧宮	633-(10)	1129
壽寧宮主 李氏-文宗 妃		
	23-(47)·(48)	23
首領,禁衛	502-⑧	850
壽寧翁主 金氏 -王昷 妻		
	483-(1)	810
	483-(7)	811
	484-(22)	812
綏陵直	488-⑦	822
修理寺	165-(1)	256
	166-(12)	258
守墓之廬	559-㉒	974
→侍墓		
修文館大提學	463-⑦	775
	474-㉟	798
	477-㉟	798
	529-(3)	907
	530-(33)	909
修文郎	18-(34)	14
修文殿大司學	428-⑳	703
修文殿大學士	151-(23)·(24)	234
	304-(9)	471
	334-(1)	525
	334-(4)	526
	335-(29)	530
	353-(24)	561
	355-⑥·356-⑦	567
	359-①·②	573
	360-㉔	576
	360-㉙	577
	373-(1)	601
	374-(18)(19)	604
	375-①	601
	376-⑱	604
	377-⑳	604
	398-(1)	647
	399-(21)	649
	403-(2)	656
	404-(9)·(10)	658
	411-(7)·(8)(9)	671
	421-(4)·(5)	690
	432-②	710
	432-⑫	711
	441-㉜	729
	445-⑦⑨	737
	451-(13)	750
	454-⑥	755
	485-④	814
	516-⑤	882
	533-⑤·⑥	916
	639-(4)	1137
	644-(15)	1146
修文殿學士	174-(21)	271
	184-(25)	287
	204-(17)	321
	613-⑮	1100
受封	484-(22)	812
受俸之日	36-㉝	46
→祿俸		

	〈原文〉	〈譯註〉
守父母墳	563-⑦	982
→侍墓		
壽妃 權氏-忠肅王 妃		
	512-⑥	872
	513-㉜	876
守司空	22-(22)	20
	39-(7)	50
	40-(1)(4)	53
	47-(4)	64
	48-(1)	65
	48-(10)	66
	49-(1)	67
	52-(12)(14)	71
	60-(24)	83
	65-(12)	92
	88-(3)	126
	89-(34)	129
	91-(4)	132
	100-(9)	148
	101-(6)	149
	110-(12)	163
	120-(1)	180
	121-(14)	182
	131-(1)	198
	132-(15)	200
	144-(14)	221
	165-(3)	257
	183-(7)	285
	184-(31)	288
	186-(13)	292
	190-(15)	299
	194-(14)	307
	197-(5)·(6)	310
	201-(14)	317
	204-(26)	322
	207-(4)	325
	214-(2)	334·335
	217-(5)	339
	221-(1)	346
	224-(54)	350
	225-(62)	351
	234-(1)	365
	235-(13)	366
	235-(15)	367
	242-(7)	378
	243-(26)	379
	267-(3)·(4)	416
	304-(10)	471
	305-(23)	472
	314-⑫	488
	315-(5)	491
	317-(3)(12)	493, 494
	323-(25)	503
	326-㉗	509
	330-(13)	517
	333-(62)(64)	524
	335-(21)	529
	337-(3)	534
	347-(4)	550
	379-(15)	611
	380-(29)	612·613
	384-(19)	619
	387-(8)	624
	421-(5)	690
	450-(2)	748

	〈原文〉	〈譯註〉
	451-(13)	750
	524-⑤	898
	610-②	1093
修史館修撰官	489-⑥	824
守司徒	80-(32)·(33)	116
	116-(3)	172
	133-(6)·(7)	202
	138-(10)	210
	138-(13)	211
	143-(1)	219
	144-(18)	222
	171-(22)	267
	176-(18)	276
	178-(3)	278
	182-(1)	284
	184-(32)	288
	186-(8)	291
	186-(14)	292
	190-(3)	300
	192-(35)	303
	252-(2)	393
	259-(1)	403
	333-(60)(61)	524
	338-(17)	536
	379-(2)	609
	399-(20)	649
	434-(9)	716
	435-(10)	716
守司宰少卿	201-(12)	317
守山縣	581-⑱	1024
首相	351-(1)	556
	532-(9)	914
守尙書禮部員外郞		
	27-(2)	30

	〈原文〉	〈譯註〉
守尙書禮部侍郞		
	660-(11)·(12)	1169
守尙書戶部侍郞		
	88-(5)	127
授書郞同正	55-(27)·(28)	76
受禪	455-㉓	758
修禪社	398-(16)	645
	437-(12)	720
壽星	173-(15)	270
壽城 賓氏	494-⑦	834
輸誠秉義協贊功臣-閔思平		
	560-①	976
	561-㉓·㉔	979
	598-③	1066
輸誠守義忠亮功臣-金深		
	503-㉓·㉔	852
輸誠守義協輔忠亮功臣-金深		
	503-㉔·㉕	852
輸誠守義協贊輔理功臣-金倫		
	533-①	915
綏成宅主 任氏-崔忠獻 妻		
	333-(61)	524
守試司宰少卿	57-(1)	78
守侍中	567-⑲	991
遂安郡	202-(4)	318
壽安宮副使	385-(8)	621
守安縣	193-(12)	305
	390-④	630
睢陽(中國)	372-⑮	599
首陽(中國)	666-(32)	1178
水陽山	386-(17)	622
守御史雜端	105-(5)	154
水原府	505-⑪	857
水原,使	565-㊴	986

	〈原文〉	〈譯註〉
水月菩薩像	530-(53)	910
守義功臣-王俁	187-(35)	295
守仁功臣-王俁	186-(19)	293
水漿	535-㊵	921
睡齋居士-洪奎	631-㊽	1125
秀才科	547-⑤	950
	577-⑪	1014
	593-⑭	1054
→科擧		
水戰	539-④	929
受田	597-㉖	1063
收田	597-㉗	1063
守殿監	253-(1)	395
輸轉米	81-(43)·(44)	117
守節	100-(10)	148
	594-⑳	1055
→寡婦		
水精寺	201-(17)	317
修制員(修製員)	374-(29)	606
	377-㉚	606
守朝散大夫	201-(11)	317
首座	24-(8)	24
	68-(2)	98
	117-(18)	174
	117-(23)	175
	160-(1)	248
	160-(11)	249
	165-(1)	256
	166-(11)	258
	264-(4)	410
	264-(10)	411
	276-(8)	429
	446-⑯	738
守左司郎中	88-(6)	127

	〈原文〉	〈譯註〉
水州	25-(2)	25
	26-(13)·(14)	27
	41-(11)	54
	90-(53)	131
	91-(3)	131
	101-(5)	149
	165-(2)	257
	183-(3)	284
	201-(1)	316
	214-(2)	334
	242-(6)	378
	263-(2)	410
	390-⑦⑨	630
	391-⑱	632
水州,守	120-(5)	181
水州倅	87-(17)	125
水州,刺	533-⑩	916
水州,知事判官	90-(53)·(54)	131
	390-⑦	630
樹州	27-(3)	30
	58-(14)	80
	390-④	630
樹州,知	58-(10)	79
樹州判官	60-(25)	83
隋珠和璧	375-(32)	606
	377-㉝·㉞	606
守珍	261-(6)	406
修撰官	490-⑮	826
壽昌(年號)	36-㉛	46
	41-(19)	55
	44-(10)	59
	73-(5)	104
	143-(8)	220
	154-(4)	239

	〈原文〉	〈譯註〉
壽昌宮錄事	396-(19)	642
守僉議丞	435-(10)	716
守僉議政丞	456-㉝	760
	503-㉔	852
壽貼袈裟	166-(10)	258
→袈裟		
繡帖磨衲袈裟	160-(10)	248
→袈裟		
守塚	293-(7)	453
→侍墓		
壽春國夫人 朴氏-李齊賢 妻		
	590-52	1048
壽春翁主 王氏-許悰 妻		
	446-⑫	737
	526-(10)	902
	526-(74)	902
壽春通判	289-(8)	447
輸忠同德佐理功臣-庾弼		
	429-(3)	706
輸忠佐理功臣-崔允儀		
	198-(12)·(13)	311
輸忠贊化功臣-韓脩		
	613-⑱·⑲	1100
水沈香	117-(22)	175
守太保	65-(18)	93
	187-(31)	294
	338-(18)	536
	373-(1)	601
	421-(4)	690
	498-⑦	842
→守大保		
守太傅	27-(1)	29
	29-(35)	33
	63-(1)	88
	65-(19)	93
	331-(33)	520
→守大傅		
守太師	21-(2)	18
	27-(4)	30
	38-(1)(2)	49
	39-(6)	50
	39-(10)	51
	188-(40)	296
	214-(2)·(3)	335
	330-(5)	516
	330-(14)	517
	331-(34)	520
	637-(3)	1134
→守大師		
守太尉	43-(2)	58
	186-(15)	292
	331-(29)	519
	334-(1)	525
	335-(29)	530
	405-(18)	661
	629-①	1119
	630-⑮	1121
→守大尉		
守太子太師	459-⑧	766
水禍	352-(15)	559
手環	368-(10)	592
隋侯之櫝	353-(23)	561
菽	573-52	1006
→穀物		
肅寧府右司尹	505-⑫	857
肅廟	57-(4)	77
	73-(4)	104
	79-(13)	114

	〈原文〉	〈譯註〉
→肅宗		
淑文公(諡號)-崔惟淸		
	226-(93)	354
淑妃 崔氏-睿宗 妃		
	102-(11)	150
宿水寺	192-(33)	303
宿衛	392-⑨	635
	453-⑬	753
	481-③	807
	482-⑪	809
	483-(11)	811
	509-㉑	865
	510-⑮	869
	520-㉒	892
	527-(10)	905
	551-④	955
	553-㊹	960
→直宿		
宿衛近臣	585-㊴	1034
宿衛之班	443-(10)	733
宿儒	492-(5)	830
→儒		
肅宗	39-(9)	50
	41-(19)	55
	42-(38)	57
	44-(8)(9)	59
	47-(12)	64
	48-(5)	66
	59-(5)	81
	61-(10)	84
	68-(3)	98
	85-(25)	122
	88-(12)	127
	143-(8)	220
	177-(25)	276
	186-(3)	291
	213-(2)(7)	333
	222-(9)	346
	246-(3)	384
-上	32-(19)(21)	39
	44-(11)	60
	59-(7)	81
-先帝	187-(22)	293
-聖上	32-(16)	38
	32-(18)(23)	39
-肅考	186-(4)(6)(7)	291
	186-(11)	292
	187-(25)(26)	294
-肅王	327-(5)	512
-主上	36-㉜	46
-天子	57-(9)	78
→肅廟		
→英廟		
宿直	354-(28)	562
→直宿		
淑昌院妃	412-(18)	673
淑昌院妃 金氏-忠烈王 妃		
	412-(18)	673
純簡公(諡號)-申思佺		
	498-⑥	841
	498-⑧	842
殉國	463-㉑	778
巡軍	474-㊲·㊳	799
	477-㊳	799
巡軍萬戶	500-(17)	847
巡軍萬戶府	534-㉘	919
順德王后 李氏-睿宗 妃		
-母后	89-(25)	128

	〈原文〉	〈譯註〉
順陵直	657-(10)	1165
巡問使	465-(7)	780
巡問侯	401-⑥	652
順妃 許氏-忠宣王 妃 許氏		
	446-⑬	737
	484-①	813
巡狩侯甸	360-⑲·⑳	575
舜(中國)	26-(23)	29
→唐虞		
純誠輔理功臣-尹莘傑		
	494-⑫·⑬	835
純誠輔翊贊化功臣-蔡洪哲		
	508-①	862
純永	379-(5)	609
順貞公主 王氏-王源 妻		
	213-(7)	333
順正君-王璹	485-⑨⑰	815
順正大君-王璹	523-(24)	896
	530-(46)	910
順帝(元)		
-帝	539-⑮⑱	931
	571-㉕	1002
	572-㉜	1004
	572-㊴㊹	1005
	573-㊾	1006
-陛下	572-㊱	1004
-天子	483-(18)	812
	535-㉝	920
	539-⑮	931
順帝의 太子	572-㊴㊷㊹	1004, 1005
-皇太子	571-㉕	1002
	572-㊳	1004
順宗	31-(9)	37
	41-(18)	55
-大子	23-(47)	23
-順廟	163-(9)	253
順州	344-⑬	545
順州,守	98-(8)	145
順州倅	200-(5)	314
順州判官	251-(34)	392
順眞(僧)	116-(7)(8)	172
淳昌郡	381-(5)(6)	614
順天館	655-(8)	1163
順天君-蔡洪哲	508-⑬	862
	508-⑬	864
	604-⑬	1081
順天院	93-(2)	134
順平君-王沔	260-(10)	404
淳化(年號)	54-(2)	75
順和院妃 洪氏-忠宣王 妃		
	435-(14)	717
順和縣令	383-(5)	618
順興君-安文凱	596-⑩	1060
順興君-安軸	571-⑩	1000
順興府	593-⑲	1055
順興 安氏	593-②⑤	1053
順興府使	591-㊽	1049
崇慶(年號)	310-(37)	482
	353-(18)	560
	356-⑳·㉑	569
	379-(13)	611
崇慶宮主 李氏-文宗 妃		
	23-(48)	23
崇慶府丞	494-⑧	834
	505-⑨	857
崇教里	512-⑬	873
崇教寺	153-(21)·(22)	238

	〈原文〉	〈譯註〉
	160-(1)	248
	160-(14)	249
崇教寺成福選	166-(5)	257
→僧科		
崇寧(年號)	117-(10)	173
	136-(10)	207
崇祿大夫	435-(10)	716
崇明府注簿	58-(9)	79
崇文館學士	441-㉖	728
崇福都監判官	519-⑫	888
	559-⑨	972
崇福寺	115-(96)	171
	132-(6)	199
崇善寺	73-(9)	105
崇岳	351-(2)	556
嵩岳	400-(37)	650
崇恩殿直	591-⑰	1050
崇政殿(宋)	96-(25)	141
瑟	332-(55)	523
	572-㊷㊸	1005
拾得驢	514-㊶	877
拾遺	65-(11)	91
濕田谷	653-(57)	1161
承慶宮公主 王氏-王瑛 妻		
	252-(3)	393
承慶宮主 王氏-王瑛 妻		
	259-(7)	404
僧階		
→緇秩		
僧科		
→國試		
→大選, 太選, 大選場		
→赴選		
→佛選		
→選佛場		
→選席, 選禪		
→僧選		
→宗選		
→中選		
→上品		
→上上品		
→上上科		
→禪教選席		
→崇教寺成福選		
→王輪寺選, 王輪寺選佛場, 王輪寺選席		
→瑜伽業大選場		
→曹溪宗選, 曹溪之選		
→天台選		
→台宗大選		
承德郎	551-⑥	955
丞同正	153-(24)	238
	423-(3)	694
承郎	491-㊴	829
僧侶		
→佛僧		
→比丘		
→沙門		
→沙彌		
→尼		
→出家		
→落髮		
→削髮, 剪髮, 剃髮, 祝髮, 薙髮		
→削染		
→雲遊		
→緇黃		
→國師		
→王師		

	〈原文〉	〈譯註〉
→禪師, 禪僧, 禪者		
→律師		
→妖僧		
→飯僧		
僧嶺縣	340-(2)	539
承務郎	19-(1)	15
	96-(26)	141
	173-(2)	268
	473-㉒	796
	477-㉒	796
	490-⑱	826
	551-⑤	955
承奉郎	437-(16)	720
	449-㉝	746
	480-⑮	805
	554-④	962
	555-⑰	964
	556-⑨	968
	570-⑦	1000
	584-㉙	1032
	591-⑺0	1050
	596-⑪	1060
	600-⑥・⑦⑨・⑩⑪	1070
	604-⑭	1081
	644-(23)	1147
	645-⑦	1149
承奉詔	489-⑥	824
升仕郎	405-(17)	660
	417-(20)	682
	530-(34)	909
承事郎	73-(2)	104
丞相(宋)	31-(12)	38
丞相(元)	407-(11)	664
	519-④	889
	520-⑤	890
	534-㉛	919
	552-㉘	958
	554-⑦	962
	555-⑬	963
	568-②	995
	573-㊿	1006
	584-⑯	1030
	586-55 56	1036
	610-⑬	1094
承相(元)	416-(12)	681
丞相府	584-⑯	1030
丞相印	474-㊳㊴	799
	477-㊳・㊴	799
	478-㊵	799
僧選	136-(10)	207
→僧科		
承宣	176-(15)	275
	323-(23)	503
	326-㉕	509
	416-(6)	681
	604-⑰	1081
承安(年號)	285-(28)	441
	286-(9)(11)	444
	287-(1)	444
	289-(18)	448
	292-(32)	452
	352-(11)	558
	657-(12)	1165
	657-(21)	1166
	658-(13)	1167
承制	86-(8)	124
	239-(14)(16)	373

	〈原文〉	〈譯註〉
承制,權	89-(31)	129
昇州副使	427-⑪	702
承旨	62-(46)	87
	88-(8)	127
	184-(27)	288
	207-(3)	325
	218-(26)·(27)	341
	223-(41)	349
	225-(77)	353
	304-(12)	471
	310-(38)	482
	328-(21)	514
	335-(18)	528
	360-㉓	576
	364-(1)	584
	365-(12)	586
	367-(18)	590
	382-(21)	616
	399-(17)	648
	402-⑫	653
	403-(3)	657
	404-(8)	658
	411-(7)	671
	413-⑨	676
	429-(4)	706
	432-⑧	710
	441-㉔	728
	445-⑤	737
	457-②⑤	763
	485-④	814
	495-⑦	837
	558-③	972
	570-④	999
	600-⑬	1070
	601-㉝	1073
	601-㊲·㊳	1074
承旨洞	219-(43)	343
承旨同正	125-(13)	189
承直郎	551-⑥	955
承天府	46-(3)	64
	74-(23)	106
	177-(29)	277
	205-(34)	323
	336-(32)	530
承天府,知事使	218-(19)	341
僧統	31-(9)	37
	41-(16)	55
	50-(1)(7)	68
	69-(2)	99
	72-(3)	102
	73-(8)	105
	116-(1)(7)	172
	117-(19)	175
	136-(1)(4)(9)	207
	150-(18)	232
	161-(18)	249
	165-(4)	257
	220-(1)(5)	344
	220-(9)	345
	263-(1)(3)	410
	264-(5)	410
	264-(11)	411
	276-(1)	428
	276-(3)(9)	429
	412-(20)	673
昇平	237-(23)	370
昇平郡	103-(9)	152
	156-(3)	242

	〈原文〉	〈譯註〉
昇平郡大君 朴氏-金正英 妻		
	151-(4)·(5)	233·
		234
昇平郡夫人 朴氏-尹宣佐 妻		
	542-㉒	937
昇平郡夫人 朴氏-蔡洪哲 母		
	509-⑲	865
昇平郡守	237-(11)	369
昇平郡,知事	236-(1)	368
昇平郡,知事使	103-(9)	152
昇平,知	139-(5)·(6)	212
昇平門	115-(93)	170
	366-(7)	588
丞轄	245-(17)	382
承化郡-柳墩 妻 金氏		
	644-(16)	1146
承化郡大君	**619**	**1110**
承化郡大夫人 柳氏-金位 妻		
	317-(18)·318-(19)	
		494·
		495
承化郡大夫人 李氏-柳潤謙 妻		
	17-(22)	13
諡	24-(5)	24
	25-(6)	26
	31-(1)	36
	328-(6)	512
	364-(2)	584
	448-①④⑥	742
	449-㉛	746
	450-㊳	747
	452-③④	752
	457-⑤	763
	457-⑧	764
	459-⑨	766
	468-⑭	787
	479-⑥	804
	481-②	807
	482-⑥	808
	492-(4)	830
	494-⑱	835
	495-⑥	837
	498-⑥	841
	498-⑦	842
	500-(13)	847
	513-㉖	875
	516-③	882
	516-⑥⑦	883
	518-②④	887
	520-⑱	892
	529-(25)	908
	532-(4)	913
	544-(18)	942
	545-⑦⑧	944
	555-㉒	964
	558-⑤	972
	560-⑦	977
	561-⑨	977
	565-㊳	986
	566-③	988
	567-㉚	993
	568-①	995
	569-⑦⑧	996
	569-㉑	998
	570-②	999
	575-⑤⑥	1010
	575-⑫	1011
	578-㊲	1019

	〈原文〉	〈譯註〉
	581-②③④	1025
	583-②	1028
	583-⑫	1029
	586-63	1037
	586-64 65	1038
	587-①	1040
	588-③	1040
	588-⑨	1041
	591-62	1049
	592-①	1052
	595-①	1059
	598-④	1066
	598-⑤	1067
	599-①	1069
	603-61	1078
	604-①	1079
	610-①	1093
	613-㉔㉕	1101
	623-(4)	1114
→諡號		
→贈諡		
矢	370-⑯	596
	573-52	1006
豕	568-㊱	994
柴	607-⑮	1086
試閣門祗候	43-(7)	59
	86-(4)	123
	146-(10)	224
	322-(8)	501
	323-(10)	502
試監察侍史	430-(8)	707
『詩經』		
-詩	304-(13)	471
	336-(33)	531

	〈原文〉	〈譯註〉
	456-45	761
→風雅		
試京市令	114-(73)	168
試考功郎中	39-(15)	51
	256-(20)	399
試工部郎中	141-(22)·(23)	216
	370-⑩	595
試工部侍郎	109-(11)	160
試供驛署令	90-(51)·(52)	130
	228-(11)	356
	237-(9)	369
試官	370-⑥⑦	595
	593-⑬	1054
	600-⑭	1070
→知貢擧		
鳲鳩之仁	524-⑪	898
鳲鳩之政	187-(23)	293
試國子監大司成		
	62-(35)	86
試國子博士	154-(7)	239
試國子祭酒	97-(36)	142
試國學直講	505-⑨	857
試軍器少監	139-(1)	212
	139-(8)	213
	181-(3)	282
試軍簿正郎	492-(5)	830
試起居郎	336-(45)	533
試內園署令	218-(14)	340
侍女	228-(6)·(7)	355
試大官署令	158-(30)	245
試大廟署令	416-(3)	680
試大廟丞	170-(38)	264
試大僕卿	366-(12)	589
試大僕少卿	141-(1)	215

	〈原文〉	〈譯註〉
	141-(23)	216
	373-(12)	603
試大僕少尹	430-(8)	707
試大府卿	348-(17)	552
試大府少卿	203-(10)	321
	665-(16)	1176
試大司成	274-(8)	426
試大倉令	146-(9)	224
試大學博士	64-(5)	89
	158-(43)	245
侍讀	575-⑮	1011
侍郎	13-①	3
	21-(16)	20
	116-(4)	172
	151-(15)	234
	230-(41)	358
	233-(4)	363
	257-(42)	401
	303-(13)	469
	304-(11)	471
	315-(4)·(5)	490
	563-⑮	983
始寧	280-(2)	434
始寧君-柳墩	643-(13)	1146
始寧 柳氏	479-⑦	804
	522-(7)	895
諡誄	396-(16)	641
	396-(22)	642
侍墓		
→守墓之廬		
→守父母墳		
→守塚		
→廬墓		
「時務二十餘條」(金周鼎)		

	〈原文〉	〈譯註〉
	401-⑩	653
試兵部郎中	56-(30)·(31)	77
	141-(21)	216
試兵部尙書	204-(16)	321
詩賦	17-(9)	11
	100-(4)	147
	273-(11)	424
	290-(2)	449
	381-(6)	614
試秘書少監	199-(40)	313
試司宰卿	204-(14)	321
試司宰少卿	58-(15)	80
試司宰丞	58-(12)	80
試司宰主夫	149-(5)	230
試司宰注簿	309-(13)	479
試尙書考功員外郎		
	241-(2)	377
	617-(2)	1107
試尙書工部員外郎		
	41-(14)	54
	133-(3)	202
	194-(3)	305
試尙書兵部侍郎		
	256-(27)	399
試尙書禮官員外郎		
	217-(7)	339
試尙書禮部郎中		
	386-(22)	622
試尙書禮部侍郎		
	73-(2)	104
	79-(2)	114
	97-(31)	141
試尙書禮部員外郎		
	234-(2)	365

	〈原文〉	〈譯註〉
試尙書右丞	39-(15)	51
	171-(15)	266
	189-(13)	298
	204-(14)	321
試尙書吏部郎中	199-(42)	313
試尙書吏部員外郎	649-(19)	1157
試尙書刑部侍郎	156-(1)	242
	219-(46)	343
試尙書刑部員外郎	177-(30)	277
試尙書戶部郎中	648-(8)	1155
試尙書戶部員外郎	199-(37)·(38)	313
試尙乘奉御	191-(15)	301
	225-(76)	351·352
試尙食奉御	141-(20)·(21)	216
	334-(8)	526
試尙衣奉御	103-(13)	152
	109-(8)	160
	203-(7)	320
試尙衣直長	56-(31)·(32)	77
詩仙	18-(34)	14
試少府尹	448-⑫	743
侍丞	534-⑰	917
詩僧	612-②	1097
侍臣	178-(18)	279
→侍從之臣		
試安西都護通判	291-(8)	450
試掖庭	622-(1)	1113
侍御	348-(15)	552
侍御史	26-(14)	27
	63-(63)	87
	94-(25)	137
	135-(32)	205
	149-(8)	231
	173-(9)	270
	178-(13)	279
	183-(15)	286
	222-(24)·(25)	348
	231-(10)	360
	244-(13)	382
	280-(10)	433
	301-(9)	466
	323-(12)	502
	325-⑬	507
	328-(13)	513
	356-⑭	568
	365-(8)	585
	371-⑩·⑪	598
	381-(13)	615
	414-⑩	677
	418-(7)	683·684
	651-(23)	1159
	665-(13)	1176
試御史中丞	171-(12)	266
	178-(1)	278
	184-(23)	287
	222-(25)	348
侍御醫	349-(7)	554
施與	166-(19)	259
試禮部郎中	183-(16)	286

	〈原文〉	〈譯註〉
	203-(7)	321
	370-⑩	595
	373-(12)	603
試禮部尙書	650-(2)	1157
	653-(52)	1161
試禮部侍郎	109-(12)	161
	204-(12)	321
試禮部員外郎	64-(7)	90
	79-(3)	114
	154-(8)	239
試禮賓卿	218-(24)	341
	348-(24)	553
	648-(11)	1155
試禮賓少卿	62-(27)	85
試禮賓主簿	141-(12)	215
	242-(14)	378
試禮賓注簿	222-(20)	348
詩友	535-㊾	922
試衛尉卿	149-(10)	231
	652-(41)·(42)	1160
試衛尉少卿	92-(14)	133
	141-(21)·(22)	216
侍衛之功	284-(9)	440
侍衛護軍	578-㊷	1019
試儀仗府散員	416-(5)	681
試吏部郎中	183-(17)	286
	215-(18)	336
試吏部員外郎	226-(80)	353
試吏部尙書	648-(12)	1155
試將作監	109-(12)	161
試將作主夫	84-(10)	121
試典廐署令	191-(7)	300
試典法摠郎	422-(13)	692
試殿中監	253-(11)	396

	〈原文〉	〈譯註〉
試殿中內給事	88-(8)·(9)	127
	119-④	178
	140-(16)	213
	141-(13)·(14)	215
	141-(20)	216
	154-(8)	239
	189-(9)	298
	195-(1)	307
時祭	578-㊳	1019
侍從	65-(12)	91
	87-(23)	125
侍從御書	311-(5)	484
侍從之臣	178-(17)	279
→侍臣		
試左司員外郎	247-(1)	386
	248-(15)	387
詩酒	296-(16)	456
	515-⑱	880
	562-㉘	980
	582-⑨	1026
侍中	13-①	3
	17-(24)	13
	89-(21)(23)	128
	115-(96)	171
	163-(6)	253
	175-(3)	274
	183-(4)	284
	185-(38)	289
	233-(4)	363
	321-(18)	499
	398-(15)	645
	398-(4)	647
	404-(13)	659
	405-(21)	661

	〈原文〉	〈譯註〉
	425-(16)	698
	445-⑨	737
	459-⑫	767
	489-④	824
	491-㉟	828
	512-⑬	873
	513-㉒	874
	513-㉔	875
	522-(9)	895
	556-⑤	967
	557-㉑	969
	564-㉚	985
	567-㉚	993
	575-⑫	101
	575-⑲ · 576-⑳	1012
	578-㉛	1018
	584-㉒㉔	1031
	585-㊲	1033
	586-㊿	1035
	586-61	1037
	594-㉕	1056
	607-㉗	1088
	611-㉛	1097
	631-㊽	1125
試中書舍人	184-(22)	287
	256-(36)	400
試祗候	454-⑫	756
市津縣	26-(13)	27
試叅軍	579-52	1021
諡冊	49-(5)	68
試詹事府司直	64-(5)	90
試太府少卿	307-(25)	476
侍學	151-(12)	234
	600-②	1069

	〈原文〉	〈譯註〉
是漢鄉	413-⑨	676
試閤門祗候	25-(5)	26
	42-(29)	56
	58-(9)	79
	100-(1) · (2)	147
	103-(9)	152
	109-(7)	160
	141-(19) · (20)	216
	143-(9)	220
	144-(24)	222
	150-(17) · (18)	232
	181-(1)	282
	181-(10)	283
	194-(9)	306
	201-(4)	316
	207-(18)	326
	226-(79)(82)	353
	236-(1)	368
	241-(41)	376
	241-(1)	377
	242-(15)	378
	325-⑩	507
	338-(26)	537
	654-(2) · (3)	1162
試刑部侍郎	97-(32)	142
諡號	15-(1)	8
	16-(1)	10
	52-(20)	71
	90-(43)	130
	101-(4)	149
	138-(14)	211
	139-(2)	212
	366-(3)	587
	374-(23)	605

	〈原文〉	〈譯註〉
	377-㉔	605
→諡		
→賜諡		
→贈諡		
→請諡		
試戶部侍郎	223-(31)	348
試戶部郎中	282-(37)	438
試戶部員外郎	139-(7)	213
詩話	264-(9)	411
始興郡君 皮氏-房淸璡 妻		
	279-(2)	433
式目都監錄事	244-(2)·(3)	381
	381-(8)	614
	643-(6)	1144
式目錄事	59-(9)	81
	307-(12)	475
	382-(24)	616
	422-(8)	691
食邑(300戶)	17-(20)	13
	174-(27)·(28)	272
	213-(6)	333
食邑(500戶)	221-(6)	346
	304-(10)	471
食邑(□百戶)	259-(2)	403
食邑(1,000戶)	407-(16)	665
	440-⑨	725
食邑(1,300戶)	331-(37)·(38)	520
食邑(1.500戶)	41-(13)	54
食邑(2,000戶)	186-(8)	291
食邑(2,500百戶)		
	38-(3)	49
	39-(10)	51
食邑(3,000戶)	186-(14)	292
	187-(32)	294
	387-(3)(11)·(12)	
		624
	388-(15)	625
	389-(40)	628
食邑(3,000邑)	213-(6)	333
食邑(3,500戶)	186-(19)	293
	606-⑦	1085
食邑(4,000戶)	187-(29)	294
	187-(36)·(37)	295
	188-(40)	296
食邑(10,000戶)	330-(6)	516
食邑(13,000戶)	331-(39)	521
食邑-食實封(300戶)		
	186-(8)·(9)	291
	186-(14)	292
	407-(16)	665
食邑-實封(300戶)		
	440-⑨	725
	606-⑧	1085
食邑-食實封(350戶)		
	186-(19)·(20)	293
食邑-食實封(500戶)		
	187-(29)(32)	294
食邑-食實封(700戶)		
	187-(37)	295
	188-(40)	296
食邑-食實封(1,000戶)		
	387-(3)(12)	624
	388-(15)	625
	389-(41)	628
食邑-食實封(1,500戶)		
	38-(3)	49
	39-(10)	51
食邑-食實封(3,000戶)		

	〈原文〉	〈譯註〉
	330-(6)	516
食采	152-(4)·(5)	236
申覲	251-(33)	392
神騎	122-(7)	184
申紀	261-(2)	406
莘達	541-②	934
→尹莘達		
神道碑	17-(19)	12
	647-(1)	1153
辛旽	590-㊻㊼	1047
	602-55	1077
	603-58	1077
	603-61	1078
	613-⑫⑬	1099
	613-⑭	1100
→鷲城		
新羅	13-①	3
	41-(15)	54
	51-(3)	70
	113-(54)	167
	119-①	178
	133-(4)	202
	135-(48)	206
	165-(32)	256
	185-(41)	290
	483-(3)	810
	495-⑤	837
	515-⑧	879
	574-63	1007
	650-(5)	1158
→鷄林		
新羅國	126-(2)	190
新羅國中興之主		
	201-(13)	317

	〈原文〉	〈譯註〉
新羅貴姓	152-(3)	236
新羅大姓	511-②	871
新羅始祖	163-(3)	253
	454-③	755
	565-㊵	987
	588-⑤	1040
新羅王	105-(2)	154
	137-(3)	209
	297-(2)	459
	440-④	725
	539-②	929
	582-⑥	1026
	588-⑥	1040
新羅王孫	101-(2)	149
新羅醫書	205-(31)	323
神鸞公主 王氏-金傅 妻		
	298-(7)	460
神明	99-(11)	145
	120-(5)	181
	138-(6)	210
	336-(38)	531
	379-(9)	610
	427-⑬	702
神物	374-(25)	605
	377-㉖	605
申甫純	**261**	**406**
神鳳樓	60-(14)	82
神佛	29-(37)	33
信使	239-(18)	374
神祠	250-(19)	390
申思佺	460-㉜	770
	497-⑤	841
→純簡公(諡號)		
神仙	13-(2)	4

	〈原文〉	〈譯註〉
	96-(13)	139
	104-(20)	153
	124-(16)	187
	463-⑲	777
	603-○57·○58	1077
	653-(48)	1161
→百世仙		
申宣胄	498-⑥	841·842
神聖王-太祖	469-(6)	790
	470-③④	790
	483-(5)	810
-神聖	460-㉔	769
申淑材	262-(31)	409
新安旅館	464-(2)	779
神巖寺	235-(17)	367
	237-(15)	370
新陽君-盧瑛	517-⑬⑭	884
申汝岡	540-㉕	932
申永	261-(3)	406
愼永隣	82-(66)	118
神王-神宗	319-(15)	497
申頊	489-⑥	824
申惟甫	370-⑭	596
愼膺龍	163-(2)	253
申毅夫	96-(12)	139
神人	374-(25)	605
	377-㉖	605
	389-(35)	627
	630-㉒	1122
信齋(號)-洪革	531-(63)	912
申迪	261-(3)	406
申佺-申思佺	460-㉜	770
新定郡夫人 張氏-許邃 妻		
	403-(4)	657
神宗	298-(19)	461
	305-(24)	472
	309-(20)	480
	331-(26)	519
	349-(7)	554
	352-(11)	558
	379-(5)	609
-今上	285-(30)	442
-上	298-(21)	462
	299-(26)	462
	299-(27)	463
	309-(22)	480
	323-(16)	502
	323-(17)(21)	503
	325-⑯⑰	508
	331-(32)(34)	520
-新君	298-(20)	461
→神王		
→貞宗		
→平凉公		
神主	186-(19)	292
信州	64-(3)	89
申周錫	498-⑦	842
→文簡公(諡號)		
神衆寺	26-(12)	27
申仲全	565-㊶	987
辛蔵	584-㉔	1031
	597-㊵	1065
新豊郡大夫人 白氏-崔洪嗣 妻		
	84-(4)	120
申翰材	262-(31)	409
申浩	591-○73	1051
神虎大將軍	322-(5)	501

	〈原文〉	〈譯註〉
神虎衛	271-⑧	421
	363-(14)	581
	648-(5)	1154
神虎衛郎將	242-(8)	378
	313-⑧	488
	368-(4)	592
	370-⑫	596
	444-(20)	735
	470-(27)	792
	471-⑲	792
	475-㊿	801
	478-51	801
神虎衛錄事	61-(13)	84
	371-⑧	598
神虎衛錄事叅軍		
	43-(7)	59
	463-⑭	776
神虎衛錄事叅軍事		
	391-⑫	631
	451-(7)	749
神虎衛大將軍	157-(10)	243
	313-⑥	487
	325-④	506
	489-④	824
	501-④	849
	631-㊺·㊻	1125
神虎衛大護軍	505-⑯	858
神虎衛別將	391-⑬	631
	453-⑦	752
神虎衛保勝□□		
	336-(42)	532
神虎衛保勝郎將		
	430-(6)·(7)	707
	489-⑧	824
神虎衛保勝將軍		
	379-(9)	610
	408-(22)	666
	631-㊸	1125
神虎衛散員	359-⑥·⑦	573
神虎衛上將軍	283-(3)(4)(5)	440
	629-(11)·(12)	1120
神虎衛攝將軍	262-(21)·(22)	408
神虎衛將軍	84-(3)	120
神虎衛長史	208-(25)·(26)	327
	465-(8)	780
神虎衛中郎將	283-(4)	440
	368-(2)	592
	472-②	793
	475-①	793
神虎衛判羌	180-①·②	281
神虎衛護軍	524-⑫	899
	533-⑨	916
申渾	591-65	1049
	591-73	1051
辛洪成	467-③	785
新和寺	86-(11)	124
實敎		
-實	77-⑯	110
→佛敎		
『實錄』	585-㊱	1033
	594-㉔	1056
	600-⑲	1071
沈文濬	665-(15)	1176
瀋府	528-(16)	905
瀋府僚佐	468-⑩	787
沈成載	261-(5)	406
深岳君-李湛	596-⑩	1060
瀋陽	482-⑧	808

	〈原文〉	〈譯註〉
審陽路達魯花赤		
	517-⑬	883
→達魯花赤		
瀋王-王暠	435-(10)	716
	534-㉖㉗	919
	541-⑨⑩	935
	542-⑭	936
	543-(11)	940
	546-⑯	945
	551-⑪	956
	552-⑬	956
	554-⑤⑧	962
	589-㉙	1044
	633-(13)	1129
心印禪法	76-③	108
沈志義-廉德方 妻 沈氏		
	200-(3)	314
沈侯	200-(4)	314
十谷城	51-(3)	70
十三世孫	201-(14)	317
	454-④	755
	574-㊸	1007
	581-④	1025
→親族		
十三世祖	606-⑤	1085
→親族		
十善寺	171-(23)	267
十世孫	432-⑦	710
	440-⑤	725
	483-(10)	811
→親族		
十六羅漢尊像	166-(15)	258
十一代祖	482-⑤	808
	495-⑤	837

	〈原文〉	〈譯註〉
	662-(7)	1171
→親族		
十一世孫	524-④	898
	532-(5)	913
	558-②	971
→親族		
十世祖	452-②	752
→親族		
十齋日	273-(10)	424
十八世孫	582-⑥	1026
→親族		
雙□縣大君 李氏-柳寵 妻		
	281-(3)·(4)	435
雙龍	13-②	3
→龍		
雙勒銀鞍	434-(7)	715
雙明齋		
-雙明	463-⑲	777
雙明齋-崔讜	307-(23)	476
雙峯寺	76-③·④	108
	169-(27)	263
雙峰長老	485-⑩	815
	485-⑰	816
→王慈覺(僧)		
雙阜監務	609-⑪	1092
雙城	528-(18)	906
雙樹	647-④	1153
雙學士	359-⑬	574
氏族顚末	484-(24)	813

< ㅇ >

	〈原文〉	〈譯註〉
阿干	25-(3)	26
亞卿	142-(36)·(37)	217
	142-(55)	218
	256-(24)	399
	365-(9)	585
阿高歹(元)	435-(14)	717
→阿忽台		
阿嬌(漢)	485-⑭	816
阿彌陀佛	29-(39)	34
	437-(24)	721
→彌陀佛		
→西方佛		
阿保之家	521-㉔	893
亞相	355-(37)	565
	491-㊱	828
衙典	359-⑦	573
峩嵯山	647-③	1152
亞獻	186-(19)	293
阿忽反(元)	442-㊱	729
阿忽台(元)	507-(8)	861
→阿高歹		
岳廟	347-(13)	551
樂譜	144-(19)	222
惡少	520-⑧⑩	890
	589-㉙	1044
岳陽之辱(忠惠復4)		
	520-⑪	891
岳陽之禍(忠惠復4)		
	564-㉕	984
	604-②	1079
樂章	454-⑧	756
樂正	537-⑰	926
→成均樂正		
惡瘡	374-(24)	605
	377-㉕	605
→疾病		
安簡公(諡號)-李寵鱗		
	142-(38)	217
安康	489-⑤	824
安康郡大夫人 安氏-吳璿 妻		
	489-④·⑤	824
安居正	60-(26)	83
安居中	60-(25)	83
安景儉	614-㉛	1102
安敬公(諡號)-李翰		
	27-(4)	30
	66-(22)·(23)	94
安景恭	605-㉞	1084
安慶府錄事	372-㉓	600
安公著	215-(23)	337
安規	604-⑬	1081
→延平君		
安金經	605-㉟	1084
安南	279-(2)	433
	445-④	736
安南大都護府副使		

	〈原文〉	〈譯註〉
	318-(2)	495
安南大都護副使		
	352-(15)	559
安南都護府□兼管書記		
	658-(4)·(5)	1167
安南都護府使	218-(22)	341
安南府書記	520-⑮	891
安南書記	202-(15)	319
安當之(字)-安軸		
	537-⑦	924
安德保	222-(8)	346
安董	503-㉝	853
安東	346-(11)	548
	567-㉓·㉔	992
	597-㉞	1064
	613-⑩	1099
安東大都護,守		
	455-㉑	758
安東大都護府,守		
	422-(12)	692
安東大都護府判官		
	347-(12)	551
安東都護府	539-②·③	929
安東府	95-(4)	138
	178-(1)·(2)	278
	190-(2)	300
	379-(2)	609
	440-⑤	725
	601-㊲	1074
安東府倅	87-(17)	125
安東府,知事副使	330-(19)	518
安東府判官	505-⑨·⑩	857
安東司祿	600-⑮	1071
安東太都護府判官		

	〈原文〉	〈譯註〉
	383-(8)	618
安得財	537-⑦	925
按廉	323-(15)	502
	325-⑮	508
	418-(8)	684
	430-(7)(8)	707
	665-(20)	1177
按廉使	338-(13)	535
	344-⑨	544
	381-(11)(12)	615
	448-⑬	743
	561-⑳	978
	575-⑱	1011
	588-⑯	1042
	593-⑱⑲	1055
	597-㊸	1065
	602-㊹	1075
	643-(7)	1144
-按	139-(6)	212
	153-(13)	237
	215-(19)	336
	231-(11)(15)	360
	256-(25)	399
	412-(14)	672
	414-⑨	677
	422-(10)	691
	422-(11)(13)	692
	474-㊻	800
	478-㊻	800
	541-⑦	935
	595-⑦	1059
→按察使		
→廉使		
按廉四海	340-(6)	539

	〈原文〉	〈譯註〉
鞍馬	186-(6)	291
	186-(15)	292
	187-(21)	293
	187-(34)	295
安牧	466-⑪	783
	475-㊹	802
	478-㊺	802
	558-⑥	972
	563-⑯	983
	580-④	1022
安撫	305-(20)	472
安撫使	307-(20)	476
安文凱	596-⑩	1060
→順興君		
安邊都護府,守	135-(36)	205
安邊都護府副使		
	109-(9)	160
安邊都護府判官		
	311-(11)·(12)	484
安邊倅	202-(9)·(10)	319
安輔	537-⑥	924
	538-㉔	927
	592	**1052**
→文敬公(諡號)		
→安員之(字)		
按部	120-(6)	181
	122-(8)	185
	143-(9)	220
	157-(24)	244
	237-(20)	370
	449-⑳	744
安孚	466-②	782
	489-⑤	824
安北	54-(3)	75

	〈原文〉	〈譯註〉
安北大都護府副使		
	84-(1)	120
安北大都護府使		
	135-(37)	205
安北大都護府守		
	85-(12)	121
安北大都護府判官		
	191-(8)	300
安北府	262-(18)	408
安北府判官	312-(16)	485
安北通判	202-(11)	319
安佛寺	36-㊳	47
安社功臣-柳淑	601-㉝	1073
安社保泰鎭守功臣-李偉		
	231-(19)·(20)	361
安山郡	24-(3)·(4)	24
安山君-安震	540-㉜	933
	642-(3)	1143
安常軒-安震	513-㉒	874
安西	412-(13)	672
	421-(3)	690
安西郡	124-(2)	188
安西大都護	236-(2)	368
安西大都護府,刺		
	121-(8)	181
安西大都護府副使		
	146-(11)	224
	235-(11)	366
安西大都護府使	141-(24)	216
安西都護	39-(6)	50
安西都護府判官		
	126-(20)·(21)	191
安西督府	300-(11)	464
安碩	537-⑦	925

	〈原文〉	〈譯註〉
	593-③	1053
安城	368-(1)	592
安城郡	166-(14)	258
安城郡大夫人 李氏-朴育和 妻		
	308-⑦	478
安成器	537-⑧	925
安性院	166-(17)	258
安東	574-(65)	1008
安愼	466-⑪	783
安申坊	180-①	281
安申祚	59-(3)	81
安岳	619-(2)	1109
安安樂	59-(2)	81
安永儒	466-②	782
安于器	**466**	**782**
→安虛中(字)		
安元龍	577-⑱	1016
安元崇	559-⑩	973
	593-②	1053
安員之(字)-安輔		
	594-㊲	1058
安劉佐	336-(43)	532
安惟忠	523-(23)・(24)	896
	530-(45)	909
安乙器	571-⑰	1001
	593-⑨	1054
安翊	591-(67)	1050
安仁表	59-(2)・(3)	81
安靖系	470-(27)	792
	471-⑲	792
安頂音(僧)	466-⑩	783
安鼎和	59-(3)	81
安宗基	538-㉓	927
安宗源	537-③	924
	538-㉔	927
	593-⑫	1054
安州	362-(10)	580
	568-㉜	993
	622-(2)	1113
安稷謂-安稷崇	59-(7)	81
安稷崇	**59**	**81**
→安稷謂		
安震	468-⑮	787
	540-㉜	933
	642-(3)	1143
→安常軒		
→安山君		
安輯	538-㉕	928
安集	465-(7)	780
	474-㊻	800
	478-㊻	800
安集別監	418-(11)	684
安集使	418-(9)	684
	422-(12)	692
	448-⑬	800
按察	328-(14)	513
	576-⑥	1013
	596-㉑	1062
按察副使	99-(15)	146
	191-(17)	301
	309-(26)	481
	379-(7)	610
	665-(13)・(14)	1176
按察使	58-(13)	80
	92-(19)	133
	103-(12)	152
	176-(10)	275
	183-(15)	286

	〈原文〉	〈譯註〉
	184-(22)	287
	317-(6)	493
	344-⑨	544
	379-(8)	610
	418-(8)	684
	427-⑬	702
	648-(7)	1154
	648-(9)	1155
	651-(24)	1159
→按廉使		
安軸	**536**	**924**
	571-⑩·⑪	1000
	600-⑮	1071
-余	467-⑮	784
→安當之(字)		
→謹齋(號)		
→文貞公(謚號)		
→順興君		
→興寧君		
→興寧府院君		
安平公(謚號)-金殷傅		
	24-(5)	24
安平公-王璥	213-(7)(9)	334
安平公主-忠烈王 妃 齊國大長公主		
	412-(12)	672
安弼公	370-⑫	596
安珦	466-③	782
	593-②	1053
→文成公(謚號)		
安虛仲(字)-安于器		
	466-②	782
安和大禪師	396-(20)	642
安和寺眞殿直	439-(8)	723
顔回	98-(47)	143

	〈原文〉	〈譯註〉
	114-(70)	168
-顔	216-(34)	337
	302-(13)	467
	336-(46)	533
-淵	18-(32)	14
-回	577-⑮	1015
→顔跖		
安孝國太夫人 李氏-金殷傅 妻		
	21-(6)	19
-大夫人	24-(6)	24
安孝德	310-(39)	482
安興里	330-(8)	517
安希諝	537-⑦	925
鴨江	424-(5)	695
	496-⑫	838
鴨淥江	464-(2)	779
鴨綠江	534-㉛	919
鴨綠水	518-⑨	886
鴨水	465-(14)	781
押實村	66-(22)	94
押宴使	293-(11)	453
仰洞山	540-㉗	933
哀冊	330-(11)	517
縊	603-㊽	1077
隘守鎭將	409-(8)	669
掖庭內侍伯	640-(6)	1138
掖庭內謁者	58-(9)	79
	289-(9)	447
	397-(7)	644
	490-⑩	825
掖庭內謁者監	375-(34)	607
	377-㊱	607
	539-⑦	930
鸎溪里	408-(17)	665

	〈原文〉	〈譯註〉
鶩溪里	430-(13)	708
鶩溪別業	425-(13)	697
鶩手	21-(9)	19
惹嶺(파미르고원)		
	118-(33)	176
野雲(道號)-權呾		
	428-㉘	704
耶律行平	26-(19)	28
野莊	540-⑳	932
→別墅		
野齋(號)-尹奕	491-㊳	829
鑰	186-(18)	292
藥	213-(3)	333
	349-(7)	554
	470-(25)	792
	471-⑰	792
	508-⑮	864
	656-(7)	1165
→御藥		
→醫藥		
藥階(內侍)	398-(19)	646
弱冠	98-(3)	144
	137-(3)	209
	150-(14)	232
	213-(2)	333
	261-(5)	406
	315-(7)	491
	334-(8)	526
	351-(6)	557
	366-(3)	587
	396-(18)	642
	401-⑤	652
	412-(24)	674
	413-④	675
	467-④	785
	640-(5)	1138
若頭山	75-(12)	107
	77-㉒	111
	201-(18)	317
	657-(14)	1165
若頭城	303-(14)	469
藥物	575-④	1009
藥師院	524-③	897
藥山村	74-(24)	106
藥石	282-(30)	438
	349-(6)	554
藥員	128-(23)	194
藥餌	36-(35)	47
	215-(27)	337
	256-(28)	399
「藥草喩品」	77-⑲·⑳	111
兩街都僧統	437-(21)	721
兩街都摠攝	530-(43)·(44)	909
良簡公(諡號)-金承澤		
	565-㊳	986
揚簡公(諡號)	91-(2)	131
襄簡公(諡號)	186-(20)	239
楊康禮	619-(2)	1109
楊傑(宋)	31-(11)	38
良敬公(諡號)-崔文度		
	527-(1)(2)	903
	527-(4)	904
兩界	153-(16)	237
	231-(15)	360
兩界兵馬都統	174-(28)	272
羊公(漢)	35-⑳	45
梁公紹	170-(2)	265
楊廣,按察	576-⑥	1013

	〈原文〉	〈譯註〉
楊廣道按廉使	338-(13)	535
	593-⑱	1055
楊廣西海	546-㉕	947
楊廣水吉道計點使		
	473-㉗	797
	477-㉗·㉘	797
楊廣州道,按	240-(28)	375
楊廣忠淸,按	334-(13)	527
楊廣忠淸等路,按		
	334-(13)	527
楊廣忠淸路按察使		
	184-(22)	287
楊廣忠淸州路,按		
	231-(10)	360
楊廣忠淸春等州,按		
	256-(26)	399
楊貴妃		
-大眞	485-⑬	816
兩臺(僉議府,密直司)		
	631-㉟	1124
兩臺銀印	631-㉟	1124
養老宴	144-(20)	222
良馬	449-㉔	745
	603-㊿	1077
→馬		
梁文烱	172-(26)	267
梁文秀	172-(28)	267
兩府	39-(12)	51
	65-(14)	92
	239-(14)	373
	250-(13)	389
	414-⑧	677
	435-(16)	718
	443-(11)	733

	〈原文〉	〈譯註〉
	566-⑬	990
	590-㊵	1046
	602-㊺	1075
	605-㉑	1082
	606-㊱	1084
養父田丁	194-(6)	306
楊士玠	619-(3)	1109
陽城君-金敬直	535-㊻	922
羊城洞	177-(29)	277
兩省平章事	399-(21)	649
良肅公-許嵩	526-(7)	901
梁肅華	30-(58)	36
良順公(謚號)-洪敬一		
	433-⑮	711
	456-㊸	761
養息	344-㉕	547
→養子		
梁安其(僧)	385-(5)	620
	386-(12)(15)	621
→梁天英(僧)		
襄陽,守	368-(12)	593
襄陽君-金臺彦	485-⑫	815
襄烈公(謚號)-鄭仁卿		
	425-(14)	697
良醞令	21-(9)	19
	28-(26)	32
	64-(4)	89
	90-(54)	131
	140-(15)	213
	140-(17)	214
	256-(34)	400
	314-⑯	489
	454-⑪	756
良醞令同正	19-(11)	16

	〈原文〉	〈譯註〉
	60-(26)(27)	83
	66-(25)	95
	97-(41)	143
	101-(11)	148
	121-(18)	183
	126-(17)	191
	130-(5)·(6)	196
	130-(12)	197
	162-(12)	252
	182-(15)·(16)	283
	192-(33)	303
	216-(37)(40)	338
	235-(24)	368
	238-(26)	371
	262-(31)	409
	313-⑥	487
	337-(6)	534
	358-(7)	571
	383-(6)·(7)	618
	410-(15)·(16)	669
	443-(6)	732
良醞令,散	330-(16)	517·518
良醞史同正	123-(16)·(17)	185
良醞署令	123-(16)	185
	275-(27)	427
良醞署史同正	170-(5)	265
良醞署丞	178-(2)	278
良醞署丞同正	172-(28)·(29)	267
良醞丞	145-(8)	224
良醞丞同正	59-(8)·(9)	81
	63-(62)	87
	176-(5)	274
	183-(9)	285

	〈原文〉	〈譯註〉
	199-(41)	313
	203-(4)	320
	216-(37)	338
	228-(8)	355
	242-(10)	378
	248-(18)	387
	271-④	420
	398-(17)	645·646
	653-(53)	1161
梁用章(字)-梁元俊		
	170-(1)	264
陽原郡大夫人 李氏-任懿 母		
	43-(5)	58
梁元俊	**170**	**264**
→梁用章(字)		
→貞簡公(諡號)		
讓位	70-(12)	100
→遜位		
梁攸達	170-(1)	264
梁惟竦	86-(15)	124
	155-(2)	240
楊雄(漢)		
-楊	351-(7)	557
楊應誠(宋)	73-(63)	167
襄懿公(諡號)-金景庸		
	107-(4)	158
襄毅公(諡號)-尹韶		
	47-(10)	64
良人		
-良	537-⑤	924
楊仁庇	**618**	**1109**
梁逸	170-(1)	264
楊子	293-(7)	453

	〈原文〉	〈譯註〉
	435-(12)	716
養子	523-(21)	896
→養息		
楊子綸	193-(9)	305
梁資挺(僧)	172-(26)	267
養蠶之法	178-(11)	279
梁載(中國)	512-⑮·⑯	873
梁積中	99-(25)	147
量田	317-(7)	493
	595-⑦	1059
良田	352-(8)·(9)	558
良節公(諡號)-羅益禧		
	524-②	897
梁靖	386-(14)	621
良靖公(諡號)-史洪紀		
	388-(16)	625
養正齋生	157-(3)·(4)	243
兩制	590-㊻	1047
→內外制		
兩製	577-⑯	1015
→內外製		
楊堤里	335-(30)	530
	338-(21)	536
楊堤坊	479-③	803
兩足山	557-⑰	969
梁州	112-(46)	166
	173-(7)	269
梁州防禦副使	191-(7)	300
梁州使	135-(34)	205
梁州點軍使	328-(14)	513
楊州		
→古楊州		
楊州使	23-(44)	22
楊州書記	382-(25)	616

	〈原文〉	〈譯註〉
楊州,知	28-(12)	31
楊州(宋)	15-(2)	8
襄州副使	418-(8)	684
襄州,知	596-㉒	1062
梁暢	170-(2)	265
陽川	445-④	736
陽川 許氏	526-(7)	901
	540-㉒	932
陽川君-許嵩	446-⑫	737
陽川郡大夫人 許氏-金賆 妻		
	533-⑤	916
陽川郡夫人 許氏-金賆 妻		
	445-①	736
梁天英(僧)-梁安其(僧)		
	386-(12)	621
梁清裕(僧)	386-(12)·(13)	621
梁楚材	121-(20)	183
梁宅椿	**385**	**620**
良平公(諡號)-柳子維		
	49-(2)	67
良平公(諡號)-崔思齊		
	102-(8)	149
	197-(5)	310
襄平公(諡號)-鄭邦輔		
	346-(13)	549
梁弼	386-(14)	621
梁行淵(僧)	386-(13)	621
良憲公(諡號)-林有文		
	660-(15)	1169
穰憲王	213-(2)	333
→王璹		
養賢判官	369-(21)	593
「楊花詞」	555-㉕·㉖	965
良僖公-王禎	246-(4)	384

	〈原文〉	〈譯註〉
於□居村	226-(94)·(95)	354
→於屈村		
御牽龍行首	356-⑨	567
	424-(6)	695
	440-⑪	726
	448-⑩	743
→牽龍行首		
御牽龍行首郎將		
	412-(17)	673
御牽龍行首指諭		
	362-(5)	580
御廐馬	173-(15)	270
→馬		
於屈村	208-(30)	327
→於□居村		
魚麗偏伍之陣	261-(8)·(9)	407
御事	17-(12)	11
御史	280-(10)	433
	309-(15)	479
	356-⑬	568
	462-⑰	774
	472-④	794
	476-④	794
	483-(18)	812
	594-㉜	1057
御史臺	64-(7)	90
	171-(6)	265
	552-⑰	957
-臺	231-(6)	360
→栢署		
御史大夫	44-(11)·(12)	60
	121-(12)	182
	124-(19)	187
	138-(8)	210
	171-(18)	266
	198-(12)	311
	268-(26)	417
	314-⑪·⑫	488
	323-(24)	503
	326-㉖	509
	331-(33)	520
	343-①	543
	344-⑳	546
	367-(19)	590
	388-㉑	625
	406-(6)	663
	451-(12)	750
	507-(11)	861
	585-㊺	1034
	585-㊼·㊽	1035
	629-⑫	1120
御史臺使	231-(9)	360
	387-(2)	623
	459-⑥	766
御史臺,知事	86-(8)	124
	102-(10)	150
	107-(3)	158
	135-(31)	205
	174-(20)	271
	218-(24)	341
	319-(13)	496
	323-(22)	503
	326-㉕	509
	331-(26)(30)	519
	357-㉗	570
	365-(10)·(11)	585
	399-(16)	648
	404-(7)	658

	〈原文〉	〈譯註〉
	406-(6)	663
	432-⑦	710
御史臺宴幕	360-㉕	576
御史臺執義	451-(10)(11)	749
御史臺,判	388-(22)	625
御史臺,判事	44-(12)	60
	198-(13)	311
	330-(6)	516
	331-(34)	520
	379-(16)	611
	387-(2)	623
	387-(11)	624
	388-(14)·(15)	625
	407-(11)	664
	459-⑥	766
御史雜端	21-(13)	19
	44-(8)	59
	62-(53)	87
	138-(8)	210
	144-(13)	221
	178-(16)	279
	203-(11)	321
	231-(11)	360
	244-(13)	382
	256-(20)	399
	268-(14)	416
	309-(28)	481
	323-(16)	502
	325-⑯	508
	352-(16)	559
	356-⑭	568
	359-⑫	574
	368-(2)	592
	371-⑫	599
	382-(14)	615
御史中丞	25-(4)	26
	41-(13)	54
	64-(8)	90
	91-(3)	132
	112-(33)	164
	179-(20)(21)	279
	183-(6)	285
	201-(11)	317
	230-(1)·(2)	359
	231-(11)	360
	236-(3)	369
	406-(5)	663
	629-⑩	1120
	651-(13)	1158
御書檢校官	164-(21)	254
御書檢討官	46-(26)	62
	88-(6)	127
	99-(13)	145
	108-(1)	159
	109-(13)	161
	154-(1)	238
	163-(1)	252
	652-(41)	1160
御書校勘	88-(15)	128
御書留院官	21-(9)	19
	108-(5)	160
	125-(5)	188
	131-(20)·(21)	198
御試	43-(6)	58
→科擧		
御藥	52-(12)	71
→藥		
魚塩	390-⑪	631

	〈原文〉	〈譯註〉
魚腰	87-(26)	125
御容殿直	120-(4)	179
御衣	539-⑱	931
御醫	29-(36)	33
	184-(35)	289
	350-(14)	555
御醫官	62-(44)	86
	117-(21)	175
→醫官		
漁人	276-(5)(6)·(7)	429
御製	34-⑦	42
御製詩	178-(17)	279
御酒	539-⑱	931
御札	65-(16)	92
	141-(17)	216
	168-(13)	262
	178-(18)	279
御筆	70-(4)	100
	96-(15)	139
億政大禪師-金達岑(僧)	532-(7)	913·914
讞閣(中書省)	632-53	1126
讞府	643-(11)	1145
讞府散郎	539-⑧	930
	541-⑦	935
讞部議郎	505-⑪	857
讞部典書	465-(9)	780
	490-㉖	827
	492-(7)	831
	533-⑩·⑪	916
	543-(9)	940
	643-(9)	1144
讞部直郎	460-㉝	770
	539-⑧	930
彥陽	513-㉒	875
	533-③	915
彥陽 金氏	532-(9)	914
彥陽郡	411-(4)	670
	581-②	1025
彥陽君-金倫	533-⑫	917
彥陽郡夫人 金氏-閔思平 妻	581-①	1025
彥陽郡夫人 金氏-元善之 妻	470-(26)	792
	471-⑱	792
彥陽伯-金敬直	582-⑪·⑫	1026
彥陽府院君-金倫	532-(6)	913
	533-①	915
	533-⑬	917
	581-④	1025
彥陽縣	362-(2)	579
彥淸	261-(7)	407
閹官	84-(5)	120
閹宦	94-(13)	135
業	148-(18)(21)	229
→家業		
業師	261-(8)	407
業詩	29-(34)	33
業儒	35-⑬	44
業醫	349-(5)	554
驪江	460-㊱	770
	582-⑰	1027
旅館	464-(2)	779
女奴	534-⑯	917
→奴婢		

	〈原文〉	〈譯註〉
女奴子孫	534-⑭⑮	917
女道	159-(14)	246
礪良 宋氏	457-⑨	764
廬墓	233-(12)	364
	581-⑱	1024
	605-㉒	1082
	645-②	1148
→喪禮		
→侍墓		
礪山	489-⑧	825
閭山站	573-㊽	1006
呂尙(周)	386-(19)	622
→伊呂		
呂雉(漢)		
-呂	572-㉘	1003
余時茂	307-(25)	476
藜杖	573-62	1007
勵翼功臣-王倖	187-(37)	295
勵節保安功臣-金深		
	502-⑰	851
驪珠	130-(13)	197
女眞	44-(16)	61
	98-(5)	145
	112-(40)	165
	133-(12)	203
	134-(13)	203
	606-⑧	1085
-敵國	122-(5)	184
→東虜		
→北狄		
→東女眞		
女眞征伐	44-(15)~45-(19)	
		61
	79-(15)~80-(31)	
		115~
		116
	98-(4)~(6)	145
	111-(20)~(24)	163
	122-(6)~(8)	184
	127-(4)~128-(24)	
		192~
		194
	133-(12)~134-(26)	
		203~
		204
	186-(9)	291
	606-⑧~⑨	1085
女眞地	405-(15)	660
麗淸宮	400-(27)	650
呂就	498-⑧	842
麗澤齋生	91-(6)	132
	97-(40)	143
麗澤齋諭	140-(15)·(16)	213
麗澤齋長	91-(7)	132
呂后-千秋太后	26-(15)	27
驪興	497-①	841
	560-⑥	976
	582-⑬	1027
	599-⑧	1067
驪興 閔氏	448-③	742
	599-⑯	1068
驪興君-閔思平	532-(8)	914
	535-㊽	922
	561-㉒	979
驪興君-閔頔	492-(8)	831
驪興君-閔漬	442-㊻	731
	460-㉖·㉗	769
	639-(2)	1137

	〈原文〉	〈譯註〉
驪興郡夫人 閔氏-金昴 妻		
	598-①②	1066
驪興郡事	591-⑲·⑳	1049
驪興郡,知事	608-㉚	1088
驪興府院君-閔漬		
	458-②	765
	458-⑤	766
	460-㉗	769
	498-㉑	843
疫	347-(5)	550
→疾病		
譯官	298-(21)	461·462
歷代日錄	309-(13)	479
役領將軍	415-㉓	679
	451-(8)	749
曆書	600-⑤	1069
	600-⑲	1071
易姓		
→改姓		
→賜姓		
力役	58-(10)	79
『櫟翁稗說』	589-㉛	1045
燕	29-(33)	33
蓮	563-④	981
燕京	239-(17)(21)	374
	418-(15)	685
	512-⑨	872
	576-②	1013
	600-②	1069
-京	633-(11)	1129
	556-⑧	967
	577-⑬	1015
	577-⑲	1016
	601-㉔	1072
-都	496-⑳㉑	839
-燕	551-③	955
	580-㊵	1019
→大都		
→上都		
→燕都		
→燕邸		
延慶宮錄事	85-(19)	122
	216-(39)	338
	255-(6)	397
	588-⑭	1042
延慶宮,提擧事	444-(14)	734
演誥	418-(12)	684
讌誥	202-(12)	319
燕岐	443-(7)	732
燕南	512-⑮	873
延德郡君-金某 妻 韓氏		
	617-(1)	1107
延德宮	186-(4)	291
延德宮錄事	423-(18)	693
延德宮主 李氏-文宗 妃		
	23-(47)	23
-王妃	22-(27)	21
燕都	422-(9)	691
	558-㉛	971
→燕京		
燃燈	36-㉞	47
演綸之職	164-(30)	255
延陵直	422-(7)	691
燕糸	144-(19)	222
→糸		
延壽宮主 金氏-仁宗 妃		
	127-(24)·(25)	191

	〈原文〉	〈譯註〉
延安宮主	161-(20)	249
延英殿大司學	420-(28)·(29)	687
	426-(8)	699
	490-㉒	826
延英殿學士	64-(9)	91
延祐(年號)	432-②	710
	435-(15)	718
	437-(20)	721
	438-(28)	721
	438-(2)	722
	444-(15)	734
	449-㉞	746
	453-⑨	753
	455-㉚	759
	469-(19)	791
	471-⑬	791
	473-㉚	798
	477-㉛	798
	480-⑨	804
	483-(14)	811
	487-⑦	819
	491-㉘	827
	494-⑩	834
	496-⑬	838
	502-⑳	852
	505-⑪	857
	508-⑨	863
	510-⑫·⑬	868
	512-⑧	872
	515-⑮	880
	518-⑤	887
	539-⑥	930
	543-(10)	940
	554-③	961
	556-⑦	967
	561-⑬	977
	577-⑩	1014
	588-⑳	1042
	604-⑫	1081
	610-⑪	1094
	633-(12)	1129
	641-(17)	1141
延日望姓	604-⑩	1080
燕邸	556-⑧	967
	577-⑬	1015
	577-⑲	1016
	601-㉔	1072
→燕京		
延州	26-(12)	27
延州城	245-(18)	382
連州	262-(19)	408
	270-(6)	418
漣州,守	133-(12)	203
蓮池	512-⑬	873
延昌郡	308-(3)	477
	308-(6)	478
	309-(16)	479
燕帖木兒(元)	610-⑬·611-⑭	1094
烟親	339-(29)	537
→親族		
延平君-安規	604-⑬	1081
沿海監船使	201-(3)	316
沿海監稅使	231-(8)	360
沿海道監稅使	319-(12)	496
蓮香	565-㊻	987
蓮花藏		
-蓮藏	30-(53)	35
延興君-朴遠	518-④	887

	〈原文〉	〈譯註〉
延興君-朴全之	433-⑳	712
	454-①	755
	456-㉛	759
	456-㉞	760
	456-㊼	762
	488-②	821
延興君夫人 朴氏-李稷 妻		
	456-㊹	761
延興君夫人 朴氏-鄭倬 妻		
	456-㊸·㊹	761
延禧宮錄事	336-(42)	532
	370-⑧	595
延禧翁主 王氏-吉吉反 妻		
	485-⑫	815
	485-⑰	816
涅槃	24-(14)·(15)	24
	74-(26)	107
涅槃山	446-㉖	740
涅槃宗	31-(7)	37
烈婦	105-(7)	154
悅城	238-(2)	372
	241-(43)	376
悅城郡夫人 李氏-李純 妻		
	238-(4)	372
熱藥	117-(22)	175
烈丈夫	553-㊶	960
	557-㉗	970
列傳	594-㉔	1056
烈靖公(謚號)-尹誧		
	143-(1)	219
	144-(23)	222
悅軒(號)-趙簡	556-⑥	967
	588-⑫	1041
廉瓊愛	**93**	**134**
	200-(7)·(8)	315
→峯城縣君		
→崔婁伯 妻 廉瓊愛		
濂溪-周敦頤	528-(11)·(12)	905
廉曲城	611-⑳	1095
廉國寶	513-㉞	876
	594-㉟	1057
廉克髦	**318**	**495**
	665-(9)	1176
廉德方	93-(6)	135
	318-(5)	496
	665-(8)	1176
-考	93-(4)	134
-公	200-(1)(15)	314
-廉氏	200-(4)	314
廉德方 妻 沈氏		
	200	**314**
→沈志義		
念佛	29-(39)	34
	273-(13)·(14)	424
	437-(23)·(24)	721
	559-㉑	974
→讚佛		
→唱念		
→唱佛		
念佛經	453-⑫	753
念佛菩薩名好	453-⑫	753
念佛誦經	258-(17)	402
念佛作法	262-(29)	409
廉使	181-(9)	283
	347-(9)	551
	348-(14)	552
→按廉使		
廉士	461-④	772

	〈原文〉	〈譯註〉
鹽稅,監	643-(7)	1144
鹽稅別監	430-(7)	707
廉世忠	631-㊻	1125
廉守臧	400-(31)	650
廉守藏	639-(4)	1138
	664	**1175**
廉純若	200-(5)	314
廉信若	200-(6)	314
	200-(7)	315
	231-(4)	359
	318-(5)	496
	639-(4)	1138
	665-(9)	1176
廉按使	301-(8)	466
	305-(20)	472
	307-(18)	475
	352-(16)	559
	366-(6)	588
	371-⑪	598
冉雍		
-冉	216-(34)	337
	336-(46)	533
閻子靜(元)	588-⑳	1043
簾前試	530-(27)·(28)	908
→親試		
→科擧		
廉貞愛	200-(8)	315
廉仲昌父-廉興邦		
	575-⑧⑩	1010
廉察	356-⑯	568
廉察使	235-(19)	367
廉察春州道	360-㉘	576
鹽鐵使	561-⑱	978
廉忠若	200-(6)	314

	〈原文〉	〈譯註〉
廉恥	355-②	566
	521-㉕	893
廉致中	514-㊷	877
廉致和	514-㊷	877
廉行若	200-(5)	314
廉珝	319-(24)	497
廉興邦	569-⑱⑳	998
	575-⑧⑨	1010
	585-㊼	1035
→廉仲昌父		
令	251-(33)	392
永嘉	349-(4)	554
	464-(2)	779
	479-⑧	804
	599-⑯	1068
永嘉郡	406-(3)	663
	427-⑤	700
永嘉君-權溥	508-⑯	864
	517-⑤	885
	546-㉑	946
永嘉郡夫人 權氏-李齊賢 妻		
	479-①②	803
-太夫人	518-⑪	886
永嘉郡夫人 金氏-金深 妻		
	503-㉟	854
永嘉郡夫人 金氏-閔頔 妻		
	561-⑧	977
永嘉郡夫人 金氏-朴保 妻		
	438-(3)	722
永嘉郡夫人 金氏-李子蕆 妻		
	500-(14)	847
永嘉郡夫人 金氏-林有文 妻		
	660-(15)·(16)	1169
永嘉郡夫人 金氏-蔡洪哲 妻		

	〈原文〉	〈譯註〉
	509-⑲·⑳	865
永嘉伯-崔城	333-(61)	524
永嘉府院君-權溥		
	479-⑦	804
	522-(11)·(12)	895
	529-(4)	907
	530-(36)	909
	545-⑧	944
	633-(7)	1128
鈴閣	347-(8)	551
英簡公(謚號)-金永夫		
	219-(40)	343
伶官	332-(55)	523
靈光	472-⑩	794
	476-⑨	794
	563-⑪	982
靈光郡	217-(2)	339
	465-(6)	780
	603-㊽	1077
靈光郡守	463-⑫	776
靈光郡,倅	236-(7)	369
靈光郡,知州事	472-⑤	794
靈光郡太君 金氏-鄭僙 妻		
	37-(2)	48
靈光郡通判	36-㊴·㊵	47
靈光倅	237-(17)	370
嶺南	187-(32)	295
	192-(42)	304
	398-(14)	645
	582-⑬	1027
英念僧統(僧)	116-(7)	172
	116-(8)	173
	117-(9)	173
盈德郡夫人 金氏-權適 妻		

	〈原文〉	〈譯註〉
	97-(39)·(40)	142
寧德城判官	19-(11)	16
迎德驛	35-⑱	44
令同正	431-(14)	708
	646-25	1151
榮列大夫	415-⑭	678
	631-㊴	1124
	631-㊹	1125
榮烈大夫	422-(15)	692
榮祿大夫	597-㉞	1064
	613-⑭·⑮	1100
	631-㊺	1125
榮祿大夫(元)	513-㉝	876
永陵-忠惠王	512-⑥	872
	519-③·④	889
	520-⑦⑨	890
	520-㉒	892
	521-㉖	893
	534-㉘㉚	919
	535-㉜	920
	537-⑬⑭⑯	926
	544-⑭	941
	553-㊺	960
	554-⑩⑫	963
	555-⑬⑭⑮	963
	561-⑯	978
	566-⑪	990
	569-⑧·⑨⑪	996
	577-⑲·⑳	1016
	596-⑬	1061
	604-②	1079
	610-⑫	1094
	611-⑭	1094
	633-(13)	1130

	〈原文〉	〈譯註〉
	645-⑪	1149
滎陵直	653-(54)·(55)	1161
英明殿直	598-㊺	1065
英廟-肅宗	39-(19)	52
永福寺	90-(50)	130
永福翁主 王氏-金臺彥 妻		
	485-⑫	815
	485-⑰	816
領府	546-㉒	946
營吏	643-(7)	1144
令史同正	106-(6)	156
寧朔鎭副使	384-(13)	618
靈山郡夫人 辛氏-崔宰 妻		
	597-㊴	1065
滎城	35-⑲	44
迎聖寺	180-③	282
迎送都監錄事	189-(5)	298
迎送錄事	233-(6)	363
迎送副使	369-(14)	593
迎送判官	233-(6)	363
	256-(25)	399
靈秀山	69-(14)	99
靈岳山	329-(24)	515
永安宮	551-⑫	956
	589-㉘·㉙	1044
永安宮,提擧事	442-(2)	731
	444-(14)	734
靈嵒,守	414-⑦	677
靈嵒郡使	194-(10)	306
靈嵒郡,知	143-(8)	220
靈巖郡判官	337-(6)	534
滎陽	34-①	41
	34-②	42
	35-㉓	45
	103-(2)	151
	256-(33)	400
靈源叟(號)-王之印(僧)		
	168-(4)	261
寧越監務	418-(10)	684
寧越郡	433-⑯	711
迎恩館直	368-(7)	592
寧仁	35-㉔	45
寧仁鎭副使	303-(4)	468
永靖翁主 金氏	502-⑲⑳	851
英宗(元)	541-⑨	935
	545-⑬	945
-帝	546-⑭	945
靈座	94-(16)	136
寧州	286-(2)	443
	363-(20)	582
靈州防禦使	122-(10)	185
靈州副使	368-(13)	593
靈州通判	109-(17)	161
永州,守	379-(7)	610
寧州掌書記	239-(9)	373
靈粲(僧)	166-(5)	257
靈昌坊	564-㉞	986
永清縣	35-⑮⑲	44
靈鷲山	118-(29)	176
	161-(17)	249
	161-(22)	250
	220-(14)·(15)	345
靈通寺	31-(5)	37
	32-(22)	39
	263-(1)(3)	410
	264-(5)	410
	276-(1)	428
鈴平	169-(15)	262

	〈原文〉	〈譯註〉
	608-㊴	1089
鈴平君(謚號)-尹珤		
	438-(2)	722
	438-(5)	723
	439-(9)	723
鈴平郡	541-②	934
鈴平郡開國伯-尹瓘		
	606-⑦	1085
鈴平郡夫人 尹氏-趙永仁 妻		
	334-(5)	526
鈴平郡夫人 尹氏-許珙 妻		
	445-⑧	737
鈴平伯-尹瓘	47-(7)	64
	253-(5)	395
	334-(5)	526
鈴平府院君-尹珤		
	607-⑪	1086
鈴平山	169-(31)·(32)	263
鈴平縣	110-(13)	163
	266-(16)	414
鈴平縣開國伯-尹瓘		
	111-(16)	163
寧海公-王萬歲	175-(1)	274
寧海 朴氏	556-②	966
英賢殿太學士	415-㉙	680
永和宮錄事	271-④	420
靈化寺	26-(12)	27
瀛	347-(11)	551
『禮記』		
-禮	125-(11)	189
	304-(13)	471
	395-(2)	639
	447-㊲	741
芮樂全	57-(2)	78
睿廟-睿宗	64-(5)	90
	73-(3)	104
	73-(8)	105
	79-(14)(15)	115
	84-(7)	120
	84-(9)	121
	87-(22)	125
	87-(29)	126
	89-(27)	129
	91-(6)	132
	96-(14)	139
	97-(46)	143
	120-(5)	181
	122-(6)	184
	133-(12)	203
	137-(4)	210
	163-(11)	253
	187-(28)	294
	220-(3)	344
	222-(10)	347
	242-(6)	378
	253-(6)	395
	263-(3)	410
藝文	561-⑲	978
藝文檢閱	556-⑧	967
	593-⑮·⑯	1055
藝文供奉	475-54	802
	478-55	802
	593-⑯	1055
藝文館	458-③	765
藝文館供奉	436-(2)	719
藝文館大提	455-㉚·456-㉛	759
	490-㉕	827
藝文館大提學	460-㉞	770

	〈原文〉	〈譯註〉
	491-㉙	827
	498-⑨	842
	499-(1)	845
	500-(16)	847
	504-㊸·㊹	855
	518-①	887
	540-㉜	933
	541-①	934
	558-⑥	972
	561-㉓	979
	564-㉗	985
	571-⑳	1002
	583-②	1028
	586-59·60	1037
	602-54	1076
	642-(2)(3)	1143
	643-(13)	1146
藝文館,領	508-⑬	864
藝文館,領事	436-(19)	719
	506-(2)	860
	508-②	862
	522-(3)·(4)	894
	536-①	924
	589-㉘	1044
藝文館提學	439-(13)	724
	454-②	755
	456-㊶	761
	514-①	878
	568-㉜	993
	597-㊴	1065
	601-㉚	1073
藝文館直提學	431-(20)	709
	519-⑮	889
	571-⑬	1001
	601-㉖	1072
	604-⑰	1081
藝文館孝思觀,領事		
	526-(3)	901
	527-(3)	903
藝文大提學	494-⑫	835
	555-⑰	964
禮門舍人	490-⑪·⑫	825
藝文司學	446-⑭	738
藝文修撰	561-⑮	978
	584-㉘	1032
藝文應教	498-⑩	842
	515-⑬	879
	554-④·⑤	962
	561-⑯·⑰	978
	571-⑫	1000
	609-⑥	1091
	612-⑧	1099
藝文提學	494-⑪	834
	535-㊼	922
藝文直提學	475-54	802
	478-55	802
藝文春秋館	588-⑭	1042
	590-㊴·㊵	1046
藝文春秋館檢閱		
	515-⑫	879
	554-③	961
藝文春秋館檢閱修撰		
	537-⑨	925
藝文春秋館,領事		
	529-(7)	907
	532-(2)	913
	588-③	1040
藝文春秋館注簿		

	〈原文〉	〈譯註〉
	515-⑫	879
藝文春秋館,判事		
	586-54	1036
禮法	467-⑫	784
	569-⑳ · ㉑	998
	607-⑭	1086
禮部貢擧	64-(10)	91
	305-(24)	472
→知貢擧		
禮部郎中	17-(13)	12
	62-(24)	85
	64-(8)	90
	94-(25)	137
	97-(29)	141
	111-(27)(30)	164
	132-(9)	200
	139-(7)	213
	173-(8)	269
	288-(6)	446
	301-(10)	466
	328-(6) · (7)	513
	352-(14)	559
	366-(7)	588
	376-⑫	603
	383-(3) · (4)	618
	397-(5)	643
	412-(11)	672
	418-(7)	683
	467-②	785
→尙書禮部郎中		
禮部散郎	579-46	1020
禮部尙書	14-(9)	5
	15-(4)	9
	44-(12)	60

	〈原文〉	〈譯註〉
	52-(12)	71
	61-(1)	84
	62-(46)	87
	132-(13)	200
	135-(43)(45)	206
	198-(13)	311
	207-(2)	325
	225-(77)	353
	240-(31)	375
	284-(22)	441
	289-(16)	447
	304-(12)	471
	318-(5)	496
	327-(1)	512
	328-(21)	514
	333-(61)	524
	366-(1)	587
	367-(18)	590
	445-⑤⑧	737
	485-④	814
	524-④	898
	553-㉝	959
禮部試	132-(19)	201
	163-(10)	253
	373-(6)	602
	376-⑥	602
	397-(6)	644
	400-(27)	650
-禮部	120-(3)	180
→科擧		
禮部侍郎	15-(4)	9
	17-(14) · (15)	12
	36-㉝	46
	39-(16)	51

	〈原文〉	〈譯註〉
	48-(7)	66
	62-(29)	85
	64-(9)	91
	97-(33)	142
	112-(34)	164
	125-(9)	188
	132-(12)	200
	144-(10)	221
	184-(23)	287
	200-(8)	315
	223-(28)(31)	348
	289-(11)	447
	303-(8)	469
	314-⑨	488
	334-(13)	527
	367-(24)	591
	372-⑱	599
	382-(15)	615
	384-(12)	618
	457-②	763
-禮部	64-(10)	91
→尙書禮部侍郎		
禮部員外	65-(11)	91
	94-(25)	137
	132-(9)	200
禮部員外郎	23-(44)	22
	38-(10)	49
	43-(7)	59
	62-(22)·(23)	85
	89-(20)	128
	92-(12)	133
	97-(29)	141
	111-(26)·(27)	164
	119-②	178
	139-(7)·(8)	213
	144-(10)	221
	146-(10)	224
	154-(9)	239
	162-(8)	251
	164-(13)	254
	176-(13)	275
	222-(23)	348
	295-(10)	456
	312-(15)·(16)	485
	342-①	541
	342-⑩	542
	354-(33)	563
	381-(9)	614
	418-(5)	683
	422-(9)·(10)	691
-禮部	64-(7)·(8)	90
→尙書禮部員外郎		
禮部員外郎中	399-(12)	648
禮部,知	331-(25)·(26)	519
	335-(15)	528
禮部,知貢擧	65-(19)	93
	204-(19)	322
	240-(32)	375
→知貢擧		
禮部,知事	153-(18)	237
	265-(11)	414
禮部,判	314-⑫·⑬	488
禮部,判事	52-(14)	71
	65-(15)	92
	84-(3)	120
	90-(37)	130
	120-(1)	180
	121-(14)	182

	〈原文〉	〈譯註〉
	204-(18)(24)	322
	221-(5)	346
	225-(63)	351
	269-(27)	417
	282-(32)	438
	288-(4)	446
	304-(10)	471
	313-①②	487
	317-(12)	494
	333-(65)	524
	353-(23)	561
	374-(17)(20)	604
	375-①	601
	376-⑱	604
	377-⑳	604
	388-(16)	625
	463-⑥	775
禮佛	289-(18)	448
禮賓卿	15-(4)	9
	21-(16)	20
	121-(11)	182
	134-(30) · 135-(31)	205
	184-(24) · (25)	287
	223-(38) · (39)	349
	245-(20)	382
	281-(16)	436
	284-(14)	440
	295-(1)	455
	295-(13)	456
	296-(15)	456
	297-(40)	459
	305-(22)	472
	322-(5)	501

	〈原文〉	〈譯註〉
	325-④	506
	338-(14)	535
	385-(9)	621
	396-(18)	642
	397-(10)	644
	399-(7)	647
	399-(14) · (15)	648
	400-(31)	650
	426-(2)	698
	463-④	775
	472-⑩	794
	476-⑨	794
	557-⑱	969
	558-㉙	970
	558-②	971
	559-⑲	974
	655-(1)	1164
	664-(1)	1175
	665-(6)	1176
	665-(14)	1176
禮賓內給事	496-⑧	837
	520-⑯	891
禮賓郎	180-②	281
禮賓令	430-(9)	707
禮賓省郎中	14-(5)	5
禮賓省主簿	28-(11)	31
禮賓省,判事	232-(1)	362
	233-(9)	364
	338-(15)	535
	347-(1)	550
	348-(17)	552
	363-(14)	581
	382-(18)	615
	399-(16)	648

	〈原文〉	〈譯註〉
	432-⑥	710
	541-③	934
禮賓少卿	15-(4)	9
	86-(13)	124
	121-(8)	181
	135-(42)	206
	144-(13)	221
	173-(17)	270
	173-(18)	271
	234-(3)	365
	250-(22)	391
	319-(16)	497
	352-(15)	559
	366-(10)	589
	371-⑫	599
	372-㉒	600
	403-(3)	657
	414-⑩	678
	415-㉒	679
	445-④	736
	480-②	806
禮賓□卿	639-(4)	1138
禮賓丞	156-(14)	242
	265-(5)	413
	383-(8)	618
禮賓丞同正	97-(42)	143
	99-(24)	147
	121-(19)	183
	254-(17)	396
	303-(13)	469
	609-⑩	1091
	655-(8)·(9)	1163
禮賓寺,判事	397-(10)	644
	423-(1)	694
	489-⑥	824
	498-⑦	842
	530-(31)	909
	632-56	1127
	640-(9)	1139
禮賓尹	425-(14)	697
	448-⑭	743
	486-③	818
禮賓主夫	127-(28)	191
禮賓主簿	60-(25)	83
	163-(10)	253
	250-(17)	390
禮賓注簿	15-(3)	8·9
	126-(18)	191
	131-(4)	199
	139-(6)	212
	293-(21)	453
	319-(11)	496
	398-(17)	646
	620-(16)	1111
禮賓主夫同正	150-(20)	232
禮賓注簿同正	16-(8)	9
	105-(12)	155
	144-(25)	223
	258-(13)	402
	298-(12)	460
禮賓主簿同正	97-(42)	143
	208-(24)	327
	251-(33)·(34)	392
禮賓主簿同正員	23-(46)	22·23
猊山	515-㉓	881
猊山農隱	515-⑲	881

	〈原文〉	〈譯註〉
隸書	174-(26)	271
	516-②	882
藥城 池氏	457-⑧	764
藥城府院大君-王昷		
	483-(7)·(8)	811
隸堅	505-⑳	859
	509-②	867
譽肅公(諡號)-崔奭		
	221-(6)	346
	222-(8)	346
	304-(10)	471
	452-③	752
禮樂	49-(16)	67
禮安	408-(18)	665
睿王-睿宗	80-(24)	115
	117-(12)	173
	168-(4)(6)	261
	606-⑧	1085
禮闈	176-(16)	276
	282-(21)	437
	360-㉘	577
	367-(18)(20)	590
	374-(20)	604
	377-㉑	604
	404-(13)	659
	456-㉞	760
	472-⑫	795
	474-㊾	800
	476-⑪	795
	478-㊿	800
	494-⑦	834
	505-⑧	857
	556-⑥	967
	561-⑬	977

	〈原文〉	〈譯註〉
	571-⑪	1000
	588-⑫	1041
→科擧		
禮儀院	551-⑦	956
禮儀院使	570-①	999
	572-㉞	1004
禮儀院判官	508-①	862
	508-⑫	864
禮儀摠郎	598-㊹	1065
禮儀,判書	613-⑬	1099
禮儀判書	597-㊶	1065
禮曺侍郎	366-(11)	589
睿祖-睿宗	118-(37)	177
	183-(9)	285
	186-(7)	291
睿宗	59-(9)	81
	61-(12)	84
	85-(25)	122
	86-(2)	123
	88-(12)(14)	127
	89-(21)(23)	128
	102-(11)	150
	108-(4)	159
	111-(17)	163
	128-(22)	194
	139-(4)	212
	144-(10)	220
	154-(5)	239
	186-(3)	291
	228-(6)	355
	234-(5)	365
-寡人	187-(23)	293
-今上	39-(10)	51
	44-(13)	60

	〈原文〉	〈譯註〉
	47-(13)	64
-今聖主	50-(12)	69
-今主上	48-(12)	66
-上	38-(4)	50
	40-(20)	52
	41-(20)(21)(22)	55
	42-(27)(39)	56
	45-(21)	57
	51-(9)	71
	52-(13)(16)	71
	60-(14)	82
	64-(6)(7)(8)	90
	86-(3)	123
	88-(15)(16)(17)	127
	88-(18)	128
	89-(22)	128
	96-(26)	141
	98-(5)	145
	108-(4)	159
	117-(13)	174
	183-(11)	282
	186-(9)(11)	291
	186-(17)(18)	292
-聖考	89-(30)	129
-朕	41-(20)(21)	55
	186-(11)	292
	187-(23)	293
	187-(25)(26)	294
-睿考	77-⑭⑯	110
→睿廟		
→睿王		
→睿祖		
→裕陵		
禮州副使	427-⑪	701

	〈原文〉	〈譯註〉
		702
禮州通判	190-(5)	300
醴泉	633-(20)	1131
鼇	351-(7)	557
	355-(37)	565
→六鼇		
吳□賁	**247**	**386**
→吳若無(字)		
吳嘉靖	125-(12)	189
吳謙	416-(10)	681
五經	16-(8)	11
	96-(22)	140
五冠山	14-(10)	5
	50-(18)	69
	158-(36)	245
五官山	171-(11)	266
吳光禮	489-④	824
吳光陟	356-⑨⑪	567
五教都僧統	73-(10)	105
五軍	261-(8)	407
	332-(47)	522
	362-(9)	580
	362-(11)	581
	651-(17)	1159
五軍錄事	368-(7)	592
吳祁-吳潛	489-②	824
吳佶	489-⑦	824
吳訥	490-㉔	827
五代	148-(17)	229
→親族		
五臺山-五臺	633-(11)	1129
吳大陞	489-④	824
→文獻公(謚號)		
五代祖	214-(2)	334

	〈原文〉	〈譯註〉
	217-(2)	339
	647-(2)	1153
→親族		
五道廉按使	371-⑪	598
五龍	355-(37)	565
→龍		
五龍山	13-②	3
	24-(16)	24
	119-③	178
	170-(3)	265
	201-(17)	317
	310-(37)	482
	657-(13)	1165
吳抹	631-㊺	1125
吳門秀	236-(5)	369
五福	40-(3)	53
	42-(41)	57
	321-(28)	500
	387-(5)	624
	462-③	775
	531-(67)	912
	634-(23)	1131
→「洪範」五福		
五府	534-㉛	920
	535-㉜	920
烏府(御史臺)	422-(9)	691
鼇山院	166-(19)	259
吳山俊-吳元卿	236-(2)	368
五色	642-(23)	1142
五色麟	170-(35)	264
→麟		
吳璿	489-④	824
吳僐	489-⑧	824
	491-㉜	828

	〈原文〉	〈譯註〉
五城	82-(58)	118
吳世功	148-(15)	229
吳世文	148-(16)	229
五世孫	246-(3)	384
	618-(5)	1108
→親族		
吳世才	148-(17)	229
五世之外孫	158-(3)	246
→親族		
吳壽升	370-⑫	596
吳綏靖	125-(12)	189
五時	76-⑥	108
五嶽	355-(36)	564
吳若無(字)-吳□賓		
	247-(2)	386
吳璉	415-㉔	679
吳連信	236-(3)	369
→三韓壁上功臣		
吳延寵	44-(16)	61
	95-(8)	138
	98-(5)	145
	173-(4)	269
	186-(9)	291
吳烈	124-(3)	188
吳廉義	124-(4)	188
吳永老	423-(3)	694
吳元卿	**236**	**368**
→吳山俊		
吳元敬	540-㉕	932
五原郡太夫人 李氏-韓元卿 妻		
	88-(7)	127
吳允恭	238-(28)	371
吳允文	238-(27)·(28)	371
吳允承	238-(28)	371

	〈原文〉	〈譯註〉
吳允臧	237-(14)	370
	238-(26)	371
吳允赫	238-(26)	371
吳誼	557-⑱	969
吳仁景	444-(20)	735
吳仁永	512-⑦·⑧	872
	634-(21)	1131
吳仁正	**147**	**227**
吳一龜	370-⑥	595
→吳闡猷		
吳日就	138-(13)	211
吳子珙	236-(4)	369
吳子道(字)-吳孝元		
	124-(2)	188
吳子宜-吳潛	489-(3)	824
吳潛	**489**	**824**
→吳祁		
→吳子宜		
→吳興雨(字)		
→東軒(號)		
→龜城君		
五宰	525-⑱	899
吳頲	98-(2)	144
吳齊甫	514-㊶	877
吳俊良	614-㉚	1102
吳中正	236-(3)	369
吳仲和	513-㉝	876
烏川君-鄭思道	604-①④	1079
	605-㉚	1083
吳闡猷	**369**	**594**
→吳一龜		
『五天竺國圖』	144-(18)	222
吳瞻	503-㉜	853
五品	370-③	594
	508-⑫	864
	666-(23)	1177
五品郎	534-⑳	918
吳玄齡	370-⑫⑭	596
吳玄成(僧)	370-⑬	596
吳和靖	125-(12)	189
吳孝元	**124**	**188**
吳休靖	125-(12)·(13)	189
吳興雨(字)-吳潛		
	489-②	824
玉	370-⑯	596
	460-㊱	770
→美玉		
→白玉		
獄空	111-(30)	164
玉菓縣	100-(1)	147
沃溝郡大夫人 高氏-金須 妻		
	462-①	775
沃溝郡大夫人 林氏-崔溱 妻 林氏		
	659-(1)	1168
	660-(2)	1169
沃溝縣	295-(2)	455
玉金山	527-(4)	904
玉堂	97-(46)	143
	202-(11)	319
	275-(18)	427
玉簫	485-⑦	814
玉人	228-(8)	355
	358-(15)	572
玉尺	347-(13)	551
玉毫	129-(29)	194
玉壺	614-㊲	1103
溫陵(宋)	48-(2)	65
溫水郡監務	385-(2)	620

	〈原文〉	〈譯註〉
溫靖公(謚號)-柳仁奇		
	516-⑦	883
溫州牧使	455-㉙	759
翁主	483-(1)	810
	483-(7)(12)(15)	811
	483-(18)	812
	484-(22)	812
	485-⑫⑮·⑯	815
	485-⑱	816
	502-⑲	851
	502-⑳	852
	503-㉝	853
	503-㊳	854
	553-㉞	959
	602-㊸	1075
雍熙(年號)	17-(11)	11
瓦谷	71-(20)	101
完山	191-(17)	301
	311-(2)	483
	337-(3)	534
	634-(20)	1131
完山 崔氏	467-②	785
	595-②	1059
完山君-崔宰	595-①	1059
	597-㉝㊱	1064
完山牧副使	396-(19)	642
完山州,牧	465-(6)	780
完澤篤(元)	571-㉖	1002
王家奴	572-㊷	1005
→奴婢		
王可道	28-(23)	32
王覺觀(僧)	**220**	**344**
→王致虛(字)		
王覺老(字)-王之印		
	168-(3)	261
王儉	452-(17)	750
→檀君		
王京	120-(4)	179
	187-(31)	294
	191-(23)	302
	315-(8)	491
	487-⑨	819
	495-②	836
	496-⑫	838
	515-⑨	879
	555-⑱	964
→開城		
王瓛	213-(7)	334
→安平公(謚號)		
王京等處巡軍萬戶		
	500-(17)	847
王京人	183-(4)	284
王敬天(字)-王倖		
	186-(3)	290
王公黼(宋)	96-(17)	140
王國髦	63-(60)	87
王覲	558-②	971
王基	483-(10)	811
→靖簡公		
→平壤公		
王旦-王丁旦	478-51	801
王讜	483-(13)	811
王大妃	127-(24)	191
王大弟	328-(15)	514
王道	110-(6)	162
王都	363-(23)	583
→開城		
王詷	483-(13)	811

	〈原文〉	〈譯註〉
王輪寺選	51-(29)·(30)	70
→僧科		
王輪寺選佛場	117-(9)·(10)	173
→僧科		
王輪寺選席	160-(7)·(8)	248
→僧科		
王陵神道碑	17-(19)	12
王萬歲	175-(1)	274
→寧海公		
王沔	260-(10)	404
→廣陵伯		
王懋崇	66-(24)	94
王法	552-⑱	957
王府	561-⑰	978
王府斷事官	450-(5)	748
	482-⑨	808
	490-⑱	826
	513-㉚	876
	517-②	885
	530-(38)	909
	589-㉔·㉕	1044
	630-⑭	1120
	631-㊴	1124
	634-(21)	1131
→斷事官		
王妃	22-(27)	21
	23-(42)	22
	23-(47)	23
	484-①	813
	485-②	814
	497-㉖	840
→金屋之貯		
→妃		
→后妃		
→皇后		
王妃副君	23-(42)	22
王師	24-(1)(10)	24
	160-(6)	248
	167-(30)	260
	379-(11)	610
	439-(7)	723
→僧侶		
王相哥(元)	416-(12)	681
王諝	483-(13)	811
	497-㉘	840
王錫	149-(4)	230
王世子	459-⑬	767
王脩	248-(3)	386
王琇	482-⑨	808
	483-(13)	811
→樂浪君		
王璹	485-⑨	815
	523-(24)·(25)(26)	896
	530-(46)	910
→順正君		
→順正大君		
→朝鮮公		
→朝鮮侯		
→襄憲王		
→朝鮮國襄憲王		
王珣	483-(12)	811
	523-(25)	896
	530-(46)	910
→淮安大君		
→淮安府院君		
王式	650-(5)	1158
王慈覺(僧)	485-⑩	815

	〈原文〉	〈譯註〉
→雙峰長老		
王氏	448-⑰	744
	483-(7)(15)	811
	484-(21)	812
	488-⑦	822
王鶚(金)	455-⑭⑯	757
王璵	216-(36)	338
王璉	488-⑦	822
王演		
→晉康伯		
王演 妻 福寧宮主 王氏		
	56	**77**
→福寧宮主		
→莊簡(諡號)		
王瑛	246-(4)	384
	252-(3)	393
	259	**403**
→王玄虛(字)		
→定懿公(諡號)		
→恭化伯		
→恭化侯		
→樂浪公		
→同德功臣		
王瑛 女 王氏	**252**	**393**
王靈源叟(號)-王之印(僧)		
	168-(4)	261
王昷	483-(7)	811
→藥城府院君		
王昷 妻 壽寧翁主 金氏		
	482	**810**
→壽寧翁主 金氏		
王瑀	483-(13)	811
	498-⑮	843
→昌原府院大君		
王源	**213**	**333**
→廣平公		
→廣平伯		
→廣平侯		
王惟紹		
-王	520-⑳	892
王毅	53-(5)	74
	56-(30)	77
王里民	175-(2)	274
王子始陽府學友		
	448-⑦	743
王字之	53-(1)	73
王字之 妻 金氏		
	53	**73**
→黃驪郡夫人 金氏		
王梓	246-(2)	384
→定懿公(諡號)		
王梓 女 王氏	**246**	**384**
王琠	453-⑬⑭	753
王頲	483-(13)	811
王禎	485-⑪	815
→良僖公		
→懷仁君		
王丁旦-王丁朝	475-㊿	801
	563-⑮	983
→王旦		
王丁朝-王丁旦	558-②	971
	580-⑤	1022
→王旦		
王族譜	545-⑫	945
→家系記錄		
王鑄-元忠	496-⑧	837
王濬	164-(24)	255
王証	483-(13)	811

	〈原文〉	〈譯註〉
→保寧君		
王之綱(金)	455-⑮	757
王旨別監	414-④·⑤	677
王之印(僧)	**168**	**261**
→王覺路(字)		
→靈源叟(號)		
→廣智大禪師		
王禛	246-(4)	384
王瀓	483-(10)	811
→帶方公		
王澄佶-王澄儼(僧)		
	73-(3)	104
王澄儼(僧)	**73**	**104**
→福世僧統		
→圓明國師		
→王澄佶(僧)		
王瓚	164-(27)	255
王蔡	175-(2)	274
王天隱(字)-王冲		
	175-(1)	274
王鐵	19-(6)	16
王冲	**175**	**274**
	233-(4)	363
	250-(13)	390
→王天隱(字)		
→剛烈公(諡號)		
王冲	403-(3)	657
王致虛(字)-王覺觀		
	220-(2)	217
王太子	328-(17)	514
王太子府指諭	268-(13)	416
王瑕	121-(17)	183
	126-(15)	190
王昡	405-(18)	661
→平陽公		
→平陽侯		
王鉉	233-(3)	363
王玄應(僧)	**68**	**98**
→見性寂炤首座		
王玄虛(字)-王瑛		
	259-(4)	403
王珩	553-㉞	959
→通儀君		
王迥猷	175-(2)	274
王倖	**185**	**290**
	246-(3)	384
→王敬天(字)		
→莊平公(諡號)		
→大原公		
→大原侯		
→廣孝功臣		
→輔靜功臣		
→奉義同德功臣		
→奉順同德守節贊化功臣		
→奉義同德廣孝守仁贊化奉順守節佐理輔靜勵翼功臣		
→守義功臣		
→守仁功臣		
→勵翼功臣		
→佐理功臣		
→贊化功臣		
王煦	512-⑰	874
	545	**943**
	547-㉜	948
	596-⑱	1061
→權載		
→權煦		
→權脫歡(字)		

	〈原文〉	〈譯註〉
→正憲公(諡號)		
→鷄林郡公		
→鷄林府院君		
→鷄林府院大君		
→丹陽府院君		
王煦(僧)	**31**	**36**
→義天(字)		
→大覺和尙		
→大覺大和尙		
→廣智開宗弘眞祐世僧統		
倭	415-⑬	678
	459-⑯	767
→日本		
→海夷		
倭民	459-⑰	767
外家	320-(5)	498
外高祖門蔭	79-(11)	114
→蔭敍		
外高祖父蔭	201-(2)	316
→蔭敍		
外闕	388-(24)	626
外制	575-⑮	1011
	590-㊴	1046
外製	577-⑮	1015
外帝釋院	77-⑱	111
	166-(7)	257
外從姪	241-(41)	376
→親族		
外戚	496-⑱	839
	652-(33)	1160
外戚擅權	70-(5)	100
	73-(12)	105
遼		
→大遼, 大遼國		
→太遼		
→北遼		
遼京	388-(29)	626
傜貢	648-(6)	1154
遼東部	545-③	943
姚牧菴(元)	588-⑳	1043
料物庫副使	456-㊺	761
料物庫使	532-(7)·(8)	914
料物庫提擧事	444-(14)	734
遼兵	367-(14)	589
遼師	367-(17)	590
堯舜	26-㉓	29
	130-(1)	196
→高舜		
→唐虞		
→堯		
→舜		
妖僧	183-(17)	286
→僧侶		
蓼莪	560-㉗	975
遼陽等處行中書省照磨		
	594-㉚	1057
遼陽路	573-㊼	1005
遼陽路盖州判官		
	469-(2)	789
	483-(2)	810
	489-⑮	823
	499-(2)	845
	514-①	878
	536-①	924
遼陽省	583-⑪	1029
	601-㉕	1072
遼陽省照磨	538-㉕	928
遼陽寺處行中書省右承旨		

	〈原文〉	〈譯註〉
	559-⑭	973
遼陽縣君 李氏-李自成 妻		
	547-①	949
	547-⑥	950
徭役	189-(4)	297
	366-(13)	589
遼人	35-⑱	44
了眞禪師	321-(12)	499
龍	15-(24)	8
	19-(7)	16
	28-(27)	32
	104-(19)	153
	355-(38)	565
	384-(17)	619
	396-(24)	642
	400-(39)	651
	401-②	652
	456-㊼	762
	460-㊳	771
	485-⑦	814
→古龍		
→老龍		
→雙龍		
→五龍		
→應龍		
→潛龍		
→靑龍		
→黃龍		
龍岡縣令	356-⑬	568
龍崗縣尉	201-(3)	316
龍駒縣夫人 秦氏-崔甫淳 妻		
	354-(32)	563
龍宮郡	151-(2)	233
龍腦	603-㊾	1077
龍頭	401-③	652
	402-㉘	656
	503-㊱	854
→及第		
龍頭寺	160-(9)	248
龍頭選	359-③	573
→及第		
勇力士	443-(10)	733
→覇都兒		
舂陵	592-㊸	1051
龍灣府,通判	162-(3)	251
龍鳳山	115-(96)	171
龍山	542-⑮	936
龍山道王旨別監		
	414-④·⑤	677
龍山里	520-⑭	891
龍城縣	292-(5)	452
龍孫	213-(10)	334
龍樹院	77-⑳	111
涌邑山	60-(22)	83
用人法	98-(7)	145
→銓注		
龍潛	88-(12)	127
	336-(34)	531
→潛龍		
龍州	262-(23)	408
	510-⑩	868
龍州,守	381-(10)	614
龍州防禦使	103-(14)	152
龍州通判	233-(4)·(5)	363
龍虎軍郎將	271-⑤	420
龍虎軍大將軍	271-⑧	421
	631-㊻	1125
龍虎軍上將軍	267-(4)(7)	416

	〈原文〉	〈譯註〉
	271-①	420
	272-⑩	421
	284-(17)·(18)	441
	388-(18)·(19)	625
	457-③	763
龍虎軍攝中郎將		
	331-(22)	518
龍虎軍中郎將	262-(19)	408
	331-(22)	519
龍虎山	97-(39)	142
龍虎將軍	271-⑦	421
龍喉	355-(37)	564
	415-⑭	678
	427-⑯	702
龍興寺	36-㊲	47
	109-(14)	161
	437-(14)	720
	655-(11)	1163
龍興山	278-(12)	431
龍□兪	652-(33)	1160
牛		
→耕牛		
→青牛		
雨	576-⑥	1013
→大雨		
于加(達旦)	354-(31)	563
右街僧錄同正	34-(3)	41
亏加下(後金)	363-(21)	582
右諫議大夫	17-(15)	12
	64-(10)	91
	112-(34)·(35)	165
	173-(19)	271
	218-(24)	341
	223-(28)	348

	〈原文〉	〈譯註〉
	240-(30)	375
	307-(21)	476
	328-(16)	514
	353-(17)	560
	359-⑬	574
	365-(10)	585
	371-①	597
	372-⑱	599
	428-㉛	704
	459-⑩	766
	463-⑤	775
愚溪(號)-金開物		
	462-⑯㉑	774
羽溪郡夫人 李氏-裴瑩 妻		
	443-(6)	732
愚谷	594-㉕	1056
虞丘子(楚)	129-(32)	195
右軍錄事	142-(43)·(44)	217
	308-(10)	478
右軍萬戶	502-⑩·⑪⑬	850
右軍兵馬錄事	317-(5)	493
右軍兵馬判官	343-⑥	544
右軍使	363-(20)	582
右軍知兵馬事	270-(7)	418
右軍判官	256-(25)	399
右代言	538-㉕	928
	540-㉖	933
	542-㉕	938
	567-㉚	993
	569-⑯	997
	575-⑫·⑬	1011
	577-⑱	1016
	593-⑰	1055
	601-㉗	1072

	〈原文〉	〈譯註〉
	605-⑱⑲	1082
牛頭寺	386-(14)	621
優等	151-(10)	234
	334-(7)·(8)	526
優等	319-(10)	496
→殿最		
右吏	656-(5)	1165
羽林	269-(3)	418
羽林登第	631-㊲	1124
→及第		
羽林虎夫	117-(18)	174
牛馬	58-(8)	79
	173-(15)	270
→馬		
右文館大提學	428-㉜	705
	442-㊺	731
	455-㉚	759
	456-㉝	760
	458-①	765
	460-㉖	769
	489-②	824
	491-㊳	829
	492-(2)	829
	498-㉑	843
	508-②	862
	537-⑲	927
	539-⑮	931
	573-59	1007
	586-53	1036
	613-⑳	1101
	639-(2)	1137
右文館事提學	491-㉚	828
右文館直提學	561-⑲	978
	613-⑩	1099
右文大提學	555-⑰	964
于邦宰	306-(9)	475
右補闕	21-(11)	19
	666-(31)	1178
右僕射	65-(11)	91
	88-(6)	127
	143-(4)	219
	184-(28)	288
	202-(7)	318
	450-(1)(2)	748
	451-(13)	750
	457-②⑤	763
	522-(9)	895
	606-⑥	1085
牛峯	333-(66)	524
牛峰郡	52-(18)	72
	66-(22)	94
	68-(8)	98
	125-(18)	189
	150-(21)	232
	208-(30)	327
	260-(18)	405
	330-(12)	517
	387-(7)	624
	416-(8)	681
牛峰縣	226-(94)	354
	444-(19)	735
	588-④	1040
右府	493-(13)	832
右副代言	521-㉚	894
	559-⑭	973
	564-㉕	985
	577-⑰	1015
	613-⑪	1099

	〈原文〉	〈譯註〉
右副承宣	399-(14)	648
	404-(7)	658
	434-(6)	715
右副承旨	397-(10)	644
	459-⑯	767
	466-⑦	783
	530-(30)·(31)	909
右史	48-(5)·(6)	66
右司	189-(12)	298
	586-㊼	1036
右司諫	61-(19)	85
	66-(25)	95
	94-(24)	137
	111-(29)	164
	132-(9)	199
右司諫	138-(7)	210
	183-(14)·(15)	286
	222-(23)	348
	240-(28)	375
	303-(6)	468
	366-(5)	588
	371-⑩	598
	373-(11)	603
	376-⑪·⑫	603
	413-⑧	676
	476-⑬	795
	665-(12)	1176
右司郎中	149-(8)	231
	256-(20)	399
	307-(19)	476
右思補	541-⑥·⑦	935
	641-(20)	1142
右司員外郎	17-(12)	11
	43-(7)	59

	〈原文〉	〈譯註〉
	125-(7)·(8)	188
	191-(16)	301
	510-⑮	868
右司議大夫	397-(10)	644
	401-⑩	653
	422-(13)·(14)	692
	537-⑬	926
	605-⑱	1082
	613-㉒·㉓	1101
憂山	243-(28)	379
右散騎常	110-(2)	162
右散騎常侍	21-(18)	20
	28-(16)	31
	29-(28)	32
	65-(11)	91
	121-(11)	182
	145-(1)	223
	145-(3)	224
	146-(20)	226
	157-(9)	243
	184-(25)·(26)	287
	328-(21)	514
	345-(3)·(4)	548
	374-(16)	604
	376-⑰	604
	404-(8)	658
	457-③	763
虞商(周)-呂尙	302-(17)	467
右常侍	146-(22)	226
	397-(12)	645
	399-(17)	648
	424-(10)	696
	452-①	751
	453-⑪	753

	〈原文〉	〈譯註〉
	502-⑫	850
	522-(6)	895
	559-⑫	973
右姓	483-(7)	811
→貴族		
右拾遺	64-(5)	90
于承慶	352-(10)	558
右承宣	44-(9)	59
	62-(29)	85
	144-(19)	222
	281-(19)	436
	613-⑯	1100
	629-⑩ · ⑪	1120
右承制	52-(22)	72
右承旨	397-(10) · (11)	644
	402-⑫	653
	412-(15)	672
	441-㉓	728
	466-⑦	783
	502-⑫	850
禹良善	598-㊺	1065
隅嚴寺	142-(40) · (41)	217
虞淵	369-(23)	594
右列	561-⑫	977
禹王(中國)		
-禹	130-(1)	196
禑王		
-今上	597-㉟ · ㊱	1064
	604-⑥	1080
右尹	609-⑫	1092
右翼萬戶	402-⑬ · ⑭	654
禹仁烈	597-㊷	1065
-評理	598-㊺	1065
→誠勤翊戴功臣		
右將軍	16-(6)	10
右政丞	546-㉑	946
	589-㉝㊱	1045
右正言	132-(8)	199
	184-(28)	288
	352-(11)	558
	373-(11)	603
	376-⑪	603
	530-(29)	908
	561-⑮	978
右正言知制誥	56-(2)	77
	61-(16) · (17)	85
	88-(18)	128
	94-(20)	136
	96-(27)	141
	123-(21)	186
	132-(5)(8)	199
	138-(6) · (7)	210
	152-(8)	236
	157-(16)	244
	183-(12)	285
	197-(10)	311
	215-(14)	336
	218-(18)	340
	222-(21)	348
	223-(41) · (42)	349
	312-(15)	485
	352-(11)	558
	366-(5)	588
	370-⑩	595
	371-⑨	598
	422-(9)	691
	476-⑬	795
	651-(17) · (18)	1159

	〈原文〉	〈譯註〉
右族	470-③	790
	501-②	849
→貴族		
右代言	633-(8)	1128
右中禁	317-(4)	493
右中禁指諭	533-⑨	916
右指諭	424-(6)	695
	448-⑪	743
迂軒(號)-許邕	645-⑨	1149
右獻納	436-(2)	719
	494-⑨	834
	584-㉛	1032
	593-⑯	1055
禹玄寶	594-㉟	1057
禹穴	130-(13)	197
右壺	272-⑫	421
雲開寺	252-(15)(16)	394
雲開山	324-(32)·(33)	505
雲錦樓	512-⑬	873
雲南(中國)	580-⑪	1023
雲龍寺	369-(22)	594
	646-⑱	1150
雲門山	323-(19)	503
	326-⑲㉒	508
韻士	374-(20)	604
	377-㉑	604
韻釋	569-⑪	996
→僧侶		
雲湧山	142-(45)	218
雲遊	386-(13)	621
→僧侶		
韻人	413-③	675
芸齋居士(號)-閔頔		
	492-(8)	831

	〈原文〉	〈譯註〉
雲州防禦使	253-(8)	395
雲中道監稅使	317-(6)	493
雲中道監倉使	244-(7)	381
蔚州點軍使	328-(14)	513
蔚珍縣尉	240-(34)	376
	373-(4)	602
	376-④	602
熊谷	630-㉚	1122
雄州	127-(5)	192
	128-(11)	193
	134-(13)	203
-雄	136-(49)	206
熊浦	26-(18)	28
元	448-①⑧	742
	449-㉗	745
	452-①	751
	458-①	765
	459-⑫	767
	463-⑰	777
	464-(1)	779
	465-(8)	780
	467-⑤	786
	485-②	813
	486-④	818
	492-(3)	829
	495-①	836
	497-①③	841
	507-(8)	861
	508-①	862
	508-⑫	864
	513-㉝	876
	517-②	884
	519-①	889
	523-(22)	896

	〈原文〉	〈譯註〉
	527-(2)	903
	533-①	915
	544-(17)	941
	553-㉜㉞	959
	559-⑪	973
	570-①	999
	583-①③	1028
	591-㊿	1049
	593-④	1053
	599-①	1069
	632-(2)	1127
	633-(10)	1129
	640-(6)	1138
→大元		
→大元國		
→蒙古		
→大朝		
圓覺社	277-(13)(15)	429
元卿	400-(32)	650
	469-(9)	790
	471-⑦	790
	569-⑨	996
	640-(12)	1140
元敬公(諡號)-林槩		
	660-(13)	1169
元公植-元傅	399-(6)	647
元冠	108-(3)	159
元瓘	**639**	**1137**
	400-(31)	650
	465-(10)	781
	482-⑥	808
	493-(10)	831
	495-⑥	837
元龜	283-(39)	439
	475-(59)	802
	479-(60)	792
元龜壽	470-(26)	792
	471-⑱	792
元克猷	469-(5)	790
	470-③	790
	495-⑤	837
願堂	166-(16)	258
→願刹		
元德	469-(7)	790
	471-⑤	790
元燾	109-(16)	161
『圓頓經』	446-㉔	739
員郎	391-㉔	633
元良(太子)	460-㊲	771
元禮	399-(6)	647
	469-(8)	790
	471-⑥	790
元老	145-(29)	223
	563-⑫	983
	568-㊲	994
圓明(僧)	467-⑧	786
圓明國師-王澄儼(僧)		
	73-(1)	104
	74-(22)	106
	77-⑭	110
元廟-元宗	407-(10)	664
	414-⑥	677
	434-(5)	714
	446-⑬	737
原廟(太祖)	571-㉔	1002
元白	30-(50)	35
→元稹		
→白居易		

	〈原文〉	〈譯註〉
元服	586-㉜	1037
元復初(元)	588-⑳	1043
元傅	**398**	**647**
	469-(8)	790
	471-⑦	790
	482-⑥	808
	495-⑥	837
	639-(4)	1137
-元	665-(17)	1176
→元公植		
→元成之(字)		
→足軒(號)		
→文純公(諡號)		
院使	44-(12)	60
	344-⑳	546
→樞密院使		
院使(元)	439-(9)	723
元庠	514-㊸	877
元序	514-㊷	877
	591-㉜	1049
元善之	446-⑱	738
	468	**789**
	517-⑫	883
元聖大王	126-(3)	190
元成之(字)-元傅		
	399-(6)	647
元松壽	470-(26)	792
	471-⑲	792
	513-㉟	876
	575-⑥	1010
→文定公(諡號)		
→忠勤贊化功臣		
洹水		
-洹	30-(54)	35

	〈原文〉	〈譯註〉
元帥	44-(16)	61
	54-(5)	75
	80-(18)	115
	89-(32)	129
	111-(23)	163
	186-(9)	291
	205-(30)	323
	330-(17)	518
	335-(18)	528
	335-(25)	529
	344-⑩	544
	344-⑫⑬	545
	346-(9)	548
	363-(15)	581
	363-(18)(20)	582
	367-(16)	589
	371-⑥	598
	602-㊳	1074
	602-㊶	1075
	611-㉛	1097
	649-(14)	1156
	651-(17)	1159
元帥,副	335-(18)	528
	611-㉕	1096
元帥幕	305-(22)	472
元帥府	344-⑫	545
元帥府奏差	559-⑪	973
元承胤	399-(7)	647
	469-(8)	790
	471-⑥	790
	639-(3)	1137
元臣	23-(39)	22
	198-(27)	312
	199-(44)	313

	〈原文〉	〈譯註〉
元深夫	469-(7)	790
	471-⑤	790
元延明	272-(4)	423
元穎	469-(7)	790
	471-⑤	790
圓悟國師	398-(16)	645
元王-元宗	413-⑤	675
	424-(6)(7)	695
	458-④	766
	459-⑬	767
	569-(7)	996
	610-②	1093
員外郎	103-(1)	151
	103-(14)	152
	151-(14)	234
	164-(26)·(27)	255
	648-(7)	1155
	654-(5)	1163
元禹卿	469-(7)	790
	471-⑤	790
元尹	446-⑮	738
	453-⑩	753
	491-㉘	827
	534-㉗	919
	543-(11)	940
圓融宗	31-(8)	37
「圓應國師碑」	225-(73)	352
元顗	497-㉗	840
元貞	639-(3)	1137
→元瓘		
元貞(年號)	422-(16)	692
	430-(8)	707
	441-⑳	727
	453-⑥	752
	502-⑩	850
	561-⑩·⑪	977
	607-⑫	1086
	639-(3)	1137
元正甫(字)-元忠		
	495-⑤	837
元宗	640-(5)	1137
-元	563-⑩	982
	611-㉛	1097
→元廟		
→元王		
→忠敬王		
元宗廢位事件	420-(31)(34)	688
	424-(5)~(6)	695
原州	272-(2)	423
	273-(15)	424
	399-(6)	647
	639-(3)	1137
→北原		
元瑨	399-(7)	647
	469-(8)	790
	471-⑥	790
	639-(3)	1137
元稹(唐)		
-元白	30-(50)	35
元徵演	469-(6)	790
	470-④	790
願刹	458-⑪	764
	642-(23)	1142
→願堂		
元天啓(字)-元沆		
	108-(3)	159
元忠	435-(14)	717
	495	**836**

	〈原文〉	〈譯註〉
	507-(9)	861
	641-(20)	1141
→王鑄		
→元正甫(字)		
→推誠佐理功臣		
元統(年號)	482-⑮	809
	483-(16)	812
	496-㉑	839
	510-⑯	869
	557-⑩	968
元平公(諡號)-金純		
	283-(2)	439
	285-(32)	442
元平公(諡號)-金漢忠		
	201-(15)·(16)	317
元豐(年號)	31-(10)	37
	143-(6)	220
元沆	**108**	**159**
→元天啓(字)		
元顥	497-㉖	840
元曉		
→和諍國師		
元詡	497-㉗	840
	501-(18)	848
元興	80-(24)	115
元興鎭	128-(10)	193
元興鎭副使	406-(4)	663
元興鎭,守	149-(6)	231
元興鎭判官	147-(3)	228
月考季考	255-(11)	398
月書季攷	96-(21)	140
月試季考	244-(1)	380
月令口義	115-(88)	170
月俸	478-㊵	799

	〈原文〉	〈譯註〉
→祿俸		
月峰寺	77-⑱	111
月城君-李蒨	611-㉓	1096
月城,尹	595-㊵	1058
月岳寺	166-(8)	258
魏繼廷	35-⑪	43
爲國亡身	351-(4)	557
圍碁	341-(18)	540
	360-㉛	577
→棋		
猬島	374-(13)	603
	376-⑭	603
韋郎	485-⑬	815
圍獵	543-(10)	940
直宿	633-(11)	1129
→宿直		
衛社功	238-(26)	371
→蔭敍		
衛社功臣-林衍	434-(4)	714
衛社殊功	328-(6)	512
韋承誼	410-(16)	669
威烈公(諡號)-金就礪		
	362-(1)	579
	411-(6)	671
	533-④	915
	581-②	1025
	582-⑰	1027
衛尉卿	64-(10)	91
	66-(24)	94
	102-(9)	150
	121-(9)	181
	122-(3)	184
	204-(15)	321
	233-(9)	364

	〈原文〉	〈譯註〉
	235-(13)	366
	432-⑤	710
	456-㊶	761
衛尉少卿	28-(13)·(14)	31
	99-(12)·(13)	145
	179-(20)	279
	203-(11)	321
	265-(10)	414
	298-(17)	461
	305-(20)	472
	319-(20)	497
	323-(14)	502
	325-⑮	508
	368-(13)	593
衛尉少尹	492-(9)	831
	561-⑰·⑱	978
	606-⑩	1085
衛尉丞	125-(14)	189
	486-③	818
衛尉丞,散	410-(14)	669
衛尉丞同正	127-(26)	191
	180-⑤	282
	192-(34)·(35)	303
衛尉寺卿	45-(24)·(25)	62
衛尉寺注簿	342-⑨	542
衛尉寺,判事	557-⑲	969
	591-57·58	1049
	591-71	1050
衛尉尹	412-(18)	673
	593-71	1055
衛尉主簿	36-㊴㊶	47
	296-(32)	458
	459-⑬	767
衛尉注簿	120-(4)	181
	175-(2)	274
	232-(23)	361
	242-(14)	378
	465-(8)	780
	611-㉕	1096
-尉簿	347-(10)	551
衛尉主夫	84-(2)	120
衛尉主夫同正	85-(19)·(20)	122
衛尉主簿同正	36-㊵	47
	97-(40)	143
	99-(22)	146
衛尉注簿同正	87-(17)·(18)	125
	118-(30)	176
	121-(19)·(20)	183
	135-(45)	206
	182-(16)	283
	240-(34)(35)	376
	486-③	818
	653-(52)	1161
衛尉注簿同政	19-(13)	17
衛尉注簿,散	330-(16)	518
衛尉,判事	163-(1)	252
	164-(20)·(21)	254
	284-(15)·(16)	441
	374-(13)	603
	376-⑬	603
衛尉判事	569-⑫·⑬	997
僞造公牒	26-(16)	27
衛主匡國功臣-崔士威		
	165-(2)	257
渭州倅	303-(14)	469
儒	528-(22)	906
→匪儒		
→宿儒		

	〈原文〉	〈譯註〉
→通儒		
䢖	510-⑳	869
儒家	77-⑫	110
	188-(38)	295
瑜伽	77-⑫	110
『瑜伽論』	77-⑬	110
瑜伽業	116-(1)	172
	160-(1)	248
	412-(22)	673
瑜伽業大選場	23-(45)	22
→僧科		
瑜伽宗	226-(82)	353
瑜伽宗中大選	208-(23)	327
→僧科		
柳璥	398-(15)	645
	413-⑤	675
	516-④	882
	522-(9)	895
	644-(15)	1146
→文正公(謚號)		
柳卿老	372-㉔	600
庾敬玄	**364**	**584**
	429-(4)	706
	457-②	763
柳繼高	517-⑫	883
庾告成	227-(3)	355
柳公權	**280**	**434**
	373-(6)	602
	376-⑤	602
	516-②	882
	522-(8)	895
→文簡公(謚號)		
→柳正平(字)		
柳公器	600-⑥	1070
庾公濬	431-(14)	708
劉冠	106-(3)	156
儒官	373-(10)	603
	376-⑨	603
柳光壽	182-(16)	283
柳光植	**337**	**534**
→戴肅公(謚號)		
劉光胄	145-(4)	224
劉光澤	90-(51)	130
柳宏	600-⑦	1070
乳嫗	374-(24)	605
	377-㉕	605
劉君濟(字)-劉載		
	48-(2)	65
兪克諧	**409**	**668**
劉及	49-(14)	67
庾黔弼	143-(5)	220
	429-(2)	706
→忠節公(謚號)		
→開國公		
→壯威翼戴匡衛協輔佐聖底定功臣		
柳沂	600-⑫	1070
柳其休	16-(5)	10
柳盧一	280-(2)	434
庾湛然(字)-庾資諒		
	355-⑤	567
柳德文	320-(7)	498
	337-(4)	534
柳敦	580-⑬	1023
	642	**1143**
→柳仁和		
→章敬公(謚號)		
柳亮	41-(10)	54
庾祿公	138-(12)	211

	〈原文〉	〈譯註〉
裕陵-睿宗	98-(4)	144
	157-(14)	243
	228-(6)	355
儒林	600-⑱	1071
儒林郎	15-(2)	8
	46-(2)	63
	75-(2)	107
	79-(6)	114
	119-③	178
	178-(1)	278
	196-(2)	309
	214-(1)	334
	255-(1)	397
	647-(3)	1154
-儒林	193-(2)	304
儒林諸家	264-(9)	411
流亡	237-(18)	370
	546-㉚	948
柳冕	119-④	178
乳母之夫	215-(15)	336
庾目眞(僧)-李德孫 妻 庾氏		
	458-⑫	764
儒門	181-(6)	283
兪文度(諡號)-兪千遇		
	449-㉑	744
劉文志	132-(19)	201
宥密(樞密院)	132-(15)	200
柳民則(字)-柳邦憲		
	16-(5)	10
劉邦儀	**106**	**156**
→劉安石(字)		
柳邦憲	**16**	**10**
	50-(2)·(3)	68
→柳民則(字)		
→貞簡公(諡號)		
→河東縣開國侯		
兪伯	410-(13)	669
柳伯濡	586-㊾	1037
柳法攀	16-(5)	10
柳寶鉢	470-(27)	792
	471-⑲	792
柳甫發	**516**	**882**
	540-㉖	933
柳寶春	281-(3)	435
兪傅	410-(14)	669
有備倉	443-(13)	733
有備倉副使	538-㉔	927
有備倉提擧	505-⑫	857
庾賓王(字)-庾應圭		
	227-(3)	355
儒士	108-(4)	159
	183-(9)	285
	554-⑥	962
流沙(고비사막)	118-(33)	176
有司試	515-⑪	879
兪師昌	409-(2)	668
乳山	114-(67)	168
柳尙左	517-⑬	883
儒生	48-(9)	66
	167-(27)	259
	595-㊴	1058
儒書	117-(10)	173
	167-(25)	259
庾瑞-庾自偶	429-(2)	706
劉碩	**145**	**223**
儒釋(儒教와 佛教)		
	213-(3)	333
	213-(10)	334

	〈原文〉	〈譯註〉
	273-(6)	423
	612-②	1098
庾說	143-(5)	219
柳成桂	600-⑦	1070
庾成一	413-⑧	676
庾世方-庾垓	457-③	763
柳韶	487-⑬	820
留守萬戶	640-(9)	1139
柳受益(字)-柳潤謙		
	16-(6)	10
柳淑	**599**	**1069**
→柳純夫(字)		
→文僖公(謚號)		
→瑞寧君		
→安社功臣		
→忠勤節義贊化功臣		
柳純夫(字)-柳淑		
	600-②	1069
儒術	101-(11)	148
	154-(3)	239
	566-⑥	989
儒術吏事	556-②	966
柳陞	479-⑦	804
	516-⑥	883
	522-(10)	895
	530-(40)	909
	644-(15)	1146
→永嘉府院君		
→貞愼公(謚號)		
劉升卿	49-(14)	67
柳湜	519-⑬	888
儒臣	17-(12)	11
	92-(9)	132
	132-(6)	199

	〈原文〉	〈譯註〉
	584-㉛	1032
柳伸	320-(7)	498
	337-(3)	534
→忠愼公(謚號)		
柳實	600-⑧	1070
-密直	600-④	1069
	600-⑩	1070
劉安石(字)-劉邦儀		
	106-(2)	156
庾良俊	542-㉒	937
庾億	431-(14)	708
	431-(16)	709
庾彦卿	227-(4)	355
劉穎	106-(6)	156
柳英材	320-(6)	498
	337-(4)	534
柳英材 妻 趙氏		
	320	**498**
庾溫仁	155-(7)	241
庾鬱行	25-(3)	26
柳元茂	608-㉚	1088
-驪興	608-㉜	1088
兪元夫	409-(3)	668
兪元胥	653-(50)	1161
留鉞	382-(17)(19)	615, 616
兪兪頙	409-(2)	668
柳潤謙	16-(6)	10
→柳守益(字)		
庾應圭	**227**	**355**
→庾賓王(字)		
庾益	431-(14)	708
柳仁奇(柳仁琦)	516-⑦	883
→文化君		

	〈原文〉	〈譯註〉
→溫靖公(諡號)		
柳仁明	398-(17)	646
柳仁著	39-(17)	52
柳仁和-柳墩	642-(4)	1143
儒者	153-(24)	238
	216-(32)	337
	222-(11)	347
	459-⑮	767
	521-㉕	893
猶子	649-(17)	1156
→親族		
庾資諒	**355**	**566**
	364-(3)	584
	429-(4)	706
→庾湛然(字)		
庾自偶	**429**	**706**
→庾瑞		
柳子維	**49**	**67**
	60-(24)	83
	190-(15)	299
	202-(7)	318
→良平公(諡號)		
劉載	**48**	**65**
	176-(4)	274
→劉君濟(字)		
→定懿公(諡號)		
遊畋	534-㉔	918
→狩獵		
柳挺先	330-(15)	517
柳正平(字)-柳公權		
	280-(2)	434
劉祚	145-(5)	224
兪存粹(僧)	410-(14)	669
儒宗	288-(7)	447

	〈原文〉	〈譯註〉
儒州 柳氏	516-②	882
柳周鐸	50-(3)	68
劉志誠	**15**	**8**
→質良公(諡號)		
柳之演	465-(11)	781
柳鎭	644-(16)	1146
柳車達		
→車達		
流竄	173-(6)	269
劉昌緖	392-⑨	635
	416-(4)	681
柳祀雲(僧)	**50**	**68**
→等觀僧統		
兪千遇	449-㉛	746
	492-(5)	830
→文度公(諡號)		
柳寵	281-(3)	435
柳總	644-(14)(16)	1146
柳澤	522-(9)	895
	644-(15)	1146
庾弼	227-(4)	355
	364-(2)	584
	429-(3)	706
→恭肅公(諡號)		
→輸忠同德佐理功臣		
儒學	151-(9)	234
	288-(6)	447
	466-④	782
儒學敎授	455-㉓	758
	515-⑨	879
儒學提擧	466-③	782
	634-(22)	1131
柳漢	600-⑫	1070
劉漢英	145-(5)	224

	〈原文〉	〈譯註〉
庾垓	430-(5)	706
	457-③	763
→庾世方		
劉炫取	16-(9)	9
流刑	490-⑬	825
柳惠剛	600-⑪	1070
柳惠南(僧)	600-⑪	1070
柳蕙符	559-⑨	972
柳惠和	600-⑪	1070
柳洪	160-(6)	248
庾弘	429-(4)	706
	457-②	763
	506-(4)	860
流化府	351-(3)	557
柳厚	600-⑨	1070
-摠郎	600-⑫	1070
六經	115-(100)	171
	125-(11)	189
	137-(3)·(4)	209
	494-⑮	835
六經七略之書	31-(8)	37
六官	58-(5)	79
	190-(6)	300
	492-(5)	830
六館諸生	239-(7)	372
六管諸生	352-(9)·(10)	558
六軍	611-⑭	1094
→六師		
六鈞之弓	269-(2)	418
六代孫	304-(8)	471
→親族		
六大外孫	403-(3)·(4)	657
→親族		
六代祖	327-(5)	512
	662-(8)	1171
→親族		
六洞三清	124-(16)	187
『六百般若經』	546-⑲	946
→『般若經』		
六部諸曺	455-⑳	758
六比	77-⑯	110
六師	346-(9)	548
→六軍		
六尙書	526-(12)	902
六世內孫	143-(3)	219
→親族		
六世孫	137-(2)	209
	492-(4)	830
→親族		
六世外孫	143-(4)	219
→親族		
肉食	608-㊱	1089
六藝	214-(6)	335
	242-(19)	379
	450-(4)	748
→君子六藝		
六鼇	355-(37)	565
→鼇		
「六字大明眞言」		
	386-(24)	623
→眞言		
六丁	378-(41)	608
	375-(41)	608
六宗	31-(8)	37
	31-(12)	38
	32-(23)	39
六塵	203-(19)	319
六尺之軀	122-(11)	185

	〈原文〉	〈譯註〉
六品	554-④	962
	601-⑳	1072
	619-(6)	1109
尹可觀	611-㉕	1096
尹江	609-⑬	1092
尹警韶(僧)	144-(24)	222
尹繼廷	439-(8)	723
尹公輔	349-(2)	554
尹瓘	35-⑪	43
	44-(16)	61
	111-(17)	163
	113-(66)	168
	141-(5)	215
	253-(5)	395
	445-⑨	737
	541-②③	934
	606-⑧	1085
→尹灌		
→天水公		
→文敬公(諡號)		
→文肅公(諡號)		
→鈴平郡開國伯		
→推忠奉義配享功臣		
→推忠佐命平戎拓地鎭國功臣		
尹灌-尹瓘	59-(6)	81
	186-(9)	291
	334-(6)	526
尹光緖	193-(7)	305
尹龜生	578-㊷	1019
	609-②	1090
尹龜生 妻 崔氏		
	608	**1090**
尹君正	610-②	1093
尹均	541-④	934
尹克敏	405-(15)	660
	445-⑨	737
	480-③	806
→文平公(諡號)		
尹金剛	606-⑥	1085
尹德元(僧)	142-(42)	217
尹惇信	114-(77)	169
	158-(43)	245
	606-⑩	1085
尹惇義	114-(79)	169
尹東明	579-㊹	1019
尹萬庇	610-③	1093
尹明瞻	142-(39)	217
尹茂宗	579-㊻	1020
尹播	483-(7)	811
尹寶	611-㉔	1096
尹琣	438-(2)	722
	607-⑪	1086
→鈴平君		
→玲平府院君		
尹琣 妻 朴氏	**438**	**722**
尹復元	606-⑩	1086
尹逢	390-④	630
→明義公		
→三韓功臣		
尹鳳生	579-㊸	1019
尹嗣宗	579-㊺	1020
尹師瞻	142-(41)	217
	142-(46)	218
尹商季	606-⑩	1085
尹碩	610-④	1093
→忠勤節義同德贊化保定功臣		
→海平府院君		
尹先	267-(7)	416
尹宣佐	504-㊹	855

	〈原文〉	〈譯註〉
	541	**934**
	577-⑨	1014
-予	503-㊴	854
-壯元	578-㊴	1019
→尹淳叟(字)		
尹先之	111-(14)	163
	141-(4)	215
	606-⑥	1085
尹宣暢(僧)	579-㊺	1020
尹世芳	541-④	934
尹韶	47-(10)	64
→襄毅公(謚號)		
尹紹宗	576-②	1013
	579-㊻	1020
	586-(58)	1036
	609-⑤	1091
-典儀	609-⑫	1092
尹松筠	391-㉒	632
	391-㉔	633
尹松竹	391-㉒	632
尹須	611-㉖	1096
尹壽	193-(4)	304
	390-⑤	630
尹修已	143-(4)	219
尹秀宗	579-㊻	1020
尹壽瞻	142-(41)	217
尹守平	577-⑦⑨	1014
-先君	578-㉞㊳	1018
尹守玄	143-(4)	219
尹純	607-⑪	1086
尹淳叟(字)-尹宣佐		
	541-②	934
尹承順	614-㉘	1102
尹承解	193-(6)	305

	〈原文〉	〈譯註〉
	390	**629**
→尹子長(字)		
尹湜	540-㉖	932
尹莘	611-㉖	1096
尹莘傑	**493**	**833**
→尹伊之(字)		
→杞城君		
→純誠輔理功臣		
尹莘係	439-(8)	723
尹莘達	541-②	934
	606-⑤	1085
→三韓功臣		
→莘達		
尹新福	143-(3)	219
尹安□	438-(6)	723
尹安淑	439-(7)	723
尹安勝	439-(8)	723
尹諳	438-(6)	723
	607-⑪	1086
尹良庇	494-⑥	833
	576-④	1013
輪魚之觀	641-(16)	1140
尹彥旼	**140**	**215**
→日章(號)		
尹彥旼 妻 李氏		
	142-(59)	218
尹彥植	243-(26)	379
尹彥榮	47-(7)	64
尹彥榮 妻 柳氏	**46**	**63**
→河源郡君 柳氏		
尹彥頤	**110**	**162**
	239-(6)	372
	266-(15)	414
	334-(6)	526

	〈原文〉	〈譯註〉
	606-⑨	1085
→文康公(謚號)		
→尹元老(字)		
尹永洙	144-(24)	222
尹永湜	144-(25)	222
尹永源	144-(25)	223
	194-(14)	307
尹永濬	144-(24)	222
	144-(25)	223
尹于一	336-(46)	533
尹元卿-尹鷹瞻	349-(2)	553
尹元紀	193-(8)	305
尹元老(字)-尹彦頤		
	110-(13)	163
尹威		
→天水		
尹裕延	119-④	178
	193	**304**
	390-⑤·⑥	630
尹維楨	494-⑥	833
尹惟孝	361-㊳	578
尹殷錫	349-(3)	554
尹膺	542-㉒	937
尹應植	541-④	934
尹應瞻	**349**	**553**
→尹元卿		
→尹赫之(字)		
尹伊錫	49-(19)	67
尹伊之(字)-尹莘傑		
	493-②	833
尹麟瞻-尹鱗瞻		
	541-③	934
尹鱗瞻-尹麟瞻		
	90-(52)	131

	〈原文〉	〈譯註〉
	114-(73)	168
尹日章(字)-尹彦旼		
	141-(3)	215
尹子固	114-(75)	169
	174-(34)	272
	334-(6)	526
尹子奇(字)-尹侅		
	606-⑤	1085
尹子讓	114-(75)	169
尹子長(字)-尹承解		
	390-④	630
尹祚明	143-(4)	219
尹宗諤	114-(74)	169
尹宗諹	**265**	**413**
尹宗元	193-(5)	305
尹宗海	541-③·④	934
尹宗誨	114-(74)	169
尹仲德(字)-尹澤		
	576-④	1013
綸旨	424-(9)	696
尹智偁(僧)	**276**	**428**
→尹致原(字)		
→通炤僧統		
尹之彪	**610**	**1093**
→忠簡公(謚號)		
→海平君		
尹珎	611-㉔	1096
→海平君		
尹執衡	111-(14)	163
	141-(4)	215
	606-⑥	1085
尹粲	542-⑲㉑	937
尹彰	611-㉖	1096
尹昌宗	579-㊺	1020

	〈原文〉	〈譯註〉
尹淸瞻	142-(40)	217
尹棣	542-㉑	937
尹冲坦(僧)	439-(7)	723
尹致原(字)-尹智㑘(僧)		
	276-(1)	428
尹致虛(僧)	142-(38)	217
尹澤	542-㉕	938
	576	**1013**
→尹仲德(字)		
→栗亭(號)		
→文貞公(諡號)		
尹誧	**143**	**219**
	194-(14)	307
→尹諧		
→烈靖公(諡號)		
尹河	609-⑬	1092
尹諧	542-㉑	937
	576-④	1013
-正獻	576-⑤	1013
	577-⑦⑧	1014
	578-㉞㉟	1018
尹侅	**606**	**1084**
→尹子奇(字)		
→坡平君		
尹諧-尹誧	143-(3)	219
尹奕	491-㊴	829
→野齋(號)		
→樗軒(號)		
尹赫之(字)-尹應瞻		
	349-(2)	553
尹衡	193-(4)	304
	390-⑤	630
尹衡	494-⑱	835
尹虎	608-㉙	1088
-密直	607-㉔	1087
	608-㉚	1088
	608-㉝㊱	1089
尹匯	609-⑬	1092
尹會宗	579-㊻	1020
	609-⑧⑨	1091
-博士	609-⑬	1092
尹孝惇(僧)	114-(77)	169
尹孝脩(僧)	142-(40)	217
尹孝宗	579-㊺	1020
尹珝	494-⑥	833
尹候肅	349-(3)	554
尹暉	494-③⑤	833
	494-⑲	836
尹興宗	579-㊻	1020
尹希甫	494-⑱	835
	501-(18)·(19)	848
栗	648-(6)	1154
律	309-(23)	480
律令	78-(10)	113
律令勅	72-(11)	103
律師	350-(19)	555
→僧侶		
栗亭(號)-尹澤	576-①②	1013
	579-㊽	1020
	579-㊾	1021
	609-②	1090
栗村	605-㉜	1083
隆祥提點所提點		
	513-㉛	876
戎臣	572-㉙	1003
隆興(年號)	213-(4)	333
銀	34-(4)	41
→白銀		

	〈原文〉	〈譯註〉
銀器	186-(5)	291
	186-(15)	292
銀泥字	642-(24)	1142
『銀臺詩』	530-(61)	911
恩例	317-(18)	495
恩門	147-(6)	228
	398-(15)	645
殷氏(睿宗 後宮)		
	168-(4)	261
銀魚	665-(13)	1176
→緋衣銀魚		
殷栗縣郡 洪氏-兪克諧 妻		
	410-⑫	669
銀印	631-㉟	1124
銀字	641-(18)	1141
殷州	344-⑬	545
	363-(15)	581
銀州郡	416-(4)	681
銀□	643-(5)	1143
銀川縣君 趙氏-朴景仁 妻		
	52-(22)	72
銀青光祿	213-(5)	333
銀青光祿大夫	47-(4)	64
	49-(1)	67
	110-(4)(12)	162
	120-(1)	180
	121-(13)·(14)	182
	171-(18)·(19)	266
	223-(43)	349
	235-(14)	367
	284-(21)	441
	314-⑬	488
	323-(23)	503
	326-㉕·㉖	509
	331-(28)	519
	333-(59)	524
	335-(17)	528
	338-(15)	535
	343-①	543
	345-(3)	548
	353-(22)	561
	355-①	566
	356-㉑	569
	360-㉒	576
	364-(1)	584
	364-(3)	584·585
	365-(12)	585
	366-(1)	587
	367-(17)	590
	374-(16)	604
	376-⑯	604
	379-(13)	611
	381-(1)	613
	382-(20)	616
	395-(8)	640
	399-(16)	648
	403-(3)	657
	404-(8)	658
	406-(3)	663
	411-(6)·(7)	671
	414-③	677
	427-⑥	701
	429-(4)	706
	430-(5)	706
	432-⑥⑦	710
	432-⑪	711
	434-(3)	713

	〈原文〉	〈譯註〉
	434-(6)	715
	445-⑤	737
	451-(10)(11)	749
	485-③	814
	524-⑥	898
	552-㉚	959
	558-②·③	971
	570-④	999
	590-㊿	1048
	618-(4)	1108
	629-⑫	1120
	631-㊲	1124
銀青榮祿大夫	601-㉜	1073
銀海寺	129-(25)(28)	194
銀潢	259-(3)	403
	260-(21)	405
乙科	21-(9)	19
	39-(9)	50
	42-(31)	56
	79-(8)	114
	88-(13)	127
	194-(7)	306
	281-(6)	435
	395-(4)	639
	418-(6)	683
	459-⑫	766
	517-⑥	885
→及第		
乙第	163-(10)	253
	202-(7)	318
	202-(9)	319
	274-(2)	425
	351-(7)	558
	442-㊴	730
→及第		
蔭	28-(26)	32
	63-(62)	87
	85-(18)	122
	92-(23)	134
	163-(9)	253
	174-(33)	272
	192-(33)	303
	228-(8)	355
	307-(10)	475
	335-(20)	529
	348-(20)	552
	386-(15)	621
	533-⑧	916
	640-(5)	1138
	656-(5)	1165
→蔭敍		
廕	60-(26)	83
	495-⑦	837
→蔭敍		
蔭官	26-(22)	28
→蔭敍		
飮器	368-(10)	592
淫巫瞽史之說	250-(19)	390
蔭敍		
→家蔭		
→高祖蔭		
→高祖之父蔭		
→功臣門蔭		
→門功		
→門蔭		
→門子		
→門資		
→門地		

	〈原文〉	〈譯註〉
→父蔭		
→父任		
→父之外高祖門蔭		
→先祖蔭		
→外高祖門蔭		
→外高祖父蔭		
→衛社功		
→蔭, 廕		
→蔭官		
→蔭職		
→子孫入仕		
→祖門蔭		
→祖父蔭		
→祖蔭		
→七代祖門蔭		
陰城郡大君 朴氏-梁公紹 妻		
	170-(2)·(3)	265
陰城縣尉	243-(27)	379
陰城縣戶長	172-(26)	267
陰陽	110-(6)	162
	499-(3)	845
陰陽家	420-(29)	687
陰陽拘忌	594-㉘	1056
陰陽不軌之說	183-(18)	286
陰陽秘訣	454-⑧	756
陰陽准步之法	468-⑭	787
陰陽之說	77-⑫	110
音律	144-(20)	222
	450-(4)	748
飮酒	372-⑳	600
	543-(10)	940
	593-⑦	1053
	608-㊱	1089
飮酒歡笑	336-(33)	531

	〈原文〉	〈譯註〉
陰竹安氏	486-③·④	818
蔭職	84-(4)	120
	233-(12)	364
→蔭敘		
陰平郡夫人 朴氏-金方慶 妻		
	440-⑩	726
陰平郡夫人 安氏-朴誠 妻		
	486-④	818
邑長	163-(4)	253
→鄕吏		
邑戶長	19-(10)	16
→鄕吏		
鷹	272-⑫	421
應擧	28-(10)	31
	233-(12)	364
	487-⑪	819
→科擧		
應擧試,知	633-(13)	1129
→知貢擧		
鷹犬	122-(4)	184
應敎編修	555-⑰	964
膺亮(僧)	37-㊺	48
應奉	360-⑰	575
凝石寺	199-(36)	312
膺善府	448-⑪	743
膺善府牽龍行首		
	448-⑪	743
膺善府錄事	508-⑥	862
膺善府右詹事	397-(9)	644
	454-⑤	755
膺善府左詹事	422-(15)	692
	518-③	887
鷹揚軍,主	510-⑭	868
鷹揚軍大將軍	180-②	281

	〈原文〉	〈譯註〉
	500-(13)	847
鷹揚軍大護軍	503-㉝·㉞	853
	512-⑪	873
鷹揚軍上將軍	424-(8)	696
	502-⑥	849
	631-㊴	1124
鷹揚軍上護軍	443-(5)	732
鷹揚軍護軍	443-(12)	733
	644-(17)	1147
鷹揚大護軍	611-㉔	1096
鷹揚府攝郎將	330-(20)	518
鷹揚上將	413-⑥	675
鷹鶻	240-(24)	374
應制	97-(34)	142
應製	178-(17)	279
醫	77-⑫	110
	141-(9)	215
	470-(25)	792
	471-⑰	792
→御醫		
→良醫		
醫家	71-(23)	101
義堅	635-(28)	1132
醫官	127-(2)	192
	256-(28)	399
	349-(7)	554
→御醫官		
衣冠甲族	434-(4)	714
→貴族		
衣冠童女之選	412-(23)	674
衣冠胤胄	424-(6)	695
衣冠子弟	502-⑧	850
衣冠之族	663-(20)·(21)	1172
→貴族		
衣冠縉紳	324-(32)	504
	326-(36)	510
	391-⑫	631
→貴族		
衣對	186-(15)	292
懿德府丞	614-㉜	1102
宜寧郡大夫人 沈氏-廉德方 妻		
	93-(6)	135
	200-(1)·(2)	314
義龍山	102-(15)	150
	150-(21)	232
	188-(45)	296
倚龍山	216-(41)	338
毅陵-忠肅王	507-(10)	861
	508-⑫	864
	512-⑥	872
	512-⑭	873
	516-⑨⑪	883
	534-㉖	919
	553-㊹·㊺	960
	554-③⑤⑥⑦	962
	554-⑧⑪	963
	561-⑭⑰	978
	566-⑩	990
	577-⑬	1015
	579-㊽	1020
	579-㉛	1021
毅廟-毅宗	234-(7)	366
	259-(7)	403
	278-(4)	431
	289-(8)	447
	356-⑧	567
醫門	349-(12)	555
衣鉢	395-(5)	640

	〈原文〉	〈譯註〉
醫卜	77-⑫	110
義父	274-(3)	425
義庇	323-(16)	502
	323-(16)	503
	325-⑰⑱	508
	326-⑲	508
醫書	205-(31)	323
義成倉,提擧事	444-(14)	734
義城縣	418-(4)	683
	462-⑯	774
醫術	70-(2)	100
	213-(3)	333
	656-(7)	1165
義安郡	237-(14)	370
義安郡監務	296-(28)	457
醫藥	86-(11)	124
	127-(2)	192
	630-㉔	1122
→藥		
義盈庫副使	600-⑩	1070
義盈庫使	431-(14)	708
醫王寺	26-(12)	27
懿靜王后 王氏-明宗 妃		
	260-(11)	404
毅宗	228-(6)(10)	355
	240-(26)	375
	250-(17)	390
	253-(7)	395
	261-(6)	406
	271-④	420
	305-(30)	473
-今上	86-(10)	124
	90-(37)(38)	130
	109-(12)	161

	〈原文〉	〈譯註〉
	114-(83)	169
	115-(85)(92)	170
	117-(20)	175
	139-(7)	213
	146-(11)	225
	153-(11)	237
	168-(12)	262
	174-(23)	271
	176-(21)	276
	184-(25)	287
	191-(14)·(15)	301
	654-(62)	1162
-上	90-(40)(42)	130
	103-(12)	152
	110-(3)(11)	162
	117-(21)	175
	121-(15)	182
	132-(15)	200
	135-(40)	205
	138-(12)	211
	144-(19)(22)(23)	
		222
	149-(11)	231
	149-(13)	232
	151-(10)(12)	234
	151-(20)(27)	235
	160-(12)	249
	161-(16)(18)	249
	166-(15)	258
	168-(13)	262
	169-(15)(16)(18)(19)(20)	
		262
	171-(19)	266
	171-(23)	267

	〈原文〉	〈譯註〉
	177-(22)(24)	276
	177-(29)	277
	178-(15)(16)(18)	279
	184-(30)	288
	184-(34)(35)	289
	198-(21)(23)(25)(28)	312
	199-(32)	312
	204-(20)	322
	218-(21)	341
	218-(31)	342
	224-(44)	349
	245-(15)(19)	382
	281-(8)	435
-聖代	177-(26)	276
-聖朝	151-(30)	235
-我聖	118-(38)	177
-前君	223-(39)	349
-前王	218-(21)	341
-主上	115-(93)	170
	158-(34)	245
	174-(35)	273
→毅廟		
毅宗大王	260-(10)	404
懿仲(齊)	485-⑫	815
義州	248-(15)	387
	363-(20)	582
	409-(8)	669
義州分道	231-(9)	360
	248-(14)	387
	262-(25)·(26)	408
義州判官	409-(6)	669
義天-王釋煦(僧)		
	31-(3)	36
懿親宮錄事	171-(8)	265
義學	117-(10)	173
義俠	510-⑦	867
義和宅主 李氏-金希祖 妻		
	590-51·52	1048
議會	456-31	759
義興府院君-金上琦		
	574-63	1007
尼	426-(6)	699
	437-(21)	721
	446-27	740
	590-54	1048
吏	79-(12)	114
	88-(14)	127
	330-(19)	518
	390-⑦⑧	630
	464-(5)	779
	534-⑲23	918
李殼	199-(39)	313
李侃	**315**	**490**
-李去華(字)		
→李方榮		
吏幹	99-(14)	145
	99-(27)	147
	403-(5)	657
	406-(5)	663
	423-(19)	693
	427-⑬	702
	437-(9)	720
	449-⑲	744
李幹機	19-(12)	17
李幹方	19-(11)	16
吏幹虎略	372-21	600

	〈原文〉	〈譯註〉
鼇降	259-(7)	404
	543-(4)	939
李岡	566-④⑤	988
	567-㉗	993
	568-㉜	993
	574	**1009**
→李綱		
→李思卑(字)		
→文敬公(諡號)		
李綱-李岡	575-⑩	1010
李居明	588-⑤	1040
李居實(字)-李世華		
	371-②	597
李去華(字)-李侃		
	315-(3)	490
李堅雄	202-(4)	318
李堅遠	19-(4)	16
→翼戴公(諡號)		
吏卿	412-(14)	672
李景芳	645-⑦	1149
李景星(僧)	311-(5)	484
李繼□	257-(36)	400
李季瑊	412-(23)	674
	446-⑰	738
李係孫	590-(51)	1048
-典農正	591-(66)	1050
李繼英	439-(9)	723
	439-(14)	724
李古雲(字)-李嵒		
	566-⑥	989
伊皐	26-(23)	28
→伊尹		
→皐陶		
李穀	508-④	862
	515-⑦	878
	517-②·③④	885
	544-(19)(21)	942
	547-④⑤	950
-先子	576-②	1013
-我	538-㉚	928
-余	517-⑭	884
-予	537-③⑤⑥	924
	542-㉕㉘	938
	544-(17)	941
	544-(20)	942
→稼亭(號)		
→韓山君		
李袞	591-(63)	1049
李公遂	537-⑯	926
	539-⑫	930
	570	**999**
→南村(號)		
→文忠公(諡號)		
→益山府院君		
→推忠守義同德贊化功臣		
李公壽	**63**	**88**
	204-(27)	322
→李壽		
→李元老(字)		
→文忠公(諡號)		
→同德功臣		
→推忠衛社功臣		
→推忠衛社同德功臣		
李公升	239-(14)·(15)	373
	244	**380**
-李公	239-(16)	374
李公儀	53-(7)	74
李公著	**67**	**97**

	〈原文〉	〈譯註〉
李灌	377-㉟	607
李琯	418-(14)	685
	555-㉙	965
→駕洛君		
李冠珎	134-(16)	203
李廣(漢)		
-李將軍	241-(3)	377
李光起	501-(17)	848
李光翊	501-(17)	848
李光挺	356-⑨⑪	567
李光弼	271-③	420
李龜壽	132-(21)	201
李君侅-李嵒	566-⑤	989
	611-⑭	1094
李貴生	614-㉚	1102
李揆	272-(2)	423
李奎報	**373**	**601**
-予	313-③④	487
	314-⑱	489
	324-(33)(34)	505
	326-㊱	510
	327-㊲	510
	339-⑤	538
	342-②③	541
	343-②	543
	357-㉙	570
	370-③	594
	370-⑦	595
	370-⑭⑮	596
	372-㉕	600
	390-②	629
	391-㉕㉖	633
	392-⑩	635
-吾	339-②	538
→李唐白		
→李仁氏		
→李春卿(字)		
→文順公(謚號)		
→海東孔子		
李克禮(字)-李仁復		
	583-⑧	1029
李克和	273-(6)	423
李金書	588-⑥⑦	1040
→三韓功臣		
李金現	588-⑤⑥	1040
理琦僧統	136-(9)	207
李奇平	64-(3)	89
李南冲	645-⑦	1149
李樂軒	459-⑫	757
→李藏用		
李乃猷(僧)	591-㊽·㊾	1049
李隴西公	**19**	**97**
吏能	427-③·④	700
	443-(11)	733
李端	202-(5)	318
異端	515-⑭	880
李達尊	480-⑮	805
	517	**884**
	590-㊾	1048
→李天覺(字)		
李達衷	536-㊿	922
-予	560-③	976
李湛	596-⑩	1060
→深岳君		
李曇機(僧)	235-(23)	367
李唐鑑	55-(19)	76
	647-(3)·648-(4)	1154

	〈原文〉	〈譯註〉
李唐白-李奎報	373-(5)	602
	376-⑤	602
李唐琰	263-(32)	409
李黨-李資義黨	46-(27)	63
李黨-李資謙黨	117-(17)	174
李唐仁	144-(14)	221
李唐宰	159-(22)	247
李唐柱	159-(22)·(23)	247
李唐俊	159-(23)	247
李唐泌	159-(23)	247
李德鄰	240-(36)	376
李德林	518-⑩	886
	591-㊾	1049
-驪興	591-㊿	1050
李德孫	**413**	**675**
	457-④	763
→李岾		
→壯淑公(諡號)		
李德孫 妻 庾氏		
	457	**763**
李德允	46-(2)	63
李德載	361-㊳	578
移島出陸(元宗11)		
	434-(5)	714
→開京還都		
李敦文	520-⑭	891
李棟民	274-(1)	425
李東天	162-(12)	252
李得堅	588-⑧	1041
李得霖	605-㉕㉖	1083
李得禧	520-⑭	891
二等功臣	412-(13)	672
	607-㉕	1088
→功臣		
李鸞	129-(31)	195
李亮	591-(66)	1050
	592-(75)	1051
伊呂	304-(3)	470
→伊尹		
→呂尙		
吏路	427-⑪	701
二陵	187-(24)	293
李萬年	583-⑪	1029
姨母	453-⑱	754
李牧	568-㉝	993
李蒙正	644-(17)	1147
李文絳	106-(7)·(8)	156
李文庇	413-③·④	675
理問所	551-⑨	956
李文著	60-(27)	83
李文著	**234**	**365**
李文鐸	**238**	**372**
→李仁聲(字)		
李民善	234-(4)	365
李密	591-(70)	1050
李蟠	591-(63)	1049
吏方	179-(31)	280
李方均	418-(5)	683
李方晌	462-⑰	774
李方榮-李侃	315-(3)	490
李培	547-③④	950
李百中	275-(27)	427
李伯謙	592-(76)	1051
李伯恭	592-(75)	1051
李百年	583-⑪	1029
	610-⑪	1094
李百藥(字)-李翮		
	27-(3)	30

	〈原文〉	〈譯註〉
李法源(僧)	**339**	**538**
李俰光	92-(24)	134
→邵城居士		
李寶林	590-㊻	1049
	594-㉞·㉟	1057
李輔予	158-(1)·(2)	246
李輔予 妻 李氏		
	158	**246**
異腹-胞異	445-⑪	737
李復基	151-(6)	234
李鳳儀	90-(54)	131
吏部(尙書)	65-(11)	91
二府(僉議府,密直司)		
	449-㉒	745
	469-(4)	789
	470-②	789
	473-㉕	797
	474-㊸	800
	477-㉖㉜	797
	478-㊹	800
吏部	65-(19)	93
	459-⑳	768
	575-⑰	1011
	594-㉜	1057
→銓部		
→天部		
吏部郎中	21-(13)	19
	39-(16)	51
	44-(8)	59
	59-(12)	82
	111-(31)	164
	149-(9)	231
	179-(19)	279
	183-(17)	286
	403-(6)	658
	575-⑭	1011
吏部郞	295-(11)	456
	384-(12)	618
理部散郎	579-㊹	1020
吏部尙書	22-(21)	20
	28-(17)	31
	44-(12)	60
	89-(34)	129
	90-(46)	130
	151-(23)	234
	171-(19)	266
	176-(15)	275
	184-(28)	288
	204-(17)	321
	270-(13)	419
	284-(20)·(21)	441
	310-(38)	482
	323-(24)	503
	326-㉗	509
	331-(28)	519
	331-(33)(34)	520
	335-(17)·(18)	528
	345-(4)	548
	383-(2)	617
	384-(19)	619
	388-(21)	625
	399-(18)	649
	435-(13)	717
	629-⑤	1119
理部尙書	613-⑮	1100
吏部侍郞	21-(5)	18
	62-(31)	85
	121-(18)	183

	〈原文〉	〈譯註〉
	164-(15)	254
	176-(14)	275
	223-(37)	349
	235-(12)	366
	245-(17)	382
	281-(16)	436
	323-(19)	503
	326-㉒	509
	328-(16)	514
	334-(13)	527
	344-⑲	546
	353-(17)	560
	372-⑱·⑲	599
	384-(16)	619
	397-(8)	644
	401-⑨·⑩	653
	404-(7)	658
	451-(8)	749
	452-(21)	751
	652-(40)·(41)	1160
吏部試員外郎	256-(19)	399
吏部令史	290-(3)	449
吏部員外	21-(13)	19
	354-(35)	563
吏部員外郎	233-(8)	364
	323-(10)	502
	325-⑪	507
	381-(10)	614
	384-(11)	618
-吏部	305-(18)	472
→尙書吏部員外郎		
吏部員外郎中	399-(12)	648
吏部,知	331-(30)	519
	360-(17)	575

	〈原文〉	〈譯註〉
吏部,知事	21-(17)	20
	282-(23)	437
	331-(30)	519
	338-(15)	535
	629-⑪	1120
吏部,判	387-(2)	623
吏部,判事	65-(18)	93
	84-(3)	120
	138-(11)	210
	138-(14)	211
	157-(2)	243
	192-(36)	303
	221-(5)	346
	228-(5)	355
	253-(5)	395
	304-(10)	471
	331-(38)	521
	334-(4)·(5)	526
	336-(41)	532
	354-(27)	562
	356-⑦	567
	359-②	573
	360-㉚	577
	362-(1)	579
	363-(25)	583
	379-(1)	609
	380-(19)	611
	387-(2)	623
	387-(11)	624
	388-(22)	625
	407-(8)	664
	411-(4)	670
	411-(5)(8)	671
	414-②·③	676

	〈原文〉	〈譯註〉
	432-③	710
	432-⑫	711
	434-(3)	713
	454-⑥	755
	459-⑥⑨	766
	606-⑦	1085
	630-⑮	1120
李汾陽	412-(17)	673
李秘	240-(35)	376
李庇民(字)-李瑞林		
	311-(2)	484
李份	230-(3)	359
	232-(23)(26)	361
吏事	101-(11)	148
	338-(20)	536
	556-②	966
李思絳	214-(5)	335
李俟傑	501-(18)	848
李思卑(字)-李岡		
	575-⑩	1010
李師象	67-(2)	97
李思義	557-㉓	970
伊山	160-(11)	248
伊山縣	603-㊻·㊼	1077
李三寶	501-(18)	848
二相	551-⑪	956
李象先	202-(6)	318
李上元	501-(18)	848
李穡	513-㉘㉙	875
	557-⑳	969
	558-①	971
	565-㊸	987
	566-④⑤	988
	574-㊳	1008

	〈原文〉	〈譯註〉
	575-⑧⑨	1010
	583-④⑤⑦	1028
	585-㊽	1035
	586-㊽	1036
	586-㊾	1037
	587-㊾⑳	1038
	593-⑥	1053
	594-㉒㉗	1056
	594-㉝	1057
	599-⑩	1067
	600-④⑤	1069
-我	553-㊴	959
	570-㉔	999
	576-㉔	1012
	614-㊳	1104
-吾	553-㊵㊷	960
	557-㉖	970
	575-⑧⑨	1010
	609-⑤	1091
	614-㊱	1103
-予	553-㊲㊳	959
	557-㉕	970
	559-㉒	974
	563-②	981
	569-⑳	998
	576-②③	1013
	582-⑮	1027
	583-⑧	1029
	598-③	1066
	604-⑦⑧	1080
	606-③④	1085
	608-㊳	1089
	609-⑨	1091
	611-㉘㉙	1096

	〈原文〉	〈譯註〉
	612-②	1097
	612-③	1098
-韓山	565-㊸	987
	575-⑧	1010
	600-④	1069
→牧隱(號)		
李瑞林	**311**	**483**
→李庇民(字)		
李瑞種	480-⑮	805
	590-㊾	1048
李瑞春	558-③·④	972
貳席	382-(18)	615
→同知貢擧		
李碩	23-(44)	22
	135-(42)	206
李琁	158-(3)	246
李宣用	588-⑧	1041
李偰	413-⑧	676
	457-⑧	764
異姓	41-(7)	53
李成幹	141-(7)	215
李成林	587-㊴	1038
	614-㉙	1102
李成美	21-(3)	18
李成之	234-(3)	365
李世光	150-(20)	232
李世良(僧)	29-(28)	32
李世延	219-(46)·(47)	343
李世儀	185-(39)	289
李世昌	174-(34)·(35)	272
李世華	**371**	**597**
	459-⑩	766
→李居實(字)		

	〈原文〉	〈譯註〉
李韶顯(僧)	23-(44)·(45)	22
李松茂	275-(26)	427
	275-(29)	428
李需	375-(45)	608
	376-②	608
-予	375-(36)	607
	378-㊳	607
李守年	372-㉓㉔	600
李壽-李公壽	64-(3)	89
李壽林	518-⑩	886
	591-㊿	1049
-密直	591-⑪	1050
李守深	372-㉓	600
李守眞	372-㉓	600
李璹	398-(17)	645
李叔琪	452-(21)	751
	466-(16)	782
李淑晨	56-(31)	77
李純	238-(3)	372
李淳匡	547-②	949
李淳牧	413-③	675
	457-⑤	763
吏術	36-㊴	47
	178-(5)	278
李崇	567-㉛	993
李崇道	591-⑫	1050
李崇義	591-⑪	1050
李承慶	583-⑪	1029
李升高	588-⑧	1041
李勝林	273-(5)(7)	423
李承源	591-⑪	1050
李勝章	**274**	**425**
→李質夫(字)		
李承訓	588-⑦	1040

	〈原文〉	〈譯註〉
李植	645-⑦	1149
李軾	**149**	**230**
	231-(17)	361
	637-(4)	1135
→李處仁(字)		
→貞靖公(諡號)		
李伸	591-⑩	1050
李信孫	402-㉗	655
李臣松	443-(6)	732
貳室	543-(5)	939
二十八宿	374-(26)	606
	377-㉗	606
李氏 女	**52**	**73**
李顔	23-(46)	22
李謁平	588-⑤	1040
李嵒	**566**	**988**
	575-⑫	1011
→李君侅		
→李古雲(字)		
→李翼之(字)		
→杏村(號)		
→文貞公(諡號)		
→鐵城府院君		
→推誠守義同德贊化功臣		
李崖	570-⑦	1000
-糾正公	572-㊳	1004
	574-㊻	1008
李若沖(字)-李子淵		
	21-(4)	18
李揚	235-(22)	367
李陽舒	296-(28)	457
李陽眞	570-④	999
李陽鞘	125-(14)	189
李彦公	368-(3)	592

	〈原文〉	〈譯註〉
李彦均	311-(3)	484
李彦林	92-(23)	134
李彦昇	19-(5)	16
李彦章	272-(3)	423
李彦冲	498-⑩	842
	499	**845**
→李立之(字)		
李延厚	127-(5)	192
李洌	570-③	999
李廉岳	16-(7)	11
李永	651-⒀ · ⒁	1158
李榮	427-⑦	701
李令幹	88-(8)	127
李英梓	570-③	999
李預	66-(23)	94
→文顯公(諡號)		
李溫	380-(31)	613
→朴李溫		
李容	586-㊼	1038
	605-㉞	1083
李用文	410-(15)	669
李瑀	398-(16)	645
	566-⑦	989
	575-⑪	1011
→鐵城君		
→鐵原君		
李祐	547-②	949
李元齡	594-㊱	1057
李元老(字)-李公壽		
	64-(3)	89
李元老(字)-李兆年		
	520-⑬ · ⑭	891
李元老	297-(39)	458
李元甫	164-(26)	255

	〈原文〉	〈譯註〉
李元膺	86-(30)	123
	121-(19)	183
	191-(13)	301
	653-(54)	1161
李元禑	591-㊽	1049
-順興	591-㊾	1050
李元厚	608-㉚	1088
李威	311-(3)	484
李瑋-李偉	150-(16)	232
李偉-李瑋	231-(20)	361
→桂陽公		
→桂陽郡開國公		
→安社保泰鎭守功臣		
李有芳	590-55	1048
李有芬	629-⑤	1119
李惟信	377-㊱	607
李惟實	445-⑥	737
李有喜	591-69	1050
李允綏	373-(3)·(4)	602
	376-③	602
-嚴君	373-(7)	603
	376-⑦	603
伊尹(殷)	547-(35)	949
-伊	302-(17)	467
	332-(49)	522
→伊皐		
→伊呂		
李潤弘	588-⑦	1040
李殷伯	373-(3)	602
李乙年	501-(18)	848
李陰	567-㉛	993
李應求	150-(17)	232
李應誼	150-(18)	232
李應璋	150-(17)	232

	〈原文〉	〈譯註〉
	230	**359**
李應樞(僧)	150-(18)	232
李應俌	150-(17)	232
李應通	659-(15)	1168
李顗	23-(44)	22
	157-(27)	244
李義方		
-義方	229-(24)	357
李益端	413-③	675
李翼之(字)-李嵒		
	566-⑤	989
吏人	178-(18)	279
李寅	567-㉛	993
李靭	594-㉟	1057
李仁吉	521-㉔	893
李仁復	520-⑫	891
	521-㉙	894
	545-⑤⑥	944
	554-①	961
	555-㉚	965
	583	**1028**
	632-(3)	1127
	632-(6)	1128
	646-①	1152
→李克禮		
→樵隱(號)		
→文忠公(諡號)		
→星山君		
→興安君		
→興安府院君		
→端誠佐理功臣		
李仁聲(字)-李文鐸		
	238-(2)	372
李仁成-李尊庇	397-(4)	643

	〈原文〉	〈譯註〉
李仁壽	311-(4)	484
李仁實	**137**	**209**
	173-(10)	270
→李子虛(字)		
→文貞公(諡號)		
李仁榮	**202**	**318**
→李天爵(字)		
李仁任	584-㉒	1031
李仁氏-李奎報	374-(28)	606
	377-㉙	606
李隣定	298-(14)	461
李因孝	88-(9)	127
李一娘-金有臣 妻 李氏		
	272-(1)	423
李林宗	431-(15)	708
李立之(字)-李彦沖		
	500-(13)	846
李資謙	39-(16)	51
	61-(20)	85
	183-(12)	286
	222-(16)(19)	347
	268-(9)	416
-國公	89-(25)(26)	128
	89-(28)(29)	129
-國戚 李氏	117-(14)	174
-外家	187-(29)·(30)	294
-外戚	135-(31)	205
-李相	52-(21)	72
-李氏	62-(23)	85
	203-(8)	321
	217-(9)	339
→李黨-李資謙黨		
→朝鮮公		
→朝鮮國公		

	〈原文〉	〈譯註〉
李資謙의 亂	59-(13)~60-(17)	82
	62-(23)	85
	65-(13)~(18)	92~93
	70-(5)~(15)	100~101
	73-(11)~74-(14)	105
	80-(34)~81-(36)	116
	89-(25)~(29)	128~129
	117-(14)~(17)	174
	132-(5)~(6)	199
	135-(31)~(35)	205
	144-(12)	221
	173-(6)~(7)	269
	183-(12)~(17)	286
	187-(29)~(33)	294
	203-(8)	321
	217-(9)~(11)	339~340
	222-(15)~(19)	347
	250-(8)	389
	268-(9)~(11)	416
李資德	65-(15)	92
	195-(5)·(6)	308
	315-(4)	490

	〈原文〉	〈譯註〉
李自得	192-(35)	303
	200-(9)	315
李資諒	96-(26)	141
李資禮	91-(5)	132
李子祥	66-(23)	94
李自成	547-③	950
-井邑府君	547-④⑥	950
李自成 妻 李氏	**547**	**949**
李子淵	**20**	**18**
	27-(4)	30
	107-(1)	158
	149-(2)	230
	231-(19)	361
	315-(4)	490
	445-⑥	737
→李若沖(字)		
→章和公(諡號)		
→昌化公(諡號)		
→推誠佐運保社功臣		
李資元	107-(2)·(3)	158
李子蒝	500-(13)	847
李資元 女 李氏	**107**	**158**
李資義	28-(26)	32
→李黨-李資義黨		
李資義의 亂	44-(8)~(10)	59
李資仁	28-(24)	32
	123-(5)	186
	135-(43)	206
李子珎	202-(6)	318
李自春	272-(2)	423
李資忠	28-(26)	32
李子虛(字)-李仁實		
	137-(2)	209
李資玄	95-(10)	139
李資孝	28-(26)	32
	149-(3)	230
	231-(18)	361
	637-(4)	1134
李作	614-㉛	1102
李綽昇	63-(64)	88
移葬	39-(5)	50
	42-(29)	56
	202-(3)	318
	277-(16)	430
→改葬		
李長	430-(6)	706
	457-③	763
李長庚	520-⑭	891
	583-⑧	1029
李長衍	579-㊸	1019
李藏用	389-(33)	627
	454-⑦	755
→樂軒		
→文眞公(諡號)		
二宰	354-(31)	563
彝齋	505-㉒	859
吏籍	234-(6)	365
→戶籍		
夷狄	95-(6)	138
	115-(92)	170
	116-(103)	171
	132-(7)·(8)	199
李積	23-(43)	22
李績	**343**	**543**
→李勣		
李迹	600-⑫	1070
李逖	600-⑫	1070
李顗	23-(46)	22

	〈原文〉	〈譯註〉
李漸	202-(7)	318
李挺	235-(22)	367
李頲	23-(43)	22
	27	**29**
	149-(3)	230
	213-(5)	333
	231-(18)	361
	637-(3)	1134
→李百藥(字)		
→貞憲公(諡號)		
李定度	72-(8)	103
	78-(8)	113
二程	528-(12)	905
→程明道		
→程伊川		
李精行(僧)	398-(16)	645
李濟	377-㊱	607
李齊頲	45-(25)	62
李齊賢	443-(3)	731
	458-③	765
	464-㉓	778
	468-⑩	787
	479-②	803
	482-⑨	808
	492-(2)	829
	493-(10)	832
	506-(2)	860
	522-(4)	894
	523-(24)(26)	896
	525-⑱·⑲	899
	526-(3)	901
	527-(3)	903
	529-(8)(13)	907
	529-(16)	908

	〈原文〉	〈譯註〉
	530-(45)	910
	532-(2)	913
	587	**1040**
-予(余)	507-(14)	861
	519-④	890
	520-⑥	890
	523-(30)	896
	523-(34)	897
	525-㉓	900
	526-(4)	901
	527-(6)	904
	528-(20)	906
-李公	479-④	803
	480-⑨	804
	480-⑫	805
	517-②	885
→李仲思(字)		
→益齋(號)		
→文忠公(諡號)		
→匡靖公		
→金海侯		
→金海君		
→鷄林府院君		
→金海府院君		
→端誠翊贊功臣		
→推誠亮節功臣		
→推誠亮節同德佐理功臣		
→推誠亮節同德協義贊化功臣		
→推誠亮節佐理功臣		
李齊賢 妻 權氏	**479**	**803**
吏曹	564-㉘	985
李兆年	**519**	**889**
	583-⑫	1029
→李元老(字)		

	〈原文〉	〈譯註〉
→文烈公(諡號)		
→星山君		
→星山侯		
→誠勤翊贊勁節功臣		
李祚仁	68-(3)	97
李尊庇	**397**	**643**
	566-⑥	989
	575-⑪	1010
→李仁成		
→李持正(字)		
李存斯	582-⑧	1026
	599-⑮	1068
李存性	583-⑥	1028
李存中	579-㊺	1020
李種善	611-㉚	1097
李湊	398-(15)	645
	570-④	999
李周復	588-⑦	1040
李周衍	570-③	999
李周源	416-(9)	681
李周佐	238-(3)	372
李周憲	68-(3)	97
李俊陽	250-(7)	389
李仲	135-(33)	205
	176-(10)	275
李仲騏	273-(5)	423
李仲驎	273-(5)	423
李仲思(字)-李齊賢		
	588-⑤	1040
李仲衍	106-(5)	156
李仲驄	273-(5)	423
李仲和	273-(6)	423
李持	611-㉕	1096
李之幹	66-(25)	95
李知命	311-(10)	484
李之茂	66-(25)	95
李知深	145-(2)	223
李之懿	66-(25)	95
李之氐	64-(2)	89
	66-(24)(27)	95
李持正(字)-李尊庇		
	397-(4)	643
李之正	315-(5)	490
李之喆	66-(26)	95
李之泰	602-㊹㊺㊼	1075
	602-㊽	1076
李之惠(僧)	66-(25)	95
→討源了性重大師		
吏職	292-(26)	451
	502-⑦	850
李稷	432-⑬⑭	711
	456-㊺	761
李瑱	164-(26)	255
李瑨	397-(4)	643
	566-⑥	989
李稹	308-(8)	478
李瑱	409-(30)	667
	419-(24)	686
	427-②	700
	436-(19)	719
	517-④·⑤	885
	588-⑨	1041
-僕	435-(16)	718
-予	408-(25)	667
	420-(31)	688
	428-㉔	703
	428-㉖	704
	428-㊱	705

	〈原文〉	〈譯註〉
	434-(3)	713
→東菴(號)		
→文定公(謚號)		
→臨海君		
李質夫(字)-李勝章		
	274-(1)	425
李澄	377-㉟	607
李彰路	569-⑱	998
	582-⑦	1026
	590-㊸	1048
	599-⑭	1068
-開城	591-㊷	1049
李昌祐	505-⑮	858
李處仁(字)-李軾		
	149-(2)	230
李隲	591-㊻	1050
	592-㊺	1051
利川	489-⑤	824
李仟	500-(13)	847
李蒨	474-㊾	800
	478-㊿	800
	611-㉓	1096
→月城君		
李天覺(字)-李達尊		
	517-④	885
利川郡	54-(2)	75
	647-(2)	1153
利川郡大夫人 徐氏-琴儀 母		
	359-⑧	574
利川郡夫人 申氏-金永暾 妻		
	540-㉕	932
利川郡夫人 申氏-吳潛 妻		
	489-⑤	824
利川郡夫人 申氏-咸有一 妻		

	〈原文〉	〈譯註〉
	251-(33)	392
李千年	583-⑪	1029
李天爵(字)-李仁榮		
	202-(4)	318
李帖-李德孫	413-②	675
	457-④	763
李詹	645-②	1148
李寵鱗	142-(59)	218
→安簡公(謚號)		
李寵暹	588-⑦	1040
理最	371-⑩	598
→殿最		
李春卿(字)-李奎報		
	373-(3)	602
	376-③	602
李椿年	547-②	949
李椿老	380-(28)	612
→貞肅公(謚號)		
李春貞	588-⑦⑧	1040
李沖	234-(4)	365
李冲仁	505-⑰	858
李侈連	588-⑦	1040
李偁	588-⑦	1040
李坦之	**127**	**192**
李台降	311-(3)	484
李太白(唐)	433-(2)	713
泥坂闆洞	426-(6)	699
李許理	513-㉓	875
李褒	521-㉙	894
	584-㉑	1031
→敬元公(謚號)		
二品	154-(10)	240
李學林	591-㊶	1049
-小府	591-㊲	1050

	〈原文〉	〈譯註〉
李翰	21-(5)	18
	27-(4)	30
	66-(23)	94
→安敬公(謚號)		
『李翰林文集』	225-(70)	351
李漢佐	238-(3)	372
李涵	377-㉟	605
	378-㊴	607
李抗	235-(23)	367
李沆	240-(34)	376
李翮	588-⑨	1041
李行	600-⑥	1069
	600-⑩	1070
-副使	600-⑫	1070
李行儉	432-⑭	711
	570-⑤	999
-祭酒公	572-㊲	1004
-典酒	574-66	1008
李向	586-66	1038
李珦	46-(26)	62
李許謙	27-(3)	30
李焃	416-(11)	681
李儇	232-(23)(26)	361
李玄福	588-⑧	1041
李玄敷	155-(8)	241
李皓	645-③	1148
	646-㉔	1151
李顥	23-(45)	22
	107-(2)	158
	204-(26)	322
→景德公(謚號)		
→慶原郡開國伯		
李混	500-(13)	847
→文莊公(謚號)		

	〈原文〉	〈譯註〉
李洪澤	444-(21)	735
李和	373-(3)	602
李環	288-(5)	446
李還	225-(75)	352
李孝奴	592-75	1051
李孝英	19-(5)	16
李珝	235-(24)	368
李暄	491-㊴	829
	504-㊹	855
李歆律	137-(2)	209
→三韓功臣		
李希聃	415-㉔	679
翊戴公(謚號)-金淳		
	411-(4)·(5)	671
	533-④	916
	581-③	1025
翼戴公(謚號)-李堅遠		
	19-(4)	16
弋獵	122-(4)·(5)	184
→狩獵		
翼嶺縣尉	251-(35)	392
	301-(3)	466
益山君-洪云遂	580-⑭	1024
益山府院君-李公遂		
	570-②	999
	571-⑱	1001
	573-59	1007
益城君-洪奎	435-(10)	716
益城郡,知事	435-(10)	716
益城府,刺	465-(6)	780
益城府院君-洪鐸		
	634-(22)	1131
翊聖...定遠(138字)功臣-崔忠獻		
	329-(1)~330-(5)	

	〈原文〉	〈譯註〉
		516
益陽	127-(1)	192
翼陽郡夫人 金氏-安牧 妻		
	478-㊺	802
翼陽府錄事	147-(1)	227
	281-(7)	435
益齋(號)-李齊賢		
	464-23	778
	505-㉒	859
	512-⑬	873
	513-㉒	874
	545-⑤	943
	556-⑤	967
	557-㉑	969
	584-⑮	1030
	585-㊱	1033
	588-③	1040
	590-㊹㊻㊼㊽	1047
	593-⑭	1054
	612-⑤	1098
翊靖公(諡號)-崔元		
	330-(13)	517
翼靖公(諡號)-崔元		
	387-(8)	624
翼宗(僧)	76-④	108
益州 李氏	570-③	999
益州.刺	533-⑩	916
益興郡夫人 朴氏-王璉 妻		
	488-⑦	822
麟	157-(7)	243
	220-(50)	344
	553-㊷	960
	592-㊽	1052
→五色麟		

	〈原文〉	〈譯註〉
仁考-仁宗	86-(3)	123
	87-(22)	125
	87-(30)	126
	120-(7)	181
	139-(5)	212
	183-(11)(12)	285
	184-(20)	287
	222-(15)	347
因果	29-(45)	34
→佛教		
引年乞退	52-(13)	71
	70-(18)	101
	235-(14)·(15)	367
	356-㉑	569
	400-(25)·(26)	649
	427-⑱	703
→致仕		
引年致仕	542-⑯	936
→致仕		
引年退老	415-㉖	678
→致仕		
印璫	511-㉖	870
仁同縣	154-(2)	238
仁明大后-忠烈王妃 齊國大長公主		
	418-(14)	685
仁廟-仁宗	91-(7)	132
	99-(14)	145
	132-(5)	199
	134-(30)	205
	138-(9)	210
	157-(15)	244
	159-(8)	246
	163-(12)	253
	168-(9)	261

	〈原文〉	〈譯註〉
	189-(7)	298
	213-(3)	333
	214-(7)	335
	217-(9)	339
	234-(6)	366
	242-(9)	378
	244-(5)	381
	250-(11)	389
	252-(4)	393
	253-(3)	395
	306-(9)	475
	328-(6)	512
	578-㉕	1017
	648-(4)	1154
人物推考別監	430-(7)	707
印簿	534-⑲	918
印綬	186-(14)	292
印承旦-印政丞	596-⑰	1061
印信	402-⑬	654
人臣之道	346-(16)	549
	354-(35)	563
印安	607-(15)	1086
印英輔-印英寶	318-(19)	495
印榮寶-印英輔	392-②	634
仁睿大后-文宗妃		
	31-(4)	37
	32-(15)	38
仁王-仁宗	117-(14)(17)	174
	118-(37)	177
仁義	188-(38)	295
仁義性命之說	39-(8)	50
仁義禮智	351-(6)	557
仁宗	89-(20)(21)(23)	128
	90-(37)	130
	92-(15)	133
	108-(6)	160
	109-(11)	160
	112-(42)	165
	112-(46)	166
	113-(63)(64)	167
	114-(82)(85)	169
	115-(89)(91)	170
	136-(14)(16)	208
	141-(16)	216
	144-(12)	221
	147-(3)	228
	152-(10)	237
	176-(20)	276
	189-(6)	298
	203-(6)	320
	228-(6)	355
	234-(5)	365
	654-(62)	1162
-今上	61-(20)	85
	73-(10)	105
	92-(12)	133
-今主上	80-(26)	116
-上	58-(9)	79
	59-(13)	82
	60-(17)	82
	60-(20)	83
	62-(26)	85
	62-(37)(41)	86
	62-(44)(48)	87
	65-(12)(13)(14)	92
	65-(16)(17)	93
	66-(20)	93
	66-(22)	94

	〈原文〉	〈譯註〉
	70-(11)	100
	70-(14)(15)	101
	73-(13)	105
	74-(14)	105
	74-(21)	106
	77-⑰	111
	81-(36)	116
	81-(51)	117
	82-(53)(57)(59)(68)	118
	86-(6)(9)	124
	89-(29)(30)	129
	92-(9)(10)	132
	92-(16)(17)(18)(19)	133
	109-(8)(9)(10)	160
	112-(44)	165
	115-(88)	170
	117-(20)	175
	135-(36)	205
	144-(17)	221
	168-(11)	262
	173-(11)(13)(14)(16)	270
	174-(23)	271
	176-(13)	275
	176-(19)	276
	183-(13)(18)	286
	187-(30)	294
	188-(41)(43)	296
	189-(7)(13)	298
	214-(11)	335
	215-(15)(17)	336
	217-(13)	340

	〈原文〉	〈譯註〉
	223-(29)	348
	223-(36)	349
	244-(7)(10)	381
	250-(12)	389
	250-(14)(15)	390
-先皇	176-(21)	276
-聖考	80-(31)	116
-王	81-(47)	117
	176-(11)	275
-主上	162-(3)	251
-陛下	70-(13)	100
→仁考		
→仁廟		
→仁王		
→長陵		
仁宗(元)	473-㉕	797
	477-㉕	797
	588-⑱	1042
-帝	502-⑲	851
仁州	64-(3)	89
	412-(13)	672
	662-(13)	1172
仁州,知事副使	184-(37)	289
仁州判官	427-⑧	701
麟州防禦副使	338-(26)	536
仁智之義	572-㊴	1004
引進使	15-(4)	9
	298-(23)	462
螾蛭	309-(17)	479
姻親	412-(27)	674
→親族		
因孝佛院	188-(45)	296
因孝院	93-(4)	134
	200-(15)	315

	〈原文〉	〈譯註〉
咽喉	350-(23)	556
印侯	443-(7)	732
-印公	443-(8)	732
一等功臣	424-(9)	696
	445-⑨	737
	539-⑦	930
	610-③	1093
→功臣		
日曆	554-③	962
日錄	309-(13)	479
日輪	629-⑥	1119
日本	354-(31)	563
	407-(12)	664
	407-(14)	665
	413-⑤	675
	539-④	929
→倭		
→海夷		
日本國	239-(13)	373
日本遠征(元宗15)		
	407-(12)~(15)	664~665
	408-(23)~(25)	666~667
日本遠征(忠烈7)		
	397-(12)~398-(14)	645
	402-⑬~⑮	654
	413-⑤	675
	415-⑬~⑭	678
	440-⑮~⑯	726
日本遠征(忠烈18)		
	459-⑯	767
日本遠征	539-③~④	929
日本遠征		
→東征之命		
→東征船		
→東征戰艦		
一佛乘	76-⑤	108
→佛教		
一善縣令	296-(32)	458
日城君-鄭思道	604-⑤·⑥	1080
	605-㉓	1082
	605-㉚	1083
一性之宗	136-(12)·(13)	207
→佛教		
逸壽王	455-25	759
→忠烈王		
一乘	74-(25)	106
→佛教		
日月寺	77-⑲	111
日者	74-(18)	106
	174-(31)	272
	183-(18)	286
→占卜		
日章(號)-尹彦旼		
	141-(17)	215
	142-(52)	218
「日章先生騎青牛念經之圖」		
	141-(17)·(18)	216
一齋(號)-權漢功		
	563-⑱	983
一品	40-(20)	52
	235-(21)	367
	323-(25)(26)	504
	326-㉗㉘	509

	〈原文〉	〈譯註〉
	327-㊵	511
	456-㊽	762
林幹	178-(2)	278
	190-(3)	300
→貞平公(謚號)		
臨江縣	53-(7)	74
	115-(95)	171
	119-(9)	180
	135-(41)	205
	665-(19)	1177
林槩	660-(12)	1169
林謙	49-(19)	67
林景軾	**190**	**300**
	303-(13)	469
→林大虛(字)		
林景和	**177**	**278**
→林春卿(字)		
林光	**131**	**198**
→林完		
→林彦實(字)		
林球	192-(36)	303
林軌	153-(24)	238
	192-(32)	303
任克正	90-(53)	131
	347-(3)	550
任伋	439-(8)	723
林耆之(字)-林椿		
	638-(1)	1136
林大虛(字)-林景軾		
	190-(2)	300
任德秀-任德壽	480-⑯	805
任德壽-任德秀	590-㊿	1048
-司僕	591-64	1049
林樸	573-㊽	1005
任溥	333-(61)	524
林富陽	590-56	1048
林師龍	132-(20)	201
任綏	453-⑰	754
任純禮	591-64	1049
	591-73	1051
任純義	591-64	1049
	591-73	1051
任實	85-(13)	121
林彦	173-(4)	269
林彦實(字)-林光		
	131-(3)	198
林衍	424-(5)	695
	434-(4)	714
-林公	434-(5)	714
→衛社功臣		
林永年	179-(25)(28)	280
林永世	179-(26)	280
林霅素(宋)	132-(11)	200
林完-林光	131-(3)	198
林瑀	192-(33)	303
林原	173-(11)	270
任元淑	45-(25)	62
任元敱	45-(25)	62
	46-(26)	62
	150-(20)	232
-任公	63-(63)	87
任元厚	214-(7)	335
	347-(3)	550
→定安公(謚號)		
任濡	333-(60)	524
	336-(43)	532
林惟謙	342-⑭	543
林惟茂	434-(5)(6)	714

	〈原文〉	〈譯註〉
林有文	660-(14)	1169
林惟勝(僧)	192-(32)	303
林惟琱	416-(10)	681
任懿	**43**	**58**
	176-(5)	274
	253-(4)	395
	347-(2)	550
→任忠恭(字)		
→貞敬公(謚號)		
→佐理功臣		
→推忠佐理功臣		
任益惇	**347**	**550**
任絪壽	422-(6)	690
任滋	591-㉓	1051
林子高	178-(2)	278
	190-(2)	300
臨洮	468-⑨	786
	469-(19)	791
	471-⑬	791
	503-㉟	854
	528-(14)	905
	546-⑮	945
→隴		
→洮		
→洮隴		
臨洮府	502-⑱·⑲	851
林宗庇	170-(38)	264
林宗翰	660-(11)	1169
任中善	614-㉜	1102
臨津	633-(16)	1130
臨津江	315-(8)	491
臨津路	305-(21)	472
臨津縣	23-(41)	22
	29-(44)·(45)	34
	219-(43)	343
	283-(3)	439
	545-④	943
	569-⑲	998
	613-㉒	1101
臨津縣(古)	479-③	803
臨川寺	135-(39)	205
林椿	**638**	**1136**
林春卿(字)-林景和		
	178-(1)	278
任冲	367-(24)	591
任忠恭(字)-任懿		
	43-(5)	58
任忠贇	**253**	**395**
臨陂縣尉	242-(11)	378
	486-⑤	818
臨海君-李瑱	436-(19)	719
	517-④	885
林行	178-(2)	278
臨軒覆試	61-(10)·(11)	84
→親試		
林玄湛(僧)	179-(26)	280
任顥	43-(5)	58
	253-(5)	395
	347-(2)	550
任戶長	261-(2)·(3)	406
→鄕吏		
任戶長同正	261-(3)	406
→鄕吏		
林熙載	511-㉗	870
立府	174-(23)	271
	436-(17)	718
	630-⑲	1121
→開府		

	〈原文〉	〈譯註〉
立省策動	468-⑨~⑩	787
入侍天庭	502-⑧	850
	610-⑤	1093
笠巖山	463-⑱	777
立炎(年號)	53-(4)	73
立元	113-(50)(52)	166
入絫	194-(9)	306
	374-(15)	604
	376-⑯	604
→絫秩		
媵	168-(4)	261
→側室		

〈原文〉 〈譯註〉

< ㅈ >

	〈原文〉	〈譯註〉
紫金袋	650-(2)	1157
→紫金魚袋		
紫金魚	328-(13)	513
	651-(22)·(23)	1159
→紫金魚袋		
紫金魚袋	28-(14)·(15)	31
	31-(2)	36
	34-②	42
	57-(1)	78
	64-(2)	89
	73-(2)	104
	79-(2)	114
	84-(1)	120
	85-(12)	121
	95-(2)	138
	97-(30)	141
	108-(1)	159
	110-(2)	162
	112-(32)	164
	124-(1)	188
	133-(2)	202
	139-(8)	213
	152-(2)	236
	154-(1)	238
	171-(12)	266
	173-(2)	269
	176-(14)	275
	187-(21)	293
	191-(21)	301
	193-(3)	304
	214-(1)	334
	232-(1)	362
	255-(2)	397
	263-(2)	410
	270-(8)·(9)	418
	278-(1)	430
	286-(1)	443
	290-(1)	449
	318-(3)	495
	342-⑩	542
	347-(1)	550
	370-①	594
	371-①	597
	385-(7)	621
	386-(22)	622
	390-①	629
	390-⑤	630
	430-(8)(9)	707
	430-(11)	708
	448-⑫	743
	451-(8)	749
	475-㉛	803
	607-⑬	1086
	617-(4)	1107
	648-(8)	1155
-紫	17-(13)	12

	〈原文〉	〈譯註〉
	77-⑰	110
	323-(12)	502
	366-(6)(9)	588
	577-⑯	1015
-紫金	455-⑬	757
→紫金袋		
→紫金魚		
→紫衣金魚		
→金魚		
自當	507-(11)	861
資德大夫	545-⑫	945
紫卯	454-③	755
→卯		
子路(中國)		
-路	336-(46)	533
『資理通鑑』	541-⑨	935
→『資治通鑑』		
子母利息	522-(14)	895
子母之法	155-(5)	241
紫薇郎(中書省)	316-(24)	492
資福寺	26-(14)	27
慈悲嶺	256-(22)	399
刺史	36-㉘	46
子產(鄭)	547-㊱	949
資善大夫	570-①	999
	572-㊳	1004
	591-㊿	1049
資贍司使	481-⑦·⑧	807
	596-㉑	1062
子孫入仕	70-(17)	101
→蔭叙		
紫綬魚腰	87-(26)	125
紫繡貼袈裟	77-⑱	111
→袈裟		

	〈原文〉	〈譯註〉
慈雲里	238-(2)	372
紫雲坊判官	486-⑤·487-⑥	818
慈雲寺	38-(4)	50
慈恩宗	41-(16)	54
	441-㉞	729
	481-⑦	807
紫衣金魚	184-(22)	287
→紫金魚袋		
咨議中書門下事		
	630-⑱·⑲	1121
咨議贊成事	473-㉖	797
	477-㉖	797
慈仁縣,宰	368-(5)	592
資政院	572-㊱	1004
慈州	80-(24)	115
慈州城	363-(15)	581
慈州倅	152-(7)	236
紫貼袈裟	166-(7)	257
→袈裟		
紫樞(樞密院)	398-(20)	646
子夏	29-(32)	33
慈孝寺	633-(16)	1130
慈興寺	235-(23)	367
鵲洞	147-(5)	228
盞人	610-④	1093
潛龍	26-(14)	27
	89-(20)	128
→龍		
潛邸	86-(2)	123
	92-(12)	133
	151-(10)	234
	255-(8)	398
蠶織	392-⑦	635
雜職令	399-(10)	648

	〈原文〉	〈譯註〉
雜職署令	178-(8)	278
雜織署令	361-㊲	578
	427-⑦	701
雜織署丞	29-(29)	32
	36-(40)	47
莊	324-(27)	504
	326-㉙	510
	327-㊶	511
→別墅		
將家子	524-⑨	898
莊簡(諡號)-王演 妻 福寧宮主		
	56-(1)	77
章簡公(諡號)-朴景仁		
	51-(1)	70
	52-(17)	71
張綱	645-③	1148
	646-㉓	1151
張堅	72-(8)	103
章敬公(諡號)-柳敦		
	580-⑬	1023
	642-(1)	1143
	644-(22)	1147
莊景公(諡號)-趙璋		
	543-(1)(2)	939
藏經道場	77-⑯·⑰	110
長慶寺	76-②	108
將官	371-③	597
	392-⑤	634
	392-⑨	635
張光富	233-(11)(13)	364
章句之學	178-(5)·(6)	278
將軍	268-(18)	417
	278-(10)	431
	286-(9)	444
	317-(9)	494
	344-⑯	545
	379-(5)	609
	380-(31)	613
	389-(33)	627
	392-⑩	635
	402-㉖	655
	405-(16)	660
	406-(5)	663
	416-(10)	681
	424-(7)	695
	424-(8)	696
	434-(8)	715
	472-⑤	794
	476-⑤	794
	629-⑦	1119
	629-⑩	1120
將軍(漢)	241-(3)	377
長湍縣	438-(2)·(3)	722
	642-(21)	1142
長端縣	85-(23)	122
長湍縣尉	427-⑦	701
章德縣司戶	402-㉕	655
壯頭	273-(11)	424
→及第		
張得球	402-㉕	655
	502-⑥	849
長樂宮	26-(12)	27
莊烈公(諡號)-池允輔		
	457-⑧	764
掌令	467-⑮	784
	556-④	967
	596-㉓	1062
長齡殿	77-⑮	110

	〈原文〉	〈譯註〉
掌醴令同正	163-(9)	253
	308-(9)	478
掌禮丞同正	120-(3)	180
長老	485-⑩	815
莊老	91-(6)	132
→老莊		
張陸	78-(7)	113
長陵-仁宗	173-(5)	269
張麟	306-(9)	475
長林驛	518-⑨	886
張文緯	**57**	**78**
	233-(2)	362
薔薇山	71-(20)	101
掌服令	456-㉞	760
掌服直長	540-㉖	932
長峯山	42-(28)	56
長峯洞	636-(4)	1133
長史	418-(12)	684
長沙監務	515-⑫	879
長沙郡夫人 兪氏-閔宗儒 妻		
	449-㉛	746
將仕郎	15-(2)	8
	16-(8)	9
	19-(11)	16
	21-(3)	18
	30-(58)	36
	56-(2)	77
	59-(8)	81
	60-(26)	83
	63-(62)	87
	101-(11)	148
	120-(3)	180
	133-(10)·(11)	203
	172-(28)	267

	〈原文〉	〈譯註〉
	190-(5)	300
	199-(40)·(41)	313
	222-(10)	347
	234-(2)	365
	253-(2)	395
	256-(33)	400
	301-(1)	465
	383-(32)	617
	386-(22)	622
	410-(15)	669
	455-㉒	758
	469-(2)	789
	483-(2)	810
	489-⑮	823
	499-(2)	845
	514-①	878
	536-①	924
	540-㉜	933
	584-㉚	1032
	594-㉙	1057
	642-(3)	1143
章山	136-(5)	207
章山縣,宰	368-(5)	592
將相	245-(19)	382
	285-(27)	441
	308-(3)	477
	389-(45)	628
	440-⑫	726
	459-⑳	768
	503-㊲	854
	649-(18)	1157
掌牲令	214-(4)·(5)	335
	319-(11)	496
掌牲署丞	253-(7)	395

	〈原文〉	〈譯註〉
	440-⑪	726
掌牲丞	650-(3)	1158
張先敏	306-(8)	475
張世平	154-(2)	238
張脩	**154**	**238**
→張鴻羽(字)		
莊淑公(諡號)-李德孫		
	413-①②	675
	457-⑤	763
	458-⑬	764
張巡(唐)	372-⑮	599
莊順公-淮安	513-㉒	874
掌試	398-(14)	645
	400-(27)	650
	530-(50)	910
	556-⑥	967
	596-⑩	1060
	604-⑬	1081
→知貢擧		
長信宮主 崔氏-睿宗 淑妃		
	102-(10)	150
長安	490-㉓	827
掌治	122-(9)	185
掌治署	337-(7)	535
掌治署丞	406-(3)	663
掌治丞	350-(15)	555
	381-(8)	614
長嚴寺	117-(13)	174
張縯	580-⑭	1024
長淵郡大夫人 文氏-元冠 妻		
	108-(3)	159
長淵縣	278-(2)	431
長淵縣,守	122-(8)	184
醬鹽	35-㉕	45

	〈原文〉	〈譯註〉
張葉侯	202-(9)	319
張令卿	144-(14)	221
場屋	34-④	42
	44-(13)	60
	281-(20)	437
→科擧		
張禹先	85-(16)	121
狀元	515-⑯	880
	556-⑤	967
	571-⑪	1000
	577-⑨	1014
	578-㊴	1019
	579-㊻	1020
	600-⑪	1070
	609-⑤⑥	1091
→及第		
壯元(金)	455-⑭	757
長源宮	103-(12)	152
狀元及第	19-(12)	17
	515-⑨	879
→及第		
長原亭	250-(15)	390
張元之	233-(4)	363
杖鉞	265-(6)	413
	270-(9)	419
	346-(18)	549
	362-(6)	580
	382-(29)	617
	467-⑬	784
張渭□	57-(3)	79
章威公(諡號)-徐曦		
	54-(4)	75
壯威翼戴匡衛協輔佐聖底定功臣-庾黔弼		
	429-(2)	706

	〈原文〉	〈譯註〉
張惟器	154-(2)	238
丈六石	446-㉖	739
→佛教		
張允文	**306**	**474**
→張自牧		
『莊子』		
-莊	293-(19)	453
→莊老		
→老莊		
張自牧	241-(2)	377
	305-(26)	473
→張允文		
長者風	611-㉛	1097
將作監	53-(2)	73
	70-(2)	100
	120-(1)	179
	344-⑨	544
	344-⑲	546
	360-⑮	575
	373-(12)	603
	376-⑬	603
	451-(8)	749
將作監,判	249-(2)	388
	323-(20)	503
	326-㉒	509
	368-(1)	592
將作監,判事	53-(6)	74
	54-(1)	74
	172-(27)·(28)	267
	179-(25)	280
	369-(16)	593
	451-(6)	749
	466-③	782
	647-(3)	1154

	〈原文〉	〈譯註〉
	648-(4)	1154
將作少監	281-(13)	436
	323-(13)	502
	325-⑬	507
	384-(16)	619
將作丞	242-(16)	378
將作主簿	61-(15)·(16)	85
將作注簿	98-(8)	145
	253-(8)	395
	359-⑩	574
張齊望	58-(4)	79
	233-(2)	362
漳州(宋)	131-(3)	198
掌奏	86-(6)	123
掌奏事	146-(10)	224
	146-(11)	225
張芝(漢)		
-鍾張	30-(50)	35
張瑨	57-(3)	79
	233-(2)	363
張贊	356-⑦	567
張倩	306-(8)	475
莊天覺(宋)	361-㉝	577
張忠義-張忠正	**232**	**362**
	391-㉒	632
張忠正-張忠義	58-(17)	80
	233-(2)	362
長平	35-㉔	45
莊平公(謚號)-王倖		
	185-(1)(2)	290
	188-(44)	296
張翰陟	233-(12)	364
張鴻羽(字)-張脩		
	154-(2)	238

	〈原文〉	〈譯註〉
章和公(諡號)-李子淵		
	21-(2)	18
	23-(38)·(39)	22
	27-(5)	30
	28-(21)	32
	91-(5)	132
	149-(2)	230
	315-(4)	490
章和寺	479-③·④	803
贓獲	14-(5)	5
	159-(12)	246
	524-⑩	898
→奴婢		
長興庫使	515-⑫·⑬	879
長興府	465-(6)	780
	596-⑲	1062
長興府,守	508-⑥	863
宰輔	41-(23)	55
	63-(57)	87
	84-(8)	120
	245-(15)	382
	270-(20)	419
	283-(39)	439
	338-(20)	536
	379-(4)	609
	397-(6)	644
	404-(14)	660
	431-(16)	709
	577-⑫	1015
	579-51	1021
→宰相		
裁縫	159-(11)	246
宰府	321-(22)	499
	321-(27)	500

	〈原文〉	〈譯註〉
	331-(30)	520
	493-②	833
宰相	36-32	46
	64-(8)(9)	91
	121-(16)·(17)	183
	240-(38)	376
	245-(25)(26)	383
	250-(7)	389
	317-(18)	494
	318-(6)	496
	361-33	578
	365-(9)	585
	373-(6)	602
	374-(30)	606
	376-⑤	602
	377-32	606
	392-⑥	634
	427-⑮	702
	463-⑮·⑯	777
	464-(5)	779
	468-⑩⑫	787
	483-(5)(6)	811
	492-(3)(4)	830
	495-①	836
	495-③	837
	496-25	840
	497-③	841
	516-②	882
	525-⑲	900
	531-(65)	912
	535-34	920
	543-(12)	940
	546-31	948
	555-26	965

	〈原文〉	〈譯註〉
	563-⑧	982
	567-㉘	993
	570-⑧	1000
	583-③	1028
	585-㊻	1035
	590-㊽	1047
	596-⑭⑮	1061
	601-㉗	1072
	611-⑭	1094
	613-㉕	1101
	634-(21)	1131
	639-(4)	1137
→宰輔		
宰相器	114-(80)	169
	352-(10)	558
	643-(6)	1144
宰相幕	360-㉖	576
宰相子	356-⑫	568
	640-(7)	1138
宰相之材	575-③	1009
宰臣	428-⑳	703
	557-⑬	968
	568-②	995
	578-㉖	1017
	586-㊶	1037
宰樞	420-(28)	687
宰衡	28-(19)	31
再婚		
→後娶		
諍訟	115-(90)	170
諍臣	520-⑪	890
疽	586-㊵	1037
→疾病		
楮	642-(24)	1142

	〈原文〉	〈譯註〉
猪龍洞	435-(16)	718
儲副	22-(30)	21
著姓	266-(17)	414
	327-(4)	512
	522-(7)	895
→貴族		
儲威	275-(18)	427
儲闈	283-(6)	440
樗軒(號)-尹奕	491-㊳	829
儲皇	29-(36)	33
	252-(12)	393
狄	388-(24)	626
謫	98-(8)	145
	132-(8)	199
	173-(7)	269
	305-(30)	473
	319-(19)	497
謫居	490-㉓	827
	491-㉟	828
籍貫	524-③	897
→本貫		
赤蚪	355-(38)	565
嫡男	29-(29)	32
→嫡子		
績紡	446-⑲	738
→紡績		
謫仙	96-(12)	139
	104-(22)	153
謫仙人	433-(2)	713
寂炤佛寺	62-(51)	87
賊臣	60-(14)	82
	70-(8)	100
	128-(22)	194
狄人	128-(15)	193

	〈原文〉	〈譯註〉
嫡子	351-(5)	557
→嫡男		
籍田	97-(36)	142
狄鞮之語	485-⑪	815
嫡主	447-㉞	740
赤地千里	352-(8)	558
田	58-(10)	79
	595-⑦	1059
錢	72-(4)	103
	78-(7)	113
→貫文		
→文		
→青錢		
→黃錢		
田敬仲(齊)		
-敬仲	485-⑫	815
典客令	558-㉙	970
典客錄事	439-(8)	723
	591-㊷	1050
典客副令	582-⑦	1026
	596-㉑	1062
典客寺丞	644-(17)	1147
典客寺,判事	567-㉛	993
	591-㊸	1049
典故	328-(18)	514
典誥	352-(14)	559
	354-(35)	563
	374-(16)	604
	376-⑯	604
	666-(31)	1178
錢穀	444-(14)	734
典工判書	513-㉜	876
	557-⑲·⑳	969
典校郎	604-⑭	1081

	〈原文〉	〈譯註〉
典校令	475-54	802
	478-54·55	802
	557-㉔㉕	970
	571-⑬	1001
	613-⑩	1099
典校副令	515-⑬	879
	539-⑩	930
	561-⑱·⑲	978
	571-⑫	1000
	599-⑬	1068
	605-㉟	1084
典校,判	542-⑮	936
	561-㉑	979
典校事,判	537-⑭	926
典校寺校勘	557-㉑	969
典校寺校勘,權知		
	557-㉑	774
典校寺丞	586-58	1036
	588-⑮	1042
典校寺,判事	431-(20)	709
	439-(13)	724
	490-㉖·491-㉗	827
	557-㉔	970
	564-㉒	984
	580-⑩	1023
	589-㉒	1043
	590-54	1048
	601-㉚	1073
	643-(11)	1145
典校署丞	449-㉝	746
典校注簿	604-⑭	1081
典廐令	98-(6)	145
典廐署丞	403-(3)	657
典廐丞	290-(5)	449

	〈原文〉	〈譯註〉
	533-⑧	916
	665-(11)	1176
前軍兵馬判官	149-(8)	231
	189-(7)·(8)	298
	262-(17)	407
前軍使	362-(11)	581
傳記	630-㉛	1123
田起	194-(2)·(3)	305
田起 妻 高氏	**194**	**305**
典農司	443-(13)	733
典農寺,判事	590-53	1048
典農正	590-51	1048
	591-66	1050
旃檀園	508-⑮	864
全代予	202-(24)	317
田得良(僧)	326-㉝·㉞	510
全羅	539-⑨	930
全羅,按	595-⑦	1059
全羅,按廉	323-(15)	502
	325-⑮	508
全羅,按察	576-⑥	1013
全羅,廉按使	352-(16)	559
全羅慶尙	428-㉔	703
全羅道,按	414-⑨	677
	422-(11)	691
	541-⑦	935
全羅道都指揮使		
	415-⑰	678
全羅道選正官	476-⑤	794
全羅道巡問使	465-(7)	780
	533-⑪	916·917
全羅道按廉使	381-(12)	615
	561-⑳	978

	〈原文〉	〈譯註〉
	597-43	1065
全羅道按察使	317-(6)	493
全羅道廉按使	305-(20)	472
全羅道從征官	472-⑥	794
全羅道鎭邊萬戶		
	503-㉜	853
全羅道察訪使	443-(11)	733
全羅道察按	414-⑦	677
全羅路按察使	183-(15)	286
全羅路點軍使	183-(15)	286
全羅州道,按	178-(14)	279
全羅州道防護使		
	367-(15)	589
全羅州道部夫使		
	418-(8)	684
全羅州道按察副使		
	665-(13)·(14)	1176
全羅州道按察使		
	103-(11)·(12)	152
	379-(8)	610
	418-(7)·(8)	684
全羅州道察訪使		
	418-(9)	684
全羅州道春夏番按察副使		
	191-(17)	301
全羅州縣之田	595-⑦	1060
全羅鎭邊萬戶	506-(7)	861
畋獵	17-(15)	12
	539-⑭	931
→狩獵		
典禮	298-(23)	462
典理	546-㉒	946
	611-⑰	1095
典理,知	415-⑮	678

	〈原文〉	〈譯註〉
	448-⑮	744
	605-⑳	1082
典理司事	440-⑧	725
典理司書員	486-⑤	818
典理司,知事	568-㉜	993
典理司,判事	398-(1)·(2)	647
	400-(24)	649
	403-(2)	656
	404-(10)	658
	407-(16)	665
	441-㉝	729
	445-⑦	737
	463-⑧	775
	474-㉟	798
	477-㊱	798
	485-⑤	814
	498-⑥	841
	503-㉔㉕	852
	516-⑤·⑥	882
	545-⑦	944
	552-㉗·㉘	958
	553-㉛	959
	610-⑧	1094
典理正郎	593-⑯	1055
	604-⑯	1081
典理佐郎	422-(11)	691
	611-㉖	1096
	612-⑦	1099
典理摠郎	422-(13)	692
	430-(11)	708
	441-⑲·⑳	727
	448-⑬	743
	453-⑧	752
	490-⑭·⑮	826

	〈原文〉	〈譯註〉
	517-①	884
	518-⑧	886
	537-⑬	926
	584-㉜	1033
	590-㊿	1048
	593-⑰	1055
	605-⑱	1081
典理,判	529-(25)	908
典理,判事	411-(9)	671
	416-(1)	680
	423-(2)	694
	464-(4)	779
典理判書	408-(21)	666
	415-⑮	678
	427-⑰	702
	535-㊼	922
	558-⑤	972
	561-㉑·㉒	979
	564-㉙	985
	569-⑨	996
	571-⑭	1001
	585-㉞	1033
	597-㉝	1064
	601-㉚	1073
	605-⑳	1082
	611-⑯	1095
	641-(19)	1141
田文角	194-(13)·(14)	307
田文甲	194-(13)	307
田文將	194-(13)	307
田民計點使	430-(12)	708
田民祿券	539-⑦	930
田民詞訟	596-⑱	1062
田民諍訟	115-(90)	170

	〈原文〉	〈譯註〉
剪髮	300-(12)	464
→佛教		
典法	414-⑪	678
典法,知事	537-⑭	926
典法司,知事	597-㊷	1065
	607-㉒	1087
典法司判書	528-(18)	906
典法侍郎	414-⑪	678
典法正郎	596-⑯	1061
	596-⑳	1062
典法佐郎	440-⑰	727
典法摠郎	418-(9)	684
	424-(8)	696
	441-⑲	727
	448-⑫·⑬	743
	473-⑮	795
	476-⑭	795
	481-⑦	806
	537-⑬	926
	539-⑩	930
	586-㊼	1038
	596-㉔	1063
	605-㉞	1083
	644-(17)	1147
典法判書	408-(20)	666
	414-⑪	678
	415-⑮	678
	424-(9)	696
	454-⑤	755
	464-(4)	779
	513-㉛	876
	518-③	887
	537-⑮⑯	926
	556-②	966

	〈原文〉	〈譯註〉
	557-⑯	969
	580-⑪	1023
	593-⑰	1055
	597-㉜	1064
	607-㉖	1088
	640-(8)	1138
田甫	614-㉜	1102
田甫龜	326-㉞	510
典寶都監錄事	513-㊴	877
田甫龍	326-㉝㊱	510
田甫麟	326-㉞	510
	380-(30)(31)	613
戰鋒別抄	330-(18)	518
→別抄		
銓部	257-(40)	400
	319-(10)·(11)	496
→吏部		
田簿	317-(7)	493
典符令	496-⑨	837
	533-⑨	916
典苻司提點事	500-(15)	847
典符寺丞	461-⑥	772
典符提點	533-⑩	916
典墳	27-(9)	30
→墳典		
全佛奴	505-⑰	858
全思義	570-⑧	1000
典瑞院使	571-㉖	1002
	572-㊳	1004
銓選	176-(15)	275
	467-⑫	784
	494-⑯	835
	555-㉖	965
	566-⑦	989

	〈原文〉	〈譯註〉
	567-㉘	993
	575-⑲	1012
	577-⑰	1016
	601-⑳	1071
	604-④	1079
	613-⑪	1099
	613-⑮⑯	1100
-銓注		
殿省	651-(20)·(21)	1159
全成安	505-⑯	858
	505-㉓	859
田世均	162-(10)	251
	240-(34)	376
全世柱	504-⑥	856
田訟	569-⑭	997
轉輸船	128-(10)	193
田淑鱗	322-(4)	501
全昇	412-(22)	673
	504-⑦	856
前試	19-(12)	16·17
	242-(6)	377
→親試		
殿試	39-(8)·(9)	50
	58-(6)	79
	139-(4)	212
	476-⑫	795
→親試		
典試貢士	554-⑪	963
→知貢擧		
全信	**504**	**856**
→全而立(字)		
→柏軒(號)		
典獄署丞	119-④	178
田元均	**322**	**500**
→眞精(字)		
典醫令	437-(11)	720
典儀令	492-(7)	831
	496-⑫	838
	513-㉞	876
	566-⑪·⑫	990
	575-⑬	1011
	613-⑩	1099
	634-(22)	1131
典儀錄事	565-㊷	987
典儀等,領事	641-(14)	1140
典儀副令	494-⑩	834
	505-⑩	857
	515-⑬	879
	518-⑦	885
	593-⑰	1055
	609-⑥	1091
典儀副正	646-㉓	1151
典醫副正	590-55	1048
典儀寺,判	470-(20)	791
	471-⑭	791
典儀寺丞	488-⑥	822
	542-㉑	937
	584-㉙	1032
典儀寺注簿	501-(18)	848
典儀寺,判事	466-①⑨	782
	490-㉕	827
	513-㉝	876
	607-㉖	1088
	643-(11)	1145
典儀主簿	518-⑤	887
	575-⑬	1011
典儀注簿	571-⑪	1000

	〈原文〉	〈譯註〉
	600-⑪	1070
	612-⑦	1099
典儀直長	575-⑬	1011
	584-㉖	1032
全義縣	500-(13)	847
全義縣大君 兪氏-朴僕射 妻		
	653-(49)	1161
全而立(字)-全信		
	504-⑥	856
全翊	601-㉙	1073
全仁亮	504-⑦	856
田莊	14-(5)	5
田藏	641-(17)	1141
典章	17-(25)	13
田籍	596-⑰	1061
殿前乙科	42-(31)	56
→親試		
田丁	194-(6)	306
	353-(25)	562
銓曹	151-(16)	234
	198-(19)	311
	245-(23)	383
→銓注		
田疇	309-(17)	479
銓注	579-㊾	1021
→選擧		
→選法		
→用人之法		
→銓選		
→銓曹		
→武選		
→文選		
全州	16-(5)	10
	295-(2)	455

	〈原文〉	〈譯註〉
	313-⑤	487
	322-(4)	501
	325-③	506
	381-(5)	614
	414-③	676
	486-⑤	818
全州管記	373-(9)	603
	376-⑨	603
全州,牧	566-⑧	989
	569-⑫	996
全州牧使	44-(10)	59
	581-⑮	1024
全州牧書記	125-(5)	188
全州牧,守	111-(27)·(28)	164
	203-(9)	321
全州牧通判	61-(18)	85
全州牧判官	241-(1)	377
全州司祿兼掌書記		
	556-⑥	967
全州,守	303-(6)	468
全州判副使	415-㉓	679
殿中監	28-(15)	31
	86-(8)	124
	204-(16)	321
	284-(16)	441
	308-(7)	478
殿中內給事	25-(4)	26
	36-㉖	45
	59-(11)	82
	61-(18)	85
	62-(22)	85
	64-(5)	90
	88-(19)·89-(20)	128
	100-(2)	147

	〈原文〉	〈譯註〉
	106-(7)	156
	109-(7)	160
	111-(26)	164
	120-(5)	181
	138-(7)	210
	143-(8)	220
	145-(6)	224
	146-(10)	224
	149-(7)	231
	158-(28)	244
	173-(7)·(8)	269
	176-(13)	275
	178-(11)·(12)	279
	203-(6)	320
	218-(20)	341
	222-(21)·(22)	348
	228-(17)	356
	233-(8)	364
	244-(10)	381
	248-(11)	387
	255-(5)	397
	259-(6)	403
	281-(11)	435
	325-⑧	507
	397-(8)	644
殿中內給事同正		
	85-(19)	122
	116-(4)·(5)	172
	121-(17)	183
	135-(44)	206
	144-(24)·(25)	222
	164-(25)	255
	247-(2)	386
	272-(3)	423
	653-(55)	1161
殿中少監	23-(43)·(44)	22
	62-(27)	85
	114-(75)	169
	223-(26)·(27)	348
	253-(10)	396
	348-(16)	552
殿中丞	309-(25)	481
殿中侍史	422-(11)	691
	440-⑯	727
	490-⑫	825
殿中侍御	183-(15)	286
	309-(25)	481
	414-⑧	677
殿中侍御史	36-㉚	46
	120-(7)	181
	135-(32)·(33)	205
	153-(11)	237
	156-(6)	242
	164-(14)	254
	171-(9)	265
	178-(13)	279
	179-(30)	280
	218-(20)	341
	255-(17)	398
	301-(7)	466
	312-(15)	485
	348-(15)	552
	371-⑨	598
	658-(12)	1167
	662-(9)	1171
殿中尹	473-⑯	796
	476-⑯	796
田稷仁	194-(2)	305

	〈原文〉	〈譯註〉
田眞精(字)-田元均		
	322-(4)	501
	325-③	506
典籤	435-(11)	716
	466-⑩	783
田寵文	325-④	506
殿最	289-(14)	447
	330-(20)	518
→居最		
→理最		
→課最		
→優等		
→政課		
→政最		
→奏最		
典春秋館事	539-⑮	931
田土	186-(18)	292
戰艦	440-⑮	726
→船舶		
銓衡	21-(14)	19
全希璨(僧)	505-⑰	858
浙東(中國)	553-㊲	959
浙西(中國)	485-⑪	815
岊嶺	54-(3)·(4)	75
節鉞	44-(16)	61
苫	358-(4)	57
	510-⑳	869
點軍兵馬使	607-㉕	1087
點軍使	183-(15)	286
	307-(17)	475
	328-(14)	513
占卜		
→龜筮		
→卜		
→卜者		
→相工		
→相人		
→相者		
→日者		
→鶴相		
→鶴骨		
占地	348-(21)	552
占察院	26-(13)	27
接伴	35-⑲	44
	115-(91)	170
接伴使	256-(22)	399
	310-(30)	481
	368-(9)	592
井	219-(36)	342
鄭可臣	414-⑤	677
	432-⑬	711
正覺僧統-金靈炤(僧)		
	263-(1)	410
	264-(5)	411
定簡公	365-(15)	586
貞簡公(諡號)-梁元俊		
	171-(23)	267
貞簡公(諡號)-柳邦憲		
	16-(1)(4)	10
	17-(24)	13
	50-(3)	68
貞簡公(諡號)-鄭文		
	139-(2)·(3)	212
貞簡公(諡號)-韓約		
	366-(3)	587
靖簡王-王基	246-(2)	384
貞敬公(諡號)-文公元		
	157-(1)(3)	243

	〈原文〉	〈譯註〉
貞敬公(諡號)-任懿		
	43-(1)(3)	58
	45-(21)	62
	253-(4)	395
貞敬公(諡號)-崔洪嗣		
	84-(4)(8)	120
	85-(18)(25)	122
	85-(28)	123
鄭公襲	182-(16)	283
政課	418-(5)	683
→殿最		
『貞觀政要』	144-(12)	221
定光寺	97-(39)	142
	321-(15)	499
丁光敍	383-(4)	618
鄭光祖	509-㉓	866
鄭國經	607-㉑	1087
鄭均之	604-⑩	1080
鄭克恭	38-(11)	49
鄭克溫	**313**	**487**
鄭僅	37-(4)	48
鄭僅 妻 金氏	**37**	**48**
鄭南老(字)-鄭知源		
	103-(6)	151
丁男壯士	132-(7)	199
鄭覃(唐)	281-(14)	436
政堂	397-(7)	644
	399-(11)	648
	403-(5)	657
	405-(20)	661
	419-(20)	686
	467-⑫	784
	611-㉙	1097
政堂文學	84-(8)	121
	110-(4)	162
	151-(23)	234
	173-(3)	269
	184-(30)	288
	198-(14)	311
	204-(18)	322
	280-(1)	434
	282-(32)	438
	311-(10)	484
	318-(4)	496
	320-(6)	498
	333-(65)	524
	335-(28)	530
	360-㉓	576
	395-(9)	640
	399-(18)	649
	405-(15)	660
	411-(3)	670
	417-(3)	683
	418-(15)	685
	445-⑧	737
	455-㉘	759
	462-⑯	774
	479-②	803
	480-③	806
	482-⑨	808
	488-⑤·⑥	822
	490-㉒	826
	491-㊳	829
	492-(2)	829
	498-⑩	842
	499-(1)	845
	500-(16)	847
	513-㉟	876

	〈原文〉	〈譯註〉
	518-①	887
	520-⑰	892
	537-⑲	927
	554-⑪	963
	558-⑥	972
	563-⑯	983
	567-⑭	990
	569-⑩	996
	571-⑮	1001
	575-⑥	1010
	580-④	1022
	583-⑫	1029
	584-⑰	1030
	585-㊷㊸・㊹	1034
	585-㊼	1035
	589-㉖・㉗	1044
	591-57	1049
	593-②	1053
	593-⑨	1054
	594-㉟	1057
	602-53	1076
	605-㉙	1083
	665-(9)	1176
-文學	500-(10)	846
正大(年號)	463-⑰	777
廷對(元)	537-⑩	925
→科學		
鄭德丘(僧)	140-(16)	214
征東都鎭撫	468-(1)	789
	469-(3)	789
	469-(14)	791
	470-①	789
	471-⑪	791
征東幕府	324-(33)	505
	327-㊲	510
征東萬戶	495-③	837
征東省	510-㉑	869
征東省員外郎	585-㊹	1034
征東省理問所	551-⑨	956
征東左副都元帥		
	631-㊳	1124
征東行省郎中	530-(37)・(38)	909
	547-⑤	950
征東行省都事	585-㊳	1033
征東行省員外郎		
	517-②	885
	530-(38)	909
征東行省左右司員外郎		
	510-⑮	868
征東行中書省都鎭撫		
	469-(10)	790
	471-⑦	790
征東行中書省都鎭撫司都鎭撫		
	513-㉞	876
征東行中書省照磨		
	455-㉒・㉓	758
征東行中書省左右司都事		
	632-(3)	1127
征東行中書省左右司郎中		
	473-㉒	796
	477-㉒	796
	583-①	1028
征東鄕試	584-㉚	1032
→科學		
正郎	202-(12)	319
	312-(17)	485
正略將軍	502-⑩	850
井良五	409-(3)	668

	〈原文〉	〈譯註〉
貞烈公(謚號)-金倫		
	533-①	915
	535-㊶	921
	536-51	923
	561-⑪⑫	977
	581-④	1025
	582-⑰	1027
	598-⑥	1067
整理	546-㉔	947
	546-㉚	948
	596-⑱	1062
整理都監	539-⑯	931
程明道		
→二程		
鄭穆	**34**	**41**
	61-(4)	84
鄭夢周	581-㉒	1025
貞廟-熙宗	371-④	597
鄭文	139-(3)	212
	173-(4)	269
→貞簡公(謚號)		
正門	360-⑱㉑	575
鄭文道	34-③	42
	61-(4)	84
政房	490-⑬	826
	505-⑨	857
	531-(64)	912
	564-㉘	985
	612-⑥	1098
鄭邦輔	**345**	**548**
→襄平公(謚號)		
鄭倍傑	139-(4)	212
→光儒侯		
→弘文廣學推誠贊化功臣		
鄭復卿	**139**	**212**
→鄭世貴(字)		
政府	480-⑫	805
	579-49	1021
精舍	600-⑬	1070
政事堂	354-(29)	562
	401-⑧	653
鄭思道	**603**	**1079**
→鄭思度		
→鄭良弼		
→鄭思道(字)		
→文貞公(謚號)		
→烏川君		
→日城君		
→丹誠翊贊功臣		
→忠勤翊贊功臣		
→忠勤節義翊贊功臣		
鄭思度-鄭思道	604-⑨	1080
鄭思道(字)-鄭思道		
	604-⑨	1080
鄭嗣文	63-(62)	87
正三品祿	109-(14)	161
→祿俸		
正色	340-(9)	539
鄭犀	645-⑧	1149
鄭僐	556-⑤	967
	588-⑪	1041
鄭善財	646-㉕	1151
鄭世貴(字)-鄭復卿		
	139-(2)	212
鄭世雲	602-㊳	1074
貞肅公(謚號)-金仁鏡		
	395-(5)	639
貞肅公(謚號)-李椿老		

	〈原文〉	〈譯註〉
	380-(28)	612
貞肅公(諡號)-趙仁規		
	451-(6)	749
	543-(5)(6)	939
	544-(20)	942
	629-①	1119
	630-㉚	1122·
		1123
貞肅公(諡號)-崔士威		
	25-(1)	25
	25-(6)	26
	41-(13)	54
	165-(3)	257
	201-(10)	317
鄭肅忠	256-(33)	400
靖順公(諡號)-崔灌		
	422-(6)	690
正順	510-⑬	868
	561-⑳·㉑	979
正順大夫	431-(20)	709
	437-(11)	720
	439-(13)	724
	456-㊶·㊷	761
	497-②	841
	503-㉜	853
	512-⑫	873
	514-①	878
	516-①	882
	557-㉔	970
	567-㉛	993
	590-㊿53	1048
	591-63	1049
	591-70	1050
	605-⑲	1082

	〈原文〉	〈譯註〉
鄭襄明	245-(15)	382
鄭習仁	594-㊱	1057
政丞	469-(16)	791
	471-⑫	791
	501-③	849
	503-㊲	854
	526-(4)	901
	530-(33)	909
	532-(6)	913
	546-㉕	947
	551-⑪	956
	552-㉓	958
	554-⑫	963
	563-⑫⑱	983
	585-㊴	1034
	589-㉘	1044
	596-⑱	1061
	600-⑭	1071
	601-㉑	1072
	607-⑲	1087
	610-④⑤	1093
	611-⑯⑰	1095
政承公-敬順王	298-(6)	460
政承大夫	400-(31)·(32)	650
	466-⑦	783
政丞大夫	405-(16)	660
鄭承伯	444-(20)	735
廷試	88-(12)	127
→親試		
貞愼公(諡號)-柳陞		
	516-⑥	883
	522-(10)	895
	530-(40)	909
	644-(15)	1146

	〈原文〉	〈譯註〉
鄭信丘(僧)	425-(15)	697
鄭信綏	425-(15)	697
	431-(15)	709
鄭信英	425-(15)	697
鄭信和	425-(15)	697
政案	114-(82)	169
定安	43-(5)	58
定安公(諡號)	253-(4)	395
定安公(諡號)-任元敳		
	150-(20)	232
定安公(諡號)-任元厚		
	214-(7)	335
	347-(3)	550
定安公-許琮	526-(8)	902
靖安公(諡號)-崔讜		
	305-(28)	473
定安郡	253-(3)	395
定安郡夫人 任氏-崔瓘 妻		
	422-(6)	690
定安郡 任氏-韓光衍 妻		
	367-(24)	591
定安君-許琮	446-⑫	737
定安大君-許琮	526-(1)	901
	526-(8)	902
定安府院大君-許琮		
	526-(2)(4)	901
靖安翁主-王昷 妻 壽寧翁主		
	483-(15)	811
正陽寺	26-(13)	27
鄭良生	538-㉔	927
	593-⑬	1054
鄭良弼-鄭思道	604-⑨	1080
正言	315-(13)	491
	542-㉕	937

	〈原文〉	〈譯註〉
	580-⑫	1023
淨業	422-(16)·(17)	692
鄭永圖	140-(15)	213
鄭永忠	140-(16)·(17)	214
精勇	286-(4)	443
精勇攝別將	282-(38)	438
貞佑(年號)	311-(7)	484
	313-(15)	486
	314-⑯	489
	316-(21)	492
	318-(4)	496
	322-(33)	500
	328-(23)	515
	329-(31)	515
	330-(8)	516
	335-(31)	530
	337-(50)	533
	338-(21)	536
	339-(33)	537
	343-⑤	544
	344-⑳	546
	348-(23)	553
	353-(20)	560
	353-(22)	561
	370-⑧	595
鄭愚谷	594-㉕	1056
貞元(年號)	138-(11)	210
	140-(24)	214
	141-(28)	217
	142-(56)	218
	144-(22)	222
	145-(3)	224
	148-(13)(16)	229
	148-(23)	230

	〈原文〉	〈譯註〉
	160-(13)·(14)	249
	166-(12)	258
	184-(29)	288
	191-(15)	301
	214-(13)	336
	218-(25)	341
	242-(10)	378
	281-(5)	435
	298-(11)	460
淨源(僧:宋)	31-(12)	38
鄭元寧	313-⑥	487
正元里	317-(15)	494
	458-⑫	764
鄭元直	300-(2)	464
正位	170-(2)	265
鄭瑈	425-(14)	697
鄭侑	604-⑪	1080
正尹	453-⑩	753
	481-④	808
	483-(13)	811
	491-㉘	827
	497-㉘	840
鄭潤	604-⑪	1080
正潤大夫	415-⑭	678
鄭允宜	521-㉙	893
	583-⑬·⑭	1030
定戎分道	371-⑤	598
井邑監務	547-③	950
鄭應文	176-(10)	275
	300-(3)	464
正議	356-⑮	568
征衣	94-(13)	135
定懿公(諡號)-閔公珪		
	448-④	742

	〈原文〉	〈譯註〉
定懿公(諡號)-王瑛		
	260-(17)	405
定懿公(諡號)-王梓		
	246-(2)	384
定懿公(諡號)-劉載		
	48-(1)(13)	65,66
靖懿公	340-(2)	539
正議大夫	17-(20)	13
	121-(13)	182
	292-(32)	452
	314-⑬	488
	340-(1)	539
	374-(15)	604
	376-⑮	604
	379-(12)	611
	380-(34)	613
	406-(3)·(4)	663
	430-(5)	706
	432-⑭	711
	441-㉔	728
	451-(6)	749
	454-⑤	755
	464-(3)	779
	469-(6)	790
	470-④	790
	482-⑥	808
	495-⑤	837
	498-⑥	842
	552-㉕	958
	553-㉜	959
	597-㉘	1063
	613-⑯	1100
	629-⑪	1120
鄭仁卿	**423**	**694**

	〈原文〉	〈譯註〉
→襄烈公(諡號)		
→推誠定策安社功臣		
鄭仁彥	609-⑬	1092
鄭子臨(字)-鄭沆		
	61-(3)	84
丁庄	99-(23)	146
政籍	396-(21)	642
鄭漸	36-㊱㊵㊶	47
	61-(7)(8)	84
	62-(53)	87
貞靖公(諡號)-李軾		
	149-(1)	230
	149-(13)	232
	231-(17)	360
鄭旌叔	100-(10)	148
鄭濟	36-㊴	47
	61-(7)	84
鄭慥	103-(3)	151
	103-(16)	152
	104-(23)(25)	153
正朝	95-(4)	138
鼎族	358-(6)·(7)	571
→貴族		
靖宗	21-(6)	19
	21-(15)	20
-上	15-(6)	9
貞宗-神宗	379-(6)	610
定州	128-(13)	193
	335-(24)	529
定州防禦判官	181-(7)	283
定州分道	218-(15)	340
	337-(8)	535
定州使	82-(65)	118
定州鎭	128-(7)	192

	〈原文〉	〈譯註〉
貞州	132-(16)	201
	417-(14)	682
汀州界	82-(68)	118
靜州	337-(10)	535
-靜	35-㉕	45
靜州分道軍事	58-(7)	79
靜州使	119-④	178
靜州判官	665-(10)	1176
程朱學	468-⑰	788
箐中(中國)	308-(3)·(4)	477
鄭拯	174-(34)	272
	177-(30)	277
鄭漬	557-㉔	970
鄭之僑	382-(25)	616
鄭知常	112-(49)	166
	113-(60)	167
	183-(17)	286
	183-(19)	287
	184-(20)	287
	274-(2)	425
鄭之遠	34-③	42
	61-(4)	84
鄭知源	**102**	**151**
鄭憤	441-㉟	729
	481-⑧	807
→淸河君		
鄭摠	613-⑰·⑱	1100
政最	202-(12)	319
	338-(12)	535
	381-(7)	614
→殿最		
正寢	15-(6)	9
	177-(28)	277
鄭倬	432-⑫	711

	〈原文〉	〈譯註〉
	456-㊹	761
鄭澤	36-㊵	47
	61-(7)(8)	84
	62-(54)	87
淨土	252-(8)	393
	273-(10)	424
	386-(26)	623
淨土寺	219-(42)	343
正統	41-(8)	54
貞平公(諡號)-林幹		
	178-(3)·(4)	278
靖平公(諡號)-金鳳毛		
	297-(1)	459
	299-(28)	463
靖平公(諡號)-金仲龜		
	379-(1)	609
	380-(24)	612
鄭誧	488-②	821
	519-⑮	889
	527-(5)	904
	605-㉞	1084
鄭彪	423-(3)	694
旌表	564-㉞	986
正豐(年號)	150-(21)	232
	151-(25)	234
	154-(13)	240
	155-(8)	241
	156-(13)	242
	160-(14)	249
	162-(12)	252
	166-(21)	259
	168-(2)	261
	172-(25)	267
	177-(28)	277
	179-(28)	280
	180-③	281
	182-(22)	284
	184-(31)	288
	188-(40)	296
	190-(16)	299
	193-(1)	304
	195-(16)(1)	307
	196-(3)	309
	197-(5)	309
	201-(7)	316
	202-(1)	318
	218-(26)	341
	235-(10)	366
	239-(17)	374
	245-(20)	382
	283-(6)	440
	662-(4)	1171
	664-(40)	1174
鄭諴	215-(15)·(16)	336
	224-(46)	349
鄭沆	36-㊵	47
	61	**84**
	207-(3)	325
	214-(8)	335
	225-(77)	353
	304-(12)	471
→鄭子臨(字)		
→文安公(諡號)		
鄭瑎	426-(8)	699
	435-(14)	717
	507-(8)	861
	569-⑯	997
正獻公(諡號)-王煦		

	〈原文〉	〈譯註〉
	512-⑯·⑰⑱	874
	545-①④	943
貞憲公(諡號)-李頲		
	27-(1)	29
	29-(41)	34
正獻大夫	409-(30)	667
	422-(15)	692
	427-⑤	701
	437-(11)	720
	441-㉖	728
	448-⑮	744
	466-⑦	783
	500-(14)	847
	502-⑥	849
	576-④·⑤	1013
	640-(8)	1138
	640-(9)	1139
正慧王師-曇休(僧)		
	160-(6)	248
鼎湖(中國)	579-(52)	1021
鄭洪	605-㉟	1084
政和(年號)	38-(2)	49
	40-(23)	52
	43-(43)	58
	96-(19)	140
井花水	141-(30)	217
靜和宅主 王氏-崔忠獻 妻		
	333-(62)	524
丁黄載	278-(17)	432
鄭曉胤(僧)	140-(17)	214
鄭禧	399-(8)	647
弟監	286-(3)	443
提擧	144-(12)	221
→知貢擧		

	〈原文〉	〈譯註〉
帝京	36-㊳	47
	58-(16)	80
→開京		
制誥	110-(3)	162
	198-(11)	311
	257-(36)	400
	315-(14)	491
	352-(16)	559
	353-(18)(19)(20)	560
	360-⑰	575
	455-㉑	758
→知制誥		
祭告使	368-(11)	593
制科(元)	521-㉚	894
	547-⑤	950
	593-④	1053
→科擧		
齊國公主-忠烈王 妃		
	448-⑪	743
-公主	459-⑯	767
→安平公主		
→仁明大后		
→齊長公主		
祭器都監判官	103-(8)	151
	120-(4)	180
	141-(11)	215
	290-(5)	449
濟論院	315-(8)	491
諸陵署令	122-(1)	184
	122-(10)	185
諸陵丞	307-(15)	475
堤坊	352-(15)	559
→堤堰		

	〈原文〉	〈譯註〉
諸社廟直	312-(8)·(9)	486
提修史	455-㉘	759
製述	17-(9)	11
→科學		
提按	115-(86)	170
齊安	352-(15)	559
齊安郡大夫人 皇甫氏-裴寬 妻		
	86-(14)·(15)	124
齊安郡夫人 崔氏-全昇 妻		
	505-⑧	856·857
齊安郡夫人 皇甫氏-趙某 妻		
	662-(1)(2)·(3)	1171
齊安府錄事	176-(6)·(7)	274·275
齊安府直講	588-⑭·⑮	1042
齊安書記	352-(8)	558
濟陽	256-(34)	400
	655-(2)	1164
提堰	237-(18)	370
→堤防		
帝域	20-(21)	18
諸王	259-(8)	404
帝位	233-(7)	364
濟危寶判官	470-(27)	792
	471-⑲	792
第一里	180-①	281
諸子百家		
→百家		
齊長公主-齊國公主		
	526-(9)	902
帝庭	404-(13)	660
提調銓選事	564-㉖㉘	985
	593-⑧	1054
	594-㉗	1056

	〈原文〉	〈譯註〉
提調征東都鎭撫司事		
	496-㉒	839
提調征東行中書省都鎭撫司事		
	495-①	836
祭酒	133-(10)	203
	427-⑭	702
	515-⑯	880
『濟衆立效方』	205-(32)	323
制策	289-(8)	447
→科學		
第宅	14-(5)	5
	121-(17)	183
	187-(33)	295
	251-(26)	391
題品	505-⑱	858
提學	593-⑰	1055
帝鄕	57-(9)	78
	292-(30)	452
提衡	529-(12)	907
→知貢學		
醍醐	170-(36)	264
齊化門	573-51	1006
趙簡	487-⑩	819
	556-⑥	967
	588-⑫	1041
→文良公(諡號)		
→悅軒(號)		
糟糠	29-(33)	33
趙去塵(字)-趙仁規		
	629-④	1119
條格	608-㊲	1089
曺溪	216-(38)	338
	382-(24)	616
	396-(20)	642

	〈原文〉	〈譯註〉
	426-(9)	699
	505-⑰	858
曹溪	170-(33)	264
	425-(15)	697
	466-⑪	783
曺溪崛山	398-(16)	645
趙季寶(字)-趙瑋		
	543-(7)	940
趙季恂	408-(21)	666
曺溪韻釋	569-⑪	996
曺溪宗	114-(76)	169
	174-(30)	272
	333-(62)	524
	591-㊾	1049
曺溪宗都摠攝	522-(18)·(19)	896
曹溪宗選	366-(4)	588
→僧科		
曹溪之選	342-⑦	542
→僧科		
趙琯	542-⑭	936
趙匡	109-(8)	160
	128-(22)	194
趙某 妻 皇甫氏	**661**	**1171**
趙湛若(字)-趙沖		
	334-(3)	525
洮隴	528-(14)	905
→臨洮		
弔誄	389-(41)	628
照磨	594-㉚	1057
漕輓	347-(10)	551
趙孟	646-①	1152
趙茂	591-㊽	1049
-衛尉	591-㊽·㊾	1050
趙文瑾	423-(20)	693

	〈原文〉	〈譯註〉
	437-(16)	720
祖門蔭	99-(23)	146
→蔭叙		
趙文柱	524-⑦	898
趙忭	408-(21)	666
	423-(20)	693
	431-(13)	708
	437-(17)	720
朝奉	412-(23)	674
	416-(12)	681
	490-⑫	825
朝奉大夫	400-(32)	650
	412-(18)	673
	422-(13)	692
	430-(11)	708
	441-⑳	727
	473-⑰	796
	476-⑰	796
	490-⑮	826
	570-⑤	999
	631-㊻	1125
朝奉郎	591-㊾	1049
租賦	428-㉓	703
祖父業	99-(23)	146
→家業		
祖父蔭	234-(6)	365
→蔭敍		
朝謝	112-(47)	166
	652-(36)	1160
朝散大夫	31-(2)	36
	34-②	42
	44-(10)	59
	54-(1)	74
	62-(31)	85

	〈原文〉	〈譯註〉
	64-(2)	89
	64-(10)	91
	109-(13)	161
	121-(9)	181
	121-(10)	182
	149-(10)	231
	152-(1)	236
	186-(20)	293
	189-(1)	297
	204-(13)	321
	206-(18)	325
	216-(36)	338
	223-(38)	349
	238-(1)	372
	249-(2)	388
	278-(1)	430
	278-(11)	431
	292-(1)	452
	295-(1)	455
	296-(15)	456
	314-⑬	488
	318-(2)	495
	325-④	506
	366-(10)·(11)	589
	372-⑱	599
	375-(45)	608
	380-(30)	613
	403-(6)	658
	418-(9)	684
	421-(4)	690
	422-(12)	692
	429-(4)	706
	436-(5)·(6)	719
	451-(8)	749
	463-④	775
	466-⑦	783
	492-(6)	830
	506-(4)	860
	552-㉒	958
	561-⑨	977
	617-(3)	1107
	619-(5)	1110
	631-㊸	1125
	648-(11)	1155
	650-(2)	1157
	650-(5)	1158
	652-(41)	1160
	655-(1)	1164
-朝散	397-(9)	644
→朝散太夫		
朝散太夫	15-(2)	8
→朝散大夫		
趙瑞	630-㉗	1122
	631-㊲	1124
-元帥公	631-㊶	1124
	631-㊾	1126
趙旋(僧)	544-(17)	941
→三藏法師		
朝鮮公-李資謙	65-(14)	92
	183-(12)	286
朝鮮公-王璹	259-(5)	403
朝鮮國公-李資謙		
	65-(13)	92
	268-(9)	416
朝鮮國大夫人 崔氏-李資謙 妻		
	39-(16)	51
朝鮮國禳憲王-王璹		
	213-(2)	333

	〈原文〉	〈譯註〉
朝鮮侯-王璹	23-(48)	23
趙叔璋	381-(13)	615
趙崇穎	381-(6)	614
趙時彦	158-(30)	245
	320-(3)	498
	334-(4)	526
	337-(5)	534
趙愼	568-㉝	993
朝陽	362-(8)	580
	363-(19)	582
	460-37	771
朝陽山	38-(9)	49
	105-(14)	155
	158-(35)	245
	170-(33)	264
	172-(24)	267
	246-(11)	385
	289-(19)	448
	316-(22)	492
祖業	79-(10)	114
	440-⑫	726
→家業		
趙璉	405-(18)	661
	513-㉖	875
	630-㉖	1122
	631-㊳	1124
→忠肅公(謚號)		
趙延壽	**450**	**748**
	611-㉓	1096
	631-㊴	1124
→趙詡		
→文克公(謚號)		
朝列大夫	442-㊺	731
	459-⑮	767
	498-⑲	843
	524-⑦	898
趙瑩	543-(7)	940
	629-④	1119
趙寧	597-㊸	1065
-寺丞	598-㊻	1065
趙永仁	157-(4)	243
	334-(5)	526
	373-(8)	603
	376-⑧	603
→文景公(謚號)		
趙溫呂	451-(7)	749
	543-(8)	940
	631-㊱	1124
漕運		
-漕輓	347-(10)	551
趙云仡	**646**	**1152**
趙瑋	**543**	**939**
	631-㊸	1125
→趙季寶(字)		
→莊景公(謚號)		
→平壤君		
趙位寵의 亂	229-(23)~(26)	357
	248-(8)~(10)	387
	262-(16)~(19)	407
	265-(5)~(6)	413
	270-(5)~(7)	418
	271-⑤	420
	278-(6)~(8)	431
	286-(4)~(8)	443
	291-(9)~(15)	450
	295-(7)~(9)	455
	305-(21)	472
	317-(5)~(8)	493

	〈原文〉	〈譯註〉
	330-(17)~(19)	518
	351-(3)~(5)	557
	467-②	785
趙爲寵-趙位寵	270-(5)	418
趙位寵-趙爲寵	278-(6)	431
	286-(4)	443
趙位寵의 亂	229-(35)~(36)	357
	261-(10)~(12)	407
趙惟皐	27-(2)	30
	30-(46)	34
趙倫簡	52-(23)	72
祖蔭	39-(8)	50
	114-(74)	169
	126-(16)	191
	130-(5)	196
	139-(4)	212
	140-(15)	213
	149-(4)	230
	202-(6)	318
	203-(4)	320
	236-(6)	369
	238-(27)	371
	347-(5)	550
	648-(4)	1154
→蔭叙		
趙義	65-(16)	93
朝議大夫	21-(17)	20
	59-(1)	81
	60-(20)·(21)	83
	95-(1)	138
	97-(37)	142
	99-(15)	145
	121-(11)	182
	124-(18)	187

	〈原文〉	〈譯註〉
	145-(1)	223
	149-(10)	231
	154-(1)	238
	192-(31)	303
	204-(16)	321
	263-(2)	410
	308-(6)	478
	342-⑬	542
	348-(16)·(17)	552
	348-(24)	553
	371-①	597
	372-⑲	600
	382-(17)	615
	397-(9)	644
	411-(6)	671
	418-(12)	684
	423-(1)	694
	428-㉛	704
	432-⑤	710
	441-㉑	727
	459-⑨	766
	490-⑯	826
	501-④	849
	631-㊺	1125
	632-56	1127
	640-(8)	1138
→朝議太夫		
朝議太夫	15-(3)	8
→朝議大夫		
趙義旋(僧)	631-㊷	1125
曺益淸	611-⑭	1094
趙仁規	451-(6)	749
	543-(6)	939
	629	**1119**

	〈原文〉	〈譯註〉
→去塵(字)		
→貞肅公(謚號)		
→平壤君		
→平壤府院君		
→宣忠翊戴保祚功臣		
趙仁成	193-(9)	305
趙日新	585-㊳	1033
	585-㊶	1034
	589-㉞㉟	1045
	596-㉔	1062
	601-㉗	1072
	601-㉘	1073
-元從功臣	589-㉞	1045
趙子昴(元)	588-⑳	1043
曹頔	519-③	889
	534-㉘㉙	919
	534-㉛	920
	551-⑪⑫	956
	552-⑭⑮⑱	957
	554-⑫	963
	564-⑳	984
	589-㉘	1044
	633-(13)	1130
朝靖大夫	397-(9)	644
	401-⑩	653
	436-(7)·(8)	720
	456-㊵	761
	464-(4)	779
	489-④	824
	501-④	849
趙正臣	320-(2)	498
	334-(3)	525
趙從善	591-㊾	1050
趙周祚	320-(2)	498

	〈原文〉	〈譯註〉
趙仲璋	82-(65)	118
趙遷善	591-㊾	1050
朝請大夫	21-(16)·(17)	20
	95-(3)	138
	97-(36)	142
	108-(1)	159
	109-(13)	161
	110-(2)	162
	121-(11)	182
	369-(16)	593
	382-(16)	615
	385-(9)	621
	399-(15)	648
	401-⑤	652
	404-(7)	658
	415-⑭	678
	426-(2)	698
	463-④	775
	506-(3)	860
	510-⑪	868
	558-②	971
	631-㊱	1124
	664-(1)	1175
	665-(6)	1176
-朝請	510-⑯	869
	567-㉕	992
朝請郎	96-(17)	140
趙沖	333-(63)(65)	524
	334	**525**
	363-(14)	581
	367-(16)	589
-予	330-(9)(10)	517
-趙公	371-⑥	598
-孝童	334-(7)	526

	〈原文〉	〈譯註〉
→趙湛若(字)		
→文正公(諡號)		
趙忠臣	451-(15)	750
	452-(16)	750
趙通	463-⑥	775
朝顯大夫	405-(16)	660
	408-(22)	666
	415-㉓	679
	422-(13)	692
	430-(10)	707
		708
	441-⑲	727
	448-⑫	743
	452-(21)	751
	453-⑦·⑧	752
	473-⑮	795
	476-⑭	795
	490-⑭	826
朝顯摠郎	467-⑥	786
趙翊-趙延壽	450-(5)	748
趙興門	544-(16)	941
族黨	650-(8)	1158
族墳之法	348-(21)	552
→喪禮		
族姓	35-⑨	43
族弟	423-(20)	693
	439-(9)	723
→親族		
族姪之行	415-㉕	679
→親族		
足軒老人(號)-金晅		
	413-(28)	674
足軒居士(號)-金晅		
	419-(17)	685

	〈原文〉	〈譯註〉
足軒秀才(號)-元傅		
	399-(6)	647
存撫	537-⑬	926
	558-㉜	971
存撫使	500-(15)	847
	557-⑬	968
	596-㉒	1062
尊酒	535-㉝	920
尊號使	235-(20)	367
拙翁(號)-崔瀣	474-60	803
	489-⑮	823
	513-㉒㉓	875
	515-⑲	880
	515-㉔	881
	563-⑭	983
	590-㊹	1047
拙齋(號)-崔瀣	562-㉖	979·980
從揀(僧:宋)	31-(12)	38
從軍	261-(5)	406
	263-(36)	409
	268-(18)	417
	374-(30)	606
	424-(4)	694
宗女	484-(23)	813
宗廟	59-(10)	82
	388-(25)	626
	571-㉒	1002
	578-㉙	1017
	584-⑱	1030
→九廟		
→大廟		
→大室		
宗廟大享	572-㊲	1004

	〈原文〉	〈譯註〉
宗廟令	430-(9)	707
宗廟承	490-⑪	825
宗法	484-(21)	812
宗簿令	505-⑰	858
	516-①	882
	535-㊽	922
	557-⑫	968
	567-㉛	993
	569-⑱	998
	582-⑦	1026
	597-㊶·㊷	1065
	599-⑭·⑮	1068
	604-⑪	1080
宗簿副令	539-⑩	930
	590-㊾	1048
宗簿寺	523-(21)	896
宗簿寺丞	614-㉘㉙	1102
宗簿寺,判事	509-㉒	866
	557-㉒	969
	643-(11)	1145
宗社	70-(16)	101
	496-⑮	838
-宗	572-28	1003
從事郎	551-④	955
宗選	276-(4)	429
	277-(12)	429
→僧科		
宗室	57-(6)	78
	73-(13)	105
	187-(36)	295
	213-(8)	334
	404-(14)	660
	503-㉜	853
	523-(24)(25)	896
鍾岩	13-②	3
鍾繇(魏)		
-鍾張	30-(50)	35
鍾張	30-(50)	35
→鍾繇(魏)		
→張芝(漢)		
宗匠	50-(8)	68
	84-(8)	120
	385-(4)	620
宗籍	187-(27)	294
種田軍	631-㉞	1123
從征官	472-⑥	794
宗正府	552-⑰	957
宗正屬籍	332-(47)·(48)	522
宗族	47-(8)	64
	159-(7)	246
	167-(26)	259
	207-(7)	326
	219-(35)	342
	280-(13)	434
	298-(8)	460
	300-(6)	464
	351-(6)	557
	449-㉓	745
	512-⑰⑲	874
	513-⑰	875
	518-⑪	886
	564-㉛	985
	574-64	1007
	582-⑤	1026
	599-⑦	1067
	650-(6)	1158
→親族		
宗戚	446-⑬	738

	〈原文〉	〈譯註〉
	480-⑪	805
→親族		
鐘川	310-(38)	482
	319-(25)	497
宗阡祖陌族墳之法		
	348-(21)	552
宗親	73-(11)	105
	257-(38)	400
左諫議大夫	59-(4)	81
	60-(18)	82
	97-(34)·(35)	142
	105-(4)·(5)	154
	121-(10)	181
	184-(25)	287
	223-(31)·(32)	348
	360-⑯	575
	382-(17)	615
	416-(9)·(10)	681
	418-(12)	684
	521-㉚	894
	527-(5)	904
	529-(26)	908
	637-(1)	1134
左京里	420-(29)	687
左官	534-㉑	918
→左遷		
左軍	367-(14)	589
左軍兵馬錄事	244-(5)·(6)	381
左軍兵馬副使	343-⑧	544
左軍知兵馬使	340-(9)	539
左軍判官	248-(9)	387
左琴右書	192-(26)	302
→琴書		
左代言	601-㉙	1073

	〈原文〉	〈譯註〉
	613-⑫	1099
左道	173-(10)	270
左都指諭	489-⑦	824
左都知右中禁指諭		
	533-⑨	916
佐郎	604-⑰	1081
佐理功臣-王倖	187-(36)	295
佐理功臣-任懿	43-(2)	58
	45-(20)	61
佐命開國	516-②	882
佐命功業	388-(17)	625
佐命大臣	588-⑤	1040
左僕射	40-(1)	53
	52-(14)	71
	52-(20)	72
	55-(18)	76
	60-(24)	83
	63-(60)	87
	65-(11)	91
	89-(35)	129
	90-(39)	130
	101-(6)	149
	126-(5)(14)	190
	132-(15)	200
	133-(7)	203
	138-(9)·(10)	210
	139-(2)	212
	165-(3)	257
	197-(6)	310
	231-(18)	361
	243-(26)	379
	314-⑫	488
	315-(5)	491
	317-(3)	493

	〈原文〉	〈譯註〉
	317-(12)	494
	320-(3)(6)(7)	498
	335-(21)	529
	337-(3)	534
	347-(4)	550
	359-⑦	573
	359-⑦·⑧	574
	360-㉓	576
	379-(15)	611
	380-(29)	613
	398-(15)	645
	440-⑥	725
	469-(6)(8)	790
	470-④	790
	471-⑥	790
	504-⑦	856
	558-㉙	970
	588-⑨	1041
	606-⑥	1085
→尙書左僕射		
→文昌左相		
→文昌左丞		
左副代言	605-⑱	1081
左副都元帥	631-㊳	1124
左副承宣	21-(14)	19
	62-(28)	85
	86-(13)	124
	348-(20)	552
	399-(14)	648
左史	36-㉝	46
左司	384-(11)·(12)	618
左司諫	94-(24)	137
	156-(6)·(7)	242
	215-(15)	336

	〈原文〉	〈譯註〉
	222-(23)	348
	364-(6)	585
	399-(7)	647
	469-(8)	790
	471-⑥	790
	473-⑭	795
	494-⑨	834
	558-③	972
	639-(9)	1137
左司郎中	45-(25)	62
	47-(7)	64
	64-(8)	90
	91-(5)	132
	125-(8)	188
	195-(5)	308
	219-(43)	343
	234-(5)	365
	242-(9)	378
	319-(17)·(18)	497
	323-(12)	502
	325-⑬	507
	359-⑪	574
→尙書左司郎中		
左司郎	422-(18)	693
	494-⑨	834
左司員外郎	173-(9)	269
	323-(10)	502
	325-⑩·⑪	507
左司議	422-(14)	692
左司議大夫	397-(10)	644
	519-⑮	889
	558-⑥·559-⑦	972
	561-⑲	978
	584-㉜·585-㉝	1033

	〈原文〉	〈譯註〉
	601-㉗	1072
	605-㉞	1084
左散騎常侍	17-(19)·(20)	12
	87-(23)	125
	174-(29)	272
	176-(15)	275
	282-(22)	437
	317-(11)	494
	326-㉖	509
	344-⑳	546
	353-(20)	560
	360-㉒	576
	384-(18)	619
	430-(5)	706
	432-⑥	710
	441-㉔	728
	649-(16)	1156
左常侍	395-(8)	640
	397-(2)	643
	496-⑬	838
	500-(16)	847
	512-⑫	873
	525-⑮	899
左拾遺	36-㉚	46
左丞	151-(15)	234
	365-(10)	585
佐丞	17-(22)	13
	263-(2)	410
	409-(2)	668
左丞相(元)	435-(14)	717
	507-(8)	861
左承相(元)	442-㊱	729
左承宣	62-(31)	85
	191-(13)	301

	〈原文〉	〈譯註〉
	357-㉖	570
	379-(11)	610
	613-⑯	1100
	629-⑪	1120
左承旨	397-(11)	644
	641-(19)	1141
『左氏春秋』	239-(8)	373
	577-⑨	1014
→『春秋』		
座右銘	435-(13)	717
左司	586-㊼	1036
左司諫	138-(7)	210
	373-(11)	603
	376-⑪·⑫	603
左司員外郎	510-⑮	868
左司議大夫	397-(10)	644
左常侍	397-(12)	645
左右衛	271-⑧	421
	331-(25)	519
左右衛郎將	370-⑫	596
	448-⑪	743
	451-(15)	750
	475-㊿	801
	478-㊿·51	801
左右衛錄事	96-(26)	141
	199-(39)·(40)	313
	513-㊴	877
左右衛錄事叅軍	581-⑮	1024
左右衛錄事叅軍事		
	90-(51)	130
	385-(6)	621
	390-⑨	630
左右衛大將軍	19-(5)	16
	361-㊲	578

	〈原文〉	〈譯註〉
	392-②	634
	436-(6)·(7)	720
	595-③	1059
左右衛大護軍	453-⑧·⑨	752·753
左右衛保勝郎將		
	287-(9)	445
	508-⑱	865
	559-⑦	972
	595-③	1059
	646-㉒	1151
左右衛保勝別將	509-㉓	866
左右衛保勝散員	599-⑭	1068
左右衛保勝將軍	553-㊱	959
左右衛保勝中郎將		
	271-⑥	420
	438-(3)	722
	438-(6)	723
左右衛保勝護軍	565-㊷	987
左右衛史	170-(5)	265
左右衛散員	487-⑫	820
左右衛上將軍	271-②	420
	388-(17)	625
左右衛上護軍	443-(12)	733
左右衛攝上將軍		
	379-(12)	611
左右衛勝攝郎將	280-(11)·(12)	433
左右衛將軍	343-⑧	544
	453-⑦	752
左右衛長史	204-(28)·(29)	323
左右衛精勇	559-⑫	973
左右衛精勇攝將軍		
	331-(24)	519
左右衛中郎將	500-(17)	848
	595-④	1059
左右衛叅軍	472-⑫·⑬	795
	476-⑫	795
左右衛護軍	480-⑯	805
	497-㉗	840
左正言	184-(28)	288
	352-(11)	558
	561-⑮	978
『左傳』	612-⑤	1098
-傳	327-(3)	512
→『春秋』		
左政丞	533-⑬	917
	539-⑰	931
	555-⑯	964
	567-⑯	991
左正言	61-(19)	85
	103-(11)	152
	132-(5)	199
	138-(7)	210
	151-(14)	234
	156-(5)·(6)	242
	164-(13)	253
	183-(14)	286
	184-(28)	288
	352-(11)	558
	417-(13)	681
	494-⑨	834
	541-⑥	935
	561-⑮	978
	584-㉙	1032
	593-⑯	1055
座主	115-(87)	170
	176-(4)	274
	353-(18)	560

	〈原文〉	〈譯註〉
	395-(4)	639
	563-⑱	983
	589-㉔	1044
	600-⑮	1071
→監試座主		
→南省座主		
→知貢擧		
左中禁指諭郎將		
	400-(33)	650
左中禁指諭文	402-㉕	655
左遷	99-(10)	145
	121-(8)	181
	173-(10)	270
	303-(8)	469
	368-(12)	593
	430-(9)	707
→左官		
佐太祖功臣	580-②	1022
佐太祖有功	522-(7)·(8)	895
	530-(51)·(52)	910
	563-⑨	982
左獻納	586-㊾	1037
左弦右壺	272-⑪·⑫	421
罪案	601-㉝·㉞	1073
罪黜	603-㊹	1078
周	96-(19)	140
	386-(19)	622
	408-(26)	667
	572-㉗㉚	1003
	590-㊷	1046
主客郎中(宋)	31-(11)	38
朱溪事審官	609-⑪	1092
朱溪縣	169-(17)	262
周公(中國)	130-(2)	196
	578-㉖㉗	1017
-周	351-(7)	557
酒果	26-(21)	28
柱國	21-(18)	20
	28-(17)	31
	40-(4)	53
	44-(14)	60
	110-(13)	163
	138-(14)	211
	143-(1)	219
	144-(18)	222
	178-(3)	278
	197-(6)	310
	217-(5)	339
	333-(62)	524
	353-(25)	562
	363-(27)	583
珠璣	647-③	1152
奏對	360-⑰	575
廚都監判官	34-(2)·(3)	41
奏牘使	26-(11)	26
周敦頤(宋)		
→茂淑		
→文節公(諡號)		
→濂溪-周濂溪		
酒醴	53-(4)	73
周陵直	607-⑫·⑬	1086
主文	593-⑥	1053
州吏	177-(26)	277
	370-④	594
→鄕吏		
主夫	102-(11)	150
	173-(6)	269
主簿	49-(14)	67

	〈原文〉	〈譯註〉
	575-⑯	1011
注簿	200-(8)	315
主夫同正	267-(2)	415
主簿同正	263-(32)	409
注簿同正	132-(21)	201
州副司戶	370-④	595
→鄕吏		
州副戶長	510-⑩	868
→鄕吏		
周榭之災	309-(12)	479
州司戶	413-③	675
→鄕吏		
周碩	136-(6)	207
柱石	330-(8)	516
珠崖(中國)	459-⑱	767
『周易』		
-易	91-(6)	132
	140-(19)	214
	309-(23)	480
	336-(33)	531
	355-④	566
	399-(5)	647
	435-(15)	717
朱悅	494-⑱	835
→文節公(謚號)		
『朱子綱目』	590-㊷	1046
朱紫盈庭	523-(28)	896
朱雀	72-(7)	103
	78-(5)	112
住持	32-(14)	38
	50-(1)	68
	68-(1)	98
	69-(2)	99
	72-(3)	102

	〈原文〉	〈譯註〉
	76-①	108
	78-(2)	112
	90-(49)	130
	102-(9)	150
	116-(1)	172
	136-(2)	207
	142-(41)	217
	160-(1)	248
	165-(1)	256
	166-(16)	258
	167-(31)	260
	220-(1)	344
	226-(81)(83)	353
	235-(23)	367
	263-(1)	410
	276-(1)	428
	276-(3)	429
	439-(7)	723
	591-㊾	1049
	646-㉒	1151
奏最	348-(14)	552
→殿最		
走筆	373-(5)	602
	376-⑤	602
竹	643-(9)	1144
粥	576-⑥	1013
竹溪	563-⑬	983
	595-㊶	1058
竹堂	400-(36)	651
竹林之遊	192-(27)	302
竹田	571-⑲	1001
竹州	51-(3)	70
	454-③	755
竹軒(號)-金倫	505-㉒	859

	〈原文〉	〈譯註〉
	526-(4)	901
	532-(6)	913
	532-(9)	914
	533-③	915
	535-㊹	922
	598-⑥	1067
中京留守	455-㉔	758
中古	639-(4)	1137
中科	563-⑱	983
	566-⑨	989
→及第		
中官	224-(46)	349
重光寺	73-(7)	104
重光殿直	202-(8)	319
中魁	472-⑫	795
	476-⑪	795
	494-⑦	834
	500-(14)	847
→及第		
中國	127-(2)	192
	174-(26)	271
	435-(14)	717
	551-②	955
→中朝		
→中華		
中國禮	572-㉟	1004
中國制科	593-④	1053
中國進士科	593-⑱	1055
中國華人	164-(28)	255
中軍	112-(49)	166
	309-(22)	480
	312-(9)	486
	323-(18)	503
	367-(15)	589

	〈原文〉	〈譯註〉
中軍錄事	326-㉞	510
	486-②	818
中軍兵馬錄事	275-(27)	427
中軍兵馬副使	325-⑱	508
中軍兵馬使	82-(58)	118
	89-(32)	129
中軍兵馬判官	352-(12)	559
中軍兵馬判事	110-(7)	162
中軍副使	323-(17)	503
中軍使	363-(21)	582
中軍元帥	363-(14)	581
中軍佐	112-(45)	165
中軍判官	256-(25)	399
中貴	23-(38)	22
	178-(18)	279
仲尼-孔子	15-(21)	7
	16-(2)	10
	34-⑥	42
	435-(12)	716
重大匡	22-(31)	21
	133-(8)	203
	267-(6)	416
	412-(18)	673
	416-(1)	680
	416-(6)	681
	428-㉜	705
	432-②	710
	433-⑳	712
	436-(19)	719
	438-(2)	722
	440-①	725
	441-㉘	728
	448-①	742
	448-⑰	744

	〈原文〉	〈譯註〉
	451-(15)	750
	455-㉙	759
	457-⑧	764
	460-㉞	770
	467-①	785
	467-⑦	786
	477-㉛	798
	482-⑧	808
	489-②	824
	491-㉘㉙㉚	827
	492-(4)	830
	492-(8)	831
	494-⑬	835
	496-⑰	839
	498-⑨	842
	498-⑭⑮	843
	511-①	871
	513-㉚	876
	519-①	889
	520-⑰	892
	529-(10)	907
	532-(3)	913
	533-⑫	917
	535-㊻	922
	543-(2)	939
	551-⑩	956
	560-①	976
	560-⑦·561-⑧	977
	568-①	995
	586-52	1036
	591-62	1049
	597-㉝	1064
	598-③	1066
	599-①	1069
	611-⑳	1095
	611-㉔	1096
	613-⑲	1100
	613-㉕	1100
	633-(4)	1127
	639-(2)	1137
中大夫	28-(18)	31
	172-(1)	268
	366-(12)	589
	397-(10)	644
	402-⑫	653
	612-⑨	1099
重大師	66-(25)	95
	77-㉕	112
	114-(76)	169
	142-(39)(41)	217
	166-(6)·(7)	257
	192-(33)	303
	226-(83)	353
	254-(19)	396
→重太師		
中道,按	412-(14)	672
中郎將	268-(12)	416
	278-(2)(9)	431
	286-(8)	444
	370-⑬	596
	416-(10)	681
	443-(8)	732
	513-㊱·㊲	876
	563-⑨	982
	580-⑬·⑭	1024
	590-56	1048
	591-64	1049
	591-66 69	1050

	〈原文〉	〈譯註〉
	591-⑭	1051
	595-②	1059
	597-㊸	1065
	614-㉜	1102
	619-(2)	1109
	629-⑩	1120
中令-中書令	578-㉘	1017
中門	360-⑳	575
中門副使	496-⑧ · ⑨	837
	496-⑫ · ⑬	838
中門使	444-(14)	734
	525-⑮	899
	533-⑨	916
中門祇候	487-⑬	820
	556-⑨	968
重房	607-⑯	1086
	607-㉓	1087
中房寺	104-(23)	153
中奉大夫	407-(14)	665
	440-⑦	725
	464-(3)	779
	509-⑳	865
	539-④	929
	553-㉝	959
	572-㊲	1004
中部錄事	418-(5)	683
中部令	596-⑪	1060
中使	32-(16)	38
	73-(13)	105
	74-(15)	105
	169-(16)	262
	187-(30)	294
	219-(38)	343
	332-(44)	521

	〈原文〉	〈譯註〉
	334-(9)(10)(11)	527
	407-(13)	664
中舍郎	422-(11)	691
中散大夫	310-(31)	481
	397-(9)	644
	399-(15) · (16)	648
	612-⑧	1099
→中散太夫		
仲山甫(周)	282-(24)	437
-山甫	16-(2)	10
中散太夫	15-(1)(3)	8
→中散大夫		
中尙	553-㉟	959
中尙監丞	510-⑯	869
中尙署令	410-(9)	669
中尙署丞	233-(12)	364
中尙丞	320-(2)	498
	366-(4)	588
中書	183-(17)	286
	224-(46)	349
	315-(13)	491
	353-(22)	561
	354-(28)	562
	541-⑫	936
	652-(36) · (37)	1160
中書令	21-(2)	18
	23-(38)	22
	27-(4) · (5)	30
	28-(23)	32
	38-(1)(2)	49
	39-(6)	50
	39-(10)	51
	54-(4)	75
	91-(2)	131

	〈原文〉	〈譯註〉
	91-(5)	132
	101-(7)	149
	126-(8)	190
	149-(2)	230
	150-(16)	232
	195-(4)	308
	197-(3)	310
	231-(19)(20)	361
	253-(4)	395
	304-(11)	471
	315-(3)·(4)	490
	330-(5)·(6)	516
	330-(8)(13)(14)(15)	517
	331-(38)	520
	347-(2)(3)	550
	380-(29)	612
	387-(2)	623
	387-(8)(11)	624
	388-(14)(23)	625
	406-(4)	663
	432-⑦	710
	440-⑥	725
	445-⑥	737
	464-(3)	779
	532-(4)	913
	581-④	1025
	634-(16)	1130
中書門下	171-(6)	265
中書門下,判事	629-①	1119
	630-⑮·⑯⑱	1121
中書門下省 →鳳池		
中書門下省,判事		

	〈原文〉	〈譯註〉
	451-(6)	748
中書門下侍郎	269-(27)	417
	399-(20)·(21)	649
中書門下侍郎平章事	421-(5)·422-(6)	690
中書門下平章事	399-(21)	649
	416-(2)·(3)	680
中書兵部郎中	599-⑫·⑬	1068
中書舍人	44-(9)	59
	59-(6)	81
	59-(12)·(13)	82
	132-(10)	200
	138-(7)	210
	218-(23)	341
	223-(27)	348
	240-(28)	375
	275-(26)	427
	295-(12)	456
	303-(7)	469
	328-(16)	514
	359-⑫	574
	366-(11)	589
	397-(8)	644
	440-⑩	726
	608-㉛	1088
中瑞司典簿	544-(21)	942
中書省	85-(13)	121
	290-(3)	449
	552-⑰	957
	552-㉓	958
	601-㉑	1072
→鳳閣		

	〈原文〉	〈譯註〉
→鳳閣		
中書侍郎同中書門下侍郎平章事		
	171-(20)·(21)	266
中書侍郎同中書門下平章事		
	28-(18)	31
	44-(15)	60
	80-(33)	116
	88-(3)·(4)	126
	182-(1)	284
	184-(31)	288
	198-(15)	311
	217-(1)	339
	218-(28)	342
	224-(45)	349
	224-(55)	350
	432-②	710
	647-(1)	1153
	649-(13)	1156
中書侍郎平章事		
	39-(17)	52
	65-(13)	92
	66-(23)	94
	89-(36)	130
	91-(4)	132
	98-(5)	145
	105-(3)	154
	110-(1)	162
	110-(12)	163
	126-(9)	190
	130-(11)	197
	157-(2)	243
	176-(21)	276
	195-(4)	308
	197-(4)·(5)	310
	204-(18)·(19)	322
	225-(62)	351
	253-(3)	395
	266-(15)(16)	414
	284-(23)·(24)	441
	288-(4)	446
	299-(25)	462
	320-(11)	499
	331-(34)	520
	338-(17)·(18)	536
	353-(24)	561
	360-㉔	576
	363-(25)	583
	379-(2)	609
	383-(3)	618
	407-(8)	664
	411-(7)	671
	647-(3)	1154
中書吏部	233-(4)	363
中書左丞	485-⑫	815
中書注書	58-(13)	80
	103-(10)	152
	164-(13)	253
	213-(12)	334
	248-(10)	387
	307-(15)	475
	312-(14)	485
	371-⑨	598
	399-(10)	648
	665-(11)	1176
中書注意	352-(10)	558
中書平章	411-(8)	671
	452-④	752
中書平章事	189-(2)	297

	〈原文〉	〈譯註〉
	221-(1)	346
	321-(18)	499
	395-(9)	640
	606-⑨	1085
	653-(51)	1161
中選	226-(85)	353
	276-(9)·(10)	429
→僧科		
中城	388-(24)	626
重城	80-(21)	115
	134-(20)	204
→築城		
中丞	179-(21)	279
	576-⑥	1013
中承	557-⑪	968
重試	194-(6)	306
→科擧		
中菴(號)-蔡洪哲		
	508-⑦	863
中涓	231-(7)	359
→內侍		
中列大夫	415-⑭	678
	422-(14)	692
	430-(11)	708
	476-⑰	796
中原	55-(12)	75
	552-㉓	958
	571-⑲	1002
中原郡	106-(2)	156
中原,倅	94-(12)	135
中原牧司祿	399-(9)	648
中原府	120-(1)	179
中尹	271-③	420
	373-(3)	602

	〈原文〉	〈譯註〉
中議	510-⑰	869
中議大夫	397-(11)	645
	404-(8)	658
	438-(3)	722
	553-㊱	959
	599-⑫	1068
中正	561-⑳	978
	613-⑩	1099
中正大夫	441-㉟	729
	460-㉜	770
	465-(10)	781
	466-(16)	782
	498-⑫	842
	503-㉝	853
	512-⑩	873
	513-㉜㉝·㉞	876
	567-㉛	993
	580-⑫	1023
	590-㊿·51 55	1048
	591-65	1049
	597-㊶	1065
	599-⑫	1068
	605-⑱·⑲	1082
	607-⑱	1087
中政院長史	482-⑧	808
中第	59-(8)	81
	147-(3)	228
	152-(6)·(7)	236
	207-(22)	327
	338-(20)	536
	373-(6)	602
	374-(28)	606
	376-⑥	602
	377-㉙	606

	〈原文〉	〈譯註〉
-及第		
中贊	480-②	806
	569-⑦	996
中樞	612-㉜	1097
中樞副使	17-(17)	12
	21-(5)	18
	21-(17)	20
中樞使	17-(18)	12
	21-(18)	20
	24-(7)	24
	28-(16)	31
	41-(14)·(15)	54
	88-(7)	127
	126-(7)	190
中樞院別駕	656-(5)	1165
中樞院使	47-(11)	64
	130-(9)	196·197
	133-(6)	202
	157-(27)	244
中樞院右副承宣		
	21-(13)	19
	44-(8)	59
中樞院,知事	21-(18)	20
中樞院,知使事	21-(18)	20
中樞院知奏事	21-(16)	20
中樞直學士	17-(14)	12
重太師	90-(49)	130
	144-(24)	222
→重大師		
中統(年號)	422-(8)	691
	448-⑧	743
	530-(54)	910
中顯	561-⑲	978
中顯大夫	465-(10)	781
	469-(13)	790
	471-⑩	790
	515-⑩	879
	557-㉓	970
	558-㉙	970
	565-㊴	986
	571-⑬	1001
	590-52	1048
	591-58 61	1049
	596-㉕	1063
	600-⑨	1070
	604-⑪	1080
	645-⑧	1149
中華	162-(4)	251
	455-⑰	757
	642-(23)	1142
→中國		
中和堂	508-⑯	864
中和縣	189-(2)	297
	328-(9)	513
中興之功	543-(6)	939
重熙(年號)	15-(5)	9
	16-(9)	9
	22-(24)	20
	25-(6)	26
	41-(9)	54
	51-(28)·(29)	69
拯苦寺	246-(11)	384
甑山(德水縣)	485-⑲	816
曾參(魯)		
-曾	147-(31)	227
贈謚	15-(7)	9
	17-(24)	13

〈原文〉	〈譯註〉
23-(38)	22
24-(2)	24
27-(1)	29
27-(4)(5)	30
29-(41)	34
39-(6)	50
41-(13)	54
45-(21)	62
50-(3)	68
56-(1)	77
62-(49)	87
63-(1)	88
66-(22)	94
74-(22)	106
84-(4)	120
111-(17)	163
114-(72)	168
139-(2)	212
141-(6)	215
143-(1)	219
144-(23)	222
149-(13)	232
151-(1)	233
157-(2)·(3)	243
171-(23)	267
177-(29)	277
182-(2)	284
183-(8)	285
184-(35)	289
185-(1)(2)	290
188-(44)	296
199-(33)	312
201-(10)(15)	317
219-(40)	343

〈原文〉	〈譯註〉
226-(93)	354
228-(5)	355
260-(17)	405
260-(22)	406
269-(33)	417
270-(15)	419
271-②	420
283-(2)	439
285-(32)	442
288-(5)	446
299-(28)	463
314-⑰	489
317-(16)	494
330-(6)	516
330-(13)	517
332-(57)	523
334-(5)(6)	526
335-(31)	530
337-(2)	534
338-(23)	536
346-(13)	549
354-(34)	563
356-⑦	567
361-㉜	577
362-(1)	579
365-(15)	586
373-(2)	602
376-②	602
379-(1)	609
380-(24)	612
387-(3)(8)(12)	624
388-(15)(16)	625
389-(41)	628
400-(30)	650

	〈原文〉	〈譯註〉
	403-(2)	656
	404-(12)	659
	411-(4)(6)(9)	671
	415-⑳	679
	421-(5)	690
	422-(6)	690
	425-(14)	697
	426-①	700
	428-㉟	705
	433-⑮	711
	435-(16)	718
	441-㉝	729
	445-⑦⑨⑩	737
	451-(6)	749
	454-⑦	755
	456-㊴㊸	761
	458-②	765
	466-③	782
	475-㊿	802
	478-㊿	802
	485-⑤	814
	503-㉘	853
	519-①	889
	522-(16)	895
	524-②	897
	526-(2)	901
	529-(1)(4)	907
	533-①④	915
	533-⑤⑥	916
	535-㊲	920
	535-㊳㊶	921
	538-㉒	927
	540-㉗	933
	543-(1)	939
	545-①④	943
	560-②	976
	629-①	1119
	630-㉚	1122·1123
	632-(1)	1127
	647-(1)	1153
	660-(10)(13)(15)	1169
→謚號		
證智-金靈炤(僧)		
	264-(5)	411
紙	27-(8)	30
知見人	78-(8)	113
知貢擧	17-(14)(17)	12
	22-(32)	21
	95-(8)	138
	176-(5)	274
	198-(18)	311
	205-(31)	323
	335-(28)	530
	398-(14)	645
	402-⑰	654
	490-⑳	826
	508-⑬	864
	512-⑤	872
	530-(48)	910
	563-⑬	983
	566-⑦⑩	989
	569-⑦	996
	571-⑰	1001
	575-②	1009
	584-㉕	1031
	585-㊼	1035

	〈原文〉	〈譯註〉
	586-㊾	1037
	589-㉓	1043
	589-㊱	1045
	593-⑭	1055
	611-㉙·㉚	1097
	612-③	1098
→貢擧		
→貢擧員		
→試官		
→掌試		
→提衡		
→上提擧		
→東堂知貢擧		
→禮部貢擧		
→同提擧		
→同知貢擧		
→應擧試,知		
→典試貢士		
→座主		
知貢擧,副	586-㊾	1037
→同知貢擧		
工部,知事	652-(43)	1160
知官	424-(4)	694
地官員外郎-戶部員外郎		
	347-(11)	551
智光(僧)	167-(30)	260
指南大路	166-(19)	259
知內旨	417-(13)	681
	422-(18)	693
	423-(20)	693
	423-(1)	694
至大(年號)	426-(6)	699
	453-⑧	752
	455-㉘	759

	〈原文〉	〈譯註〉
	456-㉛	759
	473-㉖	797
	477-㉗	797
	485-⑦	814
	487-⑥	818
	490-㉔	827
	494-⑨	834
	496-⑪	838
	502-⑮	851
	505-⑩	857
	508-⑧	863
	510-⑫	868
	510-⑩	869
	570-⑧	1000
	610-⑪	1094
	632-㊻	1127
	633-(10)	1129
知臺	323-(22)	503
	326-(25)	509
	534-⑱⑲	918
知臺事	138-(8)	210
芝蘭	28-(27)	32
	145-(28)	223
持禮事	14-(3)	5
智祿延	65-(14)	92
智勒寺	168-(14)	262
	169-(22)(27)	263
地理	111-(19)	163
知司	564-(26)	985
	585-㊲	1033
	605-㉖	1083
	613-⑱	1100
→密直,知司		
知司事	415-⑯	678

	〈原文〉	〈譯註〉
	424-(9)·(10)	696
	502-⑬	850
	561-㉒	979
→密直,知司事		
池爕	515-㉑	881
池城郡	197-(2)	310
「止水鑑形詩」	34-⑥	42
至順(年號)	468-⑬	787
	469-(3)	789
	470-(30)	792
	470-①	789
	474-㊱	799
	477-㊱	799
	479-②	803
	481-⑥	806
	491-㉛	828
	496-⑲	839
	503-㉔	852
	505-⑬	858
	508-⑫	864
	510-⑭	868
	510-⑰	869
	511-㉓	870
	512-⑫	873
	549-⑲	984
	554-⑩	963
	557-⑩	968
	561-⑰	978
	577-⑫·⑬	1015
	611-⑮	1095
知申事	490-⑰⑲	826
	502-⑫	850
	564-㉕	985
	566-⑫	990

	〈原文〉	〈譯註〉
	571-⑬·⑭	1001
	575-⑭	1011
	605-⑳	1082
至元(年號)	396-(15)	641
	396-(26)	643
	398-(21)	646
	400-(40)	651
	401-⑧	653
	403-㉚	656
	405-(25)	662
	422-(8)	691
	424-(4)	695
	440-⑬	726
	443-(6)	732
	449-㉜	746
	453-⑥	752
	454-⑩	756
	462-⑱	774
	466-④	782
	467-④	785
	475-③	794
	479-⑤	804
	486-④	818
	488-⑧	822
	490-⑨	825
	492-(9)	831
	494-⑧	834
	495-⑦	837
	502-⑦	850
	504-②	856
	510-⑰	869
	521-㉘	893
	533-⑥	916
	551-④	955

	〈原文〉	〈譯註〉
	563-⑰	983
	566-⑨	989
	566-⑫	990
	577-⑧	1014
	588-⑨ · ⑩	1041
	648-(12)	1155
知院事	184-(27)	288
	223-(41)	349
	323-(24)	503
	326-㉖ · ㉗	509
	415-⑯	678
	601-㉟	1074
	629-⑫	1120
→樞密院,知事		
指諭郎將	517-⑬	883
池允輔	457-⑧	764
→莊烈公(諡號)		
智顗(僧:中國)		
→智者大師		
智者大師	76-⑤	108
→智顗(僧:中國)		
紙障	332-(41)	521
地藏寺	37-(7)	49
持節	186-(13)	292
	331-(38)	520
	607-㉑	1087
至正(年號)	521-㉘	893
	522-(15)	895
	523-(35)	897
	524-②	897
	526-(4)	901
	526-(16)	903
	527-(4)	904
	528-(23)	906
	529-(14)	908
	531-(74)	912
	532-(11)	914
	532-(16)	915
	535-㊵	921
	539-⑫	931
	540-㉛	933
	544-(13)	941
	544-(21)	942
	545-②	943
	548-⑦	950
	552-㉘	958
	555-⑮	963
	557-⑰	969
	559-⑰	974
	560-㉙	975
	561-㉑㉔	979
	563-②	981
	566-②	988
	571-⑪	1000
	581-⑯ · ⑰	1024
	584-㉙	1032
	587-②	1040
	589-㉛	1045
	600-②④	1069
	600-⑮	1071
	604-⑭	1081
	606-②	1084
	611-⑮	1095
	633-(5)	1128
	635-(28)	1132
	643-(13)	1146
知制	256-(32)	400
知制誥	17-(13)	12

〈原文〉	〈譯註〉
21-(3)	18
21-(11)	19
31-(2)	36
36-㉚	46
39-(18)	52
40-(2)	53
44-(8)	59
46-(2)	63
56-(2)	77
60-(17)	82
61-(17)(19)	85
62-(23)	85
62-(32)	86
62-(46)	87
63-(63) · (64)	87
64-(2)	89
64-(5)	90
65-(11)	91
66-(25)	95
73-(2)	104
79-(2)(8)	114
88-(7)(8)	127
88-(18)	128
90-(47)	130
94-(20)	136
95-(1) · (2)(3)	138
96-(27)	141
97-(29)(31)	141
97-(33)(37)	142
102-(10)	150
103-(11)	152
110-(2)	162
111-(27)(28)(30)	164
112-(32)	164
123-(21)	186
124-(19)	187
132-(5)	199
132-(10)	200
138-(6) · (7)	210
144-(11)	221
151-(14)(17)	234
152-(8)	236
153-(12)	237
154-(8)(9)	238
154-(8)(9)	239
156-(6)	242
157-(16)	244
164-(13)	253
173-(2)	268
173-(8)	269
173-(17)	270
174-(21)(24)	271
179-(30)	280
183-(12)	285
184-(29)	288
187-(34)	295
195-(7) · (8)	308
197-(10)	311
199-(43)	313
203-(8)	321
207-(3)	325
215-(14)(17)	336
218-(18)	340
218-(20)(22)	341
219-(45)	343
222-(21)	348
226-(80)	353

〈原文〉	〈譯註〉
232-(1)	362
233-(9)	364
240-(28)	375
242-(9)	378
249-(2)	388
265-(7)	413
265-(11)	414
275-(26)	427
276-(33)	428
280-(11)	433
282-(38)	439
292-(32)	452
295-(12)	456
301-(10)	466
303-(6)	468
303-(7)	469
305-(15)	471
305-(21)·(22)	472
306-(1)(3)	474
307-(21)	476
312-(15)	485
315-(1)	490
335-(15)	528
336-(45)	533
342-⑬·⑭	542
352-(14)	559
357-㉗	570
359-⑫	574
364-(6)	585
366-(5)	588
370-⑩	595
371-①	597
371-⑨⑩	598
372-⑱	599

〈原文〉	〈譯註〉
382-(16)	615
383-(4)	618
386-(22)	622
397-(9)	644
399-(7)	647
399-(13)	648
401-⑨	653
403-(3)	657
404-(6)	658
405-(17)	660
406-(4)	663
408-(19)	666
409-(30)	667
413-⑧	676
418-(13)	684
422-(9)(11)	691
422-(12)(13)(14)	692
427-⑦	701
428-㉛	704
430-(5)	706
432-⑤	710
440-⑦	725
440-⑩	726
441-⑲	727
441-㉖	728
445-④	736
452-(21)	751
456-㊶	761
459-⑦⑩	766
463-④⑥	775
464-(3)	779
466-⑤	783
473-⑭	795

	〈原文〉	〈譯註〉
	473-⑰	796
	476-⑯	795
	485-③	814
	489-⑥	824
	490-⑭⑮⑯⑰⑲	826
	492-(6)	830
	527-(8)	904
	530-(35)	909
	558-③	972
	559-⑲	974
	570-⑤	999
	579-㊸	1019
	612-⑧⑨	1099
	617-(4)	1107
	631-㊵	1124
	631-㊹	1125
	632-56⃝	1127
	636-(2)	1133
	639-(3)	1137
	640-(9)	1139
	649-(19)	1157
	650-(2)	1157
	653-(53)	1161
	657-(15)	1165
	665-(12)·(13)	1176
	665-(14)	1176
	665-(17)	1176
→三字		
→制誥		
→知製教		
知製教	145-(2)	223
	436-(2)	719
	456-㊷	761

〈原文〉	〈譯註〉
460-㉝	770
466-(16)	782
491-㉙	827
492-(9)·493-(10)	831
494-⑨⑩⑪	834
497-②	841
498-⑩	842
500-(15)	847
504-㊹	855
505-⑫	857
513-㉜㉞	876
517-①	884
519-⑫⑲	888
554-④	962
557-⑫	968
561-⑱	978
564-㉒	984
568-㉜	993
571-⑫	1000
571-⑬	1001
581-㉒	1025
584-㉙	1032
585-㉝	1033
590-㊿	1048
591-65⃝	1049
599-⑫⑬	1068
601-㉖	1072
604-⑪	1080
604-⑰	1081
612-⑦	1099
613-㉓	1101
613-㉗	1102
642-(21)	1142

	〈原文〉	〈譯註〉
→知制誥		
知制旨	466-⑥	783
知足	310-(32)	481
知州,守	98-(7)	145
知奏事	21-(16)	20
	144-(17)	221
	176-(14)	275
	214-(7)·(8)	335
	245-(15)(20)	382
	268-(25)	417
	282-(22)	437
	331-(29)	519
	360-⑰	575
知止	310-(32)	481
	310-(35)	482
至治(年號)	441-㉙	728
	442-㊹	730
	444-(24)	735
	448-⑰	744
	449-㉖	745
	453-⑩	753
	453-⑭	754
	456-㉛	759
	469-(19)	791
	471-⑬	791
	473-㉛	798
	477-㉛	798
	483-(14)	811
	491-㉙	827
	496-⑭	838
	496-㉔	840
	502-㉒	852
	510-⑳	869
	512-⑨·⑩	873

	〈原文〉	〈譯註〉
	554-⑤	962
	589-㉕	1044
	596-⑨	1060
	633-(12)	1129
持平	596-⑳	1062
	607-㉑	1087
砥平縣	344-⑯	545
紙筆	468-⑪	787
只香堂	369-(22)	594
祗侯	395-(3)	639
祗候	132-(21)	201
	396-(18)	642
	410-(11)·(12)	669
	508-⑨	863
→閤門祗候		
指揮使	413-⑥	675
	640-(11)	1139
稷□郡大夫人 白氏-張世平 妻		
	154-(2)·(3)	238
稷契(中國)	147-(32)	227
	22-(20)	20
	26-(23)	28
→稷棄		
→契		
直史館	21-(10)	19
	35-⑲	44
	61-(13)	84
	114-(75)	169
	123-(15)	185
	138-(5)	210
	143-(8)	220
	158-(43)	245
	163-(10)·(11)	253
	222-(20)	347

	〈原文〉	〈譯註〉
	274-(13)	426
	280-(10)	433
	281-(10)	435
	295-(9)	455
	311-(2)	484
	334-(6)	526
	398-(17)	646
	399-(10)	648
	406-(3)	663
	418-(6)	683
	440-⑥	725
	559-⑬	973
	570-③	999
直院	373-(11)	603
	376-⑪	603
→翰林院,直		
直長同正	132-(20)	201
	439-(8)	723
直提學	605-㉑	1082
直學士	399-(13)	648
	612-⑨	1099
秦	308-(4)	477
	485-⑦	814
晋	327-(3)	512
陳□鍴	402-㉖	655
陳嘉猷	45・46-(25)	62
秦幹公		
→秦獻衣		
晉康-崔忠獻	335-(21)	529
晉康公-崔忠獻	330-(6)(8)	516, 517
	331-(38)	521
	380-(29)	612
	387-(11)	624

	〈原文〉	〈譯註〉
晉康國大夫人 柳氏-崔元 妻		
	330-(15)	517
晉康郡開國侯-崔忠獻		
	331-(37)	520
鎭江郡夫人 魯氏-金深 妻		
	503-㉞	853
晉康伯-王演	57-(5)	77
鎭江山	365-(15)	586
鎭江縣	363-(29)	583
	389-(42)	628
晉康侯-崔忠獻	312-(13)(14)	485
	331-(38)	521
秦蹇叔	119-(7)	179
	119-(8)	180
晉光仁	**254**	**397**
賑救	389-(35)	627
珍丘寺	631-㊸	1125
鎭國上將軍	408-(20)	666
	502-⑮	851
	560-⑦	977
	610-⑩	1094
晉兢	255-(3)	397
秦老	120-(11)	179
震旦	118-(33)	176
賑貸	342-⑧	542
眞德秀(宋)		
→眞西山		
珍島	407-(8)	664
	472-⑦	794
	476-⑥	794
珍島縣	26-(13)	27
珎島縣令	390-⑨	630
進禮郡夫人 金氏-尹守平 妻		
	577-⑦	1014

	〈原文〉	〈譯註〉
-大夫人	578-㊲㊴	1019
辰卞	16-(3)	10
鎭邊萬戶	503-㉜	853
	506-(7)	861
進奉使	96-(25)·(26)	141
	555-⑮	963
進奉山	135-(40)	205
	137-(22)	208
	235-(18)	367
	277-(16)	430
鎭北(延州)	26-(12)	27
晉士	535-㊹	921
進士	19-(11)	16
	49-(19)	67
	58-(17)	80
	96-(12)	139
	144-(12)	221
	144-(24)	222
	194-(5)	306
	238-(27)	371
	240-(32)	375
	274-(8)	426
	312-(7)	486
	370-⑮	596
	467-④	785
	472-⑫	785
	476-⑪	795
	487-⑲	821
	490-⑨	825
	514-③	878
	565-㊷	987
	578-㊷	1019
	579-㊸	1020
	579-㊺	1020

	〈原文〉	〈譯註〉
	583-③	1028
	593-⑫	1054
	609-⑪	1092
	620-(13)	1110
→鄕貢進士		
進士科(中國)	593-⑱	1055
進士第	21-(9)	19
	28-(24)	32
	36-㊶	47
	43-(5)	58
	51-(6)	71
	58-(6)	79
	61-(10)	84
	64-(4)	89
	79-(6)	114
	105-(12)	155
	106-(4)	156
	108-(4)	159
	111-(24)	164
	114-(73)	168
	114-(76)(78)	169
	120-(3)	179
	143-(7)	220
	148-(17)	229
	151-(11)	234
	152-(6)	236
	154-(4)	239
	156-(3)·(4)	242
	157-(15)	244
	194-(6)	306
	195-(6)	308
	200-(6)	314
	214-(8)	335
	217-(8)	339

	〈原文〉	〈譯註〉
	222-(11)	347
	226-(85)	353
	233-(4)	363
	251-(35)	392
	272-(3)	423
	275-(26)	427
	289-(8)	447
	295-(3)	455
	324-(31)	504
	326-㉝	510
	334-(8)	526
	392-⑧	635
	462-⑮	774
	465-(8)	780
	466-④	782
	475-③	793
	492-(5)	830
	508-⑤	862
	530-(27)	908
	537-⑨	925
	554-②	961
	557-㉗ · 558-㉘	970
	559-⑰	974
	577-⑪	1014
	593-⑬	1054
	600-⑭	1070
	633-(8)	1128
	651-(12)	1158
→科擧		
秦相	120-(1)	179
眞書	419-(26)	687
	579-㊾	1021
	612-⑤	1098
眞西山-眞德秀(宋)		

	〈原文〉	〈譯註〉
	578-㉗	1017
盡誠秉義翊贊功臣-朴仁幹		
	487-⑪	819
眞率會	296-(16)	456
陳琇	425-(14)	697
晉昇	375-(33)	607
	377-㉟	607
縉紳	202-(18)	319
	301-(3)	466
	384-(17)	619
	389-(44)	628
→三品縉紳		
搢紳	240-(29)	375
	240-(39)	376
	395-(10)	641
	527-(9)	905
	607-㉑	1087
縉紳耆舊	296-(16)	456
晉陽	103-(6)	151
晉陽公-崔怡	381-(8)	614
	388-(19)	625
晉陽郡開國公-崔怡		
	388-(15)	625
晉陽郡夫人 任氏-崔伯倫 妻		
	515-⑩	879
晉陽郡夫人 任氏-崔雲 妻		
	453-⑰	754
晉陽牧	451-(9)	749
晉陽司錄兼掌書記		
	176-(6)	274
晉陽通判	176-(8) · (9)	275
陳語	373-(5)	602
	376-⑤	602
眞言	129-(29)	195

	〈原文〉	〈譯註〉
	210-(22)	329
	386-(23)(24)(25)	
		623
晉王(元)-晉邸	610-⑬	1094
陣允升	142-(44)	218
眞宰	321-(21)	499
眞殿直	612-④	1098
眞殿直,孝	444-(21)	735
眞殿直(奉恩寺)	657-(8)(제액)	1164
	657-(10)	1165
眞殿直(玄化寺)	179-(27)	280
眞殿直(天和寺)	465-(8)	780
眞殿直(泰雲寺)	610-⑫	1094
眞精(字)-田元均		
	322-(4)	501
	325-③	506
賑濟	546-㉕	947
晉宗(元)		
-泰定帝		
晉佐臣	85-(19)	122
	255-(6)	397
眞州	371-②	597
晋州	287-(3)	444
	566-⑥	989
晋州道按察副使		
	309-(26)	481
晉州,牧	566-⑧	989
晉州牧司祿	520-⑮	891
晋州牧司錄兼掌書記		
	214-(8)	335
晉州牧,守	414-⑪	678
秦仲基	354-(32)	563
秦仲明	**119**	**179**
晉仲宣	255-(5)	397

	〈原文〉	〈譯註〉
晉就明	256-(34)	400
晉就將	256-(33)	400
晉平郡開國公-崔沆		
	387-(3)	623
	389-(40)	628
辰韓國大夫人 朴氏-李瑱 妻		
	588-⑨	1041
-辰韓	589-㉔	1044
秦獻衣	240-(32)	375
→秦幹公		
進賢	561-⑳	978
	613-⑱	1100
進賢閣大提學	591-57	1049
進賢館	559-⑩	973
進賢館大提學	427-②	700
	443-(3)	731
	492-(2)	829
	494-⑬	835
	498-⑮	843
	505-⑬	858
	513-㉟	876
	560-①⑥·⑦	976
	585-㊷·㊸	1034
	598-④	1066
	632-(3)	1127
	641-(14)	1140
-大進賢	605-㉚	1083
進賢館提學	460-㉝	770
	500-(15)	847
	597-㉜·㉝	1064
	645-⑨	1149
進賢館直提學	513-㉜	876
	599-⑫	1068
陳玄光	144-(14)	221

	〈原文〉	〈譯註〉
進賢大提學	520-⑰	892
進賢直提學	475-53	801
	478-53 · 54	801
眞慧大師-金腁 妻 許氏		
	447-32 · 33	740
眞慧大師行-金腁 妻 許氏		
	445-①	736
陳滓	295-(13)	456
質良公(謚號)-劉志誠		
	15-(1)(7)	8,9
疾病		
→微瘇		
→半身不遂		
→疫		
→暴風		
→惡瘡		
→疽		
→風痺,風痺之疾		
→風疾		
→咳嗽病		
執禮官	334-(9)	527
執義	536-(50)	922
	556-④	967
	607-⑳㉑	1087
執政	401-⑦	653
	467-⑤	786
	490-⑲	826
	494-⑭	835
	657-(9)	1165
	666-(22)	1177
執奏	61-(15)	84
集賢大學士	423-(19)	693
集賢殿大學士	198-(16)	311
	221-(2)	346
	225-(62) · (63)	351
	288-(4)	446
	304-(1)	470
	304-(11)	471
	305-(25)	473
	353-(23)	561
	374-(17)	604
	376-⑰ · ⑱	604
	399-(21)	649
	404-(9)	658
	411-(2)	670
	411-(8)	671
	412-(16) · (17)	673
	428-⑳	703
	437-(15)	720
	445-⑩	737
	451-(13)	750
	533-⑤	916
集賢殿太學士	459-⑨	766
	463-⑥	775
集賢殿學士	114-(84)	170
	132-(13)	200
	174-(24)	271
	441-㉔	728
集賢直學士	553-32	959
集賢學士	572-37	1004

< ㅊ >

	〈原文〉	〈譯註〉
借郎中	651-(22)	1159
車達-柳車達	522-(7)	895
	642-(4)	1143
借隊正	268-(11)	416
借尙書禮部員外郎		
	651-(21)·(22)	1159
借尙書戶部侍郎		
	84-(1)	120
借領軍	180-②	281
借禮部尙書	184-(24)	287
篘子	139-(12)	213
	376-⑧	603
借將軍	268-(14)	416
	271-⑥	420
	331-(23)	519
借祗候	100-(5)	147
→借閤門祗候		
車千秋(漢)-千秋		
	386-(19)	622
借閤門祗候	122-(9)	185
→借祗候		
借戶部尙書	171-(15)	266
借戶部侍郎	85-(12)	121
借興威衛將軍	448-⑪·⑫	743
讚佛	630-㉘	1122
→念佛		
贊成	585-㊲	1033
贊成事	402-㉖	655
	405-(16)	660
	412-(18)·(19)	673
	413-①	675
	424-(11)	696
	448-⑯	744
	457-⑤	763
	467-③	785
	468-⑯	788
	488-⑤	822
	493-(10)	831
	507-(8)(9)	861
	508-⑪	864
	527-(8)(9)	904
	529-(25)	908
	530-(32)	909
	537-⑲	927
	541-④	934
	555-⑭	963
	557-㉒	970
	561-㉔	979
	567-⑮	991
	569-⑯	997
	571-⑯⑳	1001
	600-⑮	1071
	633-(13)	1129
察官	542-⑭	936
察訪	353-(17)	560
察訪使	99-(16)	146

	〈原文〉	〈譯註〉
	157-(24)	244
	214-(9)	335
	303-(5)	468
	319-(10)	496
	328-(10)	513
	330-(19)·(20)	518
	366-(13)	589
	418-(9)	684
	443-(11)	733
	651-(26)	1159
察山侯-朴積古	163-(4)	253
察山侯-朴赤烏	51-(3)	70
察院	152-(10)	237
	607-㉑	1087
讖	636-①	1133
讒	109-(8)	160
	112-(45)	166
	490-㉓	827
叅官	360-⑭	574
	604-⑮	1081
讒構	535-㉝	920
叅軍	570-③	999
	577-⑮⑯	1015
	579-(52)	1021
叅軍事	162-(5)	251
	209-(14)	328
	598-③	1066
叅理	412-(16)	670
	424-(11)	696
叅文學士	404-(9)	658
參禪居士(號)-白賁華		
	342-⑮	543
叅銓選事	564-㉒	984
叅政	65-(15)	92

	〈原文〉	〈譯註〉
	68-(3)	97
	271-④	420
	327-(5)	512
	388-(21)	625
	392-②⑤	634
叅知政事	17-(20)	12
	22-(22)	20
	28-(17)	31
	40-(1)(4)	53
	44-(13)	60
	52-(14)	71
	52-(20)	72
	53-(1)	73
	63-(60)	87
	65-(12)	92
	89-(36)	129
	101-(6)	149
	120-(1)	180
	121-(14)	182
	121-(17)	183
	126-(14)·(15)	190
	138-(10)	210
	139-(2)	212
	142-(38)	218
	142-(59)	218
	143-(1)	219
	144-(18)	222
	149-(12)	231
	163-(8)	253
	165-(3)	257
	176-(18)	276
	183-(7)·(8)	285
	194-(14)	307
	197-(6)	310

	〈原文〉	〈譯註〉
	198-(14)	311
	209-(4)	328
	217-(5)	339
	218-(27)·(28)	342
	224-(44)	349
	231-(17)	360
	245-(21)·(22)	383
	258-(6)	401
	271-②	420
	280-(1)	434
	282-(32)	438
	284-(22)	441
	299-(25)	462
	305-(23)	472
	313-①②	487
	314-⑫	488
	317-(12)	494
	320-(6)	498
	331-(33)	520
	337-(3)	534
	338-(17)	536
	346-(7)	548
	353-(22)·(23)	561
	363-(24)	583
	365-(15)	586
	366-(3)	587
	374-(18)	604
	376-⑱	604
	379-(3)	609
	379-(15)	611
	380-(28)	612
	383-(2)	617
	384-(19)	619
	388-(16)	625
	392-①	634
	395-(9)	640
	399-(20)	649
	408-(21)	666
	463-⑥	775
	481-⑨	807
	498-⑦	842
	506-(3)	860
	516-③	882
	555-㉓	964
	583-⑪	1029
	637-(4)	1134
	649-(13)	1156
叅知中書政事	585-㊿	1035
叅職	171-(9)	265
-叅	347-(10)	551
叅秩	189-(6)	298
	312-(15)	485
	315-(13)	491
-叅	397-(7)	644
	418-(7)	683
→入叅		
倉庫都監判官	410-(15)	669
猖鬼日	594-㉘㉙	1056
蒼頭	573-51 52	1006
昌黎	592-78	1051
昌寧郡	399-(8)	647
倉廩	235-(9)	366
	567-⑳㉑㉓	992
昌陵直	501-(18)	848
	514-㊷	877
創部-戶部	388-(26)	626
唱佛	159-(20)	247
→念佛		

	〈原文〉	〈譯註〉
彰信寺	62-(50)	87
	252-(11)	393
昌安宅衙典	359-⑦	573
唱念	386-(15)	622
→念佛		
昌原 崔氏	448-⑤	742
昌原公-崔讜	308-(2)	477
	309-(29)	481
昌原郡	288-(2)	446
	304-(8)	471
昌原郡開國子-崔奭		
	304-(10)	471
昌原郡大夫人 崔氏-金富 妻		
	411-(6)	671
昌原郡夫人 崔氏-閔湟 妻		
	448-⑤	742
昌原郡夫人 崔氏-趙沖 妻		
	336-(41)	532
昌原郡夫人 崔氏-洪縉 妻		
	434-(4)	714
昌原府院大君-王瑀		
	483-(13)	811
	484-(20)	812
	498-⑮	843
昌原縣	452-②	751
昌原縣開國子- 崔奭		
	221-(6)	346
昌義縣	545-②	943
昌州分道	268-(15)	416
昌州防禦判官	85-(17)	122
昌州,刺	156-(5)	242
昌支山	389-(42)	628
蒼天	78-(6)	113
昌化	279-(2)	433
昌和 李公-李子淵		
	634-(16)(17)	1130
昌和公(謚號)-權準		
	632-(1)	1127
	633-(16)	1130
昌和公(謚號)-李子淵		
	107-(1)	158
昌化郡大夫人 李氏-徐鈞 妻		
	647-(3)	1154
昌禧宮權務	543-(8)	940
蔡珪	618-(6)	1108
綵綾官誥	264-(5)	411
彩綾地官誥	166-(12)	258
寨吏	35-⑱	44
-鄕吏		
蔡謨	**414**	**676**
→膺之(字)		
→寬愼公(謚號)		
蔡無悶(字)-蔡洪哲		
	508-⑤	862
採訪使	335-(17)	528
	368-(6)	592
	380-(25)·(26)	612
蔡祥正	**655**	**1164**
蔡先智(僧)	509-㉒	866
蔡松年	416-(3)	680
蔡愼徵	618-(5)	1108
蔡神煥(僧)	415-㉔	679
蔡泳	416-(3)	680
蔡禑	417-(13)	681
蔡惟吉	604-⑫	1081
蔡允臣	618-(9)(10)	1108
蔡膺之(字)-蔡謨		
	414-②	676

	〈原文〉	〈譯註〉
蔡宜	408-(23)	666
→蔡洪哲		
蔡仁揆	**416**	**680**
-仁揆	629-⑦	1119
→蔡鴻育(字)		
蔡仁範	**13**	**4**
蔡滋	557-㉒	969
茱田山	397-(4)	643
蔡靖	256-(34)	400
	257-(35)	400
蔡楨	416-(2)	680
蔡宗璘	415-㉒㉕	679
蔡宗瑞	415-㉓	679
	425-(15)	697
蔡周納	621-(2)	1112
蔡周善	120-(2)	179
蔡澤(燕)	87-(25)(28)	125
	278-(14)·(15)	432
蔡河老	509-㉒	866
蔡河中	509-㉑	865
→平康君		
蔡鴻育(字)-蔡仁揆		
	416-(2)	680
蔡洪哲	**507**	**862**
	595-⑦	1059
	604-⑬	1081
	634-(20)	1131
-平康	634-(20)	1131
→蔡宜		
→蔡無悶(字)		
→中菴(號)		
→順天君		
→平康君		
→大興縣子		
→純誠輔翊贊化功臣		
蔡華	414-②	676
蔡環	**618**	**1108**
蔡興	515-㉑	881
冊命	149-(11)	231
	354-(34)	563
策問-大冊	374-(21)	605
	377-㉒	605
處女	246-(1)	384
處士	272-(4)	423
	609-⑪	1091
處仁縣令	422-(8)	691
拓俊京	65-(15)(16)(17)(18)	92
	183-(12)·(13)	286
尺寸	588-⑰	1042
薦(擧)	35-⑲	44
	36-㉝	46
	48-(6)	66
	77-⑭	110
	112-(37)	163
	113-(60)	165
	120-(5)	179
	140-(14)	213
	151-(11)	234
	162-(4)	251
	178-(12)	279
	222-(13)	347
	244-(9)	381
	250-(13)	390
	301-(3)	466
	308-(2)	477
	309-(19)	480
	365-(9)	585

	〈原文〉	〈譯註〉
	366-(6)	588
	371-⑥	598
	373-(8)(10)	603
	376-⑧⑩	603
	401-⑦	653
	414-⑤	677
	418-(6)	683
	443-(11)	733
	473-⑭	795
	534-⑭	917
	551-④	955
	552-㉒㉔	958
	584-㉘	1032
	586-○56	1036
	596-⑫	1057
	600-⑱	1071
	603-○63	1078
→推薦		
→褒擧		
→褒薦		
天慶(年號)	42-(26)(30)	56
	45-(20)	61
	47-(15)(16)	64
	58-(13)	80
	61-(14)	84
	64-(9)(10)	91
	73-(9)	105
	77-⑭	110
	144-(10)	220
	149-(4)	230
	166-(5)	257
	176-(6)	274
	186-(18)	292
	263-(3)	410

	〈原文〉	〈譯註〉
天官掌故	250-(8)	389
天冠寺	66-(25)	95
天驕-金國	87-(24)	125
天機	374-(27)	606
	377-㉙	606
天女(織女星)	304-(7)	471
天堂神仙	124-(16)	187
天堂極樂	642-(24)	1142
天德(年號)	117-(21)	175
	121-(15)	182
	123-(21)	186
	124-(18)	187
	125-(16)	189
	126-(19)	191
	129-(30)	195
	131-(18)	197
	137-(19)·(20)	208
	139-(8)	213
	146-(13)	225
	148-(17)	229
	149-(11)	231
	174-(22)	271
	204-(18)	321
	218-(23)	341
	228-(10)	355
	234-(7)	366
	245-(17)	382
	286-(3)	443
	287-(5)	445
	653-(56)	1161
天德山	74-(23)	106
	121-(21)	183
	240-(37)	376
遷都(高宗19)	372-⑬	599

	〈原文〉	〈譯註〉
	388-(24)	626
→江華遷都		
遷都(元宗11)	414-⑧	677
	443-(6)	732
→開京還都		
遷都(忠烈王16)	459-⑭	767
	533-⑦	916
→江華遷都		
天曆(年號)	464-(1)	778
	466-⑨	783
	512-⑫	873
	551-⑤·⑥	955
	589-㉗	1044
	596-⑩	1060
天命	483-(5)	810
	511-②	871
天目山	446-⑯·⑰	738
天文有變	174-(31)	272
天文地理命書	111-(19)	163
天部	388-(26)	626
→吏部		
泉府少卿	329-(24)	515
闡祥(僧)	**72**	**102**
賤小	36-㉝·㉞	46
天水-尹威	282-(38)	438
天水公-尹瓘	47-(7)	64
天壽寺	302-(11)	467
	617-(12)	1107
天壽寺直	364-(4)	585
天水寺孝眞殿直	444-(21)	735
天壽聖節	473-⑱	796
	476-⑱	796
	571-⑮	1001
天壽節	473-㉓	797
	477-㉓	797
『千手眞言』	129-(29)	195
	210-(22)	329
『千手陁羅尼』	273-(9)·(10)	423
天神寺	155-(5)	241
天安府	261-(2)	406
	312-(3)	485
	497-⑤	841
	504-⑥	856
千牛衛錄事	207-(19)·(20)	326
	305-(14)	471
千牛衛錄事叅軍事		
	235-(23)	367
	373-(10)	603
	376-⑩	603
千牛衛大將軍	261-(1)	406
	262-(26)	408
千牛衛別將	488-⑦	822
千牛衛上將軍	430-(5)·(6)	706
	498-⑥·⑦	842
千牛衛上護軍	525-⑮	899
千牛衛攝大將軍		
	284-(13)	440
	400-(32)	650
千牛衛攝上將軍		
	284-(15)	441
千牛衛海領別將		
	559-⑦	972
天佑皇帝(遼)-道宗		
	31-(10)	37
天院	281-(17)	436
天子	34-⑦	42
	57-(9)	78
	59-⑩	82

	〈原文〉	〈譯註〉
	94-(22)	136
	97-(45)	143
	260-(22)	406
	283-(39)	439
	340-(5)	539
	355-(38)	559
	360-⑲⑳	575
	363-(28)	583
	375-(44)	608
	378-㊹	608
	391-⑲	632
	458-④	765
	459-⑬⑱	767
	481-③	807
	483-(12)	811
	483-(18)	812
	485-⑨	815
	496-⑭	838
	504-②	856
	510-⑧	867
	511-㉘	870
	514-㊹	877
	521-㉓	889
	534-㉓㉖	919
	535-㉝	920
	539-④	929
	539-⑮	931
	540-㉘	933
	547-㉟	948
	552-㉑	957
	564-㉑	984
	566-⑨	989
	572-㉙	1003
	586-57	1036

	〈原文〉	〈譯註〉
	610-⑩	1094
遷葬	14-(18)	7
	52-(18)	72
	62-(52)	87
	191-(23)	302
	219-(43)	343
→改葬		
天場	162-(2)	251
	490-⑩	825
	651-(12)	1158
→科擧		
天庭(中樞院)	142-(36)	217
泉州(宋)	14-(3)	5
	48-(2)	65
天地神明	78-(7)	113
天台	140-(16)(17)	214
	631-㊸	1125
天台寺	85-(21)	122
	158-(36)	245
天台選	207-(20)·(21)	327
→僧科		
天台性宗	32-(17)	38
天台宗	76-⑧	109
	226-(81)	353
-台嶺	77-㉔	112
→台宗		
千戶	501-(18)	848
天和寺	199-(34)	312
天和寺眞殿直	465-(8)	780
天和山	452-(15)·(16)	750
天會(年號)	55-(17)	76
	56-(35)	77
	105-(11)	154
天興陵(朴赫居世陵)		

	〈原文〉	〈譯註〉
	454-④	755
天興寺	166-(9)	258
鐵契	331-(27)	519
鐵券	552-㉑	957
	601-㉝	1073
→功臣鐵券		
鐵山和尙(宋)	428-㉘	704
	446-㉕	739
	456-㊱	760
鐵城君-李瑀	575-⑪·⑫	1011
鐵城府院君-李嵒		
	566-①②	988
-鐵城	568-㉟	994
輟視朝	15-(6)·(7)	9
	42-(27)	56
	66-(22)	94
	110-(11)	162
	260-(17)	405
	314-⑰	489
	335-(31)·336-(32)	530
	346-(13)	549
→罷朝		
→不視朝		
鐵原君-李瑀	566-⑧	989
鐵原府使	519-⑬	888
鐵原府使,知	498-⑫	842
鐵原府,知	453-⑨	753
哲人君子	15-(21)	7
輟朝	32-(22)	39
	45-(21)	62
	138-(15)	211
	158-(34)	245
	184-(35)	289
	299-(27)	463
	305-(27)·(28)	473
	317-(16)	494
	338-(23)	536
	400-(30)	650
	535-㊶	921
→輟視朝		
→不視朝		
→罷朝		
鐵州防禦判官	79-(13)	114
鐵州,知	496-⑪	838
僉錄	468-⑫	787
詹事	572-(42)	1005
詹事府	230-(46)	358
	315-(12)	491
詹事府錄事	218-(14)	340
	301-(3)	466
	311-(12)	484
	315-(11)	491
	476-⑫	795
	530-(28)	908
簷事府錄事	173-(5)	269
詹事府司直	111-(25)	164
	152-(7)·(8)	236
	214-(13)	336
	275-(16)	427
	301-(5)	466
	315-(12)	491
	490-⑪	825
詹事府丞	301-(5)	466
	315-(12)	491
	640-(6)	1138
詹事府主簿	64-(5)	90
詹事府注簿	131-(4)	199

	〈原文〉	〈譯註〉
	203-(5)	320
	301-(4)·(5)	466
	315-(12)	491
	364-(5)	585
	490-⑪	825
詹事府,知事	204-(12)	321
	230-(2)	359
	231-(12)	360
	640-(8)	1138
詹事府指諭	262-(20)	408
簽書	613-⑰⑲	1100
簽書密直	582-⑫	1027
	605-㉖	1083
簽書副使	613-⑰	1100
簽書樞密使	360-㉒	576
簽書樞密事	360-㉒	576
簽書樞密院事	328-(20)	514
	404-(8)	658
	590-51	1048
簽書河南江北等處行樞密院事		
	599-⑬	1068
僉議	491-38	829
	528-(18)	906
僉議都監使	455-㉘	759
僉議府	613-㉒·㉓	1101
	631-35	1123
僉議府,知	469-(10)	790
	471-⑧	790
僉議府,知事	402-⑰	654
	405-(16)	660
	408-(22)	666
	427-⑲	703
	641-(18)	1141
僉議府,判事	458-①	765

	〈原文〉	〈譯註〉
	460-㉗	769
僉議司	473-㉘	797
	477-㉘	797
僉議司,領事	522-(11)	895
僉議司,知事	522-(9)·(10)	895
	522-(19)	896
僉議舍人	425-(14)	697
	473-⑮	795
	476-⑭	795
	530-(29)	908
簽議侍郎贊成事		
	395-(1)	639
僉議侍郎贊成事		
	400-(23)	649
	404-(9)	658
	415-⑱	678
	426-(2)	698
	434-(9)	715
	489-③	824
	498-⑥	841
	539-⑮	931
	633-(7)	1128
僉議右政丞	546-㉑	946
僉議宰相	453-⑯	754
僉議典書	422-(12)	692
僉議政丞	426-①	700
	428-35	705
	460-㉖	769
	474-33·34	798
	477-34	798
	479-⑥	804
	508-⑱·⑲	865
	518-④	887
	545-②	943

	〈原文〉	〈譯註〉
	580-③	1022
僉議左政丞	555-⑯	964
僉議注書	584-㉘	1032
僉議中事	525-⑬	899
僉議中贊	398-(1)	647
	400-(26)	649
	403-(2)	656
	404-(11)	659
	411-(8)·(9)	671
	416-(6)·(7)	681
	441-㉜	729
	445-⑦	737
	457-⑨	764
	463-⑦	775
	466-③	782
	469-(8)	790
	471-⑥	790
	474-㉞·㉟	798
	477-㉟	798
	482-⑥	808
	485-④	814
	488-④	822
	495-⑥	837
	502-⑯	851
	509-⑳	865
	516-⑤	882
	516-⑥	883
	519-⑪	888
	533-⑤	916
	543-(6)	939
	545-⑦	944
僉議中護	641-(13)	1140
僉議,知	479-⑦	804
僉議,知事	404-(9)	658

	〈原文〉	〈譯註〉
僉議知司事	473-㉓	797
	477-㉓	797
僉議贊成事	416-(8)	681
	427-②	700
	428-㉜	705
	448-①	742
	448-⑰⑱	744
	455-㉙·㉚	759
	456-㊸	761
	457-⑧	764
	460-㉜	770
	465-(10)	781
	467-⑦	786
	481-②	807
	482-⑥	808
	489-②	824
	491-㉙	827
	491-㉚	828
	492-(4)	830
	495-⑥	837
	496-⑰	839
	498-⑨	842
	501-(18)	848
	511-③④	871
	512-⑮	873
	523-(21)	896
	539-⑮	931
	543-(2)	939
	543-(12)	940
	598-⑤	1067
	602-㊹	1076
	611-㉓	1096
	639-(1)	1137
	641-(14)	1140

	〈原文〉	〈譯註〉
僉議叅理	524-①②	897
	525-⑱	899
	561-㉓	979
僉議評理	456-㊹	761
	460-㉞	770
	467-⑦	786
	473-㉚	798
	477-㉚	798
	487-⑪・⑫	819
	491-㉗	827
	500-(16)(17)	847
	504-㊸	855
	508-⑪	864
	517-②	885
	533-⑪	917
	537-⑲	927
	541-①④	934
	542-⑱	937
	555-⑭	963
	564-㉗	985
	567-⑭	990
	571-⑯	1001
	586-(52)	1036
	589-㉖	1044
	600-⑦	1070
	602-㊸	985
	618-(10)・(11)	1108
妾	392-④	634
	522-(13)	895
→側室		
貼袈裟	77-⑯	110
→袈裟		
捷第	174-(33)	272
→科擧		

	〈原文〉	〈譯註〉
青衿	201-(1)	316
淸道郡	359-⑨	574
淸道郡監務	448-⑦	743
淸道邑	448-⑧	743
淸道鐵相公-琴儀		
	359-⑨	574
青桐寺	380-(25)	612
淸涼寺	93-(4)	134
淸涼山	446-㉖	740
青蓮寺	601-㉛・㉜	1073
淸寧(年號)	20-(15)	17
	51-(1)	70
青龍	72-(6)	103
	78-(5)	112
→龍		
淸班	309-(28)	481
淸白	159-(9)	246
	192-(40)	304
	577-⑦	1013
	578-㉞㉟	1018
青史	324-(40)	505
	327-㊶	511
青山	617-(18)	1108
青衫	410-(20)	670
淸塞鎭判官	120-(3)・(4)	179
淸城君-韓公義	568-①	995
	591-(62)	1049
	613-㉕	1101
淸城君-韓脩	613-⑲	1100
青松	574-(70)	1008
青松西岑	77-㉑・㉒	111
請諡	546-⑳	946
→諡號		
請謁	448-⑨	743

	〈原文〉	〈譯註〉
淸讌閣	84-(7)	120
淸悟大師-金玄卞		
	446-⑮	738
淸要	39-(9)	50
	205-(30)	323
	216-(32)	337
	412-(13)	672
	418-(12)	684
	636-①	1133
	664-(4)	1175
靑牛	141-(15)(17)	216
→牛		
靑雲	382-(30)	617
淸源寺	207-(21)	327
靑衣	644-(18)	1147
靑錢	401-③	652
→錢		
靑鳥	30-(55)	35
	356-⑲·⑳	569
	486-㉓	817
淸州	88-(5)	127
	116-(3)	172
	173-(17)	270
	342-⑬	542
	423-(3)	694
	569-⑥	995
	596-㉔	1062
	602-㊸	1075
-淸	500-(13)	847
淸州郡君 張氏-蔡仁範 妻		
	14-(11)·(12)	6
淸州,牧	543-(9)	940
淸州牧,守	203-(7)·(8)	321
	366-(8)	588

	〈原文〉	〈譯註〉
淸州牧副使	173-(8)·(9)	269
	215-(16)·(17)	336
	640-(7)	1138
淸州牧使	402-⑲	655
淸州牧司錄	194-(7)	306
淸州牧書記	281-(6)	435
淸州牧掌書記	148-(16)	229
淸州牧判官	226-(81)·(82)	353
淸州副使	94-(26)	137
淸州山城	372-⑲	600
淸州判官	580-⑭	1024
靑天白日	396-(24)	642
靑帖袈裟	160-(13)	249
→袈裟		
淸平山	95-(10)	139
	567-⑱	991
靑浦山	367-(23)	590
淸風郡,知事	614-㉙	1102
淸風明月	647-③	1152
淸河	99-(22)	146
淸河公-崔溱	660-(4)(7)	1169
淸河君-鄭憤	481-⑧	807
淸河郡	101-(5)·(6)	149
淸河郡大夫人 崔氏-蔡仁範 妻		
	14-(10)	5
淸化郡夫人 □氏-金俟伯 妻		
	162-⑨	251
淸花寺	205-(34)	323
剃度	150-(19)	232
	195-(8)	308
	263-(3)	410
	361-㊱	578
	382-(24)	616
	386-(12)	621

	〈原文〉	〈譯註〉
	426-(5)	699
	441-㉞	729
→僧侶		
剃髮	165-(4)	257
	220-(5)	344
	425-(15)	697
	458-⑫	764
	466-⑩	783
	542-㉒	937
→僧侶		
禘祫	115-(93)	170
貂	398-(19)	646
草溪	139-(2)	212
	583-⑬	1029
	594-㊱	1057
草溪 鄭氏	521-㉙	893
抄軍	472-⑥	794
	476-⑥	794
草堂	447-㉚	740
鈔兵	388-(28)	626
醮祀	59-(13)	82
椒山	396-(17)	642
	426-(6)	699
草書	419-(26)	687
	435-(12)	716
	516-②	882
	612-⑤	1098
椒原	492-(3)	830
樵隱(號)-李仁復		
	583-②③	1028
	603-㊼	1077
草賊	192-(42)	304
	239-(17)(20)	374
	262-(23)	408

	〈原文〉	〈譯註〉
	298-(13)	460
	323-(17)	503
	325-⑰	508
→群盜		
抄紙房提領	551-⑤	955
招討判官	309-(22)	480
屬文	120-(3)	180
	137-(3)	209
	169-(24)	263
	203-(3)	320
	342-④	541
	359-⑧	574
	371-③	597
	373-(5)	602
	376-④	602
	395-(4)	639
	454-⑧	756
	459-⑩	766
	541-⑤	934
蜀王	486-⑳	816
摠管	552-㉕	958
摠郎議郎	505-⑩	857
聰陵-忠定王	561-㉓	979
	567-⑮⑯	991
	569-⑬	997
	570-㉓	998
	575-⑮	1011
	577-⑳㉒	1016
	601-㉕	1072
	604-②	1079
	612-⑤	1098
叢林	76-③	108
	168-(13)	262
	170-(34)	264

	〈原文〉	〈譯註〉
	342-⑧	542
摠兵官	602-㊳	1074
摠部	518-⑤	887
摠部.副事	641-(15)	1140
摠部散郎	437-(16)	720
	554-④	962
摠部議郎	465-(9)	780
	475-52	801
	478-53	801
摠部典書	443-(3)	731
	490-㉖	827
	543-(9)	940
總部典書	466-⑧	782
惣部,知事	496-⑬	838
摠部,判事	428-㉜	705
	448-①	742
	448-⑱	744
	489-②	824
	491-㉚	828
	503-㉓	852
	561-⑧	977
冢宰	39-(9)	51
	39-(19)	52
	174-(30)	272
	354-(31)	563
	355-(37)	565
	373-(8)	603
	376-⑧	603
	477-㉜	798
	503-㊵	854
	512-④	871
	530-(49)	910
	533-⑦	916
	544-(13)	941
	551-③	955
	569-⑨	996
	573-60	1007
	613-㉔	1101
	631-47 · 48	1125
	640-(7)	1138
惣持寺	178-(16)	279
寵戚	22-(33)	21
崔嘉言(字)-崔思諏		
	39-(5)	50
崔慤	598-㊹	1065
崔諫	207-(21)	327
	208-(25)(27)	327
	225-(76)	352
	226-(84)	353
崔諫-崔証	288-(2)	446
崔謙	199-(41)	313
崔繼芳	**40**	**53**
	165-(3)(4)	257
	183-(7)	285
	328-(6)	512
→崔復時(字)		
→和順公		
崔季濡	437-(13)	720
崔季眞	644-(16) · (17)	1147
崔珙	**383**	**617**
崔灌	153-(24)	238
	223-(30)	348
	422-(6)	690
→靖順公(謚號)		
崔寬	199-(40)	313
崔觀奧(僧)	42-(31)	57
	165	**256**
→崔虛中(字)		

	〈原文〉	〈譯註〉
→慈應(14字)首座		
崔侊	121-(18)	183
崔晛	**357**	**571**
→崔昭于(字)		
→崔小苫		
崔光	84-(2)	120
崔光	510-⑩	868
崔光謙	185-(39)(40)	289
崔光鈞	185-(39)	289
崔光世	184-(37)	289
	185-(39)(40)	289
	328-(7)	513
崔光陟	185-(38)(40)	289
崔球	380-(29)	612
崔國輔	93-(8)	135
崔貴美	93-(8)	135
崔鈞-崔均	351-(3)	557
	467-②	785
崔伋	131-(21)	198
崔那海(字)-崔安道		
	510-⑨	868
崔鸞-崔忠獻	330-(12)	517
崔南敷	595-②	1059
崔恬	432-⑤	710
	456-㊶	761
崔端禮-崔敦禮	93-(7)	135
崔端義	93-(7)	135
崔端仁-崔敦仁	93-(7)	135
崔端智(僧)-崔敦智		
	93-(7)	135
崔讜	207-(5)(19)	326
	207-(22)	327
	226-(80)(85)	353
	304	**470**

	〈原文〉	〈譯註〉
→雙明齋		
→靖安公(謚號)		
崔瑞-崔誠之	467-③	785
崔大富	510-⑩	868
崔大用(字)-崔梓		
	120-(2)	180
崔大和(字)-崔時允		
	84-(2)	120
崔德成	597-㊶	1065
-左尹	598-㊹㊻	1065
崔德峻	214-(4)	335
崔渡	177-(27)	277
崔道樞(僧)	195-(8)	308
崔敦禮-崔端禮	293-(22)	454
崔敦義	273-(12)	424
崔敦仁-崔端仁	293-(21)	454
崔敦智-崔端智	293-(23)	454
崔動寰(字)-崔士威		
	25-(2)	25
崔得枰	595-④	1059
崔婁伯	93-(1)(5)	134
	200-(8)	315
	292	**452**
崔婁伯 妻 廉瓊愛		
	93	**134**
→廉瓊愛		
→峯城縣君		
崔鯉	**267**	**415**
衰麻	546-⑰	946
→喪禮		
崔夢其(字)-崔瑞		
	421-(3)	690
崔蒙叟(字)-崔雲		
	452-②	751

	〈原文〉	〈譯註〉
崔文丘	511-㉖	870
崔文度	467-⑧	786
	468-⑯	788
	498-⑭	843
	524-⑧⑨	898
	527	**903**
→崔義民		
→春軒(號)		
→良敬公(謚號)		
崔文立	453-⑤	752
崔文悅	195-⑧	308
崔文胤	251-(34)	392
崔伯倫	515-⑨	879
-先君	450-㊲	747
崔玤	426-(2)	698
崔甫淳	**351**	**556**
	467-②	785
→崔淸老(字)		
→文定公(謚號)		
崔復時(字)-崔繼芳		
	41-(11)	54
崔復昌	598-㊹	1065
崔阜	84-(2)	120
崔阜-崔誠之	467-③	785
崔備	121-(17)	183
崔毗一	467-③	785
	527-(8)	904
崔思儉	527-(5)	904
崔思美	597-㊵	1065
-判書	597-㊸	1065
崔思順-崔思諏	39-(5)	50
崔士威	**25**	**25**
	41-(7)	53
	41-(12)	54
	165-(3)	257
	183-(5)	284
	201-(10)(11)	317
	214-(3)	335
	327-(5)	512
-大師	42-(34)	54
	42-(42)	57
→崔東寰(字)		
→貞肅公(謚號)		
→漢南郡開國侯		
→衛主匡國功臣		
→推忠同德盡節衛主匡國功臣		
崔士威	598-㊺	1065
崔思全	**69**	**99**
→崔恤世(字)		
→三韓後壁上功臣		
崔思濟-崔思齊	102-(8)	149
	195-(4)	308
→良平公(謚號)		
崔思齊-崔思濟	197-(4)	310
崔仕昌	598-㊺	1065
崔思諏	**38**	**49**
	143-(7)	220
→崔思順		
→崔嘉言(字)		
→忠景公(謚號)		
→大寧郡開國侯		
→輔正致理推誠奉國佐命功臣		
→推誠奉國功臣		
崔尙翥		
-先君	94-(14)	136
崔尙之(僧)	41-(15)(16)	54
崔瑞	412-(21)	673
	413-⑦	676

	〈原文〉	〈譯註〉
	421	**690**
	436-(5)	719
	446-⑭	738
	532-⑤	913
	535-㊺	922
	582-⑤	1025
-崔公	436-(8)	720
→崔夢其(字)		
→笑軒(號)		
→笑軒無著居士(號)		
崔壻	558-㉚	970
崔恕	597-㊸	1065
崔瑞 妻 朴氏	**436**	**719**
崔庶若		
-崔	665-(17)	1176
崔書遷-崔徐遷	183-(3)	284
崔徐遷-崔書遷	25-(2)	25
崔奭	143-(7)	220
	221-(7)	346
	304-(10)	471
	452-③	752
→譽肅公(諡號)		
→昌原郡開國子		
→昌原縣開國子		
崔詵	207-(5)	326
	207-(21)(22)	327
	208-(32)	327
	219-(49)	344
	226-(81)(85)	353
	336-(41)	532
	411-(8)	671
	452-④	752
→文懿公(諡號)		
崔珹		

	〈原文〉	〈譯註〉
→永嘉伯		
崔誠之	**467**	**785**
	527-(8)	904
-贊成	566-⑩	989
→崔瑺		
→崔阜		
→崔琇		
→崔實		
→崔純夫(字)		
→崔宋坡(號)		
→文簡公(諡號)		
→光陽君		
→推誠亮節功臣		
崔誠礶	92-(23)	134
崔世昌	598-㊹	1065
崔佋	467-③	785
崔昭于(字)-崔晛		
	358-(2)	571
崔小苦-崔晛	358-(5)	571
崔頌	258-(4)	401
崔松坡(號)-崔誠之		
	467-④	785
崔壽神	201-(13)	317
崔壽翁-崔瀣	514-③	878
崔琇-崔誠之	467-④	785
崔淑問	158-(29)	245
崔淑臣	511-㉖	870
崔淳	421-(3)	690
	532-(5)	913
崔順姜	93-(9)	135
崔純夫(字)-崔誠之		
	467-④	785
崔純爵	595-②	1059
崔崇	595-②	1059

	〈原文〉	〈譯註〉
崔昇	257-(3)	401
崔承老	578-㉘	1017
崔時允	**84**	**120**
	99-(22)	146
	255-⑦	398
→崔大和(字)		
崔臣牧	609-⑩	1091
崔實-崔誠之	420-(30)	687
	467-④	785
崔氏	**257**	**401**
崔氏夫人-許載 妻		
	82-(62)	118
崔氏政權의 沒落		
	399-(10)~(11)	648
	403-(5)	657
	413-⑤	675
	516-③~⑤	882
崔安道	**509**	**866**
→那海(字)		
→協謀同德功臣		
崔安沼	597-㊱㊲	1064
崔藹	413-⑦	676
崔瀹	195-(5)	308
崔讓	208-(23)	327
	226-(82)	353
崔彦明父(字)-崔瀣		
	515-⑧	879
崔彦方	158-(31)	245
崔洳	436-(2)	719
崔汝岳(字)-崔褎抗		
	91-(2)	131
崔璉	414-③	677
崔延嘏	133-(6)	202
崔瑛	416-(9)	681

	〈原文〉	〈譯註〉
崔瑩	605-㉕	1082
崔潁	120-(2)	180
崔英粹	609-⑪	1092
崔令言	25-(5)(7)	26
	214-(4)	335
崔英休	170-(4)	265
→三韓功臣		
崔昷	452-④	752
→文信公(諡號)		
崔溫	39-(6)	50
	114-(75)	169
崔甬	608-㉙	1088
崔湧	101-(6)	149
	197-(5)	310
	209-(4)	328
崔湧 妻 金氏	**101**	**149**
崔遇	117-(21)	175
崔佑	527-(8)	904
崔祐甫	**214**	**334**
崔瑀-崔怡	387-(12)	625
崔雲	**452**	**751**
→崔夢叟(字)		
崔元	330-(14)	517
	387-(7)	624
→翊靖公(諡號)		
→翼靖公(諡號)		
→壁上贊德英烈佐聖功臣		
崔源	39-(15)	51
崔源	511-㉖	870
	604-③	1079
崔愿	597-㊸	1065
崔元貴(僧)	423-(19)	693
崔爰立	304-(9)	471
崔元庇(僧)	437-(14)	720

	〈原文〉	〈譯註〉
崔元中	417-(20)	682
	431-(20)	709
	439-(13)	724
崔椿	199-(38)	313
崔儒	571-㉓	1002
	573-㊼	1005
	573-(51)	1006
崔濡	511-㉖	870
崔愈	41-(16)	55
崔有慶	582-⑦	1026
	597-㊶	1065
	599-⑮	1068
-宗簿	598-㊺	1065
崔惟吉	39-(7)	50
崔惟諾	91-(3)	132
崔惟恕	41-(14)	54
	183-(6)	285
崔惟善	66-(23)	94
	101-(7)	149
	195-(4)	308
	197-(3)	310
→文和公(諡號)		
崔惟淸	63-(64)	87
	144-(17)	221
	207-(4)(5)	326
	221	**346**
	288-(4)(5)	446
	304-(11)	471
	411-(8)	671
	452-③	752
-相國	207-(11)(14)	326
	208-(31)	327
→崔直哉(字)		
→文淑公(諡號)		

	〈原文〉	〈譯註〉
→淑文公(諡號)		
崔惟淸 妻 鄭氏		
	207	**325**
崔褒抗	**91**	**131**
-崔汝岳(字)		
崔允偦	102-(11)	150
崔允脩	102-(11)	150
崔允俶	102-(9)	150
崔允順	515-⑧	879
崔允儀	102-(10)	150
	124-(19)	187
	135-(46)	206
	197	**310**
	209-(6)	328
	239-(10)	373
-崔相	239-(11)(19)	373
	239-(20)	374
→崔天祐		
→文肅公(諡號)		
→樂浪郡開國侯		
→輸忠佐理功臣		
崔允儀 妻 金氏	**123**	**186**
崔允仁	97-(42)	143
	195	**307**
崔允儞	467-③	785
崔允諧	263-(32)	409
崔融銳-崔融藝	183-(4)	284
崔融藝-崔融銳	25-(3)	26
	214-(2)	335
崔殷	214-(5)	335
崔凝	490-⑳	826
崔義	**340**	**539**
崔儀	121-(18)	183
崔竩-崔誼	389-(33)	627

	〈原文〉	〈譯註〉
崔誼-崔竩	516-④	882
崔怡	385-(4)	620
	387-(12)	625
-崔公	335-(25)	529
→崔瑀		
→匡烈公(諡號)		
→晉陽公		
→晉陽郡開國公		
崔翼臣	75-(6)	107
崔璘	448-⑥	742
→文景公(諡號)		
崔諲	207-(19)	326
	226-(79)	353
崔立基	296-(32)	458
	382-(23)	616
崔滋	505-⑧	856
→文淸公(諡號)		
崔滋盛	91-(4)	132
崔子英	192-(36)	303
崔子和(字)-崔諴		
	183-(3)	284
崔梓	**120**	**180**
→大用(字)		
崔宰	**595**	**1059**
→宰之(字)		
→文眞公(諡號)		
→完山君		
崔宰之(字)-崔宰		
	596-⑨	1060
崔翥	120-(2)	180
崔佺	595-③	1059
崔廷	186-(5)	291
	186-(13)	292
崔精	**201**	**316**

	〈原文〉	〈譯註〉
崔靖	70-(2)	100
崔正思(僧)	195-(2)	307
	195-(8)	308
崔正臣	595-③	1059
崔晶悟(僧)	423-(18)	693
	437-(12)	720
崔正濡	600-⑩	1070
-佐郎	600-⑫⑬	1070
崔貞現	330-(14)	517
崔宗綱(僧)	207-(20)	327
崔宗連	348-(20)	552
崔宗夫	85-(15)(16)	121
	85-(17)(21)	122
崔宗石(僧)	216-(38)	338
崔宗脩	216-(37)	338
崔宗恂	85-(16)	121
	85-(18)	122
崔宗梓	411-(7)	671
	452-④	752
崔宗杜	216-(38)	338
崔宗之	85-(16)(17)	121, 122
崔宗弼	216-(37)	338
崔周幸	330-(14)	517
崔遵儉	25-(4)	26
崔俊流(僧)	102-(9)	150
崔俊邕	304-(8)	471
	452-(2)	752
→三韓功臣		
崔仲居	144-(14)	221
崔中安	431-(14)(15)	708
崔仲濡	422-(18)	693
	437-(11)	720
崔仲滋	423-(18)	693

	〈原文〉	〈譯註〉
崔証	**288**	**446**
→崔諫		
崔贄	41-(16)	55
崔漝	514-⑤	878
崔直	439-(8)	723
崔直哉(字)-崔惟淸		
	221-(3)	346
崔溱	39-(15)	51
	232-(22)	361
	660-(4)	1169
崔溱 妻 林氏	**659**	**1168**
崔澄	405-(17)	661
崔天祐-崔允儀	197-(2)	310
崔哲	70-(2)	99
崔淸	261-(7)	407
崔淸老(字)-崔甫淳		
	351-(2)(3)	557
崔椿命	432-⑥	710
崔冲	39-(6)	50
	101-(7)	149
	432-⑦	710
	532-(4)	913
	581-④	1025
→文憲公(諡號)		
崔忠敬	25-(4)	26
崔忠恭	25-(4)	26
	41-(13)	54
	91-(3)	132
	183-(6)	285
	201-(12)	317
崔忠諾	25-(4)	26
崔冲孫	559-⑧	972
崔冲若	466-⑩	783
崔忠永	25-(5)	26

	〈原文〉	〈譯註〉
崔忠獻	**329**	**516**
	380-(29)	612
	387-(9)	624
	516-③④	882
→崔鸞		
→景成公(諡號)		
→晉康公		
→晉康郡開國侯		
→晉康侯		
→翊聖靖國...定遠(138字)功臣		
崔峙	609-⑩	1091
崔致遠		
→文昌侯		
崔坦-崔孝思	327-(4)	512
崔學鸞	**75**	**107**
崔漢	503-㊱	854
崔韓用	25-(2)	25
	183-(3)	284
崔諴	42-(30)	56
	182	**284**
	328-(6)	512
→崔子和(字)		
→文簡公(諡號)		
崔沆	385-(8)	621
	387	**623**
→光正公(諡號)		
→晉平郡開國公		
→康民濟世功臣		
崔瀣	469-(2)(4)(5)	789
	475-㊼㊿	803
	483-(2)	810
	489-⑮	823
	499-(2)	845
	514	**878**

	〈原文〉	〈譯註〉
-予	449-㉟	747
	453-⑱	754
	462-⑲	774
	479-⑤	803
	482-⑰	809
	487-⑰⑲	820
	488-③	821
	494-③⑤	833
	494-⑳	836
	495-㉑㉒	836
	505-㉒㉕	859
	509-②	866
	510-④⑤⑥⑧⑨	867
-崔某	470-②	789
	479-④	803
	479-(58)	804
	495-④	837
→崔彦明父(字)		
→壽翁(號)		
→拙翁(號)		
→拙齋(號)		
→鷄林君		
崔向眞(僧)		
→金坵 妻	426-(6)	699
崔虛中(字)-崔觀奧(僧)		
	165-(2)	257
崔奕	432-⑥	710
崔玄	510-⑪	868
→大興縣男		
崔弘禮	240-(36)	376
崔弘嗣-崔洪嗣	186-(13)	292
崔洪嗣-崔弘嗣	84-(3)	120
→貞敬公(謚號)		

	〈原文〉	〈譯註〉
崔洪胤	421-(4)	690
	532-(4)	913
→景文公(謚號)		
崔弘宰	187-(21)	293
崔懷玉(僧)	208-(23)	327
崔孝思	**327**	**512**
→崔坦		
崔孝溫	223-(34)	348
	383-(3)	618
崔孝著	233-(13)	364
	274-(14)	426
崔厚	120-(2)	180
崔詡	207-(5)(18)(21)	326, 327
	226-(79)(84)	353
崔休	121-(19)	183
崔恤世(字)-崔思全		
	70-(1)	99
崔羲民(字)-崔文度		
	527-(4)	904
推功佐理功臣-任懿		
	253-(4)	395
	347-(2)	550
秋官-刑部	111-(30)	164
	558-㉝	971
	640-(8)	1139
樞近	86-(7)	124
墜馬	554-⑨	962
→馬		
樞密	51-(10)	71
	174-(31)	272
	250-(13)	390
	343-⑤	544

	〈原文〉	〈譯註〉
	459-⑰	767
	575-⑤·⑥	1010
	584-⑰	1030
	584-㉒	1031
	604-④	1079
樞密同知	566-⑬	991
樞密副使	65-(14)	92
	176-(14)·(15)	275
	344-⑳	546
樞密使	89-(35)	129
	184-(28)	288
	335-(25)	529
	360-㉒	576
	361-㉟	578
樞密院	326-㉔	503
	399-(14)	648
	434-(6)	715
	552-⑰	957
樞密院堂候官	125-(7)	188
樞密院堂後官	58-(13)	80
	108-(6)	160
	234-(6)·(7)	366
	237-(10)	369
	289-(10)	447
	295-(9)	456
	302-(1)	468
	305-(15)	471
	328-(11)·(12)	513
	381-(9)	614
樞密院都承旨	96-(18)	140
樞密院別駕	162-(10)	252
樞密院副使	89-(31)	129
	123-(4)·(5)	186
	171-(18)	266

〈原文〉	〈譯註〉
218-(26)	341
223-(40)	349
235-(13)	366
270-(12)	419
284-(19)	441
299-(24)	462
308-(7)	478
314-⑪	488
317-(11)	494
323-(23)	503
326-㉖	509
333-(59)	524
338-(15)	535
338-(25)	536
345-(3)	548
363-(21)	582
367-(17)·(18)	590
374-(16)	604
376-⑯	604
379-(13)	611
381-(1)	613
382-(21)	616
383-(4)	618
384-(18)	619
388-(21)	625
399-(16)	648
403-(3)	657
404-(8)	658
430-(5)	706
445-⑤	737
457-③	763
466-②	782
480-②	806
485-③	814

	〈原文〉	〈譯註〉
	543-(7)	940
	552-㉚	959
	629-⑤	1119
	629-⑫	1120
	631-(39)	1124
	639-(4)	1137
	648-(12)	1155
-樞密,副使	335-(17)	528
樞密院使	121-(13)	182
	132-(14)	200
	201-(15)	317
	218-(26)	341
	310-(38)	482
	327-(1)	512
	328-(20)(21)	514
	331-(33)	520
	343-①	543
	366-(1)	587
	367-(19)·(20)	590
	414-③	677
	434-(3)	713
	558-③	971
	601-㊲	1074
-使	648-(12)	1155
→院使		
樞密院右副承宣		
	146-(12)	225
	268-(20)	417
	281-(16)	436
	404-(6)	658
樞密院右副丞宣		
	384-(16)	619
樞密院右丞宣	256-(32)	400
樞密院右承宣	64-(2)	89
	66-(24)	95
	187-(33)	295
	200-(3)	314
	245-(19)	382
	323-(21)	503
	326-㉓	509
	344-⑮·⑯	545
	353-(20)	560
	360-⑰	575
	498-⑥	842
樞密院左副承宣		
	321-(13)	499
	631-㊹	1125
樞密院左副承旨		
	506-(4)	860
樞密院左承宣	171-(16)	266
	176-(14)	275
	223-(38)	349
	331-(25)	519
	344-⑲	546
	429-(4)	706
	457-②	763
樞密院左承旨	338-(14)	535
樞密院左右承宣		
	151-(15)·(16)	234
樞密院,知事	61-(1)	84
	62-(45)·(46)	87
	121-(13)	182
	132-(14)	200
	135-(43)(45)	206
	138-(15)	211
	174-(27)	272
	195-(5)	308
	207-(2)	325

	〈原文〉	〈譯註〉
	225-(77)	353
	270-(13)	419
	284-(21)	441
	333-(58)	523
	338-(24)	536
	379-(14)	611
	432-⑥⑧	710
	451-(12)	750
	631-㊲	1124
	644-(15)	1146
-知院事		
樞密院知奏事	62-(34)	86
	146-(13)	225
	223-(39)	349
	328-(19)	514
	331-(28)	519
	338-(14)·(15)	535
	379-(12)·(13)	611
	388-(18)	625
	483-(6)	811
樞密院直學士	601-㉝	1073
樞密院,判事	44-(13)	60
樞密宰相	594-㉟	1057
樞密,知事	138-(9)	210
	363-(24)	583
樞府	174-(32)	272
	329-(27)	515
	381-(4)	614
	569-⑤	995
	611-㉘	1096
秋部-刑部	424-(9)	696
秋部外郎	174-(34)	272
	189-(9)	272
秋部員外郎	262-(16)	475

	〈原文〉	〈譯註〉
	307-(16)·(17)	475
樞相	329-(29)	515
鰌鱓	355-(38)	565
推誠保節贊化功臣-韓宗愈		
	555-⑭·⑮	963
推誠奉國功臣-崔思諏		
	39-(10)	51
推誠奉議配饗功臣-尹灌		
	334-(5)	526
推誠守義同德贊化翊祚功臣-李嵒		
	566-②	988
推誠守義協贊功臣-金倫		
	533-⑫	917·⑬
推誠守正保理功臣-閔漬		
	458-①	765
	460-㉖	769
	498-⑳	843
推誠亮節功臣-李齊賢		
	458-③	765
	589-㉖	1044
推誠亮節功臣-崔誠之		
	467-①	785
	467-⑦·⑧	786
推誠亮節同德佐理功臣-李齊賢		
	532-(2)	913
推誠亮節同德協議贊化功臣-李齊賢		
	587-②	1040
	589-㉞	1045
推誠亮節佐理功臣-李齊賢		
	522-(3)	894
	526-(3)	901
	527-(3)	903
	529-(6)	907

	〈原文〉	〈譯註〉
推誠翊戴同德協義輔理功臣-洪彬		
	552-㉗	958
推誠翊戴佐理功臣-洪允深		
	553-㉛㉜	959
推誠翊祚同德輔理功臣-權溥		
	529-(2)	907
	530-(36)·(37)	909
推誠定策安社功臣-鄭仁卿		
	423-(2)	694
	425-(13)	697
推誠佐理功臣-元忠		
	496-⑯·⑰	839
推誠佐運保社功臣-李子淵		
	20-(1)	18
	22-(28)·(29)	21
推誠陳力安定功臣-洪奎		
	433-(1)	713
	435-(11)	716
	506-(4)	860
推誠贊理功臣-金倫		
	533-⑫	917
推誠贊化功臣-朴全之		
	455-㉚	759
秋穎秀	335-(15)	528
樞要	321-(22)	499
	404-(13)	686
樞院	323-(22)	503
	395-(8)	640
樞庭	22-(32)	21
	87-(27)	125
秋曹-刑曹	465-(7)	780
推薦	658-(8)	1167
→薦擧		
追薦場	446-㉔	739

	〈原文〉	〈譯註〉
推忠同德盡節衛主匡國功臣-崔士威		
	41-(12)	54
推忠秉義翊贊功臣-金永暾		
	539-①⑫	929
推忠宣力靖難定遠功臣-金方慶		
	464-(3)	779
推忠守義同德贊化功臣-李公遂		
	570-①	999
	573-58	1007
推忠守正安社功臣-金若溫		
	114-(71)	168
推忠安社功臣-洪奎		
	434-(9)	715
推忠衛社功臣-李公壽		
	65-(18)	93
推忠衛社同德功臣-李公壽		
	63-(1)	88
推忠翊戴功臣-朴遠		
	518-①	887
	519-⑦·⑧	888
推忠靖難功臣-文定公		
	265-(1)	413
推忠靖難定遠功臣-金方慶		
	440-⑧	725
	407-⑮	665
	407-(15)	665
	539-④	929
推忠佐命平戎拓地鎭國功臣-尹瓘		
	111-(15)	163
	606-⑥	1085
追討使	406-(7)	663
樞判	397-(3)	643
推火郡	420-(34)	688
竺乾	118-(33)	176

	〈原文〉	〈譯註〉
祝髮	117-(9)	173
	136-(8)	207
	168-(7)	261
	172-(26)	267
	226-(80)	353
	326-㉞	504
	329-(25)	515
	339-②	538
	342-⑮	543
	370-⑬	596
	398-(16)	645
	415-㉔	679
	437-(12)	720
	439-(7)	723
	573-㊾	1006
→僧侶		
竺法	29-(43)	34
→佛教		
築城	81-(39)	117
	82-(56)·(57)	118
	245-(18)	382
→重城		
祝聖道場	166-(16)	258
春官	124-(4)·125-(5)	188
	138-(16)	211
	144-(25)	223
	181-(6)·(7)	283
	218-(27)	341
	233-(4)	363
	248-(5)	386
	255-(4)	397
	258-(11)	402
	280-(9)	433

	〈原文〉	〈譯註〉
	295-(5)	455
	336-(41)·(42)	532
	342-⑤	541
	382-(18)	615
	395-(4)	639
	399-(9)	648
	451-(7)	749
	529-(12)·(13)	907
	619-(5)	1109
→科擧		
春官不捷	390-⑥	630
→不第		
春宮	467-⑤	786
春宮侍讀使	451-(8)	749
春宮侍讀學士	489-⑥	824
春路察訪使	651-(26)	1159
春坊	56-(34)	77
	257-(35)	400
春坊公子	55-(28)	76
	151-(11)	234
	162-(11)	252
	273-(7)	423
	294-(24)·(25)	454
春坊侍衛公子	179-(26)·(27)	280
	193-(7)·(8)	305
春坊倚學	294-(24)	454
春坊通事舍人	298-(16)	461
	309-(21)	480
春坊學友	308-(8)	478
春司	328-(20)	514
→科擧		
春試	539-⑪	930
→科擧		
春闈	89-(35)	129

	〈原文〉	〈譯註〉
	130-(6)	196
	259-(6)	403
	395-(10)	640
→科擧		
春場	131-(3)	199
	353-(23)	561
	355-(37)	564
	359-⑩	574
	370-⑤·⑥	595
	371-④	597
	401-⑧	653
	411-(10)	671
	440-⑬	726
	459-⑪	766
	468-⑮	787
	654-(7)	1163
→科擧		
春場不捷	638-(1)	1136
→科擧		
春州	143-(3)	219
春州界	332-(46)	522
春州道	360-㉘	576
春州道,按	139-(6)·(7)	212
	215-(19)	336
春州道廉按使	301-(8)	466
春州路,按	231-(11)	360
春州使	207-(18)	326
春州,按廉	323-(15)	502
	325-⑮	508
春州,知事通判	179-(25)·(26)	280
『春秋』	137-(4)	209
	138-(5)	210
	491-㉝	828
	590-㊷	1046

	〈原文〉	〈譯註〉
→『左傳』		
→『左氏春秋』		
→『春秋左氏傳』		
春秋,監	530-(36)	909
	633-(9)	1128
春秋館,監事	428-㉜	705
	442-㊻	731
	455-㉚	759
	456-㉛	759
	456-㉝	760
	458-①	765
	463-⑦	775
	477-㉟	798
	489-②	824
	491-㉚	828
	498-㉑	843
	504-㊹	855
	538-⑳	927
	541-①	934
	555-⑰	964
	573-(59)	1007
	586-(53)	1036
	639-(2)	1137
春秋檢閱	591-(62)	1049
	611-㉖	1096
春秋供奉	584-㉘	1032
春秋館事	519-⑧	888
春秋館修撰官	561-⑳	979
	571-⑫·⑬	1000
	581-㉒	1025
春秋館編修官	436-(2)	719
	554-⑤	962
	585-㉝	1033
	599-⑫⑬·⑭	1068

	〈原文〉	〈譯註〉
	601-㉖	1072
	604-⑰	1081
春秋修撰	561-⑮	978
	593-⑯	1055
春秋修撰官	600-⑱	1071
春秋館,知	494-⑫	835
	571-⑳	1002
春秋館,知事	427-②	700
	490-㉕	827
	491-㉙	827
	491-㊳	829
	492-(2)	829
	498-⑨	842
	499-(1)	845
	500-(16)	847
	513-㉟	876
	518-①	887
	540-㉜	933
	560-②⑦	976
	561-㉓	979
	564-㉗	985
	583-②	1028
	585-㊸	1034
	586-60	1037
	598-④	1066
	602-54	1076
	613-⑳	1101
	632-(3)	1127
	642-(2)(3)	1143
『春秋左氏傳』	228-(9)	355
→『春秋』		
春秋之徒		
春夏番東北面兵馬判官		
	35-㉔	45

	〈原文〉	〈譯註〉
春夏番安廉	430-(7)	707
春夏番按察副使		
	191-(17)	301
春軒(號)-崔文度		
	527-(2)	903
	527-(4)(7)(8)(10)	
		904
	528-(14)	905
	528-(16)(19)(21)(22)	
		906
出家	14-(12)	6
	31-(6)	37
	41-(16)	54
	42-(31)	57
	50-(5)	68
	142-(43)	217
	220-(5)	344
	235-(22)(23)	367
	243-(27)	379
	311-(5)	484
	321-(12)	499
	333-(62)	524
	386-(13)	621
	423-(18)(19)	693
	426-(9)	699
	437-(22)	721
	446-⑮⑯㉘	738
	481-⑦	806
	498-⑪⑬	842
	505-⑯	858
	522-(18)	896
	530-(43)	909
	535-㊻㊼	922
→僧侶		

	〈原文〉	〈譯註〉
出納	92-(10)	132
出納王命	86-(7)	124
出將入相	142-(50)	218
	314-⑲	489
	324-(38)	505
	336-(46)	533
	363-(27)	583
	367-(26)	591
	450-(4)	748
出題	44-(14)	60
→科擧		
黜陟	561-⑰	978
黜陟使	352-(9)	558
	613-㉗	1101
忠簡公(諡號)-尹之彪		
	610-①	1093
	611-㉛	1097
忠景公(諡號)-崔思諏		
	38-(1)	49
	38-(4)	50
忠敬王-元宗	448-⑦	743
	543-(4)	939
忠勤翊贊功臣-鄭思道		
	605-㉘	1083
忠勤節義同德贊化保定功臣-尹碩		
	610-⑨	1094
忠勤節義翊贊功臣-鄭思道		
	605-㉚㉑	1083
忠勤節義贊化功臣-柳淑		
	599-①	1069
	602-㊷	1075
忠勤贊化功臣-元松壽		
	513-㉟	876
忠烈公(諡號)-金方慶		
	440-⑨	726
忠烈廟-忠烈王	485-⑤	814
忠烈王	445-⑥	737
	448-⑩	743
	458-⑤	766
	459-⑯	767
	473-⑯	796
	473-㉓㉖㉗	797
	474-㉞	798
	476-⑮	796
	477-㉓㉗	798
	481-②	807
	488-④	822
	490-㉒	827
	494-⑱	835
	495-⑥	837
	500-(8)	846
	504-②	856
	520-⑲	892
	524-⑫	899
	534-㉕㉖	919
	543-(5)	939
	566-⑥	989
	569-⑦	996
	595-⑤	1059
	610-③	1093
-今上	395-(9)	640
	399-(20)	649
	401-⑨	653
	412-(11)	671
	413-⑤	675
	414-⑪	678
	424-(5)(6)(7)	695
-上	396-(16)	641

	〈原文〉	〈譯註〉
	400-(30)	650
	401-⑩	653
	402-⑰	654
	404-(10)	658
	404-(11)	659
	407-(13)	664
	407-(15)(16)	665
	412-(26)	674
	413-⑥	675
	415-⑬	678
	415-⑲	679
	420-(32)(33)(34)	688
	424-(8)(10)(11)	695
	425-(13)(14)	697
	441-⑱	727
	455-⑲㉒	758
	502-⑩⑫	850
-王	455-㉕	759
	494-⑮	835
	629-⑧	1120
-主上	404-(10)(13)(15)	658, 659
	428-㉑㉔	703, 705
	629-⑨	1120
	631-㉞	1123
→慶陵		
→東安公		
→逸壽王		
→忠烈廟		
『忠烈王實錄』	585-㊱	1033

	〈原文〉	〈譯註〉
	589-㉜	1045
	600-⑲	1071
忠穆王	564-㉕	985
	589-㉛㉜	1045
-國王	539-⑯	931
-今王	525-⑰	899
-上	564-㉖	985
-先王	567-⑯	991
-王	537-⑱	926
	524-②	897
	538-㉑	927
	585-㉝	1033
→明陵		
充史館修撰	44-(10)	59
	652-(32)·(33)	1160
	652-(38)·(39)	1160
充史舘修撰官	62-(28)	85
	92-(12)	133
	146-(12)	225
	164-(14)	254
	173-(9)	269
	203-(10)	321
	204-(28)	323
	218-(22)·(23)	341
	281-(13)	436
	353-(20)·(21)	560
	382-(20)	616
	397-(10)	644
	399-(13)	648
	403-(6)	658
	406-(4)	663
	409-(30)	667
	422-(14)	692
	423-(1)	694

	〈原文〉	〈譯註〉
	427-⑦	701
	440-⑦	725
	441-㉖	728
	464-(3)	779
	631-㊵	1124
	631-㊹	1125
	632-(56)	1127
忠宣王	490-㉔	827
	502-㉑	852
	520-⑲	892
	526-(10)	902
	534-㉕㉖	919
	541-⑥	935
	545-⑨	944
	546-㉗	947
	547-㉜㉝	948
	556-⑧	967
	558-㉛	971
	588-⑰	1042
	589-㉕	1044
	595-⑤⑥	1059
	633-(10)	1129
-王	461-⑤	772
	496-⑨⑪⑫	838
	496-⑯	839
	541-⑧	935
	545-⑩⑪⑫	944
	545-⑬	945
	546-⑮	945
	546-⑰⑱⑲⑳	
		946
	588-⑳	1043
	589-㉒	1043
	633-⑩	1129

	〈原文〉	〈譯註〉
-父王	496-⑰	839
-上	502-⑱㉑㉒	852
-先王	487-⑮	820
	505-⑱	858
-宣王	635-(26)	1132
-世子	459-⑭	767
	490-⑬	825
-王世子	459-⑬	767
-前王殿下	418-(13)	685
→大尉王		
→太尉王		
→太尉瀋王		
→德陵		
忠宣王 妃 順妃 許氏		
	484	**813**
『忠宣王實錄』	585-㊱	1033
	600-⑲	1071
忠肅公(謚號)-金深		
	501-①	849
	503-㉘	853
忠肅公(謚號)-趙璉		
	513-㉖	875
忠肅王	520-㉑	892
	528-(16)	905
	537-⑪	925
	537-⑭	926
	539-⑥	930
	541-⑧	935
	543-(11)(12)	940
	544-(13)	941
	544-(20)	942
	546-⑯	945
	546-⑳	946
	551-⑦⑪⑫	956

	〈原文〉	〈譯註〉
	556-②	967
	558-㉛	971
	569-⑧	996
	588-⑱	1042
	589-㉘	1044
	595-⑤	1059
	596-⑫	1060
	610-⑦	1094
	613-㉔	1101
	633-(12)	1129
-上	433-㉑	712
	456-㊴	761
	502-㉒	852
	503-㉘	853
	505-⑲	858
	512-⑮	873
	577-⑬⑭⑯	1015
	577-⑬⑭⑯	1016
-今王	448-⑰	744
	461-⑧	772
	492-(7)	831
	496-⑫	838
	500-(10)	846
-上王	473-㉛	798
	474-㉜	798
	477-㉛㉝	798
-王	443-(13)	733
	444-(17)	734
	449-㉗	745
	460-㉘	769
	474-㉝	798
	477-㉜㉞	798
	484-(22)	812
	492-(8)	831

	〈原文〉	〈譯註〉
	493-②	833
	496-⑭⑯⑰⑲⑳	838
	537-⑫	926
	541-⑨⑩	935
	541-⑬	936
	542-⑭⑮⑯⑰	936
	551-⑧	956
	556-③④	967
	585-㉝	1033
	596-⑫	1060
-先王	510-⑲⑳	869
	552-⑲⑳	957
-前王	477-㊳	799
	496-⑲	839
-主上	433-⑱	712
	456-㉜	760
→懿陵		
忠肅王妃		
→德妃		
→壽妃		
『忠肅王實錄』	585-㊱	1033
	600-⑲	1071
忠順公(謚號)-閔宗儒		
	448-①	742
	450-㊳	747
	492-④	830
	561-⑨⑪	977
	598-⑤	1067
忠愼公(謚號)-柳伸		
	320-(7)	498
	337-(3)·(4)	534
忠臣義士	173-(6)	269
忠臣孝子	601-㉒	1072

	〈原文〉	〈譯註〉
忠勇衛虎賁別將		
	559-⑧	972
忠原	84-(2)	120
忠原郡君 崔氏-晉佐臣 妻		
	255-(6)·(7)	397
忠原府	180-①	281
忠懿公(謚號)-崔溱		
	660-(4)	1169
忠節公(謚號)-庾黔弼		
	429-(2)	706
忠正公(謚號)-洪子藩		
	534-⑭	917
	567-㉚	993
	575-⑫	1011
忠定王	557-⑮	969
	564-㉖	985
	586-㊸	1037
	590-㊵	1046
-王	545-③	943
	564-㉘	985
→聰陵		
忠州	154-(8)	239
	160-(9)	248
	166-(16)	258
	170-(1)	264
	224-(48)	350
	262-(22)	408
	492-(3)	830
	560-⑥	976
	586-㊿	1036
	662-(13)	1172
忠州牧,副	448-⑫	743
忠州牧副使	173-(11)	270
	382-(15)	615
	430-(10)	707
忠州牧使	89-(33)	129
忠州牧書記	43-(6)	59
忠州,守	384-(12)	618
忠州,刺	533-⑩	916
忠州判官	422-(10)	691
	559-⑪	973
忠質公(謚號)-朴挺蕤		
	308-(7)	478
忠清	428-㉔	703
忠清慶尙,按	474-㊻	800
	478-㊻	800
忠清道	430-(7)	707
忠清道,按	422-(13)	692
忠清道按廉使	448-⑬	743
忠清道按察使	651-(24)	1159
忠清道點軍使	307-(17)	475
忠清道察訪使	443-(11)	733
忠清州道	365-(7)	585
忠清州道選軍使		
	191-(11)	301
忠憲王-高宗	448-⑥	742
	475-③	793
	516-③	882
	543-(4)	939
忠惠王	551-⑫	956
	552-⑭⑯⑰	957
	557-⑭	968
	564-⑲⑳㉓	984
	583-⑭	1030
	586-㊹	1037
	589-㉗㉙	1044
-國王	474-㊱	799
	475-㊺	802

	〈原文〉	〈譯註〉
	477-㊱·㊲	799
	478-(56)	802
-今上	511-㉓	870
-今王	496-⑳	839
-大廟	569-⑨	996
-後嗣王	511-㉒	870
-上	503-㉖	852
	564-㉔	984
	607-⑱	1086
-先國王	546-㉑	946
-先王	535-㊲	920
-王	474-㊳㊴	799
	477-㊴	799
	518-⑦⑧	886
	535-㉝	920
	552-⑯⑳	957
	564-⑳	984
	584-⑮⑰⑲	1030
	589-㉚	1044
	607-⑯⑱	1086
-前王	496-⑳㉑	839
	500-(11)	846
-殿下	520-⑧	890
	521-㉓㉔㉕㉖	893
	584-⑱	1030
→永陵		
鷲頭寺	77-㉒	111
鷲城-辛吨	565-㊴	987
	573-(57)	1007
	600-③	1069
	605-㉕	1082
	605-㉖	1083
『則天紀』	590-㊷	1046
則天武后(唐)		

	〈原文〉	〈譯註〉
-武	572-㉘	1003
取足園	515-⑲	881
側室	568-㉝	993
	590-(55)	1048
→妾		
→媵		
→姬媵		
馳馬擊毬	122-(5)	184
	435-(11)	716
薙髮	446-㉗	740
→僧侶		
馳騁	513-㉓	875
致仕	38-(3)	50
	39-(13)	51
	43-(3)	58
	45-(20)	61
	52-(15)	71
	54-(1)	74
	59-(1)	81
	60-(20)	83
	63-(1)	88
	66-(20)	94
	79-(1)	113
	81-(51)	117
	108-(2)	159
	120-(1)	180
	138-(11)	210
	144-(15)	221
	154-(11)	245
	171-(22)	267
	172-(1)	268
	180-③	281
	201-(15)	286
	204-(21)	299

〈原文〉	〈譯註〉
207-(4)	325
222-(8)	346
235-(16)	367
238-(1)	372
240-(33)	375
261-(1)	406
262-(27)	408
286-(1)	443
286-(9)	444
287-(2)	444
287-(6)	445
290-(1)	449
291-(20)	452
296-(15)	456
299-(26)	463
306-(1)(3)	474
310-(36)	482
322-(1)	500
328-(22)	514
337-(2)	534
338-(19)(25)	536
346-(12)	549
355-①	566
359-②	573
373-(2)	601
376-②	601
379-(1)	609
380-(19)	611
383-(2)	617
385-(9)	621
396-(18)	642
400-(26)	649
403-(3)	656
405-(16)	660
407-(16)	665
411-(3)	670
412-(18)(19)(20)(21)	673
413-①⑥·⑦	675
415-⑰	678
416-(1)·(2)	680
417-(3)	682
419-(16)	685
419-(24)	686
420-(29)	687
421-(2)	690
423-(2)	694
424-(12)	696
426-(2)(7)	698
427-②⑲	700
429-(4)	703
431-(20)	709
432-③	710
436-(5)	719
437-(12)	720
439-(7)(8)	723
439-(13)	724
445-⑤	737
446-⑭	738
448-①⑰	742
456-㉜㉞	760
463-④⑧	775
466-②	782
474-㉞㉟	798
477-㉞㊱	798
486-①	818
487-⑦·⑧⑨	819
492-(4)	830

	〈原文〉	〈譯註〉
	504-㊹	855
	515-⑩	879
	518-④	887
	524-⑤	898
	527-(8)(9)	904
	529-(25)	908
	532-(5)	913
	538-㉑	927
	541-①	934
	542-⑱	937
	543-(8)	940
	545-⑦	944
	555-㉔	965
	558-②	971
	561-⑨	977
	569-⑦	996
	576-⑤	1013
	580-③	1022
	595-④	1059
	631-㊱	1124
	642-(2)	1143
	642-(13)	1145
	644-(15)(16)	1146
	647-(3)	1154
	652-(43)	1160
	664-(1)	1175
	665-(6)	1176
→乞退		
→乞解		
→乞骸骨		
→上章懸車, 懸車		
→上章乞退		
→上章乞解		
→抗章請老		
→抗章乞退		
→引年乞退		
→引年致仕		
→引年退老		
→本職致仕		
→封君致仕		
→退老		
致死	64-(7)	90
馳射	534-㉔	918
錙銖尺寸	588-⑰	1042
寘乙科	183-(10)	285
→科擧		
緇秩	24-(10)	24
	326-㉞	510
	382-(24)	616
→僧階		
豸獬	398-(19)	646
緇黃	129-(29)	195
	347-(6)	550
→僧侶		
勅祭使	298-(20)	461
勅牒	571-⑱	1001
親較士	34-⑥	42
→親試		
親選	21-(8)	19
→親試		
親試	183-(9)	285
→科擧		
→殿試		
→廷試		
→親較士		
→親選		
→覆試		
→臨軒覆試		

	〈原文〉	〈譯註〉
→前試		
→簾前試		
→殿前乙科		
→策試		
親御軍大護軍	441-㉟	729
	591-65	1049
親御軍別將	497-㉗	840
親御軍護軍	607-⑮	1086
親王	29-(37)	33
親姻	36-㉝	46
→親族		
親族		
→宗族		
→宗戚		
→親姻		
→烟親		
→鼻祖		
→昆弟		
→猶子		
→族弟		
→族姪之行		
→外從姪		
→高大父		
→高祖		
→高祖之父		
→玄孫		
→玄祖		
→四代孫		
→五代祖		
→五世孫		
→五世之外孫		
→六代祖		
→六代孫		
→六世內孫		
→六代外孫		
→六世孫		
→六世外孫		
→七世祖		
→七大孫		
→七世苗裔		
→七世孫		
→八代祖		
→九代祖		
→九世孫		
→九族		
→十世孫		
→十一代祖		
→十一世祖		
→十一世孫		
→十一世祖		
→十三世孫		
→十八世孫		
→三十代孫		
親從將軍	262-(26)	408
七代孫	259-(4)	403
	263-(2)	410
→親族		
七代祖門蔭	125-(13)	189
→蔭叙		
七略之書	31-(8)	37
七世登科	607-㉗	1088
七世苗裔	650-(5)	1158
→親族		
七世孫	119-①	178
	202-(4)·(5)	318
	390-④	630
	432-⑧	711
	522-(8)	895

	〈原文〉	〈譯註〉
→親族		
七世祖	175-(1)	274
→親族		
漆原	611-⑳	1095
七品	183-(10)	285
	373-(11)	603
	376-⑪	603
	418-(6)	683
	420-(30)	687
	472-⑬	795
	476-⑬	795
	619-(5)	1109
七八品	108-(5)	160
	430-(6)	707
鍼	656-(7)	1165
沉經院判官	222-(14)	347
稱臣	112-(39)	165

〈原文〉 〈譯註〉

< ㅋ >

	〈原文〉	〈譯註〉
快軒(號)-金台鉉		
	474-㊽	800
	478-㊾	800
	563-⑫	983

< ㅌ >

	〈原文〉	〈譯註〉
朶赤(元)	535-㉝	920
乇羅	58-(6)	79
→耽羅		
乇羅島句當使	148-(9)	228
擢第	58-(6)	79
	97-(45)	143
	98-(3)	144
	99-(23)	146
	106-(4)	156
	108-(4)	159
	111-(24)	164
	114-(73)(76)(78)	168
	115-(94)	171
	124-(4)	188
	128-(22)	194
	144-(25)	223
	162-(2)	251
	164-(18)	253
	181-(6)	283
	192-(32)	303
	233-(4)	363
	258-(11)	402
	274-(8)	426
	280-(9)	433
	293-(23)	454
	295-(5)	455
	319-(25)	497
	334-(8)	526
	336-(41)	532
	342-⑤	541
	359-⑩	574
	381-(7)	614
	399-(9)	648
	401-(8)	653
	422-(7)	691
	451-(7)	749
	541-⑤	934
	583-⑭	1030
	584-㉜	1033
	619-(5)	1109
	654-(7)	1163
→及第		
坦夫(字)-閔思平	560-⑥	976
彈雀	520-⑧	890
	584-⑰	1030
→雀		
炭村山	132-(16)	201
彈劾	112-(33)·(34)	164
	233-(7)	364
	317-(8)	493
	323-(22)	503
	326-㉔	509
	330-(21)	518
	526-(11)	902

	〈原文〉	〈譯註〉
	530-(39)	909
脫解王	297-(2)	459
耽羅	407-(9)	664
	422-(16)	692
	472-⑤	794
	476-④⑥	794
→乇羅		
耽羅安撫	305-(20)	472
耽羅敵	444-(15)	734
	472-⑦	794
耽羅征伐(忠肅5)		
	444-(15)~(17)	734
耽羅倅	395-(5)	640
耽羅縣	307-(12)(20)	475, 476
耽浮羅	463-⑫	776
耽津縣	70-(1)	99
塔碑	32-(24)	39
塔思帖木兒		
→德興君		
湯王(中國)		
-湯	130-(1)	196
湯劑	184-(35)	289
答	643-(8)	1144
胎	132-⑳	408
→太子之胎		
太監	509-①	866
→大監		
「太甲篇」	567-㉗	993
太康(年號)	43-(6)	59
→大康		
太匡	158-(3)	246
太君	37-(1)(3)(6)	48, 49

	〈原文〉	〈譯註〉
太金	242-(17)	379
→金		
胎夢	31-(4)	37
	88-(9)	127
	460-㉘	769
	563-⑫	983
	629-⑥	1119
	632-㊾	1126
	653-(47)(48)	1161
→夢		
太白(星)	335-(30)	530
太白山	136-(12)	207
	154-(11)	240
太僕卿	353-(18)·(19)	560
	652-(43)	1160
太僕少卿	504-⑥	856
太僕尹	415-⑭	678
太府	189-(12)	298
太傅	533-④	915
太府監大監	510-⑯·⑰	869
太府監少監	510-⑯	869
太傅府咨議叅軍		
	509-㉑	865
太府少卿	200-(1)	314
	215-(20)	336
	307-(25)	476
	318-(5)	496
太府小尹	414-⑫·415-⑬	678
太傅少尹	640-(7)	1138
太姒(周)	572-㉗㉚	1003
太師	25-(1)	25
	481-②	807
	492-(4)	830
	504-②	856

	〈原文〉	〈譯註〉
	530-(51)	910
	533-③	915
	541-②③	934
	572-㊷	1005
太史	558-㉜㉝	971
	568-㊳	994
太史氏	555-㉚	966
台山	248-(18)	387
泰山	22-(34)·(35)	21
	54-(11)	75
	136-(51)	206
	138-(20)	212
	227-(98)	354
	264-(17)	412
	283-(40)	439
	294-(32)	454
	304-(4)·(5)	470
	382-(23)	616
	503-㊵	854
	540-㉙	933
	563-②	981
	592-〔78〕	1051
泰山郡	322-(4)	501
	325-③⑤	506
泰山郡大夫人 許氏-田寵文 妻		
	325-⑤	506
泰山郡夫人 許氏-田寵文 妻		
	322-(5)	501
泰山北斗	153-(19)·(20)	237
	193-(45)	304
	218-(30)	342
→北斗泰山		
太山北斗	198-(21)	312
太常	575-⑤	1010

	〈原文〉	〈譯註〉
太常卿	591-〔60〕·〔61〕	1049
太常禮儀院經歷		
	551-⑦	956
太常禮儀院使	572-㉞	1004
太常禮儀院判官		
	508-①	862
	508-⑫	864
太選	76-⑧	109
→僧科		
台星	22-(35)	22
	400-(36)	650
太宋	15-(2)	8
	16-(1)	10
	29-(38)	34
	38-(8)	49
→宋		
太守(新羅)	515-⑧	879
泰安(年號)	302-(16)	467
太安(年號)	37-(5)	48
	44-(7)	59
太液池(元)	572-㊹	1005
太遼	176-(6)	274
→遼		
泰運寺眞殿直	610-⑪·⑫	1094
太元院使	439-(9)	723
太尉	39-(7)	50
	65-(13)·(14)	92
	214-(2)	334
	256-(32)	400
	269-(27)	417
太尉瀋王-忠宣王		
	487-⑦	819
	510-⑲	869
太尉王-忠宣王	448-⑯	744

	〈原文〉	〈譯註〉
	453-⑬	753
	455-㉓	758
	455-㉖㉙	759
	460-㉔㉕	769
	487-⑧	819
	494-⑯	835
	496-⑧⑭⑯	837
	500-(9)	846
太子	41-(18)	55
	89-(21)(22)	128
	174-(23)	271
	281-(14)	436
→大子		
→東朝		
→世子		
→王世子		
→元良		
→皇太子		
太子宮門郎	334-(12)·(13)	527
太子內直郎	179-(19)	279
太子大保	111-(14)	163
	171-(22)	267
	255-(5)	397
	373-(1)·(2)	602
	374-(20)	604
	376-②	602
	376-⑱	604
	622-(1)·(2)	1113
太子大傅	218-(28)	342
	304-(8)	471
太子大師	120-(2)	180
	178-(2)	278
	334-(5)	526
太子文學	205-(34)	323

	〈原文〉	〈譯註〉
	215-(17)·(18)	336
太子文學司經	352-(14)	559
太子府牽龍	362-(4)	580
太子府侍衛	629-⑦	1119
太子賓客	121-(12)	182
	432-⑥	710
	629-⑫·⑬	1120
太子司經	39-(18)	52
	40-(2)	53
太子司經郎	328-(13)	513
太子舍人	323-(20)	503
太子洗馬	204-(28)	323
太子少保	68-(5)	97
	151-(3)	233
	233-(2)	362
	233-(3)	363
	235-(16)	367
太子少傅	151-(20)(24)	234
	221-(4)	346
太子少師	52-(14)·(15)	71
	120-(2)	180
	151-(4)	233
	629-⑬	1120
太子少詹事	187-(21)	293
	227-(2)	355
	228-(22)	356
太子右司御率□□		
	271-⑨	421
太子右庶子	204-(15)	321
太子右諭德	231-(12)	360
	629-⑪	1120
太子右贊善大夫		
	253-(1)	395
	404-(7)	658

	〈原文〉	〈譯註〉
太子諭德	151-(17)·(18)	234
太子立府	174-(23)	271
太子典內	203-(11)	321
太子左監門率府率		
	180-②·③	281
太子左庶子	245-(20)	382
	323-(21)	503
太子左贊善大夫		
	173-(18)	271
太子中舍人	152-(2)	236
	228-(21)·(22)	356
	648-(11)	1155
太子中允	92-(14)	133
	281-(13)	436
	655-(1)	1164
太子之胎	262-(20)	408
→胎		
太子贊善大夫	281-(19)·(20)	437
太子詹事	124-(3)	188
	151-(5)	234
	154-(2)	238
	229-(36)	357
	331-(26)	519
太子太保	27-(4)	30
	39-(6)	50
	105-(3)	154
	178-(4)	278
	374-(18)	602
	629-⑬·⑭	1120
太子太傅	27-(3)·(4)	30
	43-(5)	58
太子太師	454-⑥·⑦	755
	459-⑥	766
	630-⑮	1120

	〈原文〉	〈譯註〉
太宰	488-④	822
	488-⑪	823
太定(年號)	242-(17)	379
	267-(1)	415
→大定		
泰定(年號,金)	200-(13)	315
	351-(7)	558
→大定		
泰定(年號,元)	447-㉛	740
	447-㊶	741
	448-⑱	744
	452-(20)	751
	453-⑩	753
	456-㉝	760
	457-㊿	762
	458-⑪	764
	460-㉖	769
	460-㊴	771
	461-⑧	772
	462-⑱	774
	463-⑰	777
	468-⑫	787
	470-(23)	791
	471-⑮	791
	474-㉜	798
	477-㉝	798
	487-⑧	819
	491-㉛	828
	494-⑬	835
	496-⑯	839
	498-⑳	843
	503-㉓	852
	505-⑬	858
	510-⑬	868

	〈原文〉	〈譯註〉
	510-㉑	869
	512-⑩	873
	519-⑦⑩	888
	554-⑧	962
	557-⑩	968
	561-⑭	978
	584-㉔	1031
	589-㉖	1044
	596-⑨	1060
台鼎	307-(27)	477
泰定帝-晉宗(元)		
	546-⑯	945
太祖	70-(13)	101
	113-(53)	166
	175-(1)	274
	259-(4)	403
	511-②③	871
	522-(8)	895
	530-(52)	910
	558-②	971
	563-⑮	983
	571-㉔	1002
	580-②	1022
	646-①	1152
→大祖		
→神聖王		
太祖功臣	643-(5)	1143
太祖原廟	571-㉔	1002
太宗(新羅)-金春秋		
	201-(14)	317
台宗	76-④	108
→天台宗		
台宗大選	76-⑥	109
→僧科		

	〈原文〉	〈譯註〉
台座	40-(20)	52
太中大夫	459-⑦	766
	463-⑤	775
	524-④	898
太平(年號)	14-(17)·(18)	7
	15-(26)	19
	51-(27)	69
太學	151-(9)	234
→大學		
太學士	315-(5)	491
泰和(年號)	325-⑯	508
	336-(34)	531
	342-⑤	541
	352-(12)	559
	379-(6)	610
太和宮	173-(11)	270
太后		
→大后		
擇其(僧)	31-(12)	38
宅主	503-㊳	854
土命	52-(2)	73
土母	78-(4)	112
吐蕃	467-⑧	786
	470-(21)	791
	471-⑭	791
	473-㉚·㉛	798
	477-㉛	798
	487-⑧	819
	496-⑮	838
兎山	181-(2)	282
兎山郡夫人 蒙氏-金誾 妻		
	418-(4)	683
土山郡夫人 李氏 -趙瑩 妻		
	629-⑥	1119

	〈原文〉	〈譯註〉
土城	291-(10)	450
土田	18-(37)	15
	511-㉔	870
通□郡大夫人 吳氏-劉冠 妻		
	106-(3)·(4)	156
通度寺	446-㉘	740
通禮門副使	516-⑧·⑨	883
	535-㊼	922
	553-㉟	959
通禮門使	408-(22)	666
	438-(6)	723
通禮門.知事	430-(10)(11)	708
	440-⑰	727
	441-⑱	727
	448-⑬	743
通禮門祇候	408-(23)	666
	465-(8)	780
	466-⑤	783
	490-⑪	825
	508-⑥	863
	515-㉑	881
	520-⑯	891
	542-㉒	937
	558-㉙	970
	591-(71)	1050
	643-(8)	1144
	645-⑧	1149
通禮門判官	519-⑫	888
	540-㉕	932
	557-⑩	968
通禮門,判	448-⑭	744
通禮門,判事	430-(11)	708
	503-㉜	853
	607-⑬	1086

	〈原文〉	〈譯註〉
通文署錄事	520-⑮·⑯	891
通文院錄事	459-⑫	767
通仕郎	439-(14)	724
通事舍人	15-(3)	9
	49-(14)	67
	364-(5)	585
	648-(7)	1155
通炤僧統-尹智偁(僧)		
	276-(1)	428
通炤正覺首座-金義光(僧)		
	160-(1)	248
通義郡夫人 羅氏-趙璋 妻		
	544-(16)	941
通儀君-王珩	553-㉞	959
通議大夫	62-(45)	87
	306-(1)(2)	474
	347-(1)	550
	348-(17)	552
	349-(1)	553
	349-(11)	555
	382-(17)·(18)	615
	427-⑥	701
	432-⑥	710
	436-(6)	720
	441-㉓	728
	489-⑥	824
	553-㉜	959
	595-③	1059
	600-⑦	1070
通義府錄事	137-(4)	210
通直郎	17-(14)	12
	432-⑭	711
	436-(2)	719
	460-㉝	770

	〈原文〉	〈譯註〉
	461-⑨	773
	469-(19)	791
	470-(30)	792
	471-⑬	792
	480-⑮	805
	504-㊹	855
	519-⑪⑫	888
	584-㉙	1032
	590-54	1048
	591-65	1049
	612-⑦	1099
	646-23	1151
通直郎中	570-⑦·⑧	1000
通判	154-(4)	239
	373-(9)	603
	376-⑨	603
通憲	542-⑮	936
	643-(9)	1144
通憲大夫	429-(1)	706
	430-(11)	708
	437-(14)	720
	439-(7)	723
	442-(2)	731
	443-(3)	731
	443-(5)	732
	444-(17)	734
	449-㉝	746
	452-①	751
	453-⑩	753
	465-(10)	781
	470-(20)	791
	471-⑭	791
	487-⑧	819
	492-(7)	831

	〈原文〉	〈譯註〉
	494-⑪	835
	496-⑬	838
	500-(15)	847
	591-57	1049
	591-66	1050
	595-④	1059
	641-(20)	1141
通婚	424-(10)	696
統和(年號)	14-(8)	5
	17-(13)	12
通訓大夫	454-②	755
退老	437-(10)	720
→致仕		
退翁(字)-元瓘	639-(3)	1137
妬媢	481-⑤	806
投筆	379-(4)	609
特進	22-(24)	20
	133-(1)	202
	138-(13)	211
	182-(1)	284
	184-(28)	288
	199-(36)	313
	204-(19)·(20)	322
	221-(4)	346
	234-(1)	365
	235-(15)·(16)	367
	242-(7)	377
	317-(1)	493
	317-(13)	494
	330-(5)	516
	331-(37)	520
	334-(4)	526
	363-(27)	583
	387-(1)	623

〈原文〉	〈譯註〉
387-(10)	624
388-(23)	625
411-(5)(7)	671
454-⑥	755
458-⑧	766

〈原文〉	〈譯註〉

< ㅍ >

	〈原文〉	〈譯註〉
罷官	319-(17)	497
→罷職		
波羅密寺	166-(14)·(15)	258
婆娑府	424-(5)	695
罷朝	389-(40)	628
→輟視朝		
罷職	335-(19)	528
	541-⑨	935
→罷官		
→免職		
罷黜	317-(8)	493
	525-⑬	899
坡平君-尹侅	606-①②	1084
	607-㉖·㉗	1088
	608-㉟	1089
波平縣	141-(3)	215
	606-⑤	1085
波縣	142-(60)	218
→波平縣		
判官	556-⑦	967
	577-⑯	1015
	579-52	1021
	596-⑭	1061
	596-⑱	1062
	619-(6)	1109
版圖郞,判事	489-③	824
版圖仕郞	540-㉕	932
版圖司佐郞	430-(9)	707

	〈原文〉	〈譯註〉
版圖司.知事	441-㉓	728
	516-①	882
版圖司,判事	420-(29)	687
	426-(2)	698
	428-⑳	703
	498-⑨·⑩	842
	533-⑫	917
	571-⑳	1002
	586-54	1036
	642-(2)	1143
版圖正郞	425-(15)	697
	488-⑥	822
	492-(6)	830
	498-⑯	843
	527-(5)	904
版圖佐郞	422-(10)·(11)	691
	487-⑬	820
	490-⑫	825
	600-⑩	1070
版圖摠郞	413-⑤	675
	422-(12)	692
	430-(10)	708
	473-⑯	796
	476-⑯	796
	505-⑮	858
	535-㊻	922
	537-⑬	926
	596-㉔	1063

	〈原文〉	〈譯註〉
版圖總郎	561-⑱⑲	978
版圖,判事	404-(9)	658
版圖判書	397-(11)	645
	412-(20)(22)	673
	421-(2)	690
	427-⑰	702
	436-(5)	719
	438-(3)	722
	513-㉚	876
	515-⑨	879
	564-㉖	985
	601-㉚	1073
	614-㉚	1102
	640-(10)(12)	1140
	644-(16)	1146
判事	557-㉓	970
	568-㉝	993
	586-㊻	1038
	609-⑬	1092
	611-㉖·㉗	1096
判司事	502-⑬	850
	530-(32)	909
判事宰相	596-⑭	1061
判書	556-①	966
	584-㉔	1031
	593-⑬⑭	1054
	609-⑫	1092
	613-⑰	1100
判書學士	413-⑦	676
判是察司	413-⑨	676
判積窯直	486-⑤	819
判諸曹	412-(14)·(15)	672
判旨	608-㊲	1089
八戒文	356-㉓	569

	〈原文〉	〈譯註〉
八關寶判官	308-(10)	478
	359-⑩	574
	648-(5)	1154
八關齋祭副使	341-(12)	540
八關齋祭使	338-(16)	535
八關會	184-(22)	287
	360-㉔	576
	374-(30)	606
	377-㉛·㉜	806
八教	76-⑥	108
八代祖	183-(3)	284
→親族		
八德山	45-(21)	62
	68-(7)	98
八牧領袖	643-(10)	1145
八心戶邑長	163-(4)	253
八座	240-(40)	376
	251-(38)	392
	310-(45)	483
八字功臣	631-㉞	1123
→功臣		
八品	183-(10)	285
	270-(4)	418
	404-(12)	659
八品官	311-(12)·312-(13)	485
浿(水)	155-(4)	241
稗	35-⑯	44
→穀物		
覇都兒	443-(10)	733
→勇力士		
覇都兒-裴廷芝	443-(10)	733
孛羅帖木兒(元)	573-㊾	1006
孛剌帖木兒(元)	586-㊺	1036

	〈原文〉	〈譯註〉
貝州,倅	94-(12)	135
覇州同知	551-⑤	955
彭夢齡	85-(19)	122
-夢	86-(30)	123
彭城(中國)	15-(1)	8
便民條例推辨都監		
	557-⑭	968
編修	555-⑰	964
扁鵲	258-(18)	402
便殿策試(中國)		
	96-(16)	140
→科擧		
貶	76-⑩	109
	81-(36)	116
	89-(26)	128
	103-(15)	152
	112-(46)(48)	166
	178-(13)	279
	187-(32)	295
	215-(16)	336
	224-(48)	350
	256-(18)	398
	402-⑲	655
	418-(8)	684
	455-㉙	759
	461-⑦	772
	515-⑫	879
	544-(14)	941
	577-㉑	1016
貶官	469-(19)	791
	471-⑬	791
平簡公(諡號)-韓公義		
	568-①②	995
	591-62	1049

	〈原文〉	〈譯註〉
	613-㉕	1101
	614-㊱	1103
平康	416-(2)	680
	634-(20)	1131
平康郡	414-②	676
平康郡夫人 蔡氏-高康赫 妻		
	621-(2)	1112
平康君-蔡河中	509-㉒	866
平康君-蔡洪哲	508-⑪	864
平康縣	508-⑤	862
平凉公-神宗	260-(11)	404
	328-(15)	514
平凉郡夫人 李氏-李輔予 妻		
	158-(2)	246
平凉府錄事	194-(13)	307
評理	602-㊸	985
	605-㉚	1083
	611-⑳	1095
平山	141-(3)	215
平壤	19-(13)	17
	270-(9)	419
	450-(3)	748
	452-(17)	750
	528-(18)	906
	543-(7)	940
	544-(19)·(20)	942
→西京		
→西都		
平壤,尹	611-⑰	1095
平壤公-王基	483-(10)	811
平陽公-許昡	446-⑫⑬	737
平壤君-趙瑋	543-(2)	939
	544-(13)	941
平壤君-趙仁規	451-(6)	749

	〈原文〉	〈譯註〉
	629-①④	1119
	630-19	1121
	630-22	1122
平壤郡	450-(5)	748
	629-④	1119
平壤郡夫人 趙氏-尹之彪 妻		
	611-㉒	1096
-趙氏	611-㉓	1096
平壤君子	452-(17)	750
平壤道存撫使	500-(15)	847
平壤府院君-趙瑋		
	544-(15)	941
平壤府院君-趙仁規		
	543-(6)	939
平壤府尹	481-④	808
平壤尹	492-(7)	831
	613-㉗	1101
平陽侯-王昡	405-(18)	661
平原郡夫人 元氏-朴居實 妻		
	481-①	807
	482-⑤	808
平章	448-④⑤	742
	449-㉛	746
	590-㊻	1047
	623-(4)	1114
	643-(6)	1144
平章洞	217-(6)	339
平章里	219-(36)	342
平章事	13-①	3
	55-(18)(19)	76
	65-(15)(16)	92
	82-(64)・(65)	118
	101-(7)	149
	114-(73)	168

	〈原文〉	〈譯註〉
	153-(24)	238
	184-(37)	289
	202-(5)	318
	209-(4)(5)	328
	222-(17)	347
	245-(23)	383
	304-(11)	471
	315-(4)	490
	316-(15)	491
	321-(22)	499
	328-(6)	512
	333-(60)	524
	334-(6)	526
	346-(12)	549
	358-(6)	571
	399-(21)	649
	432-⑧	711
	445-④	736
	492-(4)	830
	508-⑱	865
	646-①	1152
平州	51-(3)	70
	152-(2)(5)	236
	163-(4)(5)	253
	617-(1)	1107
平州副使	665-(12)	1176
平州.守	315-(14)	491
平州倅	200-(6)・(7)	314
平州.佐	139-(5)	212
廢絶倫理之事	578-㉙	1017
→佛教		
嬖倖	528-(18)	906
褒擧	181-(9)	283
	368-(6)	592

	〈原文〉	〈譯註〉
→遷擧		
褒科	380-(26)	612
褒姒(周)		
-褒	572-㉘	1003
布衣	240-(37)	376
	251-(30)·(31)	391
	254-(13)	396
	555-⑳	964
	602-㊵	1074
布衣之交	192-(26)	302
	493-(12)	832
褒奏	202-(12)	319
布川	26-(13)	27
褒薦	35-⑲	44
→薦擧		
袍笏	563-②	981
幅巾	573-62	1007
暴風	266-(12)	414
	348-(19)	552
→疾病		
表牋	537-⑰	926
	542-㉕	938
諷諫	296-(23)	457
風紀之司	516-⑩	883
風流	304-(5)	470
	493-(12)	832
	504-⑤	856
	508-⑰	865
	560-④	976
	573-61	1007
風痺	52-(11)	71
	65-(19)	93
	204-(20)	322
	240-(38)	376

	〈原文〉	〈譯註〉
	275-(20)	427
→疾病		
風霜之任	120-(7)	181
豊城	81-(38)	116
→豊州		
風雅(『詩經』)	572-㉗	1003
豊壤	646-①	1152
豊儲倉提擧事	444-(14)	734
	588-⑯	1042
豊州防禦使	81-(36)(37)	116
	201-(4)	316
風疾	194-(10)	306
	282-(25)	437
	420-(29)	687
	535-㊵	921
→疾病		
風憲	268-(16)	416
	314-⑪	488
	468-⑭·⑮	787
→御史臺		
皮角	428-㉕·㉖	704
皮金贊	279-(3)	433
避諱	31-(3)	36
	73-(3)	104
匹馬	309-(19)·(20)	480
	584-㉑	1031
	606-③	1085
→馬		
筆寫	264-(9)	411
筆削大義	590-㊷	1046
筆硯	392-⑦	635

< ㅎ >

	〈原文〉	〈譯註〉
河南等處行中書省左丞		
	483-(15)	811
賀年表	496-⑳	839
河東縣開國侯-柳邦憲		
	17-(20)	13
賀登極使	174-(28)	272
賀萬春節日使	271-⑥	421
夏部	388-(26)	626
→兵部		
賀上尊號使	97-(32)	141
	250-(10)	389
賀聖節	473-⑲	796
	545-②	943
	569-④	995
	574-㊳	1008
	632-50	1126
河陽郡夫人 李氏-李淳牧 妻		
	413-③	675
河英□	291-(25)	451
河源郡	46-(3)	64
	296-(18)	456
河源郡君 柳氏	46-(1)	63
河源郡大夫人 李氏-閔輝 妻		
	459-⑨	766
河源郡大夫人 -李子祥 妻		
	66-(23)	94
河源縣君 崔氏	258-(10)	402
河適仁	192-(35)	303

	〈原文〉	〈譯註〉
賀節書狀官	418-(6)	683
賀節日使	184-(24)	287
	310-(30)	481
賀正	440-⑭	726
	493-(12)	832
賀正使	149-(7)	231
	191-(16)	301
	309-(28)	481
	340-(5)	539
	418-(13)	684
	424-(11)	696
賀天壽聖節	476-⑱	796
	571-⑮	1001
賀天壽節	477-㉓	797
河忠濟	193-(6)	305
鶴骨	459-⑳	768
→占卜		
學官	303-(3)	468
	494-⑭	835
學士	84-(7)	120
	173-(4)	269
	198-(11)	311
	305-(26)	473
	360-⑰	575
	363-(14)	581
	455-⑳ · ㉑	758
	461-⑤	772
	467-③	785

	〈原文〉	〈譯註〉
學士(元)	455-⑮	757
鶴相	92-(22)	134
→占卜		
學生	194-(2)	305
	194-(13)	307
鶴膝之病	27-(8)	30
學友	255-(9)	398
學諭	138-(5)	210
學正	222-(12)	347
旱	35-⑮	44
	77-⑮⑲	110
	115-(88)	170
	576-⑤	1013
漢	16-(3)	10
	198-(24)	312
	199-(46)	313
	308-(4)	477
	327-(3)	512
	355-(38)	565
	386-(19)	622
	459-⑱	767
韓覺星(僧)	569-⑪	996
韓康	569-⑦	996
→文惠公(諡號)		
韓季祥	555-㉙	965
韓公義	**568**	**995**
	591-㊷	1049
	613-㉕	1101
→韓宜之(字)		
→平簡公(諡號)		
→淸城君		
韓光衍	**366**	**587**
→平一(字)		
韓噭如	222-(17)	347
→韓安仁		
韓國大夫人 盧氏-權呾 妻		
	428-㊱	705
韓國太夫人 朴氏-蔡洪哲 母		
	509-⑲	865
韓圭	366-(2)	587
漢南	93-(1)	134
	183-(3)	284
	185-(41)	290
漢南 崔氏	327-(4)	512
漢南郡開國侯-崔士威		
	41-(13)	54
漢南郡大夫人 崔氏-金上琦 妻		
	101-(5)	149
漢南道	25-(2)	25
韓大淳	505-⑰	858
	569-⑨	996
韓蘭-韓闌	569-⑥	995
→三韓功臣		
韓闌-韓蘭	613-㉒	1101
→三韓功臣		
漢吏	535-㊸	921
韓理	569-⑰	997
翰林	297-(33)	458
翰林國史院編修官		
	594-㉝	1057
翰林茶酒副使	15-(5)	9
翰林待制	612-⑨	1099
翰林侍講司學	466-⑥	783
翰林侍講學士	97-(33)	142
	122-(4)	184
	353-(19)	560
	359-⑬	574
	374-(13)	603

	〈原文〉	〈譯註〉
	376-⑬	603
	418-(12)·(13)	684
	463-⑥	775
翰林侍讀學士	62-(29)	85
	64-(2)	89
	64-(9)	91
	66-(25)	95
	73-(2)	104
	97-(31)	141
	184-(23)	287
	223-(28)	348
	231-(4)	359
	382-(18)	615
	399-(8)	647
	399-(15)	648
	404-(7)	658
	631-㊵·㊹	1125
翰林院	170-(38)	264
	451-(13)	750
	454-⑪	756
	466-⑤	783
	552-⑰	957
-院	373-(11)	603
翰林院待詔	30-(58)	36
翰林院大學士	451-(13)	750
	590-㊶	1048
翰林院事	373-(1)	602
	375-①·376-②	602
	377-⑳	604
	432-⑬	711
	454-⑥	755
翰林院,直	43-(7)	59
	61-(13)	84
	64-(5)	89

	〈原文〉	〈譯註〉
	92-(11)	133
	111-(26)	164
	151-(13)	234
	154-(2)	238
	156-(14)	242
	183-(10)	285
	204-(27)	322
	214-(12)	336
	222-(15)	347
	354-(33)	563
	373-(11)	603
	392-⑨	635
	395-(6)	640
	418-(6)	683
	562-㉛	980
	665-(10)	1176
→直院		
翰林院,判事	17-(19)	12
	52-(12)	71
	585-㊺	1034
翰林,直	274-(14)	426
	397-(7)	644
	459-⑬	767
	632-㊿	1126
翰林直學士	442-㊺	731
	452-(21)	751
	459-⑯	767
	498-⑲	843
	524-⑦	898
翰林直學士承旨		
	485-④	814
翰林學士	17-(17)	12
	62-(32)	86
	95-(1)	138

	〈原文〉	〈譯註〉
	97-(36)	142
	110-(2)	162
	112-(37)	165
	115-(85)	170
	133-(7)	203
	151-(16)	234
	184-(26)(27)	288
	195-(7)	308
	223-(39)	349
	238-(1)	372
	240-(31)	375
	281-(20)	437
	292-(32)	452
	328-(17)	514
	335-(16)	528
	342-⑬	542
	353-(20)	560
	382-(20)	616
	398-(15)	645
	399-(15)	648
	404-(7)	658
	406-(4)	663
	427-⑥ · ⑦	701
	427-⑭	702
	434-(3)	713
	440-⑦	725
	448-⑤	742
	451-(12)	750
	455-⑮	757
	464-(3)	779
	479-⑥	804
	485-⑨	815
	492-(4)	830
	529-(24)	908
	545-⑦	944
	591-㊿	1049
	633-(6) · (7)	1128
	644-(15)	1146
翰林學士(蒙古)	523-(26)	896
翰林學士丞旨	310-(38)	482
	381-(1)	613
翰林學士承旨	62-(46)	87
	88-(8)	127
	184-(27)	288
	207-(3)	325
	218-(26) · (27)	341
	223-(40) · (41)	349
	225-(77)	353
	304-(12)	471
	328-(21)	514
	335-(18)	528
	360-㉒ · ㉓	576
	364-(1)	584
	365-(12)	586
	367-(18)	590
	382-(21)	616
	399-(17)	648
	403-(3)	657
	404-(8)	658
	411-(7)	671
	413-⑨	676
	429-(4)	706
	432-⑧	710
	445-⑤	737
	457-②⑤	763
	558-③	972
	570-④	999
	601-㉝	1073

	〈原文〉	〈譯註〉
	601-㊲·602-㊳	1074
翰林學士承旨(元)		
	513-㉝	876
汗馬	242-(21)	379
	358-(8)	572
→馬		
韓孟雲-韓脩	575-⑦	1010
	604-⑧	1080
翰墨	131-(19)	197
	460-㊲	771
	645-④	1148
韓文裕	90-(48)	130
韓文俊	90-(50)	130
韓文慧(僧)	90-(50)	130
韓方信	569-⑩	996
韓伯淳	555-㉙	965
韓復齋(號)-韓宗愈		
	555-㉘	965
寒士	167-(26)	259
韓師古(字)-韓宗愈		
	554-②	961
韓謝奇	416-(10)	681
	569-⑧	996
	613-㉒	1101
韓山 李氏	547-③	950
	593-⑤	1053
韓山君-李穀	547-⑤·⑥	950
韓尙敬	613-㉗	1102
-摠郎	614-㉚㉝	1102
韓尙德	614-㉘	1102
-寺丞	614-㉚㉝	1102
韓尙質	613-㉗	1101
-黜陟	614-㉙㉝㉟	1102
韓尙桓	613-㉗	1101

	〈原文〉	〈譯註〉
-右尹	614-㉘	1102
-長	614-㉜	1102
『漢書』	41-(9)	54
	593-⑦	1053
	612-⑤	1098
韓善復	569-⑲	998
韓脩	544-(21)	942
	569-⑰	997
	569-⑳	998
	575-⑦⑨	1010
	612	**1097**
→韓孟雲		
→文敬公(諡號)		
→上黨君		
→淸城君		
→輸忠贊化功臣		
韓渥	569-⑧	996
	613-㉓	1101
→思肅公(諡號)		
→上黨府院君		
→宣力佐理功臣		
韓安石(字)-韓惟忠		
	88-(4)(5)	127
韓安仁		
→韓皦如		
韓安中	366-(2)	587
韓約	366-(2)	587
→貞簡公(諡號)		
漢陽	554-②	961
漢陽府院君-韓宗愈		
	554-①	961
	555-⑯	964
漢陽府尹	487-⑫	819
	605-㉔	1082

	〈原文〉	〈譯註〉
漢陽,尹	542-⑮	936
韓億	88-(7)	127
韓彦	555-㉓	964
韓彦國		
→韓楹		
韓楹	156-(15)	242
	223-(34)	348
	225-(63)	351
→韓彦國		
韓英	555-㉔	964
韓祐復	569-⑲	998
韓原	548-⑦	950
韓元卿	88-(6)	127
韓元諝	555-㉓	964
韓愈	623-(6)	1114
-韓	592-(78)	1051
韓惟忠	**87**	**126**
	114-(73)	168
	187-(34)	295
	266-(16)	414
→韓柱		
→韓安石(字)		
→敬烈公(諡號)		
→匡國功臣		
韓允烌	381-(12)	615
韓宜之(字)-韓公義		
	569-⑪	996
閑人	353-(25)	562
漢人	490-㉓	827
韓靖	144-(13)	221
	315-(6)	491
韓齊	569-⑰	998
韓宗愈	**554**	**961**
→韓師古(字)		

	〈原文〉	〈譯註〉
→復齋(號)		
→文節公(諡號)		
→漢陽府院君		
→推誠保節贊化功臣		
韓柱-韓惟忠	88-(4)(10)	127
	89-(23)	128
韓仲禮	569-⑩	996
韓仲明	555-㉙	965
韓仲輔	594-㉜	1057
韓卽由	52-(25)	72
韓沖	40-(2)	53
韓忠	39-(18)	52
韓就	401-⑥	653
韓土右族	315-(6)	491
→貴族		
韓平一(字)-韓光衍		
	366-(2)	587
韓烋	513-㊴	877
割地	54-(3)	75
咸景均	361-㊳	578
含慶殿錄事	512-⑧	872
咸慶殿副使	349-(3)	554
咸光信	249-(4)	389
咸規	249-(3)	388
-大尉公	249-(4)	389
-廣評	251-(37)	392
咸德侯	249-(5)	389
咸成昌	249-(5)	389
咸脩	**301**	**465**
→咸子眞(字)		
咸淳	251-(34)(35)	392
咸安郡大夫人 李氏-韓英 妻		
	555-㉔	965
咸陽郡	287-(3)	444

	〈原文〉	〈譯註〉
	287-(14)	445
咸陽郡大君 吳氏-朴康壽 妻		
	287-(8)	445
咸陽郡大夫人 吳氏-朴康壽 妻		
	287-(9)·(10)	445
咸陽郡夫人 朴氏-李璃 妻		
	566-⑧	989
咸雍(年號)	24-(12)	24
	26-(25)	29
	34-③⑤	42
	43-(6)	58
咸有一	**249**	**388**
	301-(2)	466
→咸享天(字)		
咸仁幸	249-(4)(5)	389
咸子眞(字)-咸脩		
	301-(2)	465
咸從縣尉	145-(8)	224
咸昌郡	302-(1)	468
咸昌郡夫人 金氏-全信 妻		
	505-⑯	858
咸昌縣	19-(4)	16
咸忠	249-(4)	389
咸豊縣監務	381-(7)	614
咸享天(字)-咸有一		
	249-(3)	388
咸和	251-(32)	392
咸曦	251-(33)(34)	392
哈丹	443-(7)	732
	533-⑦	916
哈丹賊	640-(9)	1139
哈丹侵入(忠烈17)		
	443-(7)～(11)	732
閤門	144-(20)	222
	215-(15)	336
	315-(12)·(13)	491
	573-55	1006
-閤	231-(6)	360
→閤門		
閤門副使	15-(3)	9
	132-(19)	201
	141-(21)	216
	384-(11)	618
	648-(9)	1155
閤門使	15-(3)·(4)	9
	418-(7)	683
閤門引進使	298-(17)	461
閤門,知事	15-(5)	9
	23-(43)	22
	28-(14)	31
	102-(9)	150
	141-(21)	216
	152-(1)	236
	153-(20)	237
	155-(2)	240
	219-(46)	343
	298-(17)	461
	298-(23)·299-(24)	462
	317-(9)	494
	360-⑮	575
	379-(9)	610
	648-(9)	1155
	648-(11)	1155
	649-(16)	1156
	629-⑩	1120
閤門祗候	14-(12)	6
	15-(3)	9

	〈原文〉	〈譯註〉
	23-(44)	22
	28-(12)	31
	28-(25)	32
	82-(65)	118
	87-(19)	125
	126-(1)	190
	126-(20)	191
	154-(8)	239
	155-(3)	240
	178-(13)	279
	182-(14)	283
	183-(8)	285
	191-(11)	301
	199-(38)(41)	313
	203-(6)	320
	204-(29)	323
	209-(13)	328
	224-(46)	349
	228-(16)·(17)	356
	231-(8)	360
	236-(5)	369
	248-(9)	387
	253-(9)	396
	257-(2)	401
	281-(10)	435
	319-(12)	496
	337-(4)(5)	534
	337-(8)	535
	342-⑩	542
	347-(3)	550
	354-(32)(33)	563
	359-⑪	574
	361-㊲㊳	578
	364-(5)	585
	366-(4)·(5)	588
	391-⑭	631
	401-⑧·⑨	653
	403-(4)	657
	414-⑥·⑦	677
	494-⑥	833
	504-⑦	856
	600-⑦	1070
	608-㉛	1088
	648-(6)	1154
	648-(7)	1155
→閤門祗候		
→祗候		
閤門祗候同政	656-(2)	1165
閤門通事舍人	422-(10)	691
閤門,判事	15-(1)	8
	15-(5)	9
	338-(15)	535
	340-(1)(2)(8)	539
	356-⑮	568
	380-(34)	613
	402-㉗	655
	451-(10)	749
	451-(11)·(12)	750
	648-(11)	1155
閤事,判	298-(23)	462
陜府,守	96-(28)	141
合掌	437-(23)	721
合葬	85-(23)	122
	484-(19)	812
	529-(19)	908
→喪禮		
陜州	234-(3)	365
	413-②④	675

	〈原文〉	〈譯註〉
	645-⑦	1149
陜州,知	323-(9)	501
	325-⑧	507
	520-⑯	891
陜州,知事	441-㉞	729
	539-⑦	930
陜州通判	108-(5)	159
合祢札剌(蒙古)	335-(22)	529
合浦	467-⑬	784
	644-(21)	1147
合浦等處鎭邊萬戶府萬戶		
	529-(9)	907
	633-(4)	1127
合浦萬戶	559-⑧	972
	633-(11)(21)	1129
	634-(22)	1131
合浦營	465-(7)	780
	525-⑰	899
	533-⑪	917
	534-㉓	918
	604-65	1080
	605-㉕	1082
	643-(12)	1145
合浦鎭邊萬戶府萬戶		
	512-⑩·⑪	873
	513-㉚	876
	522-(5)	895
	532-(3)	913
合浦紅蓮幕鎭	451-(11)	749
恒陽	301-(2)	465
恒陽縣	249-(3)	388
抗章乞退	73-(12)	105
→致仕		
抗章請老	121-(14)	182

	〈原文〉	〈譯註〉
→致仕		
杭州(中國)	641-(16)·(17)	1141
抗表請試	42-(30)	56
→科擧		
航海	422-(9)	691
	428-㉘	704
海均	532-(9)	914
海島	103-(17)	152
	404-(14)	660
	461-⑦	772
	563-⑪	982
海東	48-(4)	65
	56-(1)	77
	101-(2)	149
	168-(1)	261
	400-(38)	651
	491-㉟	828
	504-㊶	855
	565-㊼	987
	592-77	1051
海東甲族	107-(5)	158
	123-(5)	186
→貴族		
海東高麗國	147-(1)	227
	172-(1)	268
海東孔子-尹彦頤		
	115-(97)	171
海東孔子-李奎報		
	375-(40)	607
	378-㊶	607
『海東文鑑』	563-⑬	983
「海東先覺國師碑」		
	225-(72)	352
海東偉人	428-㉛	704

	〈原文〉	〈譯註〉
海東著姓	266-(17)	414
	327-(4)	512
→貴族		
海領別將	559-⑦	972
海陵郡大夫人 崔氏-李預 妻		
	66-(23)	94
亥首	297-(36)	458
	339-(31)	537
咳嗽病	369-(17)	593
→疾病		
海晏寺	123-(19)	186
海安寺	219-(42)	343
	546-⑱	946
海陽	317-(3)	493
海陽公-金俊	401-⑦	653
海陽郡	401-④	652
	506-(3)	860
海陽郡大夫人 金氏-朴允文 妻		
	580-①	1022
海陽郡夫人 金氏-安牧 妻		
	475-54	802
海陽郡夫人 金氏-柳仁奇 妻		
	516-⑦	883
海陽郡夫人 金氏-李世華 母		
	371-②	597
海陽府錄事	665-(17)	1176
海陽府典籤	401-⑧	653
海陽縣尉	140-(17)	214
海雲	560-㉗·㉘	975
海運堂	567-㉖	992
海運山	559-⑱	974
海夷	460-㊲	771
→倭		
→日本		

	〈原文〉	〈譯註〉
海印寺	32-(15)	38
	264-(7)	411
海印史庫	600-⑲	1071
海賊	176-(9)	275
海州	39-(6)	50
	100-(9)	148
	124-(2)	188
	195-(3)	307
	236-(2)	368
	370-④	594
	432-⑤	710
	510-⑨	868
	532-(4)	913
海州牧使	430-(12)	708
海州,使	565-㊴	986
海平	611-㉛	1097
海平 望姓	610-②	1093
海平君-尹之彪	610-①	1093
	611-㉔	1095
海平君-尹珎	611-㉕·㉖	1096
海平郡大夫人 尹氏-文章弼 母		
	267-(6)	416
海平府院君-尹碩		
	610-⑧	1094
行閤門祗候	106-(3)	156
行監門衛長史	618-(1)	1109
行監察御史	196-(2)·(3)	309
行宮	428-㉞	705
	502-⑱	851
	571-⑲	1002
	586-51	1036
	602-51	1076
行宮班祿	640-(6)	1138
行宮日曆	554-③	962

	〈原文〉	〈譯註〉
行金午衛錄事叅軍事		
	312-(1)·(2)	485
行金州牧使	500-(15)	847
行郎將	362-(3)	580
杏壇	647-④	1153
行大樂署丞	193-(4)	304
行大盈令	100-(6)	148
行大醫少監	349-(2)	553
	349-(3)	554
行都齋庫副使	122-(1)·(2)	184
行都津令	430-(12)	708
行都察庫判官	618-(7)·(8)	1108
行錄	357-㉙	570
→家系記錄		
行李都管句	88-(18)	128
行李別監	441-⑱	727
行李使,副	382-(14)	615
行李書狀官	401-⑦	653
行李接件	115-(91)	170
行民部典書	641-(14)	1140
行奉翊大夫	436-(4)·(5)	719
行副僧正	34-(3)·(4)	41
行秘書監	154-(1)	238
行司宰少卿	233-(2)	362
杏山(號)-朴全之		
	432-③④⑨⑩⑪	
		710
	433-⑯⑳	711
	433-㉑㉒㉓	712
	488-②	821
	488-⑤	822
	518-⑥	887
杏山蒙泉無垢居士(號)-朴全之		
	456-㊲	760

	〈原文〉	〈譯註〉
行散員	181-(4)	282
	261-(4)	406
	280-(2)·281-(3)	
		434
行尙書工部郎中		
	370-①	594
行尙書都官員外郎		
	390-①	629
行尙書右丞	23-(43)	22
行尙書戶部郎中		
	390-⑤	630
行尙州牧使	430-(12)	708
行書	419-(26)	687
	435-(12)	716
行攝大府卿	34-②	42
行省	552-㉑	957
	645-⑭	1150
行省郎中	633-(21)·634-(22)	
		1131
行省, 署事		
-署事	477-㊳	799
-署省事	478-㊶	799
行省丞相	631-㉞	1123
行首	633-(8)	1128
行首郎將	513-㊳·㊴	877
	563-⑭	983
杏樹麓	665-(19)	1177
行首別將	513-㊱,㊳	876
行水州牧使	473-㉗·㉘	797
	477-㉘	797
行首指諭	416-(5)·(6)	681
行試給事中	257-(1)	401
行試尙舍奉御	75-(3)	107
行試尙書工部侍郎		

	〈原文〉	〈譯註〉
	173-(2)	268
行試尙書兵部侍郎		
	255-(1)	397
行試殿中內給事		
	234-(4)	365
行試戶部員外郎		
	234-(3)	365
行安邊府使	605-㉗	1083
行營都統	128-(17)·(18)	193
行營兵馬錄事	242-(13)	378
行營兵馬使	111-(21)	163
行營兵馬判事	110-(8)	162
行營元帥	362-(9)	580
行營中軍兵馬元帥		
	407-(9)	664
行禮賓少卿	485-③	814
行伍	444-(20)	735
行義安郡監務	296-(28)	457
行狀	39-(18)	52
	42-(32)	57
	49-(14)	67
	109-(17)	161
	157-(4)	243
	192-(38)	303
	229-(38)	358
	231-(4)	359
	324-(33)	505
	326-㊱	510
	361-㊳·㊴	578
	372-㉕	600
	382-(26)	616
	417-(15)	682
	439-(9)	723
	442-㊲	729
	508-④	862
	514-⑤	878
	520-⑫	891
	537-⑥	924
	542-㉖	938
	565-㊷	987
	631-㊾	1126
	642-(21)	1142
-家系記錄		
行掌冶署丞	440-⑥	725
行在	476-⑳	796
行在所	607-㉔	1087
行典儀令	500-(15)	847
行殿中監	88-(2)	126
行殿中內給事	248-(13)	387
	255-(5)·(6)	397
行正議大夫	440-⑥	725
行制	349-(9)	554
→喪禮		
行左司郎中	636-(2)	1133
行中郎將	181-(3)	282
	267-(5)	416
行中書省右承旨		
	559-⑭	973
行中書省左丞	483-(15)	811
行中書省知印	505-⑰	858
行千牛衛錄事叅軍事		
	16-(9)	9
行抄猛中郎將	157-(10)	243
杏村(號)-李嵒	567-㉗	993
	575-⑫	1011
行太僕卿	193-(6)	305
行平壤□□□錄事		
	19-(13)·20-(14)	

	〈原文〉	〈譯註〉
		17
行平壤府尹	500-(15)	847
行平壤尹事	543-(9)	940
行漢陽府尹	435-(10)	716
行刑部郎中	143-(5)	219
行戶部郎中	255-(7)	398
行戶部員外郎	193-(2)	304
行興威衛□攝將軍		
	267-(5)·(6)	416
香	31-(10)	37
→降香		
→焚香		
鄕歌	141-(28)	217
鄕擧	494-⑤	833
→科擧		
(鄕貢)貢擧	371-⑧	598
鄕貢進士	17-(10)	11
	255-(3)	397
	520-⑮	891
→進士		
→科擧		
鄕校	371-⑦	598
鄕校(宋)	48-(3)	65
鄕國	510-⑰	869
鄕黨	107-(6)	158
	296-(27)	457
	663-(26)	1173
鄕黨舊人	145-(4)·(5)	224
鄕黨子弟	296-(25)	457
香徒	262-(29)	409
香爐	630-㉘	1122
鄕吏		
→戶長		
→戶長軍尹		
→戶長同正		
→任戶長		
→任戶長同正		
→司兵		
→司戶		
→權司戶		
→州吏		
→州司戶		
→州副司戶		
→州副戶長		
→府吏		
→府戶長		
→郡吏		
→郡司戶		
→郡司戶長		
→郡長		
→郡戶長		
→縣司戶		
→縣戶長		
→縣長		
→縣寨吏		
→邑長		
→邑戶長		
→部曲吏		
→寨吏		
→邊吏		
香林寺	117-(17)	174
香佛	646-⑰	1150
香山	362-(8)	580
鄕試	537-⑨·⑩	925
	593-⑥	1053
→科擧		
鄕樂	577-㉓·㉔	1017
鄕邑	286-(3)	443

	〈原文〉	〈譯註〉
鄕人	26-(18)·(19)	28
	58-(8)	79
鄕職		
-鄕	331-(29)	519
	331-(30)	520
香湯	380-(21)	612
香火之資	155-(6)	241
許恪經(僧)	646-㉒	1151
許綱	571-㉔	1002
許柜	645-③	1148
許京	372-㉒	600
	403-③	657
	445-④	736
	480-②	806
	485-③	814
許京再	311-(2)	484
許繼道	645-②	1148
	646-㉒·㉓	1151
許珙	**403**	**656**
	411-(9)	671
	441-㉝	729
	445-⑥	737
	480-②	806
	485-④	814
	526-⑦	901
	533-⑥	916
	540-㉒	932
→許山輝(字)		
→文敬公(謚號)		
許冠	404-(12)	659
	405-(16)	660
許光甫	646-㉑	1151
許齡	488-⑧	822
	519-⑫	888

	〈原文〉	〈譯註〉
許富	405-(18)	661
-許判書	593-⑬	1054
許山輝(字)-許珙		
	403-(3)	656
許性曉(僧)-金賆 妻 許氏		
	446-㉗	740
許勢脩	144-(14)	221
許少由	645-③	1148
	646-⑳㉔	1151
許遂	403-(3)	657
	445-⑤	737
	480-②	806
	485-③	814
許壽康(字)-許載		
	79-(5)	114
許純	79-(4)	114
	82-(64)	118
許嵩	446-⑫	737
	526-(7)	901
→良肅公(謚號)		
→許評		
→陽川君		
許承孺	646-㉒	1151
許湜	579-㊸	1019
許邕	645-⑨	1149
許邕 妻 李氏	**645**	**1148**
許迂軒(號)-許邕		
	645-⑨	1149
許誼	582-⑦	1026
	599-⑮	1068
許利涉	403-(3)	657
許載	**78**	**113**
	134-(16)	203
	445-④	736

	〈原文〉	〈譯註〉
→許壽康(字)		
許正	79-(8)	114
許政	552-㉒	958
許禔	405-(16)	660
虛靜禪師-曇曜	239-⑥	372
許操	579-㊻	1020
許琮	446-⑫	737
	525	**901**
→尙惠公(諡號)		
→定安君		
→定安大君		
→定安府院大君		
許宗道	646-㉑	1151
許䄂	645-③	1148
	646-㉔	1151
許寵	405-(17)	661
許評-許嵩	405-(16)	660
	526-(7)	901
許玄	79-(6)	114
許顥	582-⑦	1026
	599-⑮	1068
許洪材	179-(30)	280
獻納	518-⑦	885
	561-⑮	978
憲臺	354-(30)	563
	360-㉕	576
憲府	449-⑲	744
	461-⑩	773
	505-⑳	859
獻部議郎	533-⑨	916
	604-⑪⑫	1080
憲司	325-⑫	507
	526-(10)	902
	537-⑰	926

	〈原文〉	〈譯註〉
	541-⑬	936
憲使	557-㉖	970
憲宗(元)	486-④	818
獻宗	41-(19)	55
憲職	365-(11)	585
「獻和大王陵神道碑」(景宗)		
	17-(19)	12
奕居世-朴赫居世		
	565-㊵	987
赫居世-朴赫居世		
	588-⑤	1040
奕世門閥	517-⑤	885
→貴族		
縣開國伯	111-(16)	163
縣開國子	221-(6)	346
縣開國侯	17-(20)	13
縣車	84-(8)	120·121
	99-(17)	146
	121-(15)	182
	164-(21)	254
	165-(34)	256
	218-(31)	342
	235-(16)	367
	287-(12)	445
	292-(30)	452
	310-(35)	482
	317-(14)	494
	329-(27)	515
	332-(43)	521
	356-㉒	569
	367-(21)	590
	384-(27)	619
	400-(28)	650

	〈原文〉	〈譯註〉
	407-(17)	665
	415-⑰	678
	416-(7)	681
	422-(16)	692
	428-㉑	703
	530-(49)	910
	603-(67)	1078
→致仕		
賢科	100-(4)	147
	201-(3)	316
→科擧		
賢關	202-(11)	319
玄冠	512-⑲	874
縣君	28-(23)	32
	29-(29)	32
	39-(17)	52
	52-(22)	72
	93-(2)	134
	105-(10)	154
	194-(1)	305
	258-(10)	402
	410-(12)	669
	509-⑳	865
	510-⑫	868
	547-①	949
	547-⑥	950
縣男	510-⑫	868
縣大君	281-(4)	435
	653-(49)	1161
縣大夫人	502-⑦	850
現德	35-㉕	45
顯德(年號)	255-(4)	397
玄德宮錄事	390-⑨	630
玄德宮簽錄	270-(4)	418

	〈原文〉	〈譯註〉
賢良科	658-(4)	1167
→科擧		
縣令	307-(14)	475
	312-(13)	485
	364-(4)	585
	422-(8)	691
	424-(3)	694
玄陵-恭愍王	552-㉕	958
	564-㉚	985
	564-㉝	986
	571-⑰	1001
	571-㉓	1002
	585-㊳	1033
	586-(64)	1037
	588-④	1040
	589-㉝	1045
	590-㊵	1046
	590-㊻㊼	1047
	593-⑧	1054
	594-㉔	1056
	596-⑬	1061
	596-㉓	1062
	597-㉙	1063
	597-㉜㉞㉟	1064
	600-②⑤	1069
	600-⑮	1071
	601-㉑㉕	1072
	603-(62)(66)	1078
	604-⑤⑨	1080
	605-㉒	1082
	606-②	1084
	607-㉒	1087
	608-㉝	1089
	611-⑱	1095

	〈原文〉	〈譯註〉
	612-⑥	1098
	646-⑮	1150
『玄陵實錄』	594-㉔	1056
顯廟	214-(3)	335
→顯宗		
玄武	72-(7)	103
	78-(6)	113
玄福君-權廉	511-①	871
	512-⑫⑭	873
	512-⑯	874
	634-(21)	1131
縣夫人	354-(32)	563
賢妃-忠宣王 妃 順和院妃 洪氏		
	507-(9)	861
縣司戶	402-㉕	655
→鄕吏		
顯姓	150-(22)	233
	185-(41)	290
	423-(21)	693
→貴族		
玄城君-權鏞	513-㉚㊱	876
	529-(10)	907
	532-(3)	913
	559-⑧	972
	633-(4)	1127
玄孫	165-(3)	257
	170-(1)	264
	437-(9)	720
	445-⑥	737
	523-(28)	896
	541-②	934
→親族		
顯王		
-顯宗	483-(9)	811

	〈原文〉	〈譯註〉
賢人	352-(14)	559
見任之半俸	60-(20)	83
→祿俸		
縣子	508-①③	862
玄奘(僧:唐)	118-(32)	176
	144-(18)	222
縣長	238-(3)	372
-縣	118-(33)	176
→鄕吏		
顯正將軍	503-㉜	853
玄祖	152-(3)	236
	347-(2)	550
	429-(3)	706
→親族		
顯族	337-(5)	534
顯宗	21-(8)	19
	183-(5)	284
	246-(2)	384
→宣陵		
→顯廟		
→顯王		
顯宗大王	19-(8)	16
	403-(3)	657
縣寨吏	35-⑱	44
→鄕吏		
縣戶長	172-(26)	267
	576-④	1013
→鄕吏		
玄化寺	26-(10)	26
	29-(28)	32
	55-(25)·(26)	76
	72-(2)	102
	116-(1)(6)	172
	117-(14)	174

	〈原文〉	〈譯註〉
	117-(20)	175
	161-(15)	249
	165-(4)	257
	166-(17)	258
	220-(1)	344
玄化寺眞殿直	179-(27)	280
俠客之風	271-③	420
俠溪	86-(1)	123
俠溪郡大夫人 裴氏-金永夫 妻		
	219-(44)	343
俠溪郡夫人 鮮氏-朴溥 妻		
	436-(7)	720
俠溪縣	234-(5)	365
祫禮應制	97-(34)	142
「刑期無刑賦」	95-(8)	138
刑名之學	542-㉔	937
刑部	171-(6)	265
	384-(11)	618
	570-⑤	999
	570-⑦	1000
	595-⑥	1059
→秋部		
刑部郎中	62-(53)	87
	109-(10)	160
	121-(9)	181
	123-(17)	185
	171-(10)	265
	178-(15)	279
	225-(75)	352
	265-(8)·(9)	413
	301-(10)	466
	317-(7)	493
	323-(12)	502
	325-⑬	507

	〈原文〉	〈譯註〉
	359-⑫	574
	368-(12)	593
	384-(15)	619
	401-⑨	653
	414-⑩	678
	649-(16)	1156
刑部尙書	112-(37)	165
	114-(76)	169
	120-(2)	180
	121-(13)	182
	130-(9)	196
	149-(10)	231
	172-(1)	268
	174-(21)(22)(24)	271
	206-(18)	325
	238-(1)	372
	270-(11)	419
	271-①	420
	271-⑨	421
	299-(24)	462
	308-(7)	478
	317-(10)	494
	365-(11)	585
	381-(1)	613
	382-(21)	616
	432-⑧	710
	432-⑭	711
	434-(3)	713
	569-⑭	997
刑部侍郎	36-㉝	46
	44-(10)	59
	60-(17)	82
	102-(9)·(10)	150

	〈原文〉	〈譯註〉
	105-(4)	154
	173-(19)	271
	215-(24)	337
	250-(22)	391
	265-(10)	414
	298-(17)·(18)	461
	307-(20)	476
	317-(9)	494
	323-(16)	502
	325-⑯	508
	356-⑭	568
刑部員郎	383-(5)	618
刑部員外郎	21-(13)	19
	58-(14)	80
	62-(23)·(24)	85
	64-(7)	90
	99-(10)	145
	109-(10)	160
	134-(26)	204
	174-(34)	272
	189-(9)	298
	191-(16)	320
	203-(7)	407
	262-(16)	475
	307-(16)·(17)	475
	309-(21)	480
	312-(15)·(16)	485
	313-⑧	488
	337-(4)	534
	423-(3)	694
	559-⑩	973
刑部,知事	64-(10)	91
	99-(13)	145
	270-(8)	418

	〈原文〉	〈譯註〉
刑部,判事	65-(13)	92
	138-(10)	210
	171-(19)	266
	184-(32)	288
	254-(16)	396
刑尙書	240-(33)	375
滎陽	37-(4)	48
衡齋	574-68⃝	1008
兄弟登科	594-㉓	1056
→及第		
兄弟盟約	572-㉙	1003
刑曹	449-⑲	744
刑憲	576-⑥	1013
荊湖池(元)	559-⑪	973
熒惑	110-(8)	162
惠鑑國師	466-⑪	783
惠德(僧)	118-(30)	176
惠德王師	167-(30)	260
慧琳(僧)	31-(12)	38
惠文(僧)	366-(4)	588
惠妃 李氏-恭愍王 妃		
	590-54⃝	1048
惠炤國師	168-(7)	261
惠因寺(中國)	641-(17)	1141
虎	297-(35)	458
	346-(14)	549
	351-(7)	557
	353-(19)	560
	354-(31)	563
	355-(36)	564
	355-(38)	565
	556-⑥	967
	643-(5)	1143
→白虎		

	〈原文〉	〈譯註〉
瓠	454-③④	755
豪家	312-(10)	486
鎬京	76-②	108
→西京		
虎官	356-⑨	567
	406-(5)	663
→武官		
護軍	439-(8)	723
	510-⑬	868
	511-㉖	870
	532-(8)	914
	534-⑭	917
	569-⑫	996
	577-⑰	1016
	597-㊸	1065
	607-⑭⑮	1086
	608-㉜	1088
	610-⑫	1094
	614-㉜	1102
虎騎尉	429-(2)	706
豪儅	391-⑮	631
虎德將軍	524-⑫	899
→武德將軍		
虎頭金牌	632-54	1126
→金牌		
胡虜	248-(15)	387
	336-(35)	531
虎龍	398-(19)	646
狐狸	355-(38)	565
	460-㊳	771
	652-(27)	1159
虎符	451-(10)	749
	496-㉑	839
	514-㊹	877
	630-⑭	1120
	631-㊶	1124
→金虎符		
→明珠虎符		
→三珠虎符		
戶部郎中	58-(15)	80
	99-(22)	146
	134-(26)	204
	173-(16)·(17)	270
	214-(4)	335
	231-(11)	360
	305-(19)	472
	348-(15)	552
	356-⑭	568
	361-㊳	578
	373-(4)	602
	376-③	602
	414-⑩	678
戶部尙書	28-(16)	31
	41-(14)	54
	41-(17)	55
	79-(1)	113
	81-(50)	117
	89-(34)	129
	91-(3)·(4)	132
	99-(15)	145
	114-(84)	170
	121-(13)	182
	123-(2)·(3)	186
	127-(25)	191
	132-(13)	200
	133-(1)	202
	135-(31)(37)	205
	143-(4)	219

	〈原文〉	〈譯註〉
	160-(5)	248
	189-(3)	297
	199-(36)	313
	202-(5)・(6)	318
	272-⑭	422
	284-(17)(19)	441
	308-(1)	477
	308-(6)	478
	356-⑰	568
	374-(17)	604
	376-⑰	604
	388-(17)・(18)	625
	414-③	677
	427-⑤	701
	558-③	972
	569-⑭	997
	649-(13)	1156
戶部尙書令	310-(36)	482
戶部侍郎	85-(16)	121
	162-(9)	251
	183-(6)	285
	189-(3)	297
	190-(4)	300
	204-(13)	321
	204-(28)	323
	233-(9)	364
	240-(30)	375
	300-(3)	464
	310-(30)・(31)	481
	319-(20)・(21)	497
	323-(13)	502
	325-⑬	507
	328-(16)	514
	338-(13)	535

	〈原文〉	〈譯註〉
	349-(10)	554
	366-(8)	588
	382-(15)	615
	399-(12)	648
	404-(6)	658
	448-⑤	742
	451-(8)	749
	492-(4)	830
	527-(8)	904
	532-(5)	913
	561-⑨	977
	575-⑭	1011
	662-(2)	1171
戶部令史同正	87-(18)	125
	122-(14)・123-(15)	185
	193-(8)	305
戶部令史,散	410-(13)	669
戶部員外郎	63-(65)	88
	111-(28)	164
	120-(2)	179
	139-(7)・(8)	213
	144-(10)	220
	149-(7)	231
	203-(9)	321
	265-(6)・(7)	413
	281-(11)	436
	298-(17)	461
	312-(15)・(16)	485
	319-(15)・(16)	497
	334-(8)	526
	336-(43)	532
	361-㊱	578
	368-(11)	593

	〈原文〉	〈譯註〉
	385-(7)	621
	403-(6)	658
戶部員外郎中	397-(8)	644
戶部主事同正	91-(5)·(6)	132
	92-(23)·(24)	134
	120-(3)	179
	130-(13)	197
	192-(33)·(34)	303
戶部,知事	99-(13)	145
戶部,判事	231-(17)	360
	234-(4)	365
	253-(3)	395
	284-(25)	441
	304-(2)	470
	305-(25)	473
	330-(13)	517
	345-(6)	548
	363-(24)	583
	374-(18)	604
	376-⑱	604
	379-(2)	609
	383-(2)	617
	384-(19)	619
	524-⑤	898
虎墳	14-(17)	7
虎賁別將	559-⑧	972
虎選	564-㉘	985
→武選		
胡愼思	182-(17)	283
胡愼修	182-(17)	283
湖心草堂-繼休(僧)		
	142-(58)	218
虎藝	16-(5)	10
→武藝		
虎衛之行	485-⑪	815
胡人	368-(9)	592
	369-(14)	593
胡仁穎	181-(3)	282
虎資	561-⑬	977
→武資		
戶長	25-(2)	25
	95-(4)	138
	154-(2)	238
	172-(26)	267
	261-(2)·(3)	406
	286-(2)	443
	287-(3)(4)	444, 445
	292-(4)	452
	576-④	1013
	583-⑫	1029
	594-㊲	1058
	623-(2)	1114
	653-(46)	1161
	658-(1)	1166
→鄕吏		
戶長軍尹	287-(5)	445
→戶長		
戶長同正	261-(3)(4)	406
→戶長		
戶籍	112-(41)	165
	473-㉗	797
→工匠姓名成籍		
→奴婢籍		
→百工案牘		
→附籍		
→仕籍		
→吏籍		

	〈原文〉	〈譯註〉
戶曹侍郎	366-(11)	589
胡從迪	181-(2)	282
胡中淵(元)	553-㊲	959
虎職	336-(42)	532
	391-⑭	631
	469-(11)	790
	630-㉚	1123
→武職		
胡晉卿	**181**	**282**
虎豹	76-⑪	109
虎學	162-(2)	251
→武學		
豪俠	435-(11)	716
虎患	176-(7)·(8)	275
忽失帖木耳	517-⑬	883
→洪川君		
鴻	165-(35)	256
洪康	553-㊱	959
紅巾賊		
→毛賊		
→沙賊		
→紅賊		
紅巾賊의 侵入	567-⑲~㉓	991
	567-㉛	992
	564-㉟	986
	567-㉓~㉔	992
	568-㉜	993
	571-⑱~㉑	1001~1002
	581-⑰~⑱	1024
	582-⑬~⑭	1063
	585-㊿~586-52	1035~1036
	597-㉚~㉛	1063
	599-⑦~⑨	1067
	601-36~602-38	1074
	606-②~③	1084~1085
	607-㉔~㉕	1087~1088
	612-⑨~613-⑩	1099
洪敬-洪敬一	488-⑤	822
洪敬一-洪敬	433-⑮	711
	456-㊸	761
→良順公(諡號)		
洪灌	434-(3)	713
洪瓘	432-⑧	711
洪教院	264-(6)	411
洪君祥	459-⑰	767
	459-⑱⑲	768
洪貴	553-㊱	959
洪奎	**433**	**713**
	497-㉖	840
	506-(4)(5)	860
	631-㊽	1125
→洪文系		
→洪彌樓(字)		
→匡定公(諡號)		
→益城君		
→南陽府院君		
→推誠陳力定安功臣		
→推誠安社功臣		
洪奎 妻 金氏	**506**	**860**
洪唐城	513-㉒	875
洪祿遵	469-(10)	790
	471-⑧	790
	641-(18)	1141
紅帶		

	〈原文〉	〈譯註〉
-紅	386-(19)	622
洪德成	122-(14)	185
紅桃井里	400-(29)	650
紅蓮幕	451-(11)	749
洪賴	123-(15)	185
洪倫	649-(19)	1157
洪萬龍	581-⑮	1024
洪武(年號)	581-⑰	1024
	609-⑦	1091
	611-⑲	1095
	646-⑲	1151
洪文系-洪奎	433-(2)	713
洪文野(字)-洪彬		
	551-③	955
	552-㉔	958
洪彌樓(字)-洪奎		
	433-(2)	713
「洪範」	96-(23)	140
→「箕範」		
「洪範」五福	40-(3)	53
	387-(5)	624
	462-③	775
	634-(23)	1131
弘福都監判官	480-⑮	805
	562-㉚	980
洪彬	**551**	**955**
	607-⑲	1087
→洪文野(字)		
→康敬公(謚號)		
→唐城君		
→唐城府院君		
→推誠翊戴同德協義輔理功臣		
洪彬然	666-(31)	1178
洪斯胤	434-(3)	713

	〈原文〉	〈譯註〉
洪詵	546-㉛	948
洪世	553-㉛	959
洪壽山	553-㉝㉞	959
洪承緒	567-㉚	993
	575-⑬	1011
弘信軍護軍	443-(12)	733
洪陽坡	513-㉒	874
	564-㉚	985
→洪彦博		
洪彦博	578-㉛	1018
	634-(22)	1131
-洪君	633-(5)	1128
→洪陽坡		
洪云遂	580-⑭	1024
→益山君		
弘圓寺	160-(1)	248
洪圓寺	69-(1)(11)	99
	73-(8)	105
	136-(1)(2)	207
	276-(3)	429
洪源中	434-(3)	713
洪侑	590-㊻	1048
洪瑜	497-㉘	840
洪綏	500-(17)	848
洪有龜	517-⑬	883·884
洪潤福	611-㉗	1096
洪允深	553-㉛	959
→南陽君		
→推誠翊戴佐理功臣		
洪允濟	410-(12)	669
洪義孫	456-㉞	760
	482-⑧	808
-長史	482-⑰	808

	〈原文〉	〈譯註〉
弘仁里	272-⑩	421
洪仁喆	559-⑨	972
洪子藩	488-④	822
	519-⑪	888
	534-⑭	917
	567-㉚	993
	575-⑫	1011
→忠正公(謚號)		
紅賊	564-㉟	986
	582-⑬	1027
→紅巾賊		
洪正淑	106-(6)	156
弘疇(僧)	24-(8)	24
洪州	76-⑩	109
	114-(69)	168
	189-(11)	298
洪州,守	120-(5)	181
	152-(9)	236
	234-(7)	366
洪州,知事副使	375-(33)	607
	377-㉟	607
洪州,知事使	195-(1)	307
洪縉	432-⑧	711
	453-⑤	752
	522-(10)	895
	644-(16)	1146
洪川	57-(3)	78
洪川君	517-⑬	883
→忽失帖木耳		
洪川縣	233-(2)	362
鴻樞	272-⑫	421・422
	382-(30)	617
	416-(6)	681

	〈原文〉	〈譯註〉
	422-(16)	692
	428-㉝	705
洪沖	552-㉚	959
洪革	531-(63)	912
→信齋(號)		
弘護寺	36-㊴	47
	50-(1)	68
	50-(11)・(12)	69
	69-(15)	99
	102-(8)・(9)	150
	142-(61)	218
	195-(15)	307
弘華寺	662-(7)	1171
弘化山	400-(30)	650
洪希忠	513-㊴	877
禾	35-⑯	44
→穀物		
火柩	62-(50)	87
	169-(31)	263
	219-(41)	343
→火葬		
花島	128-(11)	193
話頭		
-話	456-㊲	760
貨賂	391-⑯	631
貨利	44-(11)	60
華閥	517-⑫	883
→貴族		
花佛寺	269-(31)	417
和妃 洪氏-忠惠王 妃		
	512-⑥	872
花山	414-⑨	677
和順公(謚號)-崔繼芳		
	40-(1)	53

	〈原文〉	〈譯註〉
	42-(27)(28)	56
	165-(3)	257
	183-(8)	285
	328-(6)	512
和順縣	75-(5)	107
華嚴	77-⑫	110
	137-(17)	208
『華嚴經』	264-(7)(8)	411
	559-⑳	974
	641-(18)	1141
「華嚴經願記」	167-(23)	259
華嚴大旨	73-(7)	104
『華嚴寶典』	252-(7)	393
「華嚴普賢品」	273-(9)	423
華嚴師	535-㊻	922
華嚴業	662-(16)	1172
華嚴業大師	637-(7)·(8)	1135
華嚴業僧統	412-(20)	673
「花嚴章疏」	264-(6)	411
華嚴宗大德	437-(14)	720
火葬	36-㊲	47
	82-(68)	118
	107-(2)	157
	252-(13)	394
	621-(4)	1113
	656-(4)	1164
	662-(5)	1171
→喪禮		
華藏寺	77-⑮	110
	251-(25)	391
「和諍國師碑」(元曉)		
	225-(73)	352
和州	35-㉔	45
和進詩	178-(18)	279

	〈原文〉	〈譯註〉
火櫬	93-(3)	134
	230-(3)	359
	237-(12)	369
→喪禮		
化平	535-㊽	922
化平君-金光轍	558-⑤	972
化平君-金深	469-(16)(19)	791
	471-⑫⑬	791
	502-⑰	851
化平郡 金氏-李彦沖 妻		
	500-(16)	847
化平府院君-金深		
	501-③	849
	503-㉓㉔㉕㉖	852
宦官	573-㊻	1005
	652-(33)	1160
宦者	545-⑬	945
	546-⑭	945
活人堂	508-⑯	864
蝗	328-(9)	513
黃閣	190-(3)·(4)	300
	396-(24)	642
	398-(20)	646
	400-(25)	649
	555-㉖	965
	642-(24)	1143
	665-(5)	1175
黃侃	591-(66)	1049·1050
-小府	591-(74)	1050
皇慶(年號)	428-㉞	705
	429-㊶	705
	430-(13)	708
	431-(20)	709

	〈原文〉	〈譯註〉
	453-⑨	753
	469-(16)	791
	471-⑫	791
	484-(21)	812
	490-㉔	827
	494-⑩	834
	496-⑫	838
	502-⑰ · ⑱	851
	508-⑧ · ⑨	863
	551-④	955
	563-⑱	983
	588-⑮	1042
	633-(11)	1129
黃金	602-㊾	1076
-黃	309-(13)	479
→金		
黃金之印	87-(26)	125
黃旗賊	335-(20)	529
皇都	388-(24) · (25)	626
→開城		
黃桃原	348-(21)	553
黃驪		
→黃驍		
黃驪郡	459-⑥	766
	492-(3)	830
黃驪郡夫人 金氏-王字之 妻		
	53-(1)	73
黃驪長	347-(5)	550
黃驪縣	122-(1)	184
	373-(3)	602
	376-③	602
黃龍	31-(4)	37
→龍		
黃文富	127-(28)	191
	209-(13)	328
黃文誠	209-(12)	328
黃文莊	208-(34)	327
	209-(14)	328
黃文通	105-(15)	155
	116-(2)	172
	143-(2)	219
	160-(2)	248
-予	118-(30)(31)	176
皇甫能知	662-(8)	1171
皇甫玉山	662-(8)	1171
皇甫偦	97-(42)	143
	105-(11)	155
皇甫讓	105-(5)(6)	154
皇甫讓 妻 金氏	**104**	**154**
皇甫靖	182-(14)(15)	283
皇甫存	105-(12)	155
皇甫冲	121-(20)	183
皇甫翰	43-(4)	58
皇甫許	662-(8)	1171
黃鳳山	184-(36)	289
	358-(13)	572
	656-(6)	1164
	659-(16)	1168
黃扉	278-(14)	432
	359-④	573
	412-(24)	674
	415-㉖	679
黃藥奴	592-⑮	1051
黃熊臺駘	36-(29)	46
黃偉	102-(8)	149
	121-(19)	183
	209-(2)	328
黃偉 妻 崔氏	**208**	**328**

	〈原文〉	〈譯註〉
黃允奇	591-(74)	1051
黃毅天	118-(30)	176
黃錢	401-③	652
→錢		
荒政	443-(13)	733
黃州	303-(8)	469
	601-㊱	1074
	648-(7)	1154
	648-(8)	1155
	656-(1)	1164
	662-(7)	1171
黃州牧副使	173-(17)(18)	271
黃州牧使兼掌書記		
	295-(5)·(6)	455
黃州牧書記	100-(5)	147
黃州牧守	85-(12)·(13)	121
黃州牧,刺	231-(10)	360
黃州牧判官	250-(18)	390
黃州牧判官兼勸農使		
	648-(6)	1154
黃州通判	64-(5)	90
皇天	78-(4)	112
黃泉	78-(6)(10)	113
	114-(67)	168
	654-(63)	1162
皇太子	64-(5)	90
	545-⑫	945
	571-㉕	1002
→太子		
皇太弟	331-(26)	519
皇統(年號)	74-(16)	106
	77-⑳	111
	77-㉖	112
	78-(1)	112
	84-(3)	119
	85-(11)(13)	121
	85-(22)	122
	86-(11)·(12)	124
	93-(1)	134
	97-(36)	142
	99-(19)	146
	101-(13)	148
	102-(14)	150
	103-(2)	151
	105-(13)	155
	106-(16)	157
	107-(1)	157
	108-(12)	158
	109-(15)	161
	110-(3)	162
	114-(84)	170
	117-(20)	175
	119-②	178
	121-(12)	182
	129-(26)	194
	130-(6)	196
	144-(16)	221
	146-(10)	224
	146-(11)(12)	225
	149-(11)	231
	154-(10)	240
	160-(9)	248
	166-(10)	258
	176-(16)	276
	180-②	281
	184-(25)	287
	201-(5)	316
	204-(14)	321

	〈原文〉	〈譯註〉
	218-(14)	340
	242-(9)	378
	245-(16)	382
黃驍-黃驪	347-(10)	551
皇后	41-(21)	55
	485-⑰	816
	486-㉔	817
	503-㉜	853
	503-㊳	854
	571-㉕	1002
→王妃		
皇后之戚	41-(20)	55
皇后兄	585-㊴	1034
回降敎書	187-(32)	294
懷道郡君-柳公權 妻		
	282-(36)	438
懷璉(僧:宋)	31-(12)	38
懷陵	122-(9)	185
懷陵直	425-(15)	697
	431-(15)	708·709
淮水(中國)		
-淮	302-(20)	468
	327-(3)	512
會試	537-⑩	925
	584-㉚	1032
→科擧		
淮安	513-㉒	874
淮安大君-王珣	523-(25)	896
	530-(46)	910
淮安府院君-王珣		
	483-(12)·(13)	811
	484-(20)(22)	812
晦菴-朱子	528-⑫	905

	〈原文〉	〈譯註〉
淮陽,使	566-⑧	989
淮陽,按察	576-⑥	1013
淮陽道,按	541-⑦	935
淮陽道,安集	465-(7)	780
淮陽府使	568-㉝	993
懷遠大將軍	524-⑤	898
會議都監,領事	502-⑰	851
會議宰相	504-⑤	856
懷仁君-王禎	485-⑩	815
	485-⑯	816
會冲	261-(6)	406
橫班	395-(7)	640
橫宣使	305-(21)	472
橫川	334-(3)	525
橫川郡	430-(13)	708
橫川郡大夫人 趙氏-柳英材 妻		
	320-(1)	498
	337-(5)	534
橫川縣	143-(3)	219
孝家院	20-(15)	17
『孝經』		
-經	520-⑩	890
驍騎尉	508-①	862
孝童	334-(7)	526
孝思觀,領事	526-(3)	901
	527-(3)	903
	589-㉜	1045
孝溫	424-(4)	694
孝隱太子	563-⑮	983
	580-⑤	1022
孝子里	564-㉟	986
孝眞殿直	444-(21)	735
侯	213-(3)	333
後軍	362-(9)	580

	〈原文〉	〈譯註〉
後軍兵馬錄事	207-(20)	326
後軍使	362-(7)	580
厚德府,判事	613-⑳	1101
厚德殿舍人	250-(17)·(18)	390
後三國		
→三國		
後三國 統一	126-(11)~(12)	190
	469-(6)	790
	470-④	790
	656-(4)	1165
→高麗의 統一		
→三韓統合		
喉舌	159-(9)	246
	214-(11)·(12)	335
	223-(36)	349
	271-④	420
	328-(18)	514
	331-(31)	520
	344-⑯	545
	360-⑰	575
	379-(10)	610
	449-⑳	744
喉舌之任	89-(25)	128
	281-(17)	436
	455-㉔	758
	496-⑩	838
侯王	259-(7)	403
	260-(21)	405
候邸	317-(4)	493
侯甸	360-⑳	575
後至元(年號)	485-②	813
	487-⑨	819
	488-⑧	822
	491-㊳	829
	492-(3)	829
	494-③	833
	495-④	837
	496-㉒	839
	497-③	841
	503-㉗	852
	504-㊸	855
	505-⑮	858
	506-(6)	860
	507-(16)	861
	512-⑫	873
	517-②	884
	539-⑩	930
	551-⑧	956
	554-⑪	963
	557-⑪	968
	564-⑳	984
	571-⑩	1000
	584-㉗	1032
	589-㉗	1044
	604-⑬	1081
	607-⑬	1086
	643-(11)	1145
-至元	491-㉛	828
	498-㉑	844
	508-③	862
	514-④	878
	516-⑧	883
	571-⑩	1000
後娶	14-(11)	6
	151-(7)	234
	172-(27)	267
	177-(27)	277
	185-(38)	289

	〈原文〉	〈譯註〉
	192-(35)	303
	251-(33)	392
	289-(21)	448
	344-㉑	546
	370-⑭	596
	402-㉖	655
	425-(14)	697
	435-(13)	717
	451-(15)	750
	453-⑯	754
	465-(11)	781
	466-⑪	783
	493-(10)	831
	503-㉞	853
-復娶	272-⑭	422
	370-⑭	596
-又娶	475-㊿	801
	478-㊿①	801
	503-㉟	854
	586-㊅⑦	1038
	591-㊿⑧	1049
-繼夫人	367-(24)	591
	500-(17)	848
	542-㉒	937
-再醮	372-㉒	600
-再娶	294-(24)	454
	597-㊴	1065
	605-㉝	1083
	611-㉒	1096
	614-㉙	1102
-三娶	586-㊅⑥	1038
	590-㊾	1048
-四娶	578-㊷	1019
-後夫人	287-(9)	445

	〈原文〉	〈譯註〉
	396-(18)	642
	475-52	801
	478-52 · 53	801
	519-⑫ · ⑬	888
-後取	515-㉑	881
→繼室		
訓導	336-(34)	531
勳門子弟	265-(4)	413
勳閥	266-(13)	414
揮金之樂	324-(28)	504
	326-㉚	510
	360-㉚	577
徽政院差使	496-㉒	839
徽宗(宋)		
-大宋皇帝	73-(3)	104
-宋上皇	132-(11)	200
-大上皇	96-(15)	139
-朕	96-(15)	139
-天子	59-(10)	82
譎諫	608-㉟	1089
黑紺賊	335-(20)	529
黑頭	642-(23)	1142
黑槊將軍	434-(4)	714
黑的	630-㉜	1123
興國路摠管	552-㉕	958
興國寺	300-(8)	464
興德宮錄事	235-(22)	367
興麗府	84-(1)	119
興寧	537-⑦	924
興寧君-安軸	538-⑳㉑	927
興寧君太夫人 安氏-安碩 妻		
	537-⑧	925
-太夫人	537-⑱	926
興寧府院君-安軸		

	〈原文〉	〈譯註〉
	536-①	924
興禮郡大夫人 朴氏-尹珤 妻		
	438-(1)(2)	722
興禮府	547-②	949
興禮,宰	55-(12)	75
興祿大夫	17-(21)	13
	22-(22)	20
興福都監錄事	514-㊶	877
興聖宮	571-㉕	1002
興順宮錄事	579-㊺	1020
興信宮錄事	500-(14)	847
興安君-李仁復	586-54	1036
	646-①	1152
興安府院君-李仁復		
	583-①②	1028
	586-57	1036
-興安	587-76	1039
興陽郡大夫人 趙氏-趙仁規 妻		
	451-(6)	749
興王都監	385-(8)	621
興王都監判官	516-⑧	883
興王寺	32-(14)(16)	38
	69-(9)	99
	73-(5)	104
	73-(9)	105
	74-(15)	105
	74-(23)	106
	78-(2)	112
	137-(20)	208
	188-(38)	295
	263-(1)	410
	264-(6)	411
	602-51	1076
興王寺學徒	97-(40)	143

	〈原文〉	〈譯註〉
興元	35-㉔·㉕	45
興威衛	271-⑦	421
興威衛郎將	481-⑦	806
	482-⑧	808
	501-(17)	848
興威衛錄事	84-(10)	121
	93-(8)	135
	185-(38)	289
	222-(15)	347
	226-(83)	353
	296-(32)·297-(33)	458
	582-⑧	1026
興威衛錄事叅軍		
	274-(13)	426
興威衛大將軍	278-(1)	430
	278-(10)	431
	501-④	849
	502-⑪	850
興威衛別將	287-(4)	445
	448-⑩	743
	449-㉞	746
興威衛保勝別將		
	405-(18)	661
	441-㉞	729
興威衛保勝散員		
	330-(17)	518
興威衛保勝將軍		
	380-(30)	613
興威衛保勝護軍		
	553-㊱	959
興威衛攝上將軍		
	271-⑨	421
興威衛將軍	313-⑧·314-⑨	488

	〈原文〉	〈譯註〉
	372-㉒·㉓	600
興威衛精勇郎將		
	431-(14)	708
興威衛精勇將軍		
	415-㉓·㉔	679
興威衛精勇護軍		
	607-⑬	1086
興威衛中郎將	313-⑤	487
興威衛護軍	497-㉖·㉗	840
興州	466-②	782
興州,知	596-⑯·⑰	1061
興化道,宰	262-(16)	407
熙寧(年號)	29-(38)	34
熙宗		
-今上	301-(4)	466
	305-(27)	473
	307-(21)	476
-大上王	352-(13)	559
-上	310-(36)	482
	326-㉓㉙	509
	332-(40)	521
-貞廟	371-④	597
姬媵	507-(12)	861
→媵		
→側室		

〈原文〉 〈譯註〉

□엮은이 약력

김용선(金龍善)

1951년 생
서강대학교 사학과 졸업
서강대학교 대학원 졸업(문학박사)
경남대학교 • 전북대학교 사학과를 거쳐 현재 한림대학교 사학과 교수

저서 : 『고려음서제도연구』(1991, 일조각)
『고려금석문연구』(2004, 일조각)
편저 : 『고려묘지명집성』(1993 초판, 2006 개정4판, 한림대학교)
역주 : 『역주 고려묘지명집성(상 • 하)』(2001 초판, 2006 개정판, 한림대학교)
그 밖에 고려시대에 관한 논문이 여러 편 있음.

고려묘지명집성 색인(원문 · 역주)

2001년 12월 31일 초판 발행
2006년 5월 23일 개정판 발행
2012년 1월 5일 개정중판 발행

역 주 김 용 선
발행처 한림대학교 출판부
200-702 강원도 춘천시 한림대학길 1
(등록 제48호 : 1983. 3. 10)
TEL : (033) 248-2875
FAX : (033) 248-2879

편집 • 인쇄 상현디앤피
TEL : (031) 955-1872~3 FAX : (031) 955-1874

(값 35,000원)
ISBN 978-89-6402-021-0 93900